à conserver

I. 1264.
+ 6.32.

COLLECTION
DES CHRONIQUES
NATIONALES FRANÇAISES.

CHRONIQUES

D'ENGUERRAND

DE MONSTRELET.

COLLECTION
DES CHRONIQUES
NATIONALES FRANÇAISES,

ÉCRITES EN LANGUE VULGAIRE

DU TREIZIÈME AU QUINZIÈME SIÈCLE,

AVEC NOTES ET ÉCLAIRCISSEMENTS,

PAR J.-A. BUCHON.

XVe SIÈCLE.

PARIS.

VERDIÈRE LIBRAIRE, QUAI DES AUGUSTINS, N° 25.
J. CAREZ, RUE HAUTEFEUILLE, N° 18.

M DCCC XXVI.

IMPRIMERIE D'HIPPOLYTE TILLIARD,
RUE DE LA HARPE, n° 78.

CHRONIQUES

D'ENGUERRAND

DE MONSTRELET,

NOUVELLE ÉDITION,

ENTIÈREMENT REFONDUE SUR LES MANUSCRITS,

AVEC NOTES ET ÉCLAIRCISSEMENTS,

PAR J. A. BUCHON.

TOME VII.

PARIS.

VERDIÈRE, LIBRAIRE, QUAI DES AUGUSTINS, N° 25.
J. CAREZ, RUE HAUTEFEUILLE, N° 18.

M DCCC XXVI.

CHRONIQUES

D'ENGUERRAND

DE MONSTRELET.

~~~~~~

LIVRE SECOND.

CHAPITRE CCXXVII.

Comment la famine, la guerre et la pestilence fut grande et merveilleuse en plusieurs pays.

Au commencement de cet an, en continuant de mal en pis, la famine universelle, dont en autre lieu est faite mention, commença derechef être si très grande et si détroite, que c'étoit piteuse chose à voir les pauvres gens mourir en grand' multitude par le moyen d'icelle famine. Et avecque ce fut très grande mortalité en diverses parties du royaume de France, et par espécial en la comté de Flandre, et plus en la ville de Bruges que ailleurs, et pareillement dedans la cité de Paris; et d'autre part, la guerre étoit très âpre et dure merveilleusement en plusieurs divers lieux et pays. Pour lesquels trois inconvéniens, plusieurs nobles hommes, et généralement tout le peuple dudit royaume et des pays à l'environ, furent en moult grande et douloureuse perplexité, et moult amatis. Et entre temps, les François, qu'on nommoit en commun langage les Écorcheurs, se tenoient en grand nombre sur les marches de Bourgogne, où ils faisoient de très grands et innumérables dommages, tant de prendre forteresses et prisonniers, comme de tuer et ravir hommes et femmes, tant nobles comme autres, en toute et pareille manière comme eussent pu faire les ennemis et adversaires du pays. Lesquelles entreprises venues à la connoissance du duc Philippe de Bourgogne, en eut au cœur grand' déplaisance, tant pour l'amour du temps de la famine, comme pour les mortalités qui étoient en plusieurs lieux de ses pays.

CHAPITRE CCXXVIII.

Comment le seigneur de Talbot, messire Thomas Kiriel, et aucuns autres capitaines anglois, conquirent Longueville et plusieurs autres forteresses sur les François.

En cet an le seigneur de Talbot, messire Thomas Kiriel, et aucuns autres capitaines anglois, se mirent sur les champs environ le mois de mai, avec eux le nombre de huit cents combattants ou environ, et allèrent loger devant le châtel de Longueville, que tenoient les gens de La Hire; duquel châtel et de la seigneurie icelui La Hire se disoit seigneur par le don du roi Charles, ainsi et par la manière que l'avoit eu jadis ce très vaillant et excellent combattant Bertrand de Clesquin, breton, connétable de France. Lesquels assiégés, voyant leurs adversaires, en assez bref terme rendirent la forteresse aux Anglois, par tel si qu'ils s'en départiroient, saufs leurs corps et leurs biens. Si s'en retournèrent à Beauvais. Lesquels Anglois, après qu'ils eurent mis bonne et suffisante garnison, s'en allèrent devant Charles-Ménil, qui étoit un moult bel châtel séant au plus près de Dieppe, appartenant au seigneur de Torsy, lequel fut rendu; et pareillement conquirent Guillemecourt et aucunes autres places que tenoient les François au pays de

Caux. Et la cause pourquoi ils furent sitôt mis en obéissance, si fut pource qu'ils étoient mal pourvus de vivres et d'artilleries.

CHAPITRE CCXXIX.

Comment le traité du mariage fut fait entre l'aîné fils du roi de Navarre et la damoiselle de Clèves, nièce au duc de Bourgogne.

Au temps dessusdit, vinrent devers le duc de Bourgogne, en la ville de Douai, environ vingt et quatre hommes de cheval, ambassadeurs, envoyés de par le roi de Navarre pour traiter le mariage de la damoiselle de Clèves, nièce dudit duc de Bourgogne, avecque le fils héritier du roi de Navarre. Entre lesquels étoit le prieur de Rainchevaux et un certain chevalier, et aucuns autres gentilshommes, et le roi d'armes dudit royaume de Navarre. Lesquels traités furent conduits et demenés assez longuement, mais en la fin vint la besogne à conclusion, et fut octroyée par ledit duc; et depuis fut ladite dame envoyée, très honorablement accompagnée en la conduite de son frère aîné, audit roi de Navarre.

CHAPITRE CCXXX.

Comment les villes et châteaux de Montargis et Chevreuse furent mis en l'obéissance du roi Charles de France.

Durant le temps dessusdit, furent remises en l'obéissance du roi Charles de France, les villes et forteresses de Montargis et Chévreuse, que tenoient les Anglois. Et d'autre part, les garnisons de Meaux, en Brie, de Creil, Pontoise et Gisors travailloient moult fort le pays d'icelui roi Charles, et par espécial ès pays de Santois, Vermandois, Amiénois, Beauvoisis et autres seigneuries. Et pareillement les garnisons qui étoient assises contre les Anglois faisoient moult grands dommages aux pays dessus nommés, dont le pauvre peuple, en plusieurs manières, étoit moult travaillé et lassé. Et quant au regard de messire Jean de Luxembourg, il se tenoit comme neutre, et pour icelui temps avoit peu de hantise avecque nulles de ces parties. Si faisoit très fort fournir et garnir ses villes et châteaux de vivres et d'artilleries, sur espérance de lui défendre contre ceux qui nuire ou grever le voudroient. Et jà-soit-ce que par plusieurs fois il eût été requis et admonesté de faire serment au roi Charles de France, néanmoins oncques ne s'y voulut consentir; et étoit tout réconforté d'attendre les aventures, qui advenir lui pourroient; car il avoit les scellés du roi d'Angleterre, du duc d'Yorck, et de plusieurs autres seigneurs anglois, par lesquels ils lui promettoient, sur leur foi et honneur, que s'il advenoit que les François approchassent en aucune manière pour lui faire guerre, ils le viendroient secourir à si grand' puissance, qu'ils le délivreroient de tous ses ennemis, quelque autre besogne qu'ils eussent à faire; et sur ce ledit de Luxembourg se fioit très grandement.

CHAPITRE CCXXXI.

Comment il y avoit grand discord entre le pape Eugène et le concile de Bâle; et autres matières.

En cet an, furent envoyés devers le roi de France, le duc de Bourgogne, et autres nobles princes du sang royal, les ambassadeurs de notre Saint-Père le pape Eugène, et pareillement ceux du concile de Bâle; lesquels étoient en grand discord l'un contre l'autre; car, en proposant devant les dessusdits princes, ils diffamoient assez vitupérablement chacun son adverse partie; et dura cette dissension assez longuement. Toutefois pour ce temps le roi étoit plus enclin à la partie du concile qu'à la partie d'icelui pape; et le duc de Bourgogne se tenoit pleinement pour le pape Eugène; et pareillement faisoit le roi d'Angleterre. Esquels jours le duc de Bourgogne envoya devers notredit Saint-Père le pape une solennelle ambassade; c'est à savoir maître Quentin Mayart, prévôt de Saint-Omer, le prieur de Lihons en Santois, messire Simon de Lalain, Guillaume le Jeune, frère du cardinal de Thérouenne, et plusieurs autres notables personnes, lesquels du dessusdit Saint-Père furent reçus très agréablement; et obtinrent, en la plus grand' partie, tout ce pour quoi ils étoient venus. Esquels jours le seigneur de Crèvecœur, qui étoit moult sage et prudent, fut envoyé de par le duc de Bourgogne devers le roi de France, pour plusieurs besognes, et entre les autres pour traiter le mariage de la seconde fille du roi et du comte de Charrolois, seul fils dudit duc de Bourgogne. Auquel seigneur fut faite très joyeuse réception, tant de par le roi comme de par la reine; et pour tant que la fille pour quoi il alloit étoit nouvellement trépassée, lui fut remandé par ledit duc qu'il demandât la maisnée; ce qu'il fit; et lui fut accordée et promise, et se nommoit dame Catherine.

Et après, devant ledit retour du seigneur de Crèvecœur, fut accordé envers le roi le discord des évêques de Tournai, c'est à savoir de maître Jean de Harcourt et maître Jean Chevrot, lequel Chevrot demeura à Tournai, et ledit de Harcourt demeura archevêque de Narbonne. Et toutes ces besognes et aucunes autres accomplies, par les manières dessusdites, s'en retourna ledit seigneur de Crèvecœur devers son seigneur le duc de Bourgogne, qui le reçut moult joyeusement et moult honorablement.

En ce même temps, un gentilhomme chevalier, qui étoit de l'hôtel du duc de Bourgogne, prenant son chemin pour retourner en Savoie dont il étoit natif, par la licence dudit duc, en son chemin alla en la ville de Guise voir messire Jean de Luxembourg, duquel il étoit très bien en grâce, et le festoya moult grandement en son hôtel; mais après qu'il fut départi de là et qu'il eut pris son chemin pour aller en son pays, comme dit est, il fut rencontré d'aucuns sacquements (pillards), lesquels se disoient être audit de Luxembourg; entre lesquels y étoit un nommé Garmonset. Si le prirent et le menèrent à Meaux, en Brie, devers les Anglois; et depuis fut mené à Rouen, où il fut détenu prisonnier par certaine espace de temps, et enfin il mourut de maladie qui le prit, comme aucuns dirent, par déplaisance et par courroux. A cause de la prise duquel le duc de Bourgogne fut très mal content, et en récrivit aucunement audit de Luxembourg, avec autres besognes. De laquelle prise ledit de Luxembourg s'excusa grandement, car il est à supposer que d'icelle prise n'étoit en rien coupable; car depuis fit exécuter aucuns d'iceux qui l'avoient pris et détenu, et aussi fit moult grand' diligence de faire délivrer ledit chevalier, nommé messire Philebert, de la main desdits Anglois, par le moyen du cardinal de Rouen son frère.

CHAPITRE CCXXXII.

Comment le comte d'Eu, qui étoit prisonnier en Angleterre, retourna en France, et des armes qu'il y fit.

En l'an dessusdit, retourna de la prison du roi d'Angleterre le comte d'Eu, où il avoit été détenu depuis l'an mil quatre cent quinze. Si retourna en France. Et avoit été pris en la bataille de Azincourt, et fut délivré par le comte de Sombresset, que le duc de Bourbon, frère audit comte d'Eu, tenoit prisonnier; et l'avoit acheté, ou au moins la duchesse de Bourbon sa mère, de ceux qui jadis l'avoient pris à la bataille de Blangy, où le duc de Clarence mourut, comme en autre lieu est plus à plein déclaré. Pour le retour duquel comte d'Eu plusieurs princes de France, et autres nobles hommes, furent bien joyeux, et par espécial le roi Charles et le duc de Bourbon, son frère. Et tantôt après sa venue, fut, par ledit roi de France, constitué capitaine de Normandie, depuis la rivière de Seine jusques à Abbeville, et à la rivière de Somme. Si assembla certain nombre de gens d'armes, et alla prendre la possession de la ville de Harfleur. Si fut reçu d'aucuns qui en avoient le gouvernement, par le seigneur de Rieux, maréchal de France; mais aucuns autres ne lui voulurent point obéir, ains se retrahirent en une porte et en aucunes tours, et là se tinrent par certaine espace de temps, dont ledit comte d'Eu fut très mal content. Si les fit assaillir tres roidement et âprement, et tellement qu'une partie d'iceux se rendirent à lui, et les autres, qui étoient ès tours du hâvre, envoyèrent à Rouen devers les Anglois, pour avoir aide et secours; mais depuis s'accordèrent secrètement devers ledit comte d'Eu; et tellement s'appointèrent ensemble, que quand iceux Anglois vinrent aux tours dessusdites pour bailler aide et secours à ceux qui les avoient mandés, ils furent véhémentement trompés, car il en y eut de pris et retenus environ trente; et les autres, qui s'aperçurent d'icelui mal engin, s'en retournèrent tout courroucés audit lieu de Rouen.

Et après que ledit comte eut du tout l'obéissance d'icelle ville de Harfleur, et d'aucunes autres au pays de Caux, il y mit gens de par lui, et après, lui partant de ce pays, s'en alla à Bruxelles en Brabant, devers le duc de Bourgogne, son beau-frère, qui le festoya grandement, et lui donna aucuns dons moult riches. Et après, lui partant de là, s'en revint par plusieurs journées à Noyon, où il fut moult conjoui des habitants d'icelle ville. Si lui firent grand' plainte des pillards qui se tenoient en aucunes forteresses assez près de là, lesquels de jour en jour leur portoient de grands dommages, et couroient souvent jusques à leurs portes, en ravissant et en emportant tout ce qu'ils pouvoient atteindre, mêmement ceux qui se disoient au roi de France, et autres qui se disoient être à messire Jean de Luxembourg. Et entre les autres, en y avoit un qui se nommoit Jean Delille, avecque lui un sien frère, lesquels avoient avecque eux ensemble jusques à trente compagnons ou environ, qui s'étoient boutés dedans une vieille forteresse nommée Brétigny, laquelle ils avoient aucunement réparée et réédifiée, sur intention de faire guerre et grand' bataille à ceux du pays; et en y avoit une partie qui portoient la rouge croix, et contrefaisoient les Anglois. Si en fut icelui comte d'Eu averti et admonesté; et, pour y pourvoir, assembla aucune quantité de gens de guerre, partout où il les put avoir; et lui envoya son neveu le comte d'Étampes une partie de ses gens.

Et tantôt après, alla devant ledit châtel de Brétigny, qui étoit moult foible, et aussi étoit pauvrement pourvu; et garni de vivres et d'artillerie. Et pourtant ceux qui étoient dedans furent moult tôt contraints d'eux rendre à la volonté dudit comte d'Eu, laquelle volonté fut telle, qu'il fit prestement couper le hâterel (cou) audit Jean Delille et à son frère, en la cité de Noyon, et en fit pendre jusques au nombre de vingt. Pour laquelle prise et mort d'iceux, Jean de Luxembourg conçut grand' haine et malveillance contre ledit comte d'Eu, et ceux qui avoient été à cette entreprise, et tant, qu'un peu de jours après, ledit comte étant à Chargny-sur-Oise, fut ordonné par ledit messire Jean de

Luxembourg à mettre une embûche de ses gens auprès du chemin par où il devoit retourner à Noyon, pour lui et ses gens ruer jus; mais ledit comte en fut aucunement averti. Si prit autre chemin, et ne sortit point la besogne à son effet. Toutefois, à cette cause, demeurèrent en grand' haine et dissension l'un contre l'autre.

CHAPITRE CCXXXIII.

Comment La Hire, Blanchefort, et plusieurs autres capitaines du roi Charles, coururent ès Allemagnes.

En ces mêmes jours, et au propre temps, plusieurs capitaines du roi Charles, entre lesquels étoient La Hire, Blanchefort, Boussac, Antoine de Chabannes, Chapelle, Pierre Regnault, et autres, si se tirèrent bien six mille chevaux par les marches de Barrois et de Lorraine, au pays d'Allemagne, et coururent jusques devant la ville de Bâle où se tenoit encore le concile; et donnoient à entendre à aucuns que c'étoit par l'envoi et consentement du pape Eugène, pour défendre sa guerre; et dommagèrent fort le pays par feu et par épée; et après se tirèrent au pays d'Aussois (Alsace), envers Francfort. Si prirent et rançonnèrent plusieurs méchantes forteresses et forts moûtiers; mais entre temps qu'ils gâtoient ledit pays d'Allemagne, et qu'ils y faisoient tant de maux, les Allemands s'assemblèrent en très grand nombre pour les rebouter. Si firent retraire les vivres et les paysans dedans les forteresses et ès bonnes villes; et après leur commencèrent à faire forte guerre; et les prenoient à leur avantage, quand ils alloient fourrager à petite compagnie. Si en occirent et mirent à mort cruelle plusieurs par cette manière; et ne se vouloient point assembler en bataille contre eux à jour nommé, jà-soit-ce que plusieurs fois par eux en fussent requis. Lesquels voyant, la perte de leurs gens, et ainsi croître la force des Allemands, se tirèrent hors du pays, après ce qu'ils y eurent fait de grands cruautés et dommages, et s'en allèrent en Bourgogne, où ils firent tout pareillement; et de là se tirèrent vers le Nivernois; et après, toujours continuant en dégâtant pays et en faisant maux innumérables, s'en allèrent au pays d'Auvergne. Si multiplioient chacun jour la compagnie des mauvais, car tous méchants gens se boutoient avec eux, qui n'avoient point de conscience, et tant qu'ils se trouvèrent bien telle fois en nombre de dix mille. Si ne déportoient (épargnoient) personne, de quelque état qu'il fût, seigneur ou autre; mêmement les propres villes et pays du roi et de ses princes dégâtoient comme les autres, et n'y savoit-on comment y pourvoir ni remédier, pource qu'ils étoient en si très grand nombre; et par tout pays où ils alloient, si comme autrefois vous ai dit, on les appeloit les *Écorcheurs*. Et après cette pestilence, eurent les gens du pays moult à souffrir ès places et ès lieux où ils alloient.

CHAPITRE CCXXXIV.

Comment le comte d'Étampes reprit la forteresse du Raoullet sur les gens du seigneur de Moy ; et autres matières.

Aussi, devant cette dure pestilence, les gens du seigneur de Moy, en Beauvoisis, avoient pris la forteresse du Raoullet, à deux lieues près de Mont-Didier, sur les gens de Guy de Roie, qui l'avoient en garde, et faisoient guerre à la ville de Mont-Didier et au pays à l'environ. Et pour ce qu'icelle ville et le pays étoient en la garde du comte d'Etampes et en son gouvernement, il envoya devant ladite forteresse certain nombre de gens de guerre, sous la conduite d'aucuns de ses capitaines, c'est à savoir Valeran de Moreul et Guy de Roie, et aucuns autres, lesquels les assaillirent, et mirent à tel meschef qu'ils se rendirent en la volonté dudit comte d'Etampes. Desquels il fit pendre de vingt à trente, et ladite forteresse fut remise en la main du dessusdit Guy de Roie. Pour laquelle exécution ledit seigneur de Moy, qui étoit capitaine de Clermont, fit dedans bref temps ensuivant plus forte guerre que par avant à la ville de Mont-Didier ; pourquoi il convint commettre en plusieurs lieux gens d'armes en garnison, tant en villes comme en forteresses, contre ledit seigneur de Moy.

Et par ainsi, toutes les marches à l'environ, d'un côté et d'autre, furent exilées et gâtées, et eurent plus à souffrir que devant et durant pleine guerre.

Et d'autre part, les Anglois prirent en ces propres jours les forteresses de Saint-Germain-en-Laye et de Gerberoi, non mie de force, mais d'emblée; y mirent très grands garnisons, dont les Parisiens eurent moult à souffrir.

En ce même temps, advint une très grande, cruelle et merveilleuse chose en un village près d'Abbeville, car une femme y fut prise et accusée d'avoir meurdri plusieurs petits enfants, lesquels elle avoit démembrés et salés secrètement en sa maison. Si fut celle grande cruauté accusée par le moyen d'aucuns brigands qui, par nuit, vinrent en sa maison, et en trouvèrent des pièces, et pour cette cause fut prise; et après qu'elle eut connu (avoué) sa malice, fut arse et exécutée par la justice dudit lieu d'Abbeville en Ponthieu.

Au temps dessusdit, ceux de Bruxelles eurent grand discord et dissension contre ceux de Louvain, Malines et autres bonnes villes de Brabant, pour ce qu'ils contraignirent par tout le territoire d'Anvers porter les blés en leur ville au grand préjudice des bourgeois d'icelles bonnes villes, auxquels les blés étoient. Et pour cette cause s'émut très grande guerre et dissension entre ceux de Malines et eux, car lesdits de Malines tendirent leurs chaînes sur la rivière, par quoi rien ne pouvoit aller à Bruxelles; et assez tôt après coururent en armes l'un contre l'autre, et en y eut plusieurs mis à mort entre icelles parties. Néanmoins, depuis, le duc de Bourgogne et son conseil y mirent moyen, et les apaisèrent de leur dissension.

CHAPITRE CCXXXV.

Comment une assemblée se fit entre Calais et Gravelines, du cardinal d'Angleterre et de la duchesse de Bourgogne, pour trouver manière d'avoir paix finale entre les parties de France et d'Angleterre.

Environ le mois de janvier de cet an, s'assemblèrent entre Calais et Gravelines, en un lieu devisé par les parties, où furent tendues aucunes tentes pour tenir convention, c'est à savoir le cardinal de Vincestre, d'une part, et la duchesse de Bourgogne, d'autre part, chacun d'eux grandement accompagnés de nobles personnes, tant ecclésiastiques que séculiers; avec lesquels y étoient de par le roi de France, comme ambassadeurs, un sien maître d'hôtel, nommé messire Regnault Girard, chevalier, seigneur de Bazoche, et maître Robert Mallien, conseiller et maître des comptes, afin d'avoir tous ensemble avis, conseil et délibération sur la paix finale entre les deux royaumes, et aussi pour la délivrance et rançon de Charles, duc d'Orléans. Si furent plusieurs ouvertures mises avant, et par plusieurs journées, et en la fin ne purent autrement conclure, sinon de prendre jour par l'avis et conclusion des deux rois et de leurs conseils, chacun pour tant que toucher lui pouvoit, à l'an ensuivant, pour tenir nouvelle convention. Lequel jour et lieu on devoit faire savoir à la dessusdite duchesse de Bourgogne, pour en avertir et faire savoir à chacune desdites parties. Laquelle journée, nouvellement reprise, devoit être amené en personne ledit duc d'Orléans, c'est à savoir à Cherbourg ou à Calais, auquel des deux il seroit avisé en dedans ledit jour. Et après que les besognes dessusdites furent ainsi conclues entre icelles parties, se départirent de là et retournèrent ès lieux dont ils étoient venus.

En cet an, le duc de Bourgogne assembla environ seize cents combattants, lesquels furent menés et conduits vers Calais, pour garder contre les Anglois très grand nombre de pionniers, de charpentiers et autres manouvriers, qui y furent menés et conduits pour rompre et démolir une digue de mer, afin de noyer et détruire ceux de la ville de Calais et le pays environ. Et avoit-on donné à entendre audit duc de Bourgogne, qu'il étoit très possible de le faire, et que par ces moyens icelle ville seroit du tout mise à destruction; mais quand ce vint que les pionniers dessusdits eurent ouvré certaine espace de temps, on aperçut assez bien que ce n'étoit point une chose qui se pût bonnement achever. Si fut l'entreprise délaissée, et fit-on rompre le pont de Milai et aucunes autres petites digues, qui peu firent de dommage auxdits Anglois.

CHAPITRE CCXXXVI.

Comment le roi de France contraignit Rodrigue de Villandras, lequel gâtoit et travailloit son pays, d'aller guerroyer sur les Anglois.

En cet an, vint à la connoissance de Charles, roi de France, comment ses pays, en divers lieux, étoient dégâtés et oppressés par aucuns capitaines tenant son parti, lesquels avoient grand nombre de gens d'armes sur les champs; entre lesquels étoit un des principaux, Rodrigue de Villandras, lequel avoit en sa compagnie mieux de six cents chevaux. Si lui furent envoyés, de par le roi, certains messages; lesquels lui dirent et commandèrent de par lui, qu'il vidât ses pays, ou allât en frontière contre les Anglois, à quoi il ne voulut obéir. Et pour tant le roi, qui étoit à Bourges en Berri, assembla gens et alla en personne pour le ruer jus; mais ledit Rodrigue en fut averti. Si se tira vers Thoulouse et alla au pays de Guienne; auquel lieu, avec aucuns du pays, il assembla derechef très grand nombre de gens d'armes. Si commença à faire très forte guerre aux Anglois; et tant en ce continua, qu'il leur fit très grand dommage et prit plusieurs villes et forteresses, où il mit de ses gens. Si entra en l'île de Médoch jusques à Soulach, lequel pays ils détruisirent, et y trouvèrent des biens très largement et en très grand' abondance; et pareillement conquirent le pays de Blanquefort. Et outre, allèrent devant un fort nommé Châtel-Neuf, lequel ils prirent d'assaut, et étoit au capitaine de Buch.

Et tantôt après, vint le seigneur d'Albret, atout très grand' puissance de gens d'armes, et les mena devers Bordeaux, où ils prirent l'église de Saint-Séverin, qui est à un trait d'arbalêtre près de la cité. Si se logèrent illec; très grand nombre de gens de guerre; et depuis, par nuit, en mirent ès vignes auprès de la ville, une très grosse embûche de leurs gens; lesquelles vignes étoient hautes comme treilles; et le lendemain firent semblant d'eux déloger. Et adonc ceux de Bordeaux commencèrent à saillir dehors sur eux, et en issit bien deux mille largement, contre lesquels se mirent ceux de ladite embûche; et y eut entre eux une très grand' besogne et merveilleuse escarmouche: car ils se combattirent félonneusement par moult grand' espace de temps, et se tinrent très vaillamment l'un contre l'autre. Si en demeura de morts sur la place, bien environ huit cents, dont la plus grand' partie furent Anglois, lesquels Anglois il convint retraire dedans la ville de Bordeaux, pour la force et grand' puissance des François. Et adonc furent mises grosses et puissantes garnisons de gens d'armes autour de ladite ville de Bordeaux en plusieurs lieux, lesquels contraignirent et détruisirent moult le pays, qui étoit moult grand et plantureux, et avoit été long-temps sans être si fort approché de gens de guerre qu'il fut pour lors. Pour lesquelles entreprises, vaillances et diligences que fit icelui Rodrigue de Villandras au pays de Bordeaux, le roi de France lui pardonna toutes les offenses et malfaits qu'il avoit faits contre lui. Toutefois, dedans un an après ensuivant, lesdits Anglois reconquirent la plus grand' partie de ce qu'iceux François avoient gagné sur eux.

CHAPITRE CCXXXVII.

Comment le pape Eugène envoya ses lettres en plusieurs lieux de la chrétienté, et la teneur d'icelles.

Au commencement de cet an, furent envoyées unes bulles par notre Saint-Père le pape Eugène, contre ceux tenant le concile de Bâle, dont la teneur s'ensuit.

« Eugène, évêque, serf des serfs de Dieu. Tous exemples, tant du nouvel comme du vieil testament, nous admonestent les crimes et deffautes especialement griefs, qui sont et attentent à l'esclandre et division de la chose publique et du peuple à nous commis et baillé, que nous ne les laissons passer sous silence, ni que nullement ne les laissons impunis. Et si les fautes par lesquelles Dieu est grandement offensé, nous différons à poursuivir et venger, certainement nous provoquerions la divine sapience à se courroucer; car il est plusieurs deffaute, èsquelles grandement péchent ceux qui relâchent et diffèrent de vengeance, quand ils les doivent punir. Juste chose, est et à raison consonnante selon la raison des Saints Pères, que ceux qui contemnent les divins mandements, et désobéissant aux paternelles ordonnances selon saintes institutions, soient corrigés des plus cruelles vengeances, afin que les autres aient honte de mettre les crimes, et toute concorde fraternelle se réjouisse, et que tous prennent exemple de crémeur et de honnêteté; car s'il étoit ainsi, que jà ne soit! que la vigueur et sollicitude de l'Eglise fût par nous délaissée négligemment, la discipline de l'Eglise périroit par notre paresse, ce seroit chose moult nuisant aux ames des bons et loyaux chrétiens. Donc faut retrancher la mauvaise chair de la bonne, et la brebis rogneuse du troupel, à ce que toute la maison et les bêtes ne périssent, et ne soient corrompues ni infectées; car comme dit le glorieux docteur saint Jérôme : Arien fut à Alexandrie une étincelle de feu, mais pource qu'elle ne fut pas assez tôt éteinte et oppressée, la flamme s'y dépopula et alluma tout le monde. Et pour cette cause à l'évêque de Rome furent de Notre Sauveur données les clés de lier et délier, afin que ceux qui se dévoient et vont insensiblement hors du chemin de vérité et de justice, soient astreints et contraints des liens de correction et obligation. Disons donc, de l'autorité apostolique, ceux qui eurent et qui mettent et mènent les autres en erreur, par les censures de l'Eglise être baillés à Satan, à ce que leurs esprits soient sauvés, et à ce que tant eux comme les autres désapprennent de blasphémer ; et, comme dit le benoit pape Sixte, nous ayons mémoire de présider sous le nom d'icelle Eglise, de laquelle la confession est de notre très doux Sauveur Jésus glorifier, de laquelle la foi ne nourrit jamais hérésie, mais toutes les détruit. Et pour ce nous entendons à nous non être autrement licite, que de mettre toute notre force et puissance à ce à quoi le fait de l'universelle Église soit arrêté.

» Vérité est que ès jours prochains, nous présidant à la congrégation du concile général de cette sainte sacrée Église, notre bien-aimé fils, maître Hutin de la Plante, docteur en lois, et notre bien-aimé fils, maître Jean de Platon, docteur en lois, promoteur d'icelui sacré concile, et maître Venture Du Châtel, ordonné procureur de la chambre apostolique et licencié ès lois, nous ont exposé une lamentable querelle sous ces paroles, en disant :

« Très saint et révérend Père, en ce sacré et œcuménique concile général légitimement assemblé, jà-soit-ce qu'une soit la sainte catholique et apostolique Église romaine, que le benoist Saint-Esprit, en la personne de Notre-Seigneur, au livre des Cantiques, le démontre, en disant : Ma colombe est une parfaite, une est aussi sa mère, qui la porte enfante. Et le vaissel d'élection, monseigneur saint Paul, démontre l'unité d'icelle Église et le sacrement de cette unité, en disant. Un corps et un esprit, une espérance de notre vocation, un seigneur et une foi, un baptême, un Dieu. Et, comme dit le benoist Cyprien. Elle est un chef, une naissance et une mère plantureuse de toute fécondité, et ne peut adultérer l'épouse incorrompue de Jésus-Christ, nette et pure ; elle connoît une maison, elle garde par chasteté, netteté et sainteté, une seule couche. Et en un autre lieu, icelui même Cyprien dit. Il n'a point l'ecclésiastique ordonnance, qui ne tient l'unité de l'Eglise. Et comme Pélage, pape, affirme des paroles du benoist saint Augustin, très noble docteur d'icelle Eglise, pource qu'il ne peut être qu'il ne soit Eglise, et faut qu'icelle le soit, laquelle est un siége apostolique radialement constitué par la succession des évêques, néanmoins, dès le commencement d'icelle Eglise, la libidinosité et l'outrage effréné d'aucuns hommes a toujours attendu de descirer et de détrencher l'unité d'icelle, à l'encontre desquels la divine vengeance premièrement, et après l'autorité des saints Pères se sont élevés.

» Quiconque donc, par hardiesse, sacrilége et diabolique persuasion, présumera d'entamer cette sainteté, et, sans nulle macule, unité de l'Église, celui sacré canon le démontre et enseigne ennemi de l'église; et ne peut avoir Dieu à père, s'il ne tient l'unité de l'église universelle; et ne peut celui ni nul en rien convenir, qui ne convient avecque le corps de l'église et l'universelle fraternité; car comme Jésus-Christ soit mort pour l'église, et l'église soit le corps de Jésus-Christ, il n'est point de doute que qui divise l'église, qu'il est convaincu de diviser et déchirer le corps de Jésus-Christ. Et à cette cause, par la volonté de Dieu, en ses schismatiques Dathan et Abiron, qui contre l'honneur de Dieu faisoient schisme et division, telle vengeance vint, que la terre s'ouvrit et les engloutit tous vifs; et les autres qui les adhéroient, furent consumés par feu qui descendit du ciel.

» En après, combien soit inséparable le sacrement de l'unité de l'église, et combien s'acquièrent grand'perdition par l'indignation de Dieu, ceux font schisme en l'Église et qui délaissent le vrai époux de l'église, un autre faux évêque se constituent. On le voit ès livres des rois, où l'écriture divine déclare que quand de la ligue de Juda et de Benjamin les dix autres lignes se furent séparées, et qu'elles eurent laissé leur droit roi et en eurent constitué un autre, Notre-Seigneur fut indigné contre toute la semence d'Israël, et la donna en dérision et division, et aussi qu'il la déjeta de sa face. Et dit cette écriture, Notre-Seigneur avoir été indigné, et iceux avoir donnés en perdition, qui s'étoient séparés et dissipés d'unité, et se avoient autre roi constitué.

Et a toujours été si grande de Dieu l'indignation contre ceux qui ont fait schisme et division, qu'aussi quand l'homme de Dieu fut envoyé à Jéroboam, qui lui reprochoit et blâmoit ses péchés, et lui prédisoit la vengeance que Dieu en vouloit prendre, Dieu lui avoit défendu qu'il ne mangeât de pain, ne bût eau avecque icelui Jéroboam; laquelle chose il trépassa contre le commandement de Dieu. Et tantôt après, par la divine sentence, il fut tellement persécuté, qu'ainsi qu'il venoit dudit Jéroboam, il lui vint un lion très impiteusement, qui l'occit. Esquelles choses, comme saint Jérôme affirme, nul ne doit avoir doute que le crime de schisme ne soit et ait été de Dieu grièvement puni. Comme doncque jà-piéçà en un saint sacré concile général de Constance, ce pernicieux schisme a travaillé et donné affliction à l'église de Dieu et à la religion chrétienne, a très grand' perdition d'ames, et non mie tant seulement d'hommes, mais aussi de cités et provinces, par persécution cruelle et longue, et depuis, par l'ineffable miséricorde de Dieu tout-puissant, et aussi par les grands labeurs, angoisses et dépens des rois et des princes, tant ecclésiastiques comme séculiers, et aussi de moult d'universités et d'autres loyaux chrétiens, eut été apaisé, et croyoit-on l'Église parfaitement, comme chacun le désiroit, en joie de parfaite paix, tant par l'élection de bien aimée mémoire le pape Martin, comme aussi après son trépas, par l'indubitable unique et canonique assomption de vous la hautesse de l'apostolat; mais maintenant voici que nous sommes contraints de dire, comme Jérémie le prophète: Nous avons attendu paix, mais voici tribulation. Et derechef avec Isaïe: Nous avons attendu lumière, et voici ténèbres; car plusieurs enfants de perdition et iniquité, peu en nombre et légers d'autorité, à Bâle, après la translation du concile, lequel avoit là eu vigueur par une espace, par votre autorité, laquelle translation a été faite par justes, évidentes, contraignants et nécessaires causes, canoniquement pour la très sainte, et à tout le peuple chrétien très désirée union des Grecs et de toute l'église orientale, de toutes leurs forces, de toutes leurs douleurs, par cautelle, se sont efforcés de pécher. Car quand les devantdits appeleurs, qui étoient demeurés à Bâle, eurent failli aux Grecs de leur promesse, et qu'ils aperçurent par les orateurs grecs et de l'église orientale, que très noble prince, messire Jean Paléologue, empereur des Romains, et aussi Joseph, de bonne mémoire, patriarche de Constantinople, avecque plusieurs autres prélats et autres hommes de l'église orientale, devoient venir au lieu élu pour célébrer le concile œcuménique, et que votre sainteté étoit là venue avecque plusieurs prélats, orateurs et autres innombrables à très grands dépens et frais; pour détourber la venue du dessusdit empereur, ont été discerner un monitoire détestable contre votre sainteté et contre mes très révérends seigneurs, messeigneurs les cardinaux de l'église de Rome.

Et quand ils aperçurent les devant dits empereur et patriarche de l'église orientale venir, ils allèrent de fait proposer, contre votre sainteté, une sacrilége sentence de suspension et administration de papalité; nonobstant lesquels enforcements iniques et sacriléges, par votre diligence, cure et sollicitude, avecque le conseil, et par moult de labeurs et de diverses disputations, enfin la divine miséricorde a concédé que le schisme des devant dits Grecs et orientale église, lequel, à la grande destruction du peuple de chrétienté, avoit duré près de cinq cents ans, si fut ôté du milieu de l'église, et que la très désirée union de l'orientale église et occidentale, laquelle on croyoit à grand' peine pouvoir faire, par très souveraine concorde s'en ensuivit. Et eux, qui de voir tant de saintes œuvres et sacré concile, se devoient très hautement émerveiller, et par souveraines louanges et exaltations, comme toute la religion chrétienne avoit fait, devoient vénérer et rendre grâce au très haut de tant merveilleux dons, sont faits plus cruels et plus obstinés, en voulant à la très mauvaise cruauté ministrer ensemblement à la destruction de la chose publique et ruine chrétienne; et sont faits persécuteurs de leur propre honneur par présomption pestifère, s'étant efforcés tant qu'ils ont pu, de trancher l'unité de la sainte romaine et universelle église, et l'incommutible créé de Notre-Seigneur, et le ventre d'icelle piteuse et sainte mère église, par leurs massacres morceaux et serpentineux, déchirés de ceux. Le duc, le prince et l'ouvrier de toute celle négande œuvre a été premièrement le premier engendré ce très déloyal Satan Asmodus, jadis duc de Savoie, lequel jà-piéçà a ces choses préméditées en son courage, et a été acertené de plusieurs fausses pronostications et sorceries par plusieurs exécrables et maudits hommes et femmes, lesquels ont délaissé leur Sauveur derrière, et se sont convertis après Satan, séduits par illusion de Diables; lesquels en commun langage sont nommées, sorcières, frangules, straganes ou vaudoises, desquelles on dit en avoir grand foison en son pays. Et par telles gens, jà passé aucuns ans a été séduit tellement, qu'afin qu'il pût être élevé pour chef monstrueux et difforme en l'église de Dieu, il prit habit d'hermite aux avicsions d'un très faux hypocrite, afin que sous la peau de brebis ou agnel, il couvrît sa cruauté lupine; à ce qu'en la fin, en procès de temps, lui, qui étoit confident à ceux de Bâle, en fraude, par dons, par promesses et par menaces, une grand' partie de ceux de Bâle, laquelle étoit sujette à son commandement ou tyrannie, idole de Belzébuth, d'iceux nouveaux diables ses princes, ils le constituassent à l'encontre de votre sainteté, laquelle est très vrai vicaire de Dieu et successeur de saint Pierre indubitablement, et profanassent et pollussent l'église de Dieu. Et a induit ce très miséreux Asmodée, homme d'exécrable et ignominieuse convoitise, et lequel toujours s'anathématise, cette division, laquelle selon l'apostole, est servitude des diables, autrement appelée blasphémeuse synagogue d'hommes perdus, et de toute chrétienté la honteuse et confusible sentine puante; à laquelle a député pour électeurs, proclamateurs, certains hommes ou diables sous figures et espèces d'hommes mussés (cachés), qui en la fin en idoles, comme jadis la statue de Nabuchodonosor, au temple et en l'église de Dieu, s'élevassent. Et aussi lui-même, élevé par ses furieux vices, descendant à l'exemple de Lucifer, qui dit: Je mettrai mon siége en aquilon, et serai semblable au treshaut au jour de la devantdite élection; mais plus vraie profanation faite de lui, laquelle lui propre, à grands frais et anxiété de courage, avoit pourchassée par très grand' et détestable avidité et désir, il embrassa, et n'a point eu d'horreur de vêtir les vêtements papaux et les signes, de soi tenir, porter et exercer pour le souverain et romain évêque, et de plusieurs, comme tel, se faire honorer et révérer. Et outre plus, il n'a point eu de honte ni cremeur d'envoyer en plusieurs et diverses parties du monde ses lettres plombées et bullées, en la forme des évêques romains, ésquelles il se nomme et appelle Félix; comme il soit ainsi que de tous les homme du monde il soit le plus malheureux: et par lesquelles il s'efforce de mettre et épandre les divers venins de ses pestilences. O très Saint Père et très saint sacré conseil, que quiers-je premièrement ci ou que demandé-je, ou par quelle force de voix, ou par quelle gravité de pesanteur de paroles, par quelle douleur de courage, par quel gémissement de courage, ou par quelle abondance de larmes puis-je pleurer tant horrible forfaiture?

» Quelle occasion sera-ce, qui pourra déplorer, exprimer par nulle effluencieuse largesse ou abondance de larmes dignement ce terrible et énorme péché et crime? Certainement cette chose ne se peut véritablement exprimer ni raconter, pour l'indicible grandeur de sa crédulité; car la grandeur de si grande offense si vainc la force de la langue. Mais, très saint et très révérend Père, comme je connois maintenant, est le temps de remède plus que de querelle et de plainte; car voici notre mère sainte église, laquelle en la personne de la sainteté, qui, en son vrai et sûr époux, par bonne et vraie paix se réjouissoit par ci-devant, maintenant est contrainte de crier en grands soupirs et sangloutissements (sanglots), et deffermer toutes les fontaines des larmes à toi, qui es son vrai époux, à vous mes très révérends Pères qui êtes maintenant en partie de sollicitude, et à ce sacré et œcuménique évoqué, en disant: Ayez merci de moi singulièrement, vous qui êtes mes amis, car mes entrailles sont toutes remplies d'amertume, et les lions détruisent la vigne de Dieu Sabaoth; et la robe de Jésus-Christ, inconsutile et entière, qui est l'église, les très mauvais déchirent. Maintenant donc se loue Dieu, et tous ses ennemis soient dissipés et détruits. Et toi, très Saint-Père, comme il soit ainsi, que toutes les choses dessusdites soient manifestes, publiques et si notoires, que par nulle couverture elles ne se peuvent céler, défendre, ni excuser, en la vertu du très hautain, avecque ce sacré concile lève-toi, et t'émus et juge la cause de ton épouse, et aie la mémoire de l'opprobre de tes enfants. O très puissant, ceins ton épée et la mets sur la cuisse; entends, prospère et règne; et dis avec le Psalmiste: Je persécuterai mes ennemis, et ne m'en retournerai jusques à ce que je les consume et dérompe, à ce que plus ne s'élèvent, ni chéent, ni trébuchent sous mes pieds; ni il n'appartient point si déraisonnable offense, ni si abominable passer sous dissimulation, afin que par aventure, présomption de malice impunie ne trouve un successeur; mais par le contraire la transgression et deffaute punie, soit aux autres exemplaires d'eux retraire d'offenser. Et à l'exemple de Moïse, l'ami et serviteur de Dieu, doit être dite par vraie sainteté à tout le peuple chrétien: Départez tretous des tabernacles et villes des mauvais. Et aussi, à l'exemple du benoist saint, ton prédécesseur, lequel, selon le conseil général de l'église à Ephèse, ôta et renvoya Dioscorus et ses fauteurs, et ensuivant en la Calcédoine il condamna.

» Aussi, à l'exemple des souverains évêques tes prédécesseurs, lesquels ont toujours exterminé et expulsé de l'église de Dieu, de la communité des loyaux chrétiens et du sacré corps de Dieu, et affligés et punis d'autres condignes et justes peines, selon que justice le requiert, tous ceux qui se sont élevés contre l'Eglise de Dieu par hérésies, divisions et schismes, venge donc cette nouvelle rage, qui en l'injure de toi et de l'église de Rome ton épouse, et aussi en l'esclandre de tout le peuple chrétien, venge, délie, à l'aide et approbation de ce saint sacré et œcuménique concile, excommunie, ôte et sépare perpétuellement des portes de l'église, par l'autorité de Dieu tout-puissant, de saint Pierre et de saint Paul et de la Trinité, tous les mauvais devant dits monstres et difformes acteurs de telle offense, avec leur hérésiarque père de hérésie, le très pestilencieux Asmodée, et nouvel antechrist en l'église de Dieu, avec aussi tous les serviteurs adhérents et ensuivants, et singulièrement ces pervers électeurs, ou plus vraiment profanateurs. Soient donc détestés lui et tous les devant dits, comme antéchrist, destructeur et invadeur de toute la chrétienté, ni jamais à lui ni aux devant dits sur cette matière ne soit donnée nulle audience. Soient eux et leurs successeurs privés de tous degrés et dignités ecclésiastiques et mondaines, sans nulle révocation ; et que tous soient de perpétuelle anathématisation et excommunication condamnés. Et qu'au jugement ils soient avecque les mauvais, et qu'ils sentent la fureur des benoits saints apostoles saint Pierre et saint Paul, desquels ils présument l'église confondre. Soit leur habitation faite déserte, et ne soient nuls qui habitent en leurs tabernacles ; leurs enfants soient orphelins et leurs femmes veuves. Tout le monde se combattre contre eux, et tous les éléments leur soient contraires: et qu'en telle manière ils soient détestés, exterminés et abominés de tous ; à ce qu'eux pourrissant en perpétuelle nécessité et misère; justement la mort leur soit soulas, et vie leur soit tourment. Et les mérites de tous les saints si les confondent : et que sur eux démontrent publique vengeance; et avec Choré, Dathan et Abiron, qui furent tous vifs engloutis de la terre, ils reçoivent leur portion. Et finablement, s'ils ne se retournent et de cœur se convertissent, et fassent dignes fruits de pénitence et satisfassent à ta sainteté, et à l'universelle Église, pour la cruauté de tant de crimes et d'offenses, avecque les mauvais et ténèbres infernales soient mussés en perpétuel tourment, et là condamnés par le digne jugement de Dieu. Et nous, et tous bons chrétiens qui avons en abomination les hérésiarques princes d'hérésie, et leur très abominable idole, antechrist et blasphèmeur exécrables réprouvons; et toi vicaire et lieutenant de Jésus-Christ, et très digne époux de l'Église (comme nous confessons, et par dévote révérence et obéissance révérons), la grâce de Dieu tout-puissant garde et défende par l'intercession des benoits apostoles saint Pierre et saint Paul, et en la fin, par sa pitié inénarrable aux éternelles joies nous mène. *Amen.*

» Nous donc, et par la relation des gens dignes de foi, ayant aperçu si très grand' impiété avoir été commise, avons été et sommes afflictionnés de grandes douleurs et tristesses, comme il appartenoit, tant pour le si grand esclandre maintenant venu, comme pour la mort et perdition des ames de ceux qui commettoient et ont perpétré telles choses ; et par espécial de celui Asmodée, antipape, lequel nous avons embrassé ès entrailles de charité, duquel nous avons eu toujours cure d'exaucer ses prières et requêtes tant que nous avons pu avec Dieu. Et comme jà piéçà à l'encontre de cette abomination nous ayons eu désir en notre courage d'y pourvoir de salutaires remèdes, selon le droit de notre office de pasteur, et maintenant si publiquement en la face de l'Eglise soyons requis de résister, obvier contre le cruel crime, pour la défense de l'Eglise, le plus instamment et hâtivement que nous pourrons, de peur que cette chose tant énorme et exécrable soit un sourgeon et naissance, moyennant l'aide de Dieu, de qui en la besogne radicalement extirper avec nous ensemble ce saint sacré conseil présent, nous avons intention d'y mettre remède sans quelque dilation, selon les saintes ordonnances et canoniques de l'Eglise. Voyant donc et entendant la requête du procureur et du promoteur de ce sacré concile et de notre chambre apostolique être juste et consonnante en droit divin et humain, nonobstant que les devant dites deffautes soient si publiques et si notoires qu'elles ne se pussent, par nulle manière, couvrir ni céler, et qu'il ne seroit nulle nécessité de faire autre information, toutefois, pour plus grande certification et cautelle des choses promises par l'approbation de ce sacré concile, nous avons commis à plusieurs hommes vaillants et nobles, d'un chacun état du concile, diligemment examiner, et ce qu'ils trouveroient par information, justement et sans faveur, ils rapportassent à nous et à icelui sacré concile. Et par les commissaires eue très diligente inquisition, en tant qu'il appartient de ce schisme et division, et à nous et audit concile assemblés en congrégation synodale, les choses qu'ils auroient trouvées par l'examen de gens dignes de foi, ont loyaument rapportées. Et combien que par ces tant publiques, manifestes et notoires deffautes nous eussions pu, sans quelque dilation, les dessusdits scandaliseurs et flagitieux hommes, anathématiser et condamner, selon les saintes ordonnances ; néanmoins nous, à ce sacré synode, en ensuivant la clémence de Dieu tout-puissant, qui ne veut point la mort du pécheur, mais veut qu'il se convertisse et vive, avons décrété et ordonné de faire toute la douceur que nous pourrons, afin que par le proposer de la voie de douceur, ils se retournassent et reculent des devantdites outrages et excès, afin qu'eux retournant à la congrégation de l'Eglise, comme le fils prodigue bénignement nous le recevons, et par paternelle charité nous l'embrassons. Icelui donc, Asmodée et antipape, ses adhérents et les recevants, ou par quelque manière favorisant, par les entrailles de la miséricorde de notre Dieu, et par l'effusion et aspersion du précieux sang de Notre-Seigneur Jésus-Christ, auquel et par lequel la rédemption de l'humain lignage et l'édification de l'Eglise est faite, de tout notre cœur nous enhortons, prions et obsécrons que l'unité d'icelle Eglise (pour laquelle icelui Sauveur tant instamment pria son père) dorénavant ils délaissent et désistent à violer, et que la fraternelle dilection, amour et paix (laquelle tant de fois et si curieusement quand il dut aller de ce monde à son père par mort, il recommanda à ses disciples, et sans laquelle ni oraisons, jeûnes, ni aumônes ne sont acceptées à Dieu) ils ne détranchent et déchirent, ains se repentent et aient honte; et que des devant dits excès, tant scandaleux et tant pernicieux, le plus tôt qu'ils pourront, ils se désistent, et ils se trouveront véritablement envers nous et envers ce sacré concile (si affectueusement ils y veuillent comparoir, comme ils doivent et sont tenus) reçus par paternelle charité.

» Et afin que, si d'aventure l'amour de justice et de vertu ne les retrairoit de péché, la rigueur de discipline et les peines contraignent les devant dits Asmodée, antipape, électeurs et profanateurs, croyants, adhérents et recevants, et par quelque manière approuvants, par approbation de ce conseil, nous les requérons et admonestons sur la révérence et obéissance qu'ils doivent à sainte Eglise, et sur la peine d'anathématisation, crimes d'hérésie et schisme, et de quelconques autres peines, et leur mandons, en commandant très détroitement, que, dedans cinquante jours depuis, ensuivant immédiatement après cette admonition et sentence, icelui Asmodée, antipape, pour le pape de Rome dorénavant il désiste et délaisse à soi tenir et nommer, et que par autres, tant qu'il le pourra, il ne se laisse nommer; et que dorénavant il ne présume à user des signes et autres choses appartenant au pape de Rome, en quelque manière que ce soit. Et les devantdits électeurs et profanateurs, adhérents et recevants, fauteurs désormais au crime de ce schisme, ne fassent assistance, ne croient ni adhèrent, ou favorisent, en quelque manière que ce soit, par eux ou par autres, directement ou indirectement, ni par quelque manière, question ou couleur, mais tant icelui Asmodée, antipape, comme les devantdits électeurs, créditeurs, adhérents, récepteurs et fauteurs, nous aient, reconnoissent et révèrent comme évêque de Rome, vicaire de Dieu, et de saint Pierre et de saint **Paul** légitime successeur; et qu'à nous, comme père et pasteur de leurs ames, ils entendent, comparent et étudient, dedans le terme préfix, nous et ce conseil certifier, et acertener des choses devantdites.

» Et autrement, si icelui Asmodée, électeurs, croyants, adhérents, réceptateurs et fauteurs devantdits font le contraire, que jà ne soit! et que toutes les choses et singulières devant dites ils n'accomplissent par effet dedans le terme assigné, maintenant, et pour adonc nous voulons qu'ils encourent toutes les peines devant dites. Et néanmoins voulons que les devant dits, s'ils font le contraire, précisément le quinzième jour prochain ensuivant après ledit terme, mais qu'il ne soit fête, et, s'il est fête, au prochain jour ensuivant sans fête, comparent personnellement devant nous et le devant dit concile, où nous serons pour voir et ouïr eux et chacun d'eux ; lesquels nous citons par telle manière, pour les déclarer audit jour dignes d'être punis comme hérétiques et coupables de crime de lèse-majesté, et avoir encouru et desservi les censures et peines devant dites, et outre ordonner, selon que justice requerra et sera vu bon et profitable, en certifiant iceux ensemble et chacun à part, quel qu'il soit, comparent ou non, ou qu'il se démontre avoir comparu, nous procéderons à la déclaration des peines, moyennant et selon justice. Nonobstant que leur contumace ou présence n'y soit mie requise, procéderons en outre à leur aggravement et réaggravement, selon que la rigueur de justice le requerra et leurs mérites l'auront desservi.

» Et, afin que notre monition et citation faite en cette manière, soit, demeure et vienne à la connoissance de ceux qui sont cités et à qui il appartient, nous ferons attacher les chartres et lettres de cette citation contenant, aux portes de l'église de Notre-Dame-la-Nouvelle de Florence ; lesquelles lettres et chartres, ainsi comme par leur son et publique montrance, annonceront publiquement, et démontreront comme messages, à celle fin que les admonestés n'ignorent et ne puissent montrer ni prétendre nulle ignorance ni excusation : comme il ne peut être vraisemblable que telle chose leur pût demeurer inconnue ou célée, laquelle sera ci patentement déclarée. Nous voulons aussi et ordonnons, par l'autorité apostolique, que notredite monition, mise auxdites portes, vaille et obtienne pleine vertu et fermeté de contraindre lesdits admonestés, nonobstant quelconque constitution au contraire, comme si ladite monition avoit été à chacun des admonestés personnellement et présentialement insinuée et intimée.

» A celle fin, toutefois, que les admonestés et cités à ladite excusation n'allèguent icelui concile et cour romaine, commune à chacun, et le pays et le lieu être moins sûrs pour eux, et que, pour ces causes et autres, dussent être en péril, tant en allant comme en venant et séjournant, nous les assurons, par la teneur de ces présentes, tous et singuliers patriarches, archevêques, évêques et autres prélats, et clercs d'églises et de monastères, et personnes ecclésiastiques; et aussi ducs, comtes, princes et chevaliers, et écuyers, et autres officiers, de quelque état ou condition qu'ils soient, avecque leurs lieutenants; et après, toutes communautés, comme villes, châteaux, et autres lieux, nous requérons, par ces présentes, et exhortons, et à iceux patriarches, archevêques, évêques, et autres prélats étroitement nous mandons qu'à tous les devant dits admonestés, ou chacun d'eux, en venant à ce conseil, ou à cette dite cour romaine, en demeurant et séjournant en icelle pour l'occasion devantdite, et en retournant, à leurs personnes, biens et autres choses, ne fassent ni souffrent faire, tant qu'ils le puissent amender, nul ennui et offense à nuls hommes. Et ne soit licite, comment qu'il soit, cette page de notre citation, monition, volonté, requête, exhortation, procès et commandement, enfreindre, ou, par présomptueuse hardiesse, aller à l'encontre. Et s'il est aucun qui présume attenter, l'indignation de Dieu tout-puissant et des benoits apôtres saint Pierre et saint Paul se connoisse avoir encouru.

» Donné à Florence, en notre publique session synodale, solennellement, en l'église la Neuve : en laquelle ville de présent nous sommes résidant, l'an de l'incarnation dominicale mil quatre cent trente-neuf, le dixième jour d'avril, et de notre pontificat le dixième. »

CHAPITRE CCXXXVIII.

Comment messire Jean de Luxembourg envoya ses lettres aux chevaliers de la Toison, à cause de ce qu'il se sentoit en l'indignation du duc de Bourgogne.

Durant les besognes dessusdites, furent portées plusieurs nouvelles devers le duc de Bourgogne, contraires et préjudiciables à messire Jean de Luxembourg, comte de Ligny, et pour lesquelles ledit duc ne fut point trop bien content de lui, et pource principalement qu'il soutenoit en ses villes et forteresses plusieurs gens de guerre, qui faisoient moult de rigueurs et de rudesses contre les gens et pays d'icelui duc. Si en fut ledit de Luxembourg aucunement averti; et pour ce, afin de lui excuser, écrivit certaines lettres aux chevaliers de l'ordre de la Toison d'or, de l'hôtel du dessusdit duc; desquelles lettres, mot après autre, la teneur s'ensuit.

« Très chers frères et compagnons, depuis peu de temps en çà, aucuns mes bons amis m'ont averti que mon très redouté seigneur le duc de Bourgogne étoit indigné pour aucuns rapports, lesquels lui ont été faits à l'encontre de moi. Pour laquelle raison, j'ai envoyé devers lui Jean Taillemonde, et Huet, mon clerc, par lesquels lui ai écrit, lui suppliant humblement que de sa grâce il ne lui plaise soi enfelonner contre moi, ni me tenir en son indignation, sans moi ouïr en mes excusations raisonnables : lequel m'a, par les dessus nommés, écrit une lettre de créance, et à iceux, en sa présence, fait faire réponse de bouche, en déclarant les points dont il étoit informé et malcontent de moi; lesquels, pource qu'ils leur sembloient de grand' paix, les ont requis d'avoir par écrit; mais ils n'en ont pu finer, dont je suis bien émerveillé. Toutefois, ils les m'ont déclarés au mieux qu'ils ont pu; et sur iceux, je récris à mondit seigneur pour mes excusations. Et combien que j'espérois les aucuns de vous avoir été présents à leur déclarer lesdits points, néanmoins, afin de les vous rafraîchir et vous informer de mes réponses, sur ce je vous écris pareillement. Et premièrement, pour répondre au point de ladite crédence que j'ai plus au cœur, et qui plus touche mon honneur, par lequel leur a été déclaré que mondit seigneur a si eu de la part des Anglois, que certain temps après le traité d'Arras, ils écrivirent à monseigneur de Rouen, mon frère, que s'il plaisoit à mondit seigneur tenir paisibles, eux, leurs seigneurs, pays, amis et alliés, ils feroient envers mondit seigneur et les siens les semblables, et que mondit seigneur et frère m'en avertit pour en toucher à mondit seigneur à trouver moyen pour à ce parvenir, dont, combien qu'il m'en aie écrit, je l'ai célé, parquoi s'en s'ont ensuivi de grands maux et inconvénients, qui ne fussent pas si je m'en fusse acquitté,

» Pour moi excuser de ce, sauve la révérence de mondit seigneur le duc, lesdits maux et inconvénients ne sont point advenus par moi, ni à ma défaute ou négligence, ni la guerre commencée, ni conseillée. Et sais de vrai si mondit seigneur eût été mémoratif des devoirs et diligences que j'ai sur ce faites, on ne m'en eût point donné charge ; car véritablement, le lendemain que j'eus les lettres que mondit seigneur et frère m'envoya, touchant cette matière, qui furent écrites à Rouen, le vingt-neuvième jour de janvier, l'an mil quatre cent trente et cinq, et lesquelles il reçut le huitième jour de février ensuivant, j'envoyai pour cette cause à mondit seigneur, en la ville de Bruxelles, aucuns de mes gens, qui y arrivèrent le dixième jour de février ensuivant, atout mes lettres de créance, par lesquelles il leur chargeoit là déclarer le contenu des lettres de mondit seigneur et frère, ainsi que par eux le rapport en fut fait. Sur quoi leur fut faite réponse de par mondit seigneur, par la bouche de l'évêque de Tournai, que pour certaines causes qu'il leur déclara lors, que mondit seigneur n'avoit encore lors délibéré d'entendre au contenu desdites lettres de mondit seigneur et frère, qu'ils lui avoient été exposées en substance; et me donnai grand' merveille de ce que ledit évêque a dignité et honneur en l'Eglise, mêmement qu'il est réputé de si très grand' prudence, et l'un des chefs du conseil de mondit seigneur, qui de par lui fit la réponse à mesdites gens, ne l'en avertit pour s'en acquitter envers lui, et aussi pour ma décharge ; car si ainsi l'eût fait, je sais certainement qu'on ne m'en eût point imposé ladite charge. Toutefois, si ce ne suffisoit pour ladite décharge, je ferai bien apparoir, par lettres signées de la main de mondit seigneur, que je l'en ai fait avertir duement, selon que mondit seigneur et frère le m'avoit écrit: et que par les lettres de mondit seigneur, et aussi pour les causes ci-déclarées, il m'écrivit qu'il n'étoit point délibéré d'y entendre. Et par ce, pouvez entendre si je me suis acquitté, et si telle charge m'en doit être donnée. Et de ci en avant ai intention, au plaisir de

Dieu le créateur, de m'en excuser partout où il appartiendra, tellement que chacun pourra connoître, que la faute n'est point venue de moi.

A l'autre point par lequel m'est imposé, que j'ai envoyé de mes gens devers les Anglois, à Calais, depuis la convenance et assemblée d'Arras, sans le su de mondit seigneur et de ma très redoutée dame madame la duchesse, et de ceux du conseil : il est vérité que lors que je sus que madite dame la duchesse étoit à Gravelines, j'y envoyai pour aucuns affaires, cuidant que mondit seigneur le cardinal y fût, comme on disoit qu'il y étoit; et baillai charge de parler à lui de certaine matière, dont autrefois ai parlé à mondit seigneur, et pour laquelle il m'a accordé envoyer en Angleterre, non point que je voulsisse être fait recèlement et être inconnu à nulle personne quelconque, mais en appert, et généralement au vu et su de tout le monde, et mêmement devant madite dame et le conseil, si le cas advenoit.

» Et pour ce que mon très souverain seigneur le cardinal dessus nommé n'y étoit point, et ne devoit venir grand temps après, comme on disoit, celui que j'y avois envoyé, voyant que plusieurs alloient audit lieu de Calais, s'enhardit d'y aller pour aucuns de ses affaires; mais il prit congé de ce faire au lieutenant du capitaine de Gravelines, qui ce lui accorda; et pour ce s'avança d'y aller comme les autres, non cuidant rien méprendre, comme il m'a dit. Et vous certifie que je n'ai chargé, signifié ni fait dire auxdits Anglois chose qui puisse préjudicier le royaume, mondit seigneur, ni ses pays, ni retarder les choses encommencées de par-delà ; et me semble qu'en ce on ne doit imaginer sur moi quelque suspection de mal ; car si je voulois prétendre à telles fins, dont Dieu me veuille garder ! pouvez assez considérer que je l'eusse pu ou pourrois faire par autre manière ou par gens inconnus, marchands ou autres gens, qui journellement y repairent : mais jà à Dieu ne plaise que j'aie courage ni volonté de ce faire ; car oncques envers mondit seigneur ne fis ni veuille, ni ai intention de faire chose que chevalier d'honneur ne puisse et doive faire, touchant les lettres de garde, qu'on dit que j'ai baillées, et qu'avoit été acertené être à l'assemblée des trois états pieçà faite en la ville d'Arras, à laquelle avoit été remontré que mondit seigneur étoit puissant, et plus, la merci Dieu, que oncques ses prédécesseurs comtes d'Artois n'avoient été : par quoi il sembloit que audit pays ne devoit avoir autre que lui. Et pour ce que autres choses avoient été conclues, que plus nulles desdites gardes ne seroient baillées, sinon à mondit seigneur, je n'ai point de souvenance que j'aie été à quelque assemblée avecque iceux trois états, en ladite ville d'Arras, où il y ait ainsi été conclu sur le fait desdites gardes; mais j'ai bien mémoire qu'à Lille, en la maison du seigneur de Roubaix, où pour lors mondit seigneur tenoit son hôtel, en la présence de plusieurs de son conseil, fut conclu que nul ne bailleroit plus lesdites gardes ; et en fus d'opinion comme les autres ; et dis que je n'en baillerois nulles si les autres ne les bailloient ; et à cette cause me départis. Mais aucuns tems après, plusieurs recommencèrent à en bailler ; et grand espace depuis, quand je vis ce, j'en baillai pareillement, mais je n'entendois point que mondit seigneur en dût être mal content, ni qu'on me voulsît tenir en plus grand' servitude que les autres. Mêmement que pour aucunes desdites gardes par moi baillées, mondit seigneur m'en écrivit plusieurs lettres closes signées de sa main. Si a fait madite dame la duchesse, moi mandant, que je les voulsisse bailler, et par ce, me semble que mondit seigneur n'en doit point être mal content.

» Au regard de Riflart de Neuville, qu'on dit avoir été tué, à cause desdites gardes, et le seigneur des Bosqueaux, qui en sa maison fut chassé pour le vilener, combien que pour aucuns déplaisirs qui par eux m'ont été faits, je n'ai pas été bien content d'eux, néanmoins, mondit seigneur bien informé de la vérité, j'ai espérance que les rapports qui lui ont été faits ne seroient pas trouvés véritables, mais tout à l'opposite, ils seroient trouvés menteurs et faussaires. Quànt à la désobéissance qu'on veut dire que font mes officiers et commis au bailli d'Amiens, aux officiers du roi et à ceux de mondit seigneur le dessusdit duc de Bourgogne, qu'ils ne veulent souffrir y exploiter, et disent et veulent soutenir par leurs raisons, que je n'ai nul serment, fors tant seulement au roi d'Angleterre, je n'en ouïs oncques faire mention jusques à présent; et sans savoir les torts particuliers, pourquoi ni à qu'elles gens ce ait été, n'y saurois bonnement que répondre. Et me semble que le bailli d'Amiens, que je tenois pour mon espécial ami, m'en dut avoir averti; car s'il l'eût fait, je lui eusse rendu peine d'y avoir pourvu à mon pouvoir, tellement que j'espérois que mondit seigneur en eût été bien content. Du prévôt de Péronne, qu'on dit avoir aguetté et chassé en la ville de Cambrai, pour le vilener, battre et tuer, j'en ai fait parler à mesdits archers, lesquels dient, que eux étant allés ébattre au vingtième lieue de Cambrai, il leur fut dit que ledit prévôt s'étoit vanté que s'il pouvoit être maître d'eux, il les prendroit et les feroit pendre par les hâtereaux (cous). Pour quoi soudainement s'émurent, et chaudement le poursuivirent, pour savoir s'il leur vouloit mal; et assez tôt après, surent qu'il n'avoit point ainsi parlé d'eux, et pour ce se départirent. Et quant aux menaces qu'on dit par eux avoir été faites à l'abbé dudit Saint-Aubert de Cambrai, ils s'en excusent.

» Quant au receveur de Péronne, qui se plaint, disant qu'il ne peut exercer son office, ni les péageurs de Bapaume à Péronne, pour les empêchements que y mettent mes officiers, mondit seigneur s'informera et m'en fera écrire plus au long; et quand il plaira à mondit seigneur m'en faire avertir, j'ai espérance d'y faire telle et si bonne réponse, que par raison il n'en devra point être mal content. Et au regard de maître Ador Caperel, qui a informé mondit seigneur que je l'ai fait aguetter pour le vilener, je vous certifie qu'il ne sera point ainsi trouvé pour vérité; et requiers que sur ce soit faite bonne et vraie information. Et s'il appert duement que je l'aie fait aguetter, moi ouï, je suis content d'en recevoir telle punition que de raison il appartiendra. Mais s'il est trouvé le contraire, je vous prie que vous veuillez tenir la main vers mondit seigneur, à ce que ledit Caperel et autres, qui ont fait tels faux, mauvais et mensongers rapports, soient punis tellement que tous autres y en prennent exemple, et que aperçoivent que mondit seigneur, ni nuls de ceux de son conseil, ne veulent souffrir de tels rapports être faits contre moi ni autres, ses serviteurs.

» Et pour ce, très chers frères et compagnons, que je vous sens de grand' prudence et discrétion, aimant loyauté, honneur et grand' noblesse, et que vous ne voudrez un de vos frères être chargé sans cause, et en ce moi confiant, et pour pleinement vous informer et avertir desdites charges et de mesdites excusations, je vous écris par la manière dessus déclarée, vous priant fraternellement, et tant acertes comme je puis, que vous veuillez tenir la main envers mondit seigneur, à ce que de sa grâce il lui plaise ôter de moi son indignation, et être content de mes excusations et réponses ci-dessus contenues; et aussi, qu'il ne lui plaise de croire rapports qui lui ont été ou pourroient être faits à l'encontre de personne, sans le moi signifier, pour y répondre et être ouï en mes excusations raisonnables, ainsi que vous savez que de son à un chacun faire se doit.

» Et véritablement, si par vous ne suis en cette matière assisté, et qu'on veuille procéder envers moi en telle manière et sinistres rapports, sans être ouï, comme dessus est dit, je ne m'en saurois envers qui me retraire, et n'aurois plus d'espérance d'être entretenu en termes de raison. Pourquoi j'aurois cause de m'en douloir, comme ces choses pouvez assez considérer, lesquelles lesdit Thallemonde et Huet, ou l'un d'eux, vous en pourroient dire plus à plein. Très chers frères et compagnons, si chose vous plaise que faire je puisse, signifiez-le moi, et je le ferai de très bon cœur, comme sait Notre-Seigneur, qui vous ait en sa benoiste grâce.

» Écrit en mon hôtel de Bohain, le jour de la Chandeleur. »

Ainsi écrivit messire Jean de Luxembourg aux chevaliers de l'ordre de la Toison, desquels grand' partie avoient grand' affection d'eux employer devers le duc de Bourgogne, à ce que messire Jean de Luxembourg demeurât toujours en sa grâce; et lui remontroient très souvent plusieurs causes, par quoi il étoit tenu de souffrir de lui; mais de jour en jour sourdoient nouvelles besognes entre eux, et faisoit-on divers rapports au dessusdit duc de Bourgogne de lui. Et encore, derechef, advint en ce même temps, qu'en la prévôté de Péronne, on mit sus une grand' aide de certaine somme de pécune à lever et recueillir sur icelui. Et entre les autres, furent taxés pour le payer, aucuns villages des seigneuries de Ham et Nesle, lesquels, pour ce temps, possédoit ledit messire Jean de Luxembourg, lequel ne fut point bien content que lesdites aides se levassent sur nuls de ses sujets; mais de fait fit et interjeta une appellation contre les officiers dudit duc de Bourgogne qui l'avoient assise et la vouloient cueillir. Lequel duc, non content de ce, envoya aucuns de ses archers avecque les sergents qui avoient charge de faire ladite exécution de l'aide dessusdite. Et quand ils furent venus en icelles seigneuries, ils commencèrent à prendre et lever des biens desdits sujets assez rigoureusement; et tant que iceux sujets s'en allèrent plaindre, en ladite ville de Ham, à Jacotin de Béthune, qui là étoit en garnison.

Si fit tantôt ses gens monter à cheval en très grand nombre pour aller voir que ce vouloit être, et lui-même en personne y monta pour aller après. Si s'en allèrent où étoient les archers et officiers dudit duc de Bourgogne dessus nommés, lesquels, de première venue, sans enquérir à qui ils étoient, furent très bien battus. Et y fut un sergent de Mont-Didier fort navré en plusieurs lieux. Mais quand ledit Jacotin qui venoit, aperçut que c'étoient les archers du duc de Bourgogne, il fit cesser ses gens, et s'excusa aucunement à eux, en disant qu'il entendoit que ce fussent les Écorcheurs, c'est à savoir les gens du roi Charles.

Néanmoins ils furent très durement villainés, et retournèrent bref ensuivant devers leur seigneur et maître ledit duc de Bourgogne, auquel ils firent grand' plainte de la besogne dessusdite, dont ledit duc fut très mal content, et moult fort indigné contre ledit messire Jean de Luxembourg et ses gens; tant qu'il lui en vouloit faire faire amende, quoi qu'il en fût ni dût avenir.

Si écrivit bref ensuivant audit de Luxembourg qu'il lui envoyât ledit Jacotin de Béthune, et ses autres gens, qui avoient fait cette offense: ce que ledit de Luxembourg lui refusa, en lui excusant, comme dit est ci-dessus, disant qu'ils ne cuidoient point adresser sur ses gens; et, par ainsi, multiplia la haine entre eux. Et d'autre part, assez bref ensuivant, icelui Jacotin rua jus des postes qu'il avoit en sa garde aucunes gens qui étoient aux comtes de Nevers et d'Étampes. Et de fait, y fut occis un gentilhomme, nommé Jean de la Perrière, qui étoit capitaine des autres, et encore aucuns autres, dont les seigneurs dessusdits furent malement troublés, et le prirent très mal en gré. Toutefois ledit de Luxembourg étoit fort douté, pour tant qu'il avoit de moult puissantes places, c'est à savoir Coussy, Beaulieu, Ham-sur-Somme, Nesle, La Ferté, Saint-Gobain, Marle, Arsy, Montagu, Guise, Hérison, Bouchain, Beaurevoir, Honnecourt, Orsy, et autres forteresses qui étoient garnies de gens puissamment, et si n'étoit point encore délié des Anglois, comme dit est ailleurs ; mais s'y fioit moult grandement ; pourquoi tous ceux qui avoient grand' volonté d'entreprendre contre lui, avoient doute, qu'au cas qu'on lui courût sus et feroit-on guerre, de quelque côté que ce fût, qu'il ne boutât lesdits Anglois en ses forteresses et en ses villes, qui eût été la destruction de plusieurs villes et pays.

Et pour icelle doute principalement, se dissimuloient tous ceux qui l'avoient en haine. Lequel temps durant, il entretenoit en ses places plusieurs gens de guerre, en intention de résister et lui défendre contre ceux qui nuire ou grêver le voudroient, tant François, Bourguignons, comme autres. Desquelles gens de guerre plusieurs pays étoient fort travaillés, et par espécial, le pays de Cambrésis. Et mêmement, sous ombre de ses gens, venoient très souvent les Anglois de Creil et autres garnisons, qui prenoient plusieurs hommes prisonniers, et autres bagues pilloient et emmenoient ès autres forteresses de leur parti et de leur obéissance ; et aussi plusieurs gens dudit messire Jean de Luxembourg avoient grand' hantise et communication avec lesdits Anglois. Auquel temps y avoit un nommé Perrinet Quatre-yeux, qui étoit de devers Beauvais, en Cambrésis ; lequel étoit guide d'iceux, et les avoit amenés plusieurs fois en icelui pays, où ils avoient pris et rançonné aucuns riches hommes ; mais il advint que pour continuer en son mauvais propos, il étoit venu en une cense assez près d'Oisy, nommée Gourgouche, auquel lieu le sut ledit de Luxembourg, qui étoit en la forteresse d'Oisy ; et incontinent y envoya ses archers, qui sans délai les mirent à mort, et fut enterré en une fosse : pour laquelle besogne et exécution, il acquit grand' louange de tous ceux du pays.

CHAPITRE CCXXXIX.

Comment le comte de Richemont, connétable de France, prit la ville de Meaux, en Brie, sur les Anglois.

En après, durant toutes ces tribulations, Artus de Bretagne, comte de Richemont, connétable de France, assembla jusques au nombre de quatre mille combattants de gens de guerre, avec lequel étoient La Hire, Floquet, le seigneur de Torsy, messire Gilles de Saint-Simon, et plusieurs autres capitaines françois, tant de gens de Champagne, François, comme autres, atout lesquels il se tira à l'entrée du mois de juillet, devant la ville de Meaux, en Brie, que pour lors tenoient les Anglois. Et tout de première venue, se logea à Champ-Commun, qui est un bien gros village ; et bref après ensuivant, fit assiéger une bastille devant icelle ville de Meaux, devant la porte de Saint-Remi : et après fit loger ses gens en l'abbaye de

Saint-Pharon, aux Cordeliers, et en autres divers lieux de ladite ville. Et tantôt après fut mise une bastille en l'île, vers la tour de Coutances, et il en fut faite une encore par messire Denis de Chailly, à la porte de Cormillon, vers la Brie; et depuis en furent faites cinq en deux îles, vers la cour de Suplète, contre le marché, qui toutes furent fournies de gens de guerre.

En outre furent dressés plusieurs gros engins contre les portes et murailles de la dessusdite ville, qui très fort la dommagèrent. Et tant en ce fait continuèrent, qu'en la fin de trois semaines le dessusdit connétable de France et ses capitaines conclurent, l'un avec l'autre, de faire assaillir icelle ville par leurs gens d'armes, qui en étoient en moult grand' volonté. Duquel assaut elle fut prise et conquise à peu de perte de leurs gens. Et fut pris dedans icelle le bâtard de Thien, lequel tantôt après eut le hâterel coupé, et avecque lui un gentilhomme nommé Carbonnel de Haule, avecque aucuns autres; et si furent morts des dessusdits assiégés, tant en défendant leurs gardes comme eux retrayant au marché, environ le nombre de soixante hommes, et de quarante à cinquante prisonniers parmi les deux dessusdits. Après laquelle prise, le dessusdit connétable, et la plus grand' partie de sesdites gens, se logea dedans ladite ville; toutefois demeurèrent gramment de gens en aucunes desdites bastilles. Si étoient dedans le marché de Meaux, pour chefs de la part des Anglois, messire Guillaume Chambellan, messire Jean Rippelay, et aucuns autres, environ cinq cents combattants. Et par avant, devant la venue d'icelui siége, avoient envoyé certains messages de leurs gens à Rouen, pour signifier la venue desdits François, leurs adversaires, en requérant aux commis du roi Henri d'Angleterre, qu'ils fussent secourus au plus bref que bonnement faire se pourroit.

Pour lequel secours bailler, le comte de Cambresech (Cambrigde), qui lors avoit la charge, de par icelui roi d'Angleterre, de la garde et gouvernement de la duché de Normandie, et avec lui messire Jean de Talbot, le seigneur de Fauquemberge, messire Richard d'Oudeville (Woodville), et aucuns autres capitaines anglois, accompagnés de 4000 combattants ou environ, se mirent à chemin sur intention de lever ledit siége, et chevauchèrent tant qu'ils vinrent dedans la ville de Meaux. Dedans laquelle le dessusdit connétable, sachant icelle venue, avoit fait retirer ses gens et ses habillements de guerre, qui très bien leur vint à point; car pour vrai s'ils eussent été trouvés aux champs, il y eût eu grand meschef d'un côté et d'autre. Et vous dis que les Anglois ne désiroient autre chose que de trouver lesdits François pour les combattre; et de ce firent plusieurs requêtes par leurs officiers d'armes audit connétable, qui ne leur vouloit accorder. Et entre temps furent faites aucunes escarmouches entre les parties: à l'une desquelles lesdits Anglois gagnèrent sur les François bien vingt bateaux de vivres et d'autres biens, et d'autre part fut abandonnée une bastille que tenoit le seigneur de Moy.

En après, assaillirent iceux Anglois et prirent de fait une autre bastille, qui étoit en l'île auprès du marché, dedans laquelle furent morts de cent à six vingts hommes du parti des François, et les autres furent prisonniers. Durant lequel temps, les dessusdits Anglois, voyant que les François n'avoient point volonté de les combattre, et aussi qu'il leur étoit impossible de les grever dedans leur fort, se disposèrent de retourner en Normandie, après qu'ils eurent rafraîchi leurs gens qui étoient audit marché de Meaux.

Si se départirent de Meaux; et, par la même marche dont ils étoient venus, s'en retournèrent audit pays de Normandie. Après lequel département, ledit connétable et ses gens s'efforcèrent derechef moult fort de guerroyer et combattre ceux du dessusdit marché par divers engins; et tant en ce continuèrent, que environ trois semaines après ensuivant, ledit sire Guillaume fit traité avec ledit connétable, pour lui et pour ses gens, par telle condition qu'ils s'en iroient saufs leurs vies et leurs biens. Lequel traité conclu et fini, leur fut donné bon et sûr sauf-conduit, et s'en allèrent à Rouen, où ledit capitaine fut fort reproché de ceux qui avoient le gouvernement; et de fait fut mis prisonnier au châtel de Rouen, pour tant qu'il avoit si tôt rendu icelui marché de Meaux, qui étoit bien garni de vivres et aussi d'habillements de guerre, et si étoit aussi une des fortes places du royaume de France. Néanmoins, depuis, il trouva manière de lui excuser vers les seigneurs de son parti, par lesquels il fut mis à pleine délivrance. Au temps dessusdit, fut décapité et écartelé un gentilhomme nommé Jean de la Fange, qui étoit au connétable de France, pour ce qu'il fut trouvé coupable d'avoir pourparlé avecque les Anglois sur aucunes besognes qui étoient préjudiciables au roi de France et à sa seigneurie. Si fut pour lors aussi écartelé avecque ledit Jean de la Fange, un sergent du Châtelet de Paris.

CHAPITRE CCXL.

Comment messire Jean de Luxembourg envoya lettres d'excusations devers le grand conseil du duc de Bourgogne, et la teneur d'icelles.

EN après, messire Jean de Luxembourg, comte de Ligny et de Guise, lequel de jour en jour savoit, par les rapports qui faits lui étoient, comment le duc de Bourgogne étoit mal content de lui, et ce principalement pour l'offense qui avoit été faite encontre ses archers par Jacotin de Béthune et ses gens, comme en autre lieu ci-dessus est plus à plein déclaré, afin que sur ce se pût excuser, et aussi ledit Jacotin, écrivit lettres à ceux du grand conseil dudit duc de Bourgogne, duquel la teneur s'ensuit.

« Très révérends pères en Dieu, très chers et très amés cousins et très espéciaux amis, je crois qu'il soit assez venu à votre connoissance certain débat, soudainement et par meschef advenu entre aucuns archers de mon très redouté seigneur le duc de Bourgogne et les gens de Jacotin de Béthune, en ma ville de Ham, par lequel mon très redouté seigneur a conçu indignation contre moi, dont j'ai été et suis tant déplaisant que plus ne puis. Et pour vous donner à connoître le cas et les devoirs où me suis mis envers mondit seigneur le duc, en vous faisant à savoir que si j'avois fait aucune chose vers lui pourquoi il ait cause de ce faire, pour ma décharge je vous en écris ledit cas qui est tel, c'est à savoir, que, par avant ledit débat, les officiers de mondit très redouté seigneur imposèrent sur les champs une taille, sans à ce évoquer les trois états d'icelui, au moins au nombre compétent ; laquelle taille ils vouloient élever sur mes terres, dont aucuns officiers appelèrent, et demeura la chose en ce point. Et pendant ce, aucuns qu'on nommoit Écorcheurs, ceux de Valois et autres gens d'armes, se démontroient moi vouloir faire guerre ; pourquoi me convint mettre gens en mes places et forteresses, entre lesquels je ajournai en madite ville de Ham ledit Jacotin. Certain temps après vinrent aucuns compagnons de cheval en plusieurs de mes villages d'environ ladite ville de Ham, courant par les champs et prenant chevaux, vaches et autres biens : parquoi vinrent audit lieu de Ham plusieurs femmes, criant qu'on emmenoit ainsi leurs biens.

» Lors ledit Jacotin, cuidant certainement que ce fussent lesdits écorcheurs, envoya ses gens sur eux, et y eut aucune voie de fait d'un côté et d'autre; mais tout incontinent que ledit Jacotin, qui suivoit les autres gens, sut que les dessusdits compagnons se disoient archers de mondit très redouté seigneur, il fit cesser ses gens; et étoit tant déplaisant dudit cas que plus ne pouvoit; car il n'eût jamais cuidé de prime face qu'ils eussent été à mon très redouté seigneur, attendu ledit appel et aussi les grand dérisions qu'ils faisoient environ la ville de Ham, et mêmement que ils avoient dit par avant qu'ils n'avoient point de charge de exploiter sur mes terres, pour quoi appert ledit débat être advenu par meschef soudainement. Ce nonobstant, mon très redouté seigneur m'a, à cette cause, fait sommer de lui délivrer le dessusdit Jacotin de Béthune et ses gens. Pour laquelle cause, j'ai de icelui cas fait faire information par gens de justice, présent tabellion royal, et fait remontrer à mon très redouté seigneur l'effet d'icelle, par laquelle appert ledit Jacotin et ses gens non être coupables en la manière que mondit très redouté seigneur, monseigneur le duc, en étoit informé, mais que ledit cas étoit advenu par la coulpe desdits archers, et exploits par eux faits contre les termes de justice, en lui priant que, ce considéré, il lui plaise être content de moi, et que la chose fût traitée par voie de justice, et qu'il lui en plût faire information par ses gens, tels qu'il lui plairoit, pour en être fait, ainsi que de par raison appartiendroit, en offrant que s'il étoit trouvé que lui eusse aucune chose méfait, moi ouï en mes excusations, de lui amender et de lui en requérir pardon.

» Et encore, pour plus moi humilier, et afin d'ôter de lui toutes imaginations qu'il pourroit avoir conçues à l'encontre de moi, de ce que oncques ne lui méfis par franchise, je lui ai voulu crier merci. Desquelles offres il n'a voulu être content, mais a fait saisir et mettre en ses mains les terres que moi et ma femme avons en ce pays de Brabant et Flandre, laquelle chose m'a été et est bien dure, considéré que en rien je n'y suis coupable dudit cas, et que je me suis offert en toute justice et raison, selon ce que dit est et posé, qu'on me voulsît dire être coupable, ce qui ne sera point trouvé. Il n'y a lieu de confiscation ni cause raisonnable d'empêcher le mien, mêmement selon les droits, lois et coutumes desdits pays. Toutes lesquelles choses, pour plus avant me mettre en mes devoirs, j'ai bien au long déclaré au seigneur de Santois, qui de sa courtoisie est venu devers moi, et que j'ai prié très instamment qu'icelle voulsît remontrer à mon très redouté seigneur, et lui supplier que de sa bonne grâce il lui plût moi ouvrir la voie de justice, et j'étois près, moi ouï en mes excusations, d'être en droit par devant mondit seigneur le duc de Bourgogne, mes seigneurs de son ordre, et autres personnes de son conseil, ou par-devant les trois états de sesdits pays de Brabant et de Flandre, ou par-devant les juges et lois dont sont mouvant mesdits tennements. Suppliant en outre qu'il plût à mon très redouté seigneur, à ce moi recevoir et faire lever la main de mesdites terres. En quoi n'est point que je veuille fuir mondit seigneur ni sa justice, ni quérir à juges nuls autres princes que lui et ses gens, comme dessus est dit. Et semble que selon Dieu, noblesse et bonne justice, on ne me devroit refuser, car je ne crois point que je me puisse plus mettre et faire mon devoir, que de requérir être traité par justice par mondit seigneur, qui est prince tant renommé, par messeigneurs de son ordre, qui sont ses parents, ses frères et ses amis, et gens d'élite et bonne prud'hommie; par son conseil et par les trois états et juges desdits pays sujets à lui, où il y a tant de notables et sages personnages. Et en outre, de présenter, d'amender, de crier merci à mondit seigneur, monseigneur le duc; mêmement de ce qu'oncques ne lui méfis, ainsi comme dessus est dit et déclaré.

» Néanmoins, j'ai su depuis par aucuns, qui pour cette cause sont venus devers moi, que mondit très redouté seigneur ne veut point être content, si je ne lui livre ledit Jacotin de Béthune, laquelle chose m'est et seroit impossible de faire, car il n'est point en ma puissance; et si n'est pas vrai, ce semble, que nul qui se sentît en l'indignation d'un tel prince, si haut et si puissant comme mon très redouté seigneur, se voulsît laisser appréhender pour être livré à martyre. Et pour ce, très chers et espéciaux amis, que les choses dessusdites seront trouvées véritables, je les désire donner à connoitre pour ma décharge à vous qui êtes notables, connoissant que c'est de raison, et les vous signifie, vous priant, tant humblement que je puis, que icelles veuillez remontrer à mondit très redouté seigneur, et tenir la main à ce qu'il lui plaise être content de moi, et faire lever la main de mesdites terres; et au surplus ouvrir la voie de justice, en moi y employant par toutes voies et manières que pourrez, ayant considération comment, dès le temps de ma jeunesse, j'ai loyaument servi feu monseigneur le duc Jean, à qui Dieu pardoint! et mondit très redouté seigneur qui est à présent, comme chacun sait, et à mon loyal pouvoir ai aidé à garder leurs pays. Et si ainsi étoit qu'à tort on détînt mesdites terres, sans moi vouloir démontrer justice, laquelle on ne doit refuser à nul qui la requiert, pour tant qu'il veuille être à droit, je vous prie que ayez mémoire et souvenance des offres et devoirs en quoi je me suis mis, lesquels sont ci dessus plus amplement déclarés.

» Révérends pères en Dieu, très chers et très aimés cousins, et très espéciaux amis, si chose voulez que je puisse faire, signifiez-le moi, et je le ferai de très bon cœur, comme sait le bénoit fils de Dieu, qui vous ait en sa sainte garde!

« Ecrit en mon châtel de Vendoul, le treizième jour d'avril. »

La superscription étoit :

« A mes très chers et très amés cousins et espéciaux amis, les gens du grand conseil de mon très redouté seigneur, monseigneur le duc de Bourgogne. »

Quand les dessusdits seigneurs eurent reçu et vu les lettres, ils se mirent ensemble pour avoir avis qu'il en étoit bon de faire sur cette matière ; et par espécial ceux de l'ordre de la Toison d'or, duquel ordre ledit messire Jean de Luxembourg étoit, firent plusieurs diligences pour trouver manière qu'il fût reconcilié avecque ledit duc ; car moult doutoient que, s'il advenoit qu'il convînt qu'on procédât par voie de fait à l'encontre de lui, qu'il en adviendroit grands inconvénients aux pays d'icelui duc, pource principalement, comme en autre lieu est déclaré, qu'ils le sentoient être homme de haute entreprise de sa personne, bien pourvu de puissantes villes et forteresses pour faire forte guerre, si besoin lui en étoit. Si étoit avecque ce encore allié aux Anglois, qui lui avoient promis de bailler assistance et secours, et aussi lui livrer gens, toutes et quantes fois que besoin en auroit. Avoient regard aussi aux grands services qu'il avoit faits au dessusdit duc de Bourgogne et à ses pays, par plusieurs fois, et de moult long-temps. Et d'autre part vééient que les François de jour en jour entreprenoient en divers lieux sur les terres et pays du devant dit duc, et selon leur avis entretenoient très mal les points et les articles du traité d'Arras dernièrement fait.

Pour quoi, tout considéré, il leur sembla, par plusieurs raisons, qu'il valoit mieux que ledit de Luxembourg fût reçu en faisant les satisfactions qu'il offroit à faire, qu'autrement. Et pourtant, après que ladite matière eut entre eux été par plusieurs fois débattue, conclurent tous ensemble d'eux essayer envers ledit duc de Bourgogne, leur seigneur, pour savoir s'ils y pourroient mettre aucuns bons moyens. Et de fait, lui en touchèrent bien au long, en lui remontrant toutes les besognes dessusdites par diverses fois, et entre les autres, y continua très souvent messire Hue de Launay, seigneur de Santois, qui avoit la chose moult fort à cœur, et aussi avoient aucuns des autres. Néanmoins, de prime face, trouvèrent ledit duc en assez froide manière et réponse; car, entre autres choses, étoit très fort indigné pour l'offense qui avoit été faite et commise contre ses archers, plus que de toutes les autres. Et aussi les comtes de Nevers et d'Étampes, qui avoient eu leurs gens morts et détroussés par ledit Jacotin de Béthune, comme dessus est dit, plus avoient la besogne à cœur, et leur en déplaisoit moult grandement, et non point sans cause.

Toutefois les dessusdits seigneurs, par longue continuation en ce, pourparlèrent tant pour les besognes dessusdites, qu'il se commença à condescendre d'ouïr iceux, et les offres qu'ils faisoient pour le dessusdit messire Jean de Luxembourg; et finablement, tant firent les dessusdits et tant furent pourmenées lesdites besognes et tant approchées, qu'on prit journée pour être les deux parties ensemble en la cité de Cambrai.

Duquel lieu y furent, de par ledit duc, l'évêque de Tournai, maître Nicole Raoulin, seigneur d'Autun, son chancelier; messire Hue de Launay, le seigneur de Saveuse, et plusieurs autres notables personnages. Et pareillement fut messire Jean de Luxembourg, accompagné aussi de plusieurs notables personnages, tant chevaliers et écuyers comme gens de conseil; et mêmement y étoit le dessusdit Jacotin de Béthune. Et eux venus ensemble, certains jours ensuivant furent les matières ouvertes et mises avant sur tous les troubles qu'on disoit avoir été faits contre le duc de Bourgogne et ceux de ses pays, par icelui messire Jean de Luxembourg et ceux de sa partie. Auxquelles ouvertures ledit messire Jean de Luxembourg fit répondre sur tout, en lui excusant de la plus grand' partie, offrant du surplus, tant par lui comme par ses gens, faire si avant qu'il appartiendroit. Et après que tout eut été pourparlé bien et au long, en la manière dite, on mit par écrit les traités tels qu'il sembloit qu'ils fusssent raisonnables pour une partie et pour l'autre, pour venir à paix. Si furent montrés audit messire Jean de Luxembourg, qui aucunement y fit corriger aucuns points, lesquels n'étoient point à son plaisir, et depuis furent rapportés devers le chancelier, et autres du conseil, qui derechef y firent aucunes corrections; et pour tant, quand autre fois on les apporta audit de Luxembourg, quand il les eut vues et ouïes, elles ne lui furent agréables. Si se troubla assez soudainement, et les déchira par dépit, et dit tout haut que l'évêque de Tournai et le chancelier ne l'auroient point à leur plaisir; et bref ensuivant, par le moyen des seigneurs et gens du conseil, tant d'un côté comme d'autre, tout se rapaisa. Et, en fin de conclusion, furent assez bien d'accord, en retenant tant seulement sur ce l'avis et bon plaisir dudit duc, auquel ils le devoient apporter par écrit. Et entre autres choses, ledit Jacotin de Béthune se devoit aller rendre aux prisons dudit duc, pour être en sa merci; mais les seigneurs lui promirent, c'est à savoir ceux de la partie dudit duc étant audit lieu de Cambrai, qu'ils s'emploieroient de tout leur bon pouvoir envers lui, afin qu'il le reçût en sa bonne grâce et miséricorde. Et ainsi toutes ces besognes traitées, fournies et accomplies par la manière dessusdite, firent les dessusdits seigneurs du conseil, tous ensemble, très joyeuse chère l'un avec l'autre, en l'hôtel dudit messire Jean de Luxembourg. Pour lequel traité et pacifiement, plusieurs pays et contrées, avec les habitants d'iceux, tant nobles comme gens d'église et autres, en eurent très grand' liesse, quand ils surent iceux traités être achevés.

(1439)

Et bref ensuivant, se départirent les deux parties de la dessusdite cité de Cambrai, et retournèrent les gens du duc de Bourgogne devers lui, et montrèrent ce qu'ils avoient besogné, dont il fut assez bien content; et certain temps après, ledit Jacotin de Béthune alla devers lui en sa ville de Hesdin, et se rendit en sa merci, en lui requérant que s'il avoit aucune indignation à l'encontre de lui, il lui plût le recevoir en sa grâce, lequel duc l'envoya prisonnier. Et peu de temps après, par les très humbles requêtes et prières d'aucuns seigneurs notables et de grand' autorité, et ceux de son conseil, il le fit délivrer sur aucunes conditions, qui lors prestement lui furent déclarées.

CHAPITRE CCXLI.

Comment le roi Charles de France envoya dame Catherine, sa fille, devers le duc de Bourgogne, pour l'accomplissement de la promesse du mariage d'icelle dame et du comte de Charrolois, fils audit duc.

En cet an, environ le mois de juin, le roi Charles de France fit départir dame Catherine, sa fille, hors de son hôtel, icelle moult hautement et honorablement accompagnée des archevêques de Reims et de Narbonne, des comtes de Vendôme, de Tonnerre et de Dunois; du jeune fils du duc de Bourbon, nommé le seigneur de Beaujeu, du seigneur de Dampierre, et autres plusieurs grands et notables seigneurs, chevaliers et écuyers, accompagnés de trois cents chevaucheurs ou environ, pour la mener et conduire devers le duc de Bourgogne, auquel, comme dit est ailleurs par ci-devant, il avoit accordé pour son fils le comte de Charrolois avoir en mariage. Avec laquelle dame étoient, pour la conduire, la dame de Rochefort, et plusieurs autres nobles dames et damoiselles, en très noble et bel état. Et tant cheminèrent par plusieurs journées, qu'ils vinrent en la cité de Cambrai, où ils séjournèrent par l'espace de trois jours; et y furent grandement reçus et festoyés de ceux de ladite ville, tant des gens d'église comme des gouverneurs et habitants d'icelle.

Auquel lieu de Cambrai, par le dessusdit duc de Bourgogne, pour recevoir ladite dame, furent envoyés les comtes de Nevers et d'Étampes, le chancelier de Bourgogne, et autres en moult grand nombre de gens et notables seigneurs, chevaliers et écuyers, avec lesquels étoient la comtesse de Namur, la dame de Crèvecœur, la dame de Haut-bourdin, et plusieurs autres femmes d'état. Si firent ces seigneurs en icelle ville de Cambrai de moult grands honneurs et chères joyeuses, avec grands réceptions l'un avec l'autre. Et portoit-on la dessusdite dame, âgée de dix ans ou environ, sur une litière moult richement parée et appointée. Et à toutes bonnes villes où elle passoit, tant ès bonnes villes du royaume comme dudit duc de Bourgogne, on lui faisoit très grand' honneur et révérence. Et à l'entrée d'icelles bonnes villes descendoient communément dix ou douze gentilshommes à l'entrée de la porte, qui tenoient la main à sadite litière, tant qu'elle fût descendue à son hôtel. Et partant de Cambrai, allèrent par aucuns jours en la ville de Saint-Omer, où ledit duc de Bourgogne étoit, et tenoit son état. Lequel, grandement accompagné de chevaliers et écuyers, issit hors d'icelle ville, et vint aux champs; et lui venu au-devant de ladite dame Catherine de France, la conjouit et festoya moult révéremment, et lui fit moult grand honneur et joyeuse réception, et tous ceux qui étoient avec lui; et les mena dedans ladite ville de Saint-Omer, où le mariage fut par-confirmé. Si y furent faites grands et mélodieuses fêtes et ébattements par plusieurs journées, tant en joûtes, comme autrement, tout aux dépens dudit duc de Bourgogne. Et étoit lors l'entrepreneur d'icelles joûtes, pour la partie d'icelui duc, le seigneur de Créquy contre les autres défendants. Si demeurèrent les dessusdits seigneurs assez longuement au dessusdit lieu de Saint-Omer, pour être à un parlement qui se devoit faire d'entre les deux rois de France et d'Angleterre, entre Gravelines et Calais, duquel assez tôt je ferai mention.

CHAPITRE CCXLII.

Comment le bâtard de Bourbon prit la ville de la Motte, en Lorraine.

En cet an, le bâtard de Bourbon se partit de Jargeau, atout quatre cents combattants, ou environ, lesquels il conduisit et mena, par plusieurs journées, jusques à la Motte, en Lorraine, laquelle il prit assez soudainement d'emblée; et tous les biens qui étoient dedans, c'est à savoir, les biens portatifs furent par ses gens pris et ravis; et fut dedans icelle environ un mois, durant lequel temps il courut et pilla le pays en plusieurs et divers lieux. Et mêmement, courut sur la ville de Saint-Nicolas de Varengeville, qui de très longtemps par avant n'avoit été adommagée ni courue par nulles gens de guerre, quels qu'ils fussent. Et adonc les seigneurs et gouverneurs dudit pays de Lorraine, voyant la destruction totale d'icelui, par le moyen d'icelle garnison, traitèrent avec icelui bâtard de Bourbon, par condition qu'il auroit certaine grand' somme d'argent, et il leur rendroit icelle ville de La Motte. Lesquels traités conclus et du tout confirmés, ledit bâtard s'en départit d'illec atout ses gens pour retourner dont il étoit venu. Mais ainsi qu'il passoit assez près de Langres.

fut poursuivi et atteint par messire Jean de Vergy, Antoine de Gelet, Philippot de Saingines, et aucuns autres; lesquels le ruèrent jus et le détroussèrent. Et si en demeura morts sur la place bien six vingts ou mieux, et les autres en la plus grand' partie furent prisonniers. Et par ainsi ceux qui furent dérobés, furent d'iceux pillards aucunement vengés; mais pour tant ne ravoient point leurs biens; et au regard dudit bâtard, il ne fut mort ni pris.

CHAPITRE CCXLIII.

Comment plusieurs notables ambassadeurs s'assemblèrent entre Gravelines et Calais, sur le fait du parlement qui se devoit tenir et faire entre les rois de France et d'Angleterre.

En ce temps furent assemblés plusieurs notables ambassadeurs entre Gravelines et Calais, au lieu où l'an précédent avoient été ordonnés, tant de par les rois de France et d'Angleterre comme par le duc de Bourgogne. Entre lesquels y étoient, de par le roi de France, l'archevêque de Reims, grand chancelier; l'archevêque de Narbonne, et l'évêque de Châlons; les comtes de Vendôme et de Dunois, le seigneur de Dampierre, messire Regnault Girard, capitaine de La Rochelle, maître Robert Maillière, et Andry le Bœuf. Et de la partie dudit duc de Bourgogne, la duchesse sa femme, l'évêque de Tournai, maître Nicolas Raoulin, chancelier dudit duc, le seigneur de Crèvecœur, le seigneur de Santois, maître Pierre Bourdin, messire Philippe de Nanterre, et plusieurs autres. Et du côté du roi d'Angleterre, le cardinal de Vincestre, l'évêque d'York, l'évêque de Norwich, l'évêque de Saint-David, l'évêque de Lisieux, le doyen de Salsebéry, le duc de Norfolk, le comte de Staffort, et son frère; le seigneur de Bresuire, le comte d'Oxonfort (Oxfort), messire Thomas Kiriel, et plusieurs autres notables hommes. Lesquels tous ensemble eurent conseils par plusieurs journées, pour savoir s'ils pourroient aucune chose besogner sur la paix générale d'entre les deux royaumes, et aussi pour la délivrance du duc d'Orléans : mais finablement ne purent venir à aucune conclusion qui fût de valeur; car les Anglois, pour nul rien, ne vouloient condescendre à faire nul traité avecque le roi de France, sinon que la duché de Normandie avec leurs autres conquêtes leur demeurassent franchement, sans les tenir dudit roi de France. Si fut repris autre journée au prochain an ensuivant, et se départirent d'illec sans autre chose besogner. Et quant est aux Anglois, ils y étoient venus en grand' pompe et bombant, et moult richement habillés; et par espécial le dessusdit cardinal de Vincestre, y avoit fait venir de moult riches tentes et pavillons bien parés et ornés de tout ce qu'il y falloit, tant de vaisselle d'or et d'argent, comme d'autres besognes nécessaires et duisables. Et fit à ladite duchesse, sa belle nièce, moult joyeuse chère et réception, et la festoya très honorablement. Et après s'en retournèrent chacun d'eux ès lieux et places dont ils étoient venus, sans pouvoir autre chose besogner.

CHAPITRE CCXLIV.

Comment les Anglois vinrent au pays de Santois, où ils prirent le châtel de Folleville, et y firent moult d'autres maux et cruautés.

En cet an, environ l'entrée de Carême, le comte de Sombresset, avec lui le seigneur de Talbot, et aucuns autres capitaines, assemblèrent jusques au nombre de deux mille combattants ou environ, tant de pied comme de cheval, sur les marches de Normandie vers Rouen, atout lesquels et atout charroi portant leurs habillements de guerre, vivres et autres besognes nécessaires, pour venir au pays de Santois, passa l'eau de Somme parmi la ville de Montreuil, et s'en alla loger devant la forteresse de Folleville, qui pour lors étoit au gouvernement du Bon de Saveuse, à cause de la dame douairière qu'il avoit épousée. Et pource que ceux qui étoient dedans ledit châtel, saillirent dehors et occirent l'un des gens dudit comte de Sombresset, lequel il aimoit moult bien, si jura grand serment que de là ne se partiroit jusques à ce qu'il auroit conquis icelui châtel et ceux de dedans à sa volonté. Si fit prestement apprêter une petite bombarde, qu'il avoit amenée avecque lui, laquelle étoit excellentement bonne et roide, avec autres engins; lesquels engins, bombarde et canons, à l'une des fois, occirent le capitaine de léans, quand elles furent jetées; et depuis, continuèrent tant, que tout le surplus desdits assiégés furent contents d'eux rendre, en délaissant ladite forteresse et tous leurs biens; avec ce payant une grand' somme d'argent, en rachetant leurs vies envers les dessusdits Anglois.

Si fit ledit comte réparer ledit châtel, et y laissa garnisons de ses gens, qui depuis firent moult de maux et de dommages à tous les pays à l'environ. Et le lendemain de ladite reddition, se départirent d'icelui lieu ledit comte et ses gens, et suivirent ledit seigneur de Talbot, qui déjà s'étoit bouté bien avant audit pays de Santois; et tous ensemble s'en allèrent loger à Lihons, en Santois, où ils trouvèrent des biens largement et abondamment, et aussi par tout le pays, car on ne se doutoit de leur venue, pourquoi ceux dudit lieu n'avoient point retrait leurs biens. Auquel lieu de Lihons avoit une petite forteresse, et la grande église où le peuple et les habitants d'icelle ville s'étoient retraits hâtivement, quand ils surent que c'étoient Anglois.

Si fit ledit comte signifier à ceux qui étoient en ladite église, qu'ils se rendissent à sa volonté, ou il les feroit assaillir, ce que point ne voulurent faire. Et pour ce le lendemain fit faire ledit assaut très cruel et merveilleux ; lequel fut tant continué, que, pourtant que les Anglois ne les pouvoient autrement avoir, boutèrent le feu dedans ; et fut l'église tout arse et démolie, avec tous les biens d'icelle et ceux qui s'étoient retraits. Si y furent morts et brûlés très piteusement bien trois cents personnages ou plus, tant hommes, femmes, comme enfants, et peu en échappa de ceux qui étoient en ladite église. Pour lesquelles cruautés, ceux de la forteresse dessusdite, voyant la male aventure de leurs pauvres voisins et amis, se composèrent audit comte de Sombresset ou à ses commis, pour racheter leurs vies et partie de leurs biens, avec le feu pour les maisons d'icelle ville, et en donnèrent une grand' somme d'argent. Pour laquelle bailler et payer, baillèrent plusieurs ôtages, tant hommes comme femmes, qui depuis furent long-temps prisonniers à Rouen et ailleurs, pour la finance dessusdite.

Desquels ôtages, en fut l'un, un gentilhomme nommé Noiseux de Sailly, lequel mourut en ladite prison. Et iceux Anglois, qui étoient audit lieu de Lihons, firent plusieurs courses sur les pays à l'environ, desquels ramenèrent des biens largement à leurs logis ; et si prirent la forteresse de Herbonnières et le seigneur dedans, lequel, pour racheter lui et ses sujets, et sadite forteresse de non être désolée, comme les autres avoient été, s'accorda et composa à mille salus d'or.

Entre temps que toutes ces besognes se faisoient, le comte d'Etampes, qui étoit lors venu à Péronne, manda tous les seigneurs de Picardie, de Hainaut et des marches de l'environ, qu'ils vinssent hâtivement devers lui a tout le plus de gens de guerre qu'ils pourroient finer; lesquels vinrent en grand nombre, c'est à savoir le seigneur de Croy, le seigneur de Humières, le seigneur de Saveuse et ses frères, Valeran de Moreul, Jean de Brimeu, lors bailli d'Amiens, messire Jean de Croy, bailli de Hainaut, le seigneur de Haubourdin, le seigneur de Barbançon, messire Simon de Lalain, et plusieurs autres des pays dessusdits, en grand nombre; lesquels venus audit lieu de Péronne, et ès villes au plus près, pouvoient bien être en nombre de trois mille combattants de très bonne étoffe. Si tinrent iceux seigneurs conseil sur ce qu'il étoit de faire; et vouloient les aucuns qu'on combattît les Anglois, et autres en y avoit de contraire opinion; et disoient plusieurs raisons pourquoi on ne les devoit combattre; et enfin conclurent d'eux mettre aux champs de nuit et d'eux mettre en embûche auprès de Santois. Et il y avoit aucuns capitaines ordonnés pour envahir leurs logis, et bouter le feu en aucunes maisons pour voir leur gouvernement et conduite, et sur ce, faire selon ce qu'on verroit être plus expédient.

Après laquelle conclusion fut ordonné que toutes gens fussent prêts pour monter à cheval incontinent après minuit; et ainsi fut fait comme ils le devisèrent. Et issit ledit comte d'Étampes et tous les autres hors de Péronne, pour faire ladite entreprise. Mais quand ils eurent cheminé une demi-lieue ou environ, hors de ladite ville de Péronne, il fit si très noir, qu'à moult grand' peine pouvoient tenir chemin. Et adonc se commencèrent à pourmener jusques à ce qu'il fît un peu plus clair jour, que toutes gens se retournoient en leur ville, et par ainsi fut ladite entreprise rompue. Et en ce même jour, vers l'heure de midi, vinrent certaines nouvelles au dessusdit comte d'Étampes et aux autres seigneurs, qu'iceux Anglois s'étoient délogés de ladite ville de Lihons, et s'en retournoient le chemin dont ils étoient venus, ou assez près pour retourner en Normandie, ce qui étoit véritable ; car après qu'ils eurent été en ladite ville de Lihons, bien l'espace de dix jours ou environ, et fait de bien grands dommages au pays, comme dit est dessus, ils se partirent de là, et s'en allèrent en Normandie, sans ce qu'ils eussent aucuns empêchements ni détourbier qui fasse à écrire ; et emmenèrent plusieurs prisonniers et grand' foison de biens avec les ôtages dessusdits ; et au rappasser audit lieu de Folleville, le renforcèrent et y laissèrent forte garnison de leurs gens. Et en tant qu'ils furent en icelui pays, et audit logis de Lihons, les gens de messire Jean de Luxembourg alloient et venoient de jour en jour paisiblement avec iceux Anglois, et avoient grand' communication ensemble ; dont ledit comte d'Étampes et plusieurs autres grands seigneurs qui étoient avec lui, n'étoient point bien contents, mais pour lors on ne le pouvoit avoir autre. Après lequel département et délogement desdits Anglois, qui ainsi s'en retournoient, toutes les gens de guerre, qui étoient venus au mandement du dessusdit comte d'Étampes, se commencèrent à retraire ès lieux dont ils étoient venus.

CHAPITRE CCXLV.

Comment le dauphin, le duc de Bourbon, et plusieurs autres seigneurs, se départirent du roi Charles de France.

Au commencement de cet an, Charles, roi de France, fit grand' assemblée de nobles hommes, et autres gens de guerre, pour aller au pays de Bourbonnois, détruire et subjuguer monseigneur le duc de Bourbon et ses pays; lequel, à sa grand' déplaisance, avoit séduit et emmené son fils le dauphin, qui paravant étoit logé à Loches en Touraine, au châtel. Et étoit, pour ce temps, au gouvernement du comte de la Marche, qui étoit à cette heure en la ville, et point ne se doutant que ledit dauphin se voulsît partir sans parler à lui. Néanmoins, le bâtard de Bourbon, Antoine de Chabannes, et autres capitaines, atout foison de gens d'armes, vinrent devers lui audit châtel de Loches, et de son consentement le menèrent a pays de Bourbonnois, en la ville de Moulins. Auquel lieu s'en allèrent avec ledit duc de Bourbon, le duc d'Alençon et le comte de Vendôme, les seigneurs de la Trimouille, de Chaumont et de Prie, avecque plusieurs autres nobles hommes et grands seigneurs. Si étoit leur intention, que le dessusdit dauphin auroit seul le gouvernement et pouvoir du royaume de France, et que le roi Charles, son père, seroit mis comme en tutelle et gouverné par eux.

Et afin d'avoir aide et faveur pour accomplir leur intention, mandèrent en divers lieux les barons, grands seigneurs et gentilshommes de plusieurs pays, auxquels ils déclarèrent leur intention, en requérant qu'ils voulsissent faire serment audit dauphin, et le servir contre tous ceux qui grever ou nuire lui voudroient. Entre lesquels y vinrent les seigneurs d'Auvergne; lesquels, cette requête ouïe, firent réponse par la bouche du seigneur de Dampierre, que très volontiers le serviroient en tous ses affaires, réservé contre le roi son père; et disoient outre, que au cas que le roi viendroit à puissance au pays, et il les requît d'avoir leur aide, et aussi d'entrer en leurs villes et forteresses, ils ne lui oseroient ni voudroient nullement refuser, et qu'iceux requérants point à ce ne s'attendissent autrement.

Laquelle réponse ne fut pas bien agréable audit dauphin ni aux autres seigneurs; et se commencèrent très fort à douter que de leurdite entreprise ne leur vînt grand mal. Et avec ce étoient déjà avertis qu'icelui roi venoit contre eux à moult grand' puissance, comme dessus est dit. Laquelle chose étoit véritable; car le roi entra audit pays de Bourbonnois, et commença à faire très forte guerre aux villes et forteresses du devantdit duc de Bourbon, et de ceux tenant son parti; si en mit plusieurs en son obéissance. Et entre temps, ledit dauphin et ceux de son conseil envoyèrent devers le duc de Bourgogne, pour savoir s'il voudroit en ses pays recevoir lui et les siens, et lui bailler aide en tous ses affaires; lequel duc, après qu'il eut eu délibération de conseil, sur ce fit réponse, que tous ses pays avec ses biens étoient bien au commandement du dauphin, quand il lui plairoit y venir, mais pour nulle rien ne lui donneroit faveur ni aide pour faire guerre au roi son père, mais étoit prêt, pour toutes les manières qu'il pourroit, de lui aider à rentrer et être en sa grâce. Disoit outre, qu'il lui conseilleroit qu'ainsi le fît, et que trop grand déshonneur et dommage en pourroit advenir au royaume, si cette guerre se continuoit. Et pour y obvier et trouver manière et moyens, envoya, le duc de Bourgogne, ses ambassadeurs devers icelui roi, qui s'entremirent entre icelles parties.

Si fut fait le traité, par condition qu'icelui dauphin, le dessusdit duc de Bourbon, et autres qui avoient offensé, iroient par-devers le roi, en grand' humilité, requérir pardon desdites offenses. Toutefois, avant que cette chose pût être achevée, grand' partie des pays du duc de Bourbon et de ses favorisants, furent très fort détruits par les gens de guerre dudit roi de France, qui sur eux étoient venus en très grand nombre. En après, le dix-neuvième jour de juillet, le roi étant à Cusset, vinrent devers lui le dauphin et le duc de Bourbon, accompagnés desdits seigneurs de la Trimouille, de Chaumont, et de Prie; mais quand ils furent à demi-lieue près dudit lieu de Cusset, un messager vint devers eux, lequel dit auxdits trois seigneurs que le roi ne les assuroit point, et qu'il ne vouloit point qu'ils vinssent devers lui. Et lors quand ledit dauphin ouït et entendit ce, il dit au duc de Bourbon : « Beau compère, vous n'aviez pas talent de dire » comment la chose etoit faite, et que le roi n'eût » point pardonné à ceux de mon hôtel. » Et adonc jura un grand serment qu'il s'en retourneroit et n'iroit point devers le roi son père; et lors ledit duc de Bourbon lui dit : « Monseigneur, tout se fera » bien, n'en soyez en quelque doute; vous ne pou- » vez retourner, car l'avant-garde du roi est en votre » chemin. » Toutefois, si ce n'eût été le comte d'Eu, et aucuns autres seigneurs, qui étoient venus au-devant de lui, lesquels lui remontrèrent qu'il feroit grand mal de retourner, il s'en fût rallé.

Si s'en rallèrent lesdits trois seigneurs audit lieu de Moulins, et lesdits dauphin et duc de Bourbon entrèrent en la ville de Cusset, et allèrent descendre à l'hôtel du roi. Et eux venus en la chambre où il étoit, s'agenouillèrent par trois fois devant qu'ils venissent à lui ; et à la tierce fois, lui prièrent en grand' humilité qu'il lui plût à eux pardonner son indignation. A quoi le roi répondit, en adressant ses paroles à son fils, disant: « Louis, soyez le » bienvenu ! vous avez moult longuement de- » meuré; allez-vous-en reposer en votre hôtel pour » aujourd'hui, et demain nous parlerons à vous. »

En après, parla au dessusdit duc de Bourbon, assez longuement, sagement et prudemment, et lui dit: « Beau-cousin, il nous déplaît de la faute que main- » tenant et autrefois avez faite contre notre majesté, » par cinq fois. » Et lui déclara les propres lieux où ce avoit été, disant : « Si ne fût point pour l'hon- » neur et amour d'aucuns, lesquels nous ne voulons » point nommer, nous vous eussions montré le dé- » plaisir que vous nous avez fait; si vous gardez do- » rénavant de plus y renchoir.» Après lesquelles paroles et plusieurs autres, les dessusdits dauphin et duc de Bourbon se départirent de là, et s'en allèrent à leurs hôtels jusques au lendemain après la messe du roi, qu'ils retournèrent vers lui; et derechef, présents tous ceux de son conseil, requirent très humblement, qu'il lui plût leur pardonner leur mal talent, et aux dessusdits trois seigneurs de la Trimouille de Chaumont, et de Prie. Et le roi répondit qu'il n'en feroit rien, mais il étoit assez bien content qu'ils retournassent chacun en leurs maisons et domiciles. Et adonc dit le dauphin au roi :« Monseigneur, donc » faut-il que je m'en revoise (aille), car ainsi leur » ai promis. » Et lors le roi, non content de cette

parole, répondit à ce, et lui dit : « Louis, les portes
» sont ouvertes, et si elles ne vous sont assez grands,
» je vous en ferai abattre seize ou vingt toises du
» mur pour passer où mieux vous semblera. Vous
» êtes mon fils, et ne vous pouvez obliger à quel-
» que personne sans mon congé et consentement ;
» mais s'il vous plaît en aller, si vous en allez ; car au
» plaisir de Dieu nous trouverons aucuns de notre
» sang, qui nous aideront mieux à maintenir et
» entretenir notre honneur et seigneurie, qu'en-
» core n'avez fait jusques à ci. »

Après lesquelles paroles, le roi le laissa, et alla parler audit duc de Bourbon, qui prestement lui fit serment de le servir et obéir à toujoursmais. Et d'autre part, ôta et destitua tous les officiers et gouverneurs dudit dauphin, réservés son confesseur et son cuisinier. Et au regard du traité dudit duc de Bourbon, il promit de rendre et restituer dedans la main du roi, en brefs jours après ensuivant, Corbeil, le bois de Vincennes, Sancerre et le châtel de Loches, lesquelles places il tenoit en sa main ; et ne voulut point le roi nullement consentir que ses gens d'armes se départissent du pays de Bourbonnois et d'Auvergne, jusques à ce qu'il fût assuré d'avoir et posséder en sa main toutes les places dessusdites. Et pareillement pardonna le roi audit duc d'Alençon, au comte de Vendôme, et plusieurs autres grands seigneurs et nobles princes qui avoient accompagné le dauphin ès besognes dessusdites. Et quand tout ce fut fait et accompli en la manière dessusdite, et que le dauphin fût content de demeurer avecque le roi, son père, on cria la paix, dont la teneur s'ensuit.

« On vous fait à savoir, de par le roi, que monseigneur le dauphin et monseigneur le duc de Bourbon sont venus devers lui en très grand'humilité et obéissance; et les a, le roi, reçus très amiablement en sa bonne grâce, et tout pardonné. Et par ce, veut et ordonne que toutes guerres et voies de fait cessent; et que on ne prenne nuls prisonniers, laboureurs et autres gens quelconques, ni bétail, ni autres biens; et que nuls ne fassent nulles extorsions l'un contre l'autre, soit en prenant places ou autrement; et que toutes gens puissent aller et venir sûrement, faisant leurs besognes, sans ce qu'on leur méfasse aucunement; et aussi que nulles places ne soient abattues ni démolies ès pays de mondit seigneur de Bourbon, ni ailleurs.

» Donné à Cusset, le vingt-quatrième jour de juillet, l'an mil quatre cents et quarante. »

Et étoit écrit dessous : « De par le roi et son grand conseil, ainsi signé,   DE JUGON. »

En outre, dedans assez brefs jours après ensuivant, le roi bailla à sondit fils le dauphin, le gouvernement du Dauphiné. Si fit assez tôt après départir les gens d'armes des pays du duc de Bourbon, et leur donna congé de tirer vers Orléans et devers Paris.

---

1. Cette guerre civile est connue sous le nom de la *Praguerie*.

CHAPITRE CCXLVI.

Comment les François coururent en la terre de Nesle, appartenant à messire Jean de Luxembourg.

En icelui même temps, environ le mois de juillet, messire Jean de Luxembourg, comte de Ligny, étant à Nesle, en Vermandois, vinrent les garnisons de Crespy, en Valois, de Ver et d'autres lieux, passer l'eau de la rivière d'Oise, au pont Saint-Maxence, jusques au nombre de cent combattants ou environ, sous la conduite d'un nommé Gilbert de la Roche, son compagnon d'armes. Si se tirèrent en ladite terre de Nesle, appartenant audit comte de Ligny; et en icelle prirent et levèrent très grand nombre de paysans, chevaux, bestail et autres biens; atout lesquels, quand ils eurent fait leursdites courses, ils s'en retournèrent pour eux en aller ès lieux dont ils étoient venus. Si vinrent à la connoissance dudit comte ces nouvelles, dont il fut moult indigné contre eux, pource que plusieurs fois lui avoient fait de telles envahies. Si fit incontinent assembler de ses villes et forteresses jusques au nombre de cent combattants ou environ, lesquels il envoya sans délai après les dessusdits. Et étoient les principaux messire Daviod de Poix, gouverneur de Guise, Guyot de Béthune, Antoine de la Banière, gouverneur de Ham, Antoine de Belloy, et aucuns autres gentilshommes, lesquels chevauchèrent vigoureusement après iceux; et tant qu'ils les raconsuivirent et ratteignirent au-dessous de Compiègne, contre Royaulieu, où déjà avoient fait passer leurs proies et partie de leurs chevaux outre la rivière, par un batel qu'ils avoient trouvé, et déjà en y avoit bien vingt entrés dedans le batel pour passer outre, quand ils aperçurent venir leurs adversaires contre eux, qui envahirent et assaillirent baudement (hardiment) et vigoureusement ceux qu'ils trouvèrent audit passage.

Et adonc, ceux dudit batel voyant leurs compagnons assaillir, comme dit est, cuidèrent retourner pour les aider et secourir, mais ce fut pour néant; car tantôt qu'ils approchèrent près de la terre, les autres, eux voyant être ainsi surpris et envahis, saillirent audit batel; et en y entra tant et si largement qu'ils l'effondrèrent, et noyèrent plusieurs de leurs biens; et les autres, sans délai, furent tournés à déconfiture, et une partie mis à mort; entre lesquels y fut mort ledit Gilbert de la Roche, et icelui Rassilié se sauva à grand' peine avec huit ou dix de ses gens tant seulement.

Après laquelle besogne, ceux qui les avoient rué jus passèrent l'eau et rallèrent querre les proies dessusdites; et après, par autre chemin, passèrent l'eau, et retournèrent franchement audit lieu de Nesle, devers le dessusdit de Luxembourg, leur seigneur, qui fut très joyeux de leur bonne fortune; et si avoient amené aussi cinq prisonniers, desquels il fit pendre la plus grand' partie.

CHAPITRE CCXLVII.

Comment le comte de Sommerset, atout grand' puissance d'Anglois, assiégea la ville de Harfleur.

Environ l'issue d'avril de cet an, se mirent sus, en la ville de Rouen et au pays à l'entour, jusques à six mille combattants anglois, avec lesquels, sous la conduite et gouvernement des comtes de Sommerset, Dorset et de Fauquemberge (Falconbridge) étoient les seigneurs de Talbot, messire François, l'Arragonnois; Matago, Jacquemin, Vacquier, Thomas Héniton, le bailli de Rouen, et aucuns autres capitaines, qui tous ensemble allèrent mettre le siége tout à l'entour de Harfleur, tant par terre comme par mer. Dedans laquelle ville étoit capitaine pour le roi de France, Jean d'Estouteville, et avecque lui Robert son frère, et autres jusques au nombre de quatre cents combattants ou environ, avec ceux de la ville et de la marine, qui grandement et vaillamment se mirent à défense contre leurs adversaires, et fortifièrent nuit et jour en grand' diligence les gardes de ladite ville, et firent aucunes saillies contre les assiégeants; auxquelles ils prirent et occirent aucuns de leurs ennemis.

Lesquels assiégeants, d'autre partie, se fortifièrent en leur dit siége de grands fossés tout autour de leur ost, et laissèrent en aucuns lieux convenables issues et entrées; et avecque ce, firent sur lesdits fossés fortes haies, afin que de leurs ennemis ne pussent être par nul côté envahis et pris. Et outre, assirent contre la porte et muraille d'icelle ville plusieurs bombardes et autres habillements de guerre, desquels ils travaillèrent moult les assiégés. Si continuèrent par très longue espace en cette œuvre; et tant que ceux de dedans furent moult oppressés et travaillés, et par espécial avoient moult grand' disette et nécessité de vivres et autres choses.

Si envoyèrent plusieurs messages devers le roi Charles, lui requérant qu'il leur voulsît envoyer secours, ce qu'il promit de faire : mais, pour les grands affaires et occupations qu'il avoit, ne le put envoyer si bref qu'ils avoient requis. Néanmoins, au bout de quatre mois ou environ que ledit siége eut duré, et que la comtesse de Sommerset et autres dames et damoiselles du royaume d'Angleterre y furent venues, lesquelles y demeurèrent jusques en la fin dudit siége, fut baillée la charge, pour faire ledit secours aux assiégés, au comte d'Eu, et avecque lui le comte de Dunois, bâtard d'Orléans, le bâtard de Bourbon, le seigneur de Gaucourt, La Hire, messire Gilles de Saint-Simon, le seigneur de Pennesach, Pierre de Broussac, et aucuns autres chefs de guerre et capitaines, qui avoient avecque eux quatre mille combattants ou environ. Et dedans ladite ville de Harfleur, avecque ledit Jean d'Estouteville, chevalier et capitaine, avoit environ quatre cents combattants, dont les chefs étoient, messire Jean de Bressay, messire Jacques de Hincourt, Hector de Fol, Guillot de Las, et Jean Gentil.

Si étoient iceux secourants toutes gens d'armes à l'élite, lesquels, passant les marches de Paris, se tirèrent assez soudainement jusques à Amiens et Corbie, où ils passèrent la rivière de Somme; et de là, parmi Ponthieu, allèrent à Abbeville, où ils firent leur assemblée et tinrent conseil pour prendre conclusion pour poursuivre leur entreprise. Si se mirent avec eux, des marches de Picardie, atout leurs gens, les seigneurs d'Auxy et de Humières, Jean d'Ailly, seigneur d'Araine, Guillaume le Jeune, seigneur de Cousay, et plusieurs autres gentilshommes. Et après que tous ensemble eurent délibéré ce qu'ils avoient à faire, ils firent charger, pour mener avec eux, trente charriots d'artillerie ou environ, et des vivres et autres engins et habillements de guerre. Et puis, eux partant d'Abbeville en très belle et bonne ordonnance, allèrent à Eu; et faisoient l'avant-garde, le bâtard de Bourbon et La Hire. De laquelle ville d'Eu allèrent loger en un village nommé le Bourg de Dun, la plus grand' partie; et ledit comte se logea à Saint-Aubin en Caux. Mais en ce même jour, sur les vêpres, le seigneur de Gaucourt, qui étoit demeuré derrière, fut pris d'environ dix-huit Anglois qui suivoient leurs traces, lesquels l'emmenèrent prisonnier au Neufchâtel de Hincourt; et depuis fut délivré en payant grand' somme d'argent. Auquel lieu de Saint-Aubin, ledit comte d'Eu ouït nouvelles qu'un nommé maître Jean de la Mothe avoit été pris des Anglois, par lequel il envoyoit noncer à ceux de Harfleur le secours qui leur venoit. Et là mêmement renvoyèrent les Anglois par un de leurs poursuivants nouvelles et lettres qu'ils viendroient combattre les François devant ce qu'ils vinssent à eux, ce que point ne firent. Pourquoi les François se tirèrent tous ensemble à Fauville en Caux, à deux lieues près de leurs adversaires.

Et le lendemain, se départirent dès le point du jour, et allèrent à Moûtier-Villiers, qui étoit de leur obéissance; et là eurent certaines nouvelles que lesdits Anglois ne s'étoient point partis de leur siége. Et en ce jour, ledit comte d'Eu les alla aviser atout cent combattans, gens d'élite, montés sur fleur de chevaux; et y eut, entre icelles parties, très grandes escarmouches. Et lui retourné, prit conclusion avecque ceux de sa compagnie, c'est à savoir les plus experts et connoissants de ce qu'il étoit de faire. Toutefois tous généralement étoient très déplaisants de la prise dudit seigneur de Gaucourt, pource qu'il étoit moult sage et bien usité en telles ou pareilles besognes. Auquel conseil fut ordonné que ledit comte d'Eu monteroit sur mer avecque certain nombre et quantité de combattants au chef de Caux; et le bâtard d'Orléans, atout une autre partie de gens d'armes d'un autre côté, et les Picards d'autre, qui iroient de pied et porteroient des ponts à mettre par-dessus les fossés qu'avoient faits les dessusdits Anglois autour de leur logis; et, d'un commun accord, assaudroient leursdits adversaires par divers lieux; et La Hire, et autres capitaines et leurs gens, demeureroient à cheval pour donner secours et aide à ceux qui en auroient besoin, et aussi nécessité. Après lesquelles ordonnances en telle manière faites, le lendemain se préparèrent pour faire chacun d'eux ce qui avoit été ordonné et commandé. Et fut commencé ledit assaut par ceux qui étoient de pied et du côté vers le logis de Talbot. Lequel assaut fut très dur et âpre, et dura par l'espace de demi-heure ou plus. Mais lesdits assaillants, jà-soit-ce qu'ils se portassent très vaillamment; toutefois, pour la très grand' résistance d'iceux Anglois leurs adversaires, et aussi pource que leurs ponts étoient trop courts, ne pouvoient venir à chef de leurdite entreprise. Et d'autre part iceux Anglois étoient haut et avantageusement assis, pourquoi leurs archers, dont ils avoient moult grand nombre, tirèrent moult merveilleusement, et par grand' vigueur sur iceux assaillants, et tant qu'ils en navrèrent et blessèrent très grand nombre; entre lesquels y furent morts deux vaillants chevaliers, qui là étoient; c'est à savoir messire Jean de Chailly, seigneur de Chambois, et messire Harpin de Richames, capitaine de Rue, avecque aucuns autres. Auquel assaut furent faits nouveaux chevaliers des François, Jean d'Arly, et Guillaume le Jeune et autres. Durant lequel temps, saillirent hors de leurs logis environ cinq cents Anglois pour courir sur iceux François de pied ; mais ils furent tantôt reboutés par ceux de cheval, et en y eut de quarante à cinquante de morts. Et pareillement ceux de la ville saillirent sur le guet qui étoit contre eux, et en prirent et occirent environ trente. Et de l'autre côté sur la mer, se boutèrent avant ledit comte d'Eu et ceux de sa compagnie, qui étoient commis avec lui pour assaillir ledit siége de la marine ; mais ce fut peine perdue, car iceux Anglois s'étoient garnis et fortifiés par telle manière, qu'on ne leur pouvoit mal faire. Et pour tant, après qu'ils eurent perdu aucuns de leurs vaisseaux, qui étoient demeurés par le gravier, ils se retrahirent à Moûtier-Villiers, et aussi firent ceux de pied, voyant que rien ne pouvoient besogner qui leur fût profitable.

Auquel lieu de Moutier-Villiers ils furent bien huit jours entiers en très grand' pauvreté de vivres pour eux et pour leurs chevaux, attendant s'ils ne pourroient rien faire de secours auxdits assiégés; durant lequel temps il y eut aucunes escarmouches entre eux. Et aussi le dessusdit comte d'Eu fit savoir audit comte de Sommerset, que s'il vouloit combattre puissance contre autre, il les fourniroit, ou cent contre autre cent, ou de sa personne contre lui :

mais rien ne lui fut accordé. Et la cause si fut que ledit comte de Sommerset et ceux de sa partie savoient que ceux de la ville étoient si forts astreints que bonnement ne pouvoit longuement durer, qu'ils ne les eussent à leur plaisir. Et avoient regard au grand travail et aux misères qu'ils avoient eu moult longuement, et que chèrement avoit coûté à leur roi, qu'ils ne vouloient point mettre à l'aventure sur la requête de leurs adversaires. Et finablement, les François dessusdits, considérant la grand' pauvreté où ils étoient, et que lesdits Anglois étoient en plus grand nombre qu'ils n'étoient, par quoi bonnement ne pouvoient secourir ni subvenir à leurs gens, se conclurent tous ensemble d'un commun accord et opinion, qu'ils s'en retourneroient dont ils étoient venus, sans plus là arrêter; car force leur étoit pour les nécessités des vivres, dont ils ne pouvoient finer ni recouvrer; mais avant leur département firent requerre un sauf-conduit auxdits Anglois pour le seigneur de Rambures, lequel sauf-conduit si lui fut accordé. Puis après s'en alla ledit de Rambures devers eux traiter pour la reddition de la ville, et entre temps tous les François et Picards s'en retournèrent par aucuns brefs jours ensuivant à Abbeville.

Si trouvèrent en leur chemin certains messages de par le duc de Bourgogne, lesquels leur signifièrent de par lui qu'ils ne rentrassent point en son pays, pour les grands dommages qu'ils avoient faits au passé, disant que s'ils y entroient, il les feroit rebouter dehors à puissance de gens. Si promirent de non y entrer. Néanmoins les aucuns saillirent de leur promesse; si entrèrent au pays de Ponthieu, en tirant vers Amiens, faisant de moult grands dommages; mais les comtes d'Étampes et de Saint-Pol, qui s'étoient mis sus avec très grand nombre de gens d'armes, allèrent au-devant d'iceux pour les rebouter et combattre. Si y furent faites aucunes entreprises d'un côté et d'autre, et enfin, par certains moyens, promirent d'eux en raller, et se tirèrent au pays de Santois, et de là vers les terres de messire Jean de Luxembourg, et moult fort le menaçoient de lui faire grand guerre et dommage; mais il s'étoit très bien pourvu de gens de guerre, pour résister contre eux; par quoi ils furent tout joyeux de passer paisiblement auprès de ses seigneuries; car avec ce, ledit comte de Saint-Pol les poursuivoit très roidement et à grand' puissance de gens d'armes, pour être en l'aide et secours de son oncle, si besoin lui en eût été. Si se tirèrent ès Champagne, faisant toujours de grands villenies et dommages au pauvre peuple, partout où ils pouvoient avoir sur eux puissance. Et au regard du seigneur de Rambures, il traita avec ledit comte de Sommerset et avec les autres capitaines anglois, par tel si que la ville de Harfleur leur fut rendue; et se départoient ceux de dedans, chacun un bâton au poing; et pareillement leur fut rendu Moûtier-Villiers, qui par nécessité de vivres ne se pouvoit plus tenir.

CHAPITRE CCXLVIII.

Comment un très grand seigneur du pays de Bretagne, nommé le seigneur de Raix, fut accusé d'hérésie.

En l'an dessusdit, advint en la duché de Bretagne, une grande, diverse et merveilleuse aventure. Car le seigneur de Raix, qui pour lors étoit grand maréchal de France, et étoit moult noble homme et très grand terrien, et issu de très grand' et très noble génération, fut accusé et convaincu d'hérésie, laquelle il avoit par long temps maintenue ; c'est à savoir par la sédition et enhortement principalement du Diable d'enfer, et aussi d'aucuns ses complices et serviteurs, comme il confessa, avoir fait mourir plusieurs enfants sous bas âge, et femmes enceintes, sur intention de parvenir à aucunes hautesses et chevances, et aussi honneurs désordonnés. Desquels enfants et autres créatures, après qu'il les avoit fait mourir violentement, faisoit prendre aucune partie de leur sang, duquel on écrivoit livres où il y avoit conjurations diaboliques et autres termes contre notre foi catholique. Pour lequel cas dessusdit, après qu'il eut été pris et diligemment examiné, et aussi qu'il eut connu tout son fait, d'en avoir fait mourir par cette mauvaise manière, jusques au nombre de huit vingts ou plus, il fut en sa présence, par sages et notables juges, condamné à être pendu et étranglé, tant qu'il fût mort, et après, son corps ars en un feu. Si y étoient présents avec ledit duc grand nombre de grands seigneurs et autres notables hommes, tant séculiers comme clercs. Si fut faite cette condamnation et aussi l'exécution en la ville de Nantes en Bretagne. Toutefois, après ladite exécution première accomplie, et qu'il fut mis au feu et en partie brûlé, il y eut aucunes dames et damoiselles de son lignage, qui requirent au dessusdit duc de Bretagne de avoir le corps pour le mettre en terre sainte; lequel duc leur accorda, et y fut mis. Et jà-soit-ce qu'il eût eu cette fausse et inhumaine volonté, néanmoins si eut-il à la fin très belle et dévote connoissance et repentance, en requérant moult humblement à son créateur merci et miséricorde de ses grands péchés et offenses. Pour la mort duquel seigneur de Raix, grand' partie des nobles dudit pays de Bretagne, et espécialement ceux de son lignage en eurent au cœur très grand' douleur et tristesse; et aussi avant que cette aventure lui advint, il étoit moult renommé d'être très vaillant chevalier en armes.

CHAPITRE CCXLIX.

Comment Pierre Regnault, frère bâtard de La Hire, alla fourrager ès pays d'entour Abbeville.

Après, en ce même temps, Pierre Regnault, frère bâtard de La Hire, qui lors se tenoit au châtel de Milly, assez près de Beauvais, lequel par avant il avoit réparé, se partit un certain jour de là, atout huit vingts combattants ou environ, tant de cheval comme de pied, et vint pour fourrager et courre le pays d'entour Abbeville. Si prit le châtel d'Yancourt et le seigneur dedans; lequel châtel il pilla tout nettement, c'est à savoir de tous les biens qui étoient portatifs. Si furent tantôt les nouvelles épandues jusques en la ville d'Abbeville, où lors étoient les seigneurs d'Auxy, Guillaume de Thiembronne, Philippe de Waucourt, Guy de Gourle, et plusieurs autres gentilshommes; lesquels, tantôt après qu'ils eurent ouï les nouvelles, s'armèrent, et mirent sus, tant de cheval comme de pied, et saillirent dehors de leur ville bien trois cents ou plus, sur intention de rebouter les dessusdits; et rescourre les biens qu'ils avoient pris audit châtel. Laquelle assemblée vint à la connoissance du dessusdit Pierre Regnault et de ses gens, lesquels envoyèrent devers le dessusdit seigneur d'Auxy et ceux de sa partie, pour eux excuser aucunement, disant, qu'ils ne vouloient que vivres; mais pourtant ne furent mie iceux contents. Si s'émurent encontre icelles parties très grands discords, tellement que ledit Pierre Regnault, voyant que la plus grand' partie d'iceux qui étoient saillis hors d'Abbeville contre lui n'étoient que communes, se férit avec ses gens tout au travers; et, sans y trouver grand' défense, les tourna assez brièvement à grand meschef, et enfin à déconfiture. Si furent morts en la place bien vingt ou trente; et si en y eut bien neuf noyés, qui se cuidèrent sauver, et passèrent la rivière de Somme; entre lesquels fut l'un d'iceux ledit Guy de Gourle; et avec ce en y eut de prisonniers bien soixante ou environ, desquels furent les principaux, messire Jean de Fay, chevalier de Rhodes, et le dessusdit chevalier de Waucourt, et Guillaume de Thiembronne.

Après laquelle détrousse, ledit Pierre Regnault et ses gens s'en retournèrent franchement atout leurs prisonniers, et autres proies et biens pris audit châtel de Milly. Lesquels prisonniers dessusdits, ledit Pierre Regnault rançonna et mit à finance, comme s'ils eussent été Anglois. Et fit en outre, pour cet an, plusieurs assemblées assez semblables en divers lieux et pays de l'obéissance du duc de Bourgogne; pour lesquelles icelui duc n'étoit point bien content dudit Pierre Regnault, ni des autres. Et pour cette cause envoya devers le roi Charles lui noncer et faire savoir comment de jour en jour ceux qui tenoient son parti roboient et pilloient son pays, prenoient ses gens et sujets, et mettoient à grosse finance et rançons, et faisoient en outre plusieurs autres grands maux et excès, qui moult lui étoient déplaisants et durs à porter, attendu la paix qu'ils avoient l'un avec l'autre.

Desquelles entreprises le roi s'excusa par moult de fois, en disant qu'il lui en déplaisoit moult grandement, et qu'il y pourvoiroit en tout ce qui lui seroit possible; et mêmement étoit content au cas que ledit duc de Bourgogne pourroit atteindre, par lui ou par ses gens, ceux qui en ses pays faisoient telles assemblées, besognes et entreprises; qu'on les ruât jus, ou détroussât. Néanmoins, au grand préjudice desdits pays et grands dommages du pauvre peuple, lesdites courses et pilleries se continuèrent par long temps. Auquel temps, d'autre part, les gens de La Hire, qui se tenoient au châtel de la Bonne, emprès Laon, commencèrent à courir en plusieurs pays, c'est à savoir au pays de Hainault, Cambrésis, et autres lieux ès terres du seigneur de Saint-Pol; lequel, non content de ce, et pour y résister, mit grosse garnison en la ville de Marle, laquelle garnison alla un jour semblablement courre vers Reims; et, pour avoir le passage de l'eau, prirent le fort du Bac-à-Berri, qui n'étoit point de trop grand' valeur, lequel tenoient les gens de La Hire. Si laissèrent dedans environ trente combattants pour le garder, et y demeura un capitaine d'iceux; mais dedans brefs jours ensuivant, vinrent devant les gens de La

Hire dessusdit, et avec eux aucuns des garnisons de Valois, qui naguères par avant avoient été rués jus des gens de messire Jean de Luxembourg, au plus près de la ville de Compiégne, comme en autre lieu est à plein déclaré. Et pouvoient être en tout environ le nombre de trois cents combattants; lesquels incontinent et de grand' volonté assaillirent le fort dessusdit, desquels assez tôt ensuivant fut pris; et généralement tous ceux de dedans mis à l'épée et rués en la rivière.

Après laquelle besogne, iceux François derechef laissèrent de leurs gens dedans icelui fort en garnison. Et environ seize jours après, se mirent ensemble les gens d'icelui comte de Saint-Pol et de son oncle messire Jean de Luxembourg, comte de Ligny, pour aller rassaillir illec la garnison dudit Bac-à-Berry; mais ceux de dedans, sachant cette assemblée, s'en départirent, et abandonnèrent celle place devant la venue d'iceux. Si fut icelle place du tout démolie et abattue. Et ainsi et par cette manière étoient les pays vers Reims, Laonnois, et plusieurs autres marches ès pays à l'environ, fort travaillés et oppressés par les dessusdites courses et assemblées d'icelles deux parties. Et se faisoit tout ce, comme lors en étoit commune renommée et voix, à l'occasion de ce que messire Jean de Luxembourg ne vouloit point faire serment au roi Charles, et entretenoit toujours garnisons de gens de guerre en ses places pour l'entretenement d'icelles.

CHAPITRE CCL.

Comment les ambassadeurs de France, d'Angleterre et de Bourgogne vinrent à Calais, pour traiter la paix finale.

En ces jours furent envoyés, de par le roi Charles, plusieurs notables ambassadeurs à Saint-Omer, pour traiter la paix avec les Anglois, qui lors devoient venir en icelle ville, comme promis l'avoient l'an précédent. Desquels étoient les principaux, les archevêques de Reims et de Narbonne, le comte de Dunois, bâtard d'Orléans. Lesquels là venus furent notablement reçus et festoyés par le duc de Bourgogne, et bref ensuivant ouïrent les nouvelles comme le duc d'Orléans étoit arrivé à Calais, et que lesdits Anglois le y avoient amené. Si envoyèrent devers eux pour savoir en quel lieu ils se voudroient assembler pour tenir leur convention. Lesquels Anglois leur firent savoir qu'ils ne se partiroient point de Calais atout le duc d'Orléans, mais étoient prêts de l'embesogner, s'ils y vouloient venir. Après laquelle réponse ouïe y allèrent par sauf-conduit ledit archevêque de Reims, le comte de Dunois, et aucuns autres, avec les ambassadeurs dudit duc de Bourgogne, c'est à savoir le seigneur de Crèvecœur et aucuns autres. Lesquels là venus, ledit comte de Dunois fut mené devers ledit duc d'Orléans, son frère, qui grandement fut joyeux de le voir, et le reçut très courtoisement et honorablement, en lui remerciant de la bonne diligence qu'il avoit faite d'entretenir ses pays durant sa prison. Après laquelle reception icelles parties convinrent ensemble, par plusieurs fois; et derechef furent faites aucunes ouvertures sur la délivrance dudit duc d'Orléans, et aussi sur les traités autrefois commencés entre les deux royaumes. Toutefois encore ne pouvoient être d'accord, mais reprirent autre journée pour rassembler, en dedans laquelle chacun devoit rapporter à sa partie les moyens qu'ils avoient commencés; et ce fait, s'en retournèrent les dessusdits audit lieu de Saint-Omer, et ledit duc d'Orléans fut tantôt après ramené en Angleterre.

CHAPITRE CCLI.

Comment les Barrois et Lorrains coururent en la comté de Vaudemont, où ils firent moult de maux et de grands desrois.

Après, durant le temps dessusdit, se mirent sus à grand' puissance les Barrois et les Lorrains, avec lesquels étoient aucuns François, qui tretous ensemble se tirèrent en la comté de Vaudemont, et icelle par feu et par épée mirent à grand' destruction, violèrent plusieurs églises et y firent maux inestimables. Pour lesquels contre-venger, le comte de Vaudemont, pource qu'il n'avoit point assez puissance pour résister contre eux, envoya hâtivement devers le duc de Bourgogne, et aussi à son beau-fils le seigneur de Croy, eux requérir instamment qu'ils lui voulsissent envoyer secours et aide de gens de guerre. Laquelle requête lui fut accordée. Et y furent envoyés en chef messire Jean de Croy, et avec lui messire Simon de Lalain, les seigneurs de Launay et de Maingoval, neveux dudit seigneur de Croy, messire Jean, bâtard de Reuly, messire Antoine de Wissoch, et aucuns autres nobles, de mille combattants ou environ, bien en point. Et firent leur assemblée autour d'Aubenton, et de là se tirèrent vers le duché de Bar; car déjà les dessusdits Barrois s'étoient retraits hors de ladite comté de Vaudemont. Et tant chevauchèrent, que tous ensemble vinrent devant ladite ville de Bar-le-Duc, où étoit le marquis du Pont, fils au roi de Sicile, duc de Bar, et autres plusieurs seigneurs du pays. Si se mirent en ordonnance de bataille devant la ville de Bar, et envoyèrent sommer ledit marquis, s'il vouloit venir dehors atout sa puissance, ou prendre jour de les combattre, ils étoient tous prêts de le recevoir et fournir.

A laquelle requête leur fut faite réponse, par le conseil du dessusdit duc de Bar, que point ne les combattroit à leur requête ni à leur plaisir, mais avoit intention de le faire en temps et en lieu, quand bon lui sembleroit. Laquelle réponse ouïe, lesdits Bourguignons se départirent de là et allèrent tous ensemble loger à un gros village nommé Longueville. Et de là vint contre eux ledit comte de Vaudemont, atout ce qu'il avoit pu assembler de gens de guerre ; et le lendemain se tirèrent plus avant en la marche, et commencèrent à bouter feux au travers de la duché de Bar ; et de là se tirèrent en la duché de Lorraine, en détruisant tout ce qu'ils pouvoient atteindre et trouver hors des forteresses ; et qui plus est, prirent par force plusieurs églises, ésquelles ils firent moult de violences. Et pour vrai, le comte de Vaudemont étoit si enclin et obstiné de tout détruire, que, nonobstant que les dessusdits seigneurs qui étoient avec lui n'étoient point bien contents de faire si très cruel desroi et indicibles dérisions, néanmoins ne le pouvoient garder, ni pareillement ses gens. Et après qu'ils eurent continué en icelles besognes, par l'espace de vingt-six jours ou environ, sans trouver aucunes gens de guerre qui s'apparussent contre eux pour combattre, s'en retournèrent par autre chemin qu'ils n'étoient allés. Toutefois, en faisant icelui voyage, ils souffrirent et eurent, eux et leurs gens, de moult grandes peines et travaux, et moult grand défaut de vivres. Ainsi, et par cette manière, se faisoit la guerre entre icelles parties, c'est à savoir iceux deux seigneurs et leurs seigneuries, au préjudice, dommage et grand' destruction du pauvre et menu peuple.

CHAPITRE CCLII.

Comment le duc d'Orléans fut délivré de la prison d'Angleterre par le moyen du duc de Bourgogne, et épousa la demoiselle de Clèves, nièce au duc de Bourgogne.

Vous avez ci-dessus bien entendu et ouï raconter comment, par plusieurs fois, diverses ambassades, tant de par le roi comme du duc de Bourgogne, avoient été envoyées par-devers les gens du roi d'Angleterre, sur intention de traiter paix entre les deux royaumes, et aussi pour la délivrance de Charles, duc d'Orléans [1]. Lesquelles ambassades y avoient assez peu besogné ; car lesdits Anglois ne bailloient réponse ni espérance de venir à aucun traité, si n'étoit que ce fût au grand préjudice et dommage du roi de France et de sa seigneurie ; et ne vouloient, les dessusdits Anglois, venir ni condescendre à nul appointement, si toutes les conquêtes qu'ils avoient faites en France, et en espécial les duchés de Guienne et de Normandie ne leur demeuroient franchement, sans les tenir du roi de France, en quelque souveraineté ou ressort ; et à ce s'étoient du tout fermés. Laquelle chose icelui roi de France, ni ceux de son conseil n'eussent jamais accordée. Et au regard du duc d'Orléans, lesdits

---

1. Le même qui a écrit de fort jolies poésies en langue anglaise et française.

Anglais n'étoient point trop désirant de le délivrer, pource que chacun an avoient très grosse somme de pécune pour bien largement payer ses dépens. Et cela fut une des choses en partie pourquoi ils le tinrent si longuement prisonnier, selon la relation qu'en faisoient aucuns Anglois, qui bien savoient des secrets du roi d'Angleterre. Et pour vrai, si le roi de France, et ceux qui avoient le gouvernement des besognes touchant les seigneuries du dessusdit duc, eussent long-temps par avant conclu de ne lui point envoyer lesdites finances, il est à supposer que sa délivrance eût plutôt été trouvée qu'elle ne fut. Néanmoins je crois que tout ce qui s'en faisoit étoit en bonne intention, et pour entretenir honneur. Lesquels traités durant, et depuis, ledit duc de Bourgogne, qui avoit assez grand désir et volonté à aider à délivrer ledit duc d'Orléans, tant pour la prochaineté de sang dont ils attenoient l'un à l'autre, comme aussi afin que s'il revenoit en France, ils pussent demeurer bons et loyaux amis l'un avecque l'autre, et que toutes guerres et rigueurs qui avoient été au temps passé, à cause et par le moyen de leurs pères défunts, fussent mises en oubli et du tout annulées sans jamais rien en relever, fit, par plusieurs et diverses fois, parler et ouvrir cette matière par aucuns de ses gens audit duc d'Orléans et à ceux qui avoient puissance de lui aider à avoir sadite délivrance envers le roi d'Angleterre et ceux qui le gouvernoient, pour sentir comment ni par quelle manière cette besogne pourroit prendre fin.

Et en outre, fit parler audit duc d'Orléans, pour savoir s'il voudroit prendre en mariage une sienne nièce, fille de sa sœur, duchesse de Clèves, laquelle étoit en son hôtel. Et, avecque ce, au cas qu'on pourroit traiter de sa délivrance, s'il seroit content du tout lui allier et accorder avec ledit duc de Bourgogne, sans jamais faire aucune poursuite contre lui ni les siens, par quelque manière que ce fût, pour les querelles du temps passé dessusdit, sauf en tout le roi de France et son fils le dauphin. Lequel duc d'Orléans, considérant la grand' servitude où il avoit été long-temps, et le grand danger qu'il avoit eu et pouvoit encore avoir, s'inclina à y entendre. Et de fait promit, en parole de prince, que, si ainsi étoit que ledit duc de Bourgogne le pût et voulsît aider à délivrer d'icelle servitude, il seroit content de prendre sadite nièce à épouse; et, avec ce, du surplus, tant faire à lui sur toutes ses requêtes, que de raison il devroit être content. Après lesquelles promesses, on commença derechef à traiter diligemment avec ledit roi d'Angleterre et ceux de son conseil. Si fut tant en ce temps continué entre les deux parties, que finalement furent d'accord, moyennant et par tel si que le duc de Bourgogne baillât son scel au roi d'Angleterre, pour la somme qui, entre eux, fut dite et devisée.

Après ces traités faits et accordés par la manière ci-dessus déclarée, le dessusdit duc d'Orléans fut du tout mis à pleine délivrance; et, après qu'il eut promis solennellement de lui employer en tout ce qui lui seroit possible à la paix finale d'entre les deux rois et leurs royaumes, et, avec ce, quand il eut pris congé au roi d'Angleterre et aux autres seigneurs, se partit de Londres en Angleterre; et, par aucuns peu de jours, vint en la ville de Calais, garni de bon sauf-conduit; et de là fut amené à Gravelines. Et étoit avec lui, pour le conduire, le seigneur de Cornouaille, messire Robert de Roix (Roos), et autres gentilshommes d'Angleterre. Auquel lieu de Gravelines alla devers lui la duchesse de Bourgogne, accompagnée de plusieurs grands seigneurs et autres gentilshommes. Si s'entrefirent grand' joie, et montrèrent semblant d'avoir toute liesse quand ils s'entrevirent ensemble: c'est à savoir ledit duc d'Orléans pour sa délivrance, et ladite duchesse pour sa venue. Et, peu de jours ensuivant, y alla ledit duc de Bourgogne pour le voir; et y fut fait, comme devant, très grand plaisir et joie à tous ceux qui là étoient pour icelle assemblée, et pour la grand' amour qu'ils voyoient ces deux princes avoir l'un avecque l'autre.

Et est à savoir qu'ils s'entre accollèrent et embrassèrent par plusieurs fois; et, pour la grand' joie qu'ils avoient de voir l'un l'autre, ils furent moult longue espace qu'ils ne disoient rien l'un à l'autre.

Et premièrement parla le duc d'Orléans, et dit:
« Par ma foi, beau-frère et beau-cousin, je vous
» dois aimer par-dessus tous les autres princes de

» ce royaume, et ma belle cousine votre femme;
» car, si vous et elle ne fussiez, je fusse demeuré
» à toujours au danger de mes adversaires, et n'ai
» trouvé meilleur ami que vous. »

A quoi ledit duc de Bourgogne répondit que moult lui pesoit que plus tôt n'y avoit pu pourvoir; et que, long-temps par avant, avoit eu grand désir de soi employer pour sa rédemption.

Telles et semblable paroles furent dites par moult de fois entre iceux deux princes. Pour lesquelles, plusieurs nobles hommes et autres gens d'autorité, qui là étoient des deux parties, étoient bien joyeux, et, par espécial, pour la revenue dudit duc d'Orléans, lequel, par si long temps, avoit été prisonnier ès mains de ses adversaires les Anglois, c'est à savoir depuis le vendredi prochain devant la Toussaint, de l'an de grâce mil quatre cents quinze, jusques au mois de novembre mil quatre cent quarante. Si étoient là présents les ambassadeurs du roi de France, desquels étoient les principaux l'archevêque de Reims, grand chancelier de France, et l'archevêque de Narbonne, le comte de Dunois, bâtard d'Orléans, et aucuns autres, auxquels, chacun à son tour, ledit duc d'Orléans fit joyeuse réception, et, par espécial, à son frère. Et de là s'en vinrent à Saint-Omer, par eau, et se logèrent en l'abbaye de Saint-Bertin, où les appareils avoient été faits moult solennels pour recevoir ledit duc d'Orléans : et avec lui y vinrent les Anglois.

Si fut là reçu moult honorablement dudit duc de Bourgogne et des seigneurs de son hôtel; et lui furent faits de par la ville grands présents; et chacun jour, venoient gens des marches de France, comme des pays de Picardie, pour le voir; et, entre les autres, plus ceux de ses pays que d'autres lieux; et étoient moult joyeux de son retour. Et, après aucuns jours ensuivant, fut icelui duc d'Orléans requis, de la partie du duc de Bourgogne, qu'il lui plût jurer la paix d'Arras, et prendre en mariage la damoiselle de Clèves, nièce audit duc de Bourgogne, ainsi comme il avoit été traité; lequel duc d'Orléans fit réponse que tout ce qu'il avoit dit et accordé, lui étant prisonnier, il vouloit entretenir. Et adonc, ces besognes ainsi conclues, se mirent les ducs et leurs gens dedans le chœur de l'église dudit Saint-Bertin, auquel lieu fut apporté ledit traité par écrit, en latin et en françois; et là fut lu haut et entendiblement, premier en latin, et puis en françois, par maître Jacques Trançon, archidiacre de Bruxelles en Brabant, présents les deux ducs dessusdits, les archevêques et évêques là assistant, avec grand nombre de chevaliers et écuyers, gens d'église, bourgeois, et autres officiers des deux partis.

En la fin duquel le duc d'Orléans promit et jura sur le livre et représentation de notre créateur, que tenoit en ses mains ledit archidiacre de Reims, de bien entretenir icelui traité en tous ses points généralement, sauf l'article qui parloit de la mort du duc Jean de Bourgogne; et dit qu'il n'étoit point tenu de lui excuser d'icelle mort, et que par son ame il n'en avoit été consentant, et si n'en avoit rien su, mais en avoit été très déplaisant, quand icelle fut venue à sa connoissance, voyant et considérant que par le moyen de ladite mort, le royaume de France étoit en plus grand danger que devant. Et ce fait, fut appelé le comte de Dunois, bâtard d'Orléans, pour faire le serment dessusdit, lequel délaya un petit; mais incontinent, par le commandement dudit duc d'Orléans, son frère, il le fit. Et ce fait et accompli, le duc dessusdit promit à épouser la dessusdite damoiselle de Clèves ; et de fait fiancèrent l'un l'autre en la main de l'archevêque de Narbonne. Si commencèrent léans de toutes parts à mener grand' joie et faire moult grands fêtes et ébattements. Et fut envoyé par les gens dudit duc, en plusieurs et divers lieux de ses pays, pour avoir provisions à fournir les fêtes d'icelles noces, et avec ce aussi sa fête de Saint-Andrieu, qu'il n'avoit de pieçà tenue. Et soutenoit ledit duc de Bourgogne, tous les dépens dudit duc d'Orléans et de ses gens.

Et en après, le samedi devant la Saint-Andrieu, épousa le dessusdit duc d'Orléans ladite damoiselle de Clèves; et le lendemain, qui étoit dimanche, fut faite la fête très honorable; et étoit grand' noblesse à voir les seigneurs et les dames mener à l'église. Et menoit ledit duc de Bourgogne, sa nièce, en la tenant par la sénestre main. Et au droit côté, étoit sur le derrière, messire Jean, bâtard de Saint-Pol, le seigneur de Hautbourdin, qui portoit la manche de ladite duchesse d'Orléans, et une dame portoit la robe par derrière, qui moult étoit riche. Et après, un petit plus derrière, suivoit le duc d'Orléans, qui menoit la duchesse de Bourgogne, accompagnée des plus grands seigneurs, comme des comtes d'Eu, de Nevers, d'Étampes, de saint Pol, de Dunois; et si y avoit très grand nombre de grands seigneurs, chevaliers et écuyers, dames et damoiselles, qui tous suivoient ledit archevêque de Narbonne, lequel chanta messe pour icelui jour. Et avec lui étoient très grand' quantité de gens d'église, qui firent la procession autour du chœur; et quant aux rois d'armes, hérauts et poursuivants, trompettes, ménétriers, et autres jouant de divers instruments de musique, il y en avoit largement. Et étoient lesdits officiers d'armes vêtus de leurs cottes d'armes, où étoient les blasons des seigneurs à qui ils étoient; entre lesquels y étoit le roi d'armes de la Jarretière d'Angleterre.

A tout lesquels honneurs étoient aussi ledit seigneur de Cornouaille, messire Robert de Roix, (Roos) avec eux plusieurs de leurs gens, auxquels on faisoit et fit-on durant ces besognes très grands honneurs et joyeuse réception, et par espécial ledit duc de Bourgogne à icelui seigneur de Cornouaille; et alloient à leur plaisir par toute la ville sans ce qu'on leur baillât empêchement. Et la messe finie, on alla dîner; et fut la duchesse d'Orléans assise en la grand' salle au milieu de la table, et au droit lez étoit ledit archevêque qui avoit célébré la messe, et de l'autre côté, au lez sénestre, étoit la duchesse de Bourgogne; si étoient aussi les comtesses d'Etampes et de Namur. Et aux autres tables étoient assises les autres dames et demoiselles, chacune selon son degré et noblesse. Et quant aux deux ducs, les deux seigneurs anglois, et les comtes dessus nommés et autre grande chevalerie, dînèrent l'un avec l'autre, comme en brigade; et furent, tant les uns comme les autres, servis très abondamment de plusieurs riches et divers mets.

Après lequel dîner, ils allèrent voir les joûtes qui se faisoient sur le marché. Et là étoient les dames aux fenêtres, en très grand nombre; desquelles joûtes pour icelui jour emporta le bruit le seigneur de Waurin. Et derechef furent faites autres joûtes après souper, en la grand' salle de saint Bertin, tout haut, sur petits chevaux, de six heaumes seulement; et y eut moult grand' foison de lances rompues, et les faisoit moult bel voir. Et le lendemain, qui fut le lundi, fut faite moult belle et joyeuse fête, tant en joûtes comme en autres ébattements; desquelles joûtes le comte de saint Pol emporta le prix des dames. Esquels jours furent donnés moult grands dons à tous les officiers d'armes par les princes dessusdits, pour lesquels ils crièrent à haute voix, et par plusieurs fois largesse, en dénommant ceux qui ces biens leur avoient faits.

Et le mardi ensuivant, qui fut la nuit de Saint-

Andrieu, le duc de Bourgogne commença sa fête de la Toison d'or, et alla ouïr vêpres au chœur de l'Eglise de Saint-Bertin, accompagné de ses frères de l'ordre, vêtus et habitués de leurs manteaux, chaperons et habillements autrefois accoutumés de porter. Auquel cœur étoient mis et attachés pardessus lesdits chevaliers, contre leur siége, un tableau auquel étoient peintes les armes, et en y avoit une grand' partie qui point n'étoient présents. Et en failloit cinq qui étoient morts depuis le temps qu'on avoit octroyé ladite fête. Et le lendemain, qui fut le jour Saint-Andrieu, vinrent en l'église en moult noble appareil, où fut fait le service très solennellement; et faisoit moult bel voir les riches parements tant de l'autel comme du chœur. Et pour vrai les François et Anglois là étant étoient tout émerveillés de voir le grand état et les richesses dudit duc de Bourgogne.

Après lequel service, ledit duc s'assit à table en la grand' salle, au milieu desdits chevaliers de l'ordre, lesquels se séoient tous d'un lez et par belle ordonnance, en la manière autrefois accoutumée; et furent servis très richement. Et en allant et retournant alloient deux à deux, et les plus anciens derrière; c'est à savoir en chevalerie.

Le jeudi entrèrent en leur chapitre, où ils furent très longuement, pour élire les chevaliers qui tiendroient les lieux et les colliers de ceux qui étoient trépassés. Auquel chapitre se consentirent tout d'un commun accord d'en présenter un au duc d'Orléans. Et pour savoir si ce seroit son plaisir de le recevoir, on envoya devers lui l'évêque de Tournai, maître Nicolas, et Raoullin, chancelier de Bourgogne, lesquels lui déclarèrent la volonté du duc de Bourgogne et des chevaliers de l'ordre. A quoi il fit réponse que volontiers les recevroit pour l'honneur de son beau-frère et cousin, le duc de Bourgogne dessusdit. Et brièvement après vint en la grand' salle; auquel lieu vinrent le dessusdit duc de Bourgogne et tous les chevaliers dudit ordre, qui étoient léans venant de leur chapitre, et les officiers d'armes devant eux. Et portoit le roi d'armes de la Toison, un mantel et chaperon de ladite ordre sur son bras. Et eux approchant ledit duc d'Orléans, messire Hue de Launay, qui de ce étoit chargé, porta la parole, et en adressant à lui, dit: « Mon très excellent, très puissant et très redouté » seigneur, monseigneur le duc d'Orléans, véez-ci » en votre présence mon très redouté seigneur monseigneur le duc de Bourgogne, et messeigneurs » ses frères de l'ordre de la Toison d'or, qui ont » avisé et conclu tous ensemble en leur chapitre, » que pour la très haute renommée, vaillance et » prud'homie qui est en votre très noble personne, » ils vous présentent un collier de ladite ordre, en » vous priant très humblement qu'il vous plaise » à recevoir et porter, afin que la très fraternelle » amour qui est entre vous et mon très redouté seigneur se puisse mieux entretenir et persévérer. » Lequel duc répondit qu'il le feroit volontiers.

8.

Et adonc ledit duc de Bourgogne avoit un desdits colliers tout prêt, lui présenta, et le mit au col dudit duc d'Orléans, au nom du Père, et du Fils, et du Saint-Esprit, et puis le baisa. Et là présentement, le duc d'Orléans requit aussi au duc de Bourgogne qu'il lui plût porter son ordre, ce qu'il lui accorda. Et tantôt, ledit duc d'Orléans tira de sa manche un des colliers de son ordre, et le mit autour du col dudit duc de Bourgogne.

Et après, ledit duc d'Orléans fut affublé d'un mantel et chaperon de l'ordre, et puis fut mené au chapitre pour faire les serments accoutumés en ce cas, et pour aider à élire quatre chevaliers, qui failloient encore; lesquels ne furent point dénommés si hâtivement; et ne sut nul adonc, fors eux-mêmes, à qui ils seroient donnés. Pour lesquelles ordres dessusdites ainsi baillées et reçues par iceux deux princes, la plus grand' partie des nobles et d'autres gens d'autorité là étants furent très joyeux de les voir en si très grand amour et concorde l'un avecque l'autre. Et certain temps après ensuivant, retournèrent en leurdit chapitre tous ensemble, et là se concordèrent d'envoyer et présenter au duc de Bretagne et d'Alençon, à chacun d'eux un des colliers dessusdit. Pour lequel message faire y fut commis ledit roi de la Toison, et porta lettres desdits ducs d'Orléans et de Bourgogne, et des chevaliers de l'ordre. Si fit son message bien et à point, et tant qu'iceux seigneurs reçurent bien agréablement les deux colliers dessusdits, et lui donnèrent pour sa peine aucuns riches dons, desquels il fut content. En outre, les besognes dessusdites accomplies, et que la fête de saint Andrien fut passée, le seigneur de Cornouaille se partit de Saint-Omer, et par Calais s'en retourna en Angleterre atout ses gens, excepté la compagnie dudit messire Robert de Roix (Roos), qui demeura avecque le duc d'Orléans, sur intention d'aller avecque lui devers le roi de France, où il étoit envoyé en ambassade de par le roi d'Angleterre. Durant lequel temps aucuns notables hommes de la ville de Bruges vinrent au lieu de Saint-Omer, pour ce qu'ils désiroient moult que le duc de Bourgogne, leur seigneur, duquel ils n'étoient point encore bien en grâce, retournât en leur ville; car, nonobstant qu'ils fussent réconciliés avecque lui, si avoit-il dit que jamais n'y entreroit, si plus grand seigneur que lui ne lui menoit. Si requirent lesdits Brugelins très humblement audit duc d'Orléans, que de sa grâce il lui plût faire cette requête au duc de Bourgogne, et qu'il lui plût le y mener; laquelle requête il fit, et lui fut par ledit duc accordée.

Si se préparèrent, et tous ensemble se partirent de Saint-Omer, et par aucuns jours s'en allèrent à Bruges, ainsi qu'il avoit été ordonné, où ils furent reçus très joyeusement; et firent, ceux de Bruges, de grands appareils pour honorer et recevoir iceux deux ducs et les duchesses leurs femmes, avecque toutes leurs gens, plus sans comparaison qu'ils n'a voient fait, passé long-temps par avant : desquels appareils et préparations, aucunes choses seront ci déclarées en bref.

Premièrement, quand les Brugelins surent que lesdits deux ducs approchoient leur ville, tous ceux de la loi, avecque tous les officiers et serviteurs, issirent dehors, et pareillement les doyens et connétables, en nombre compétent, selon ce qui leur avoit été ordonné. Et pouvoient bien être sur tout quatorze cents, qui allèrent au dehors de ladite ville de Bruges, et hors les mettes d'icelle, et jusques à un hôtel nommé les Trois Rois ; et là se mirent en une grand' place, attendant la venue de leur seigneur ; lesquels, le voyant venir et approcher d'eux au côté du duc d'Orléans, se mirent trestous en ordonnance à nus pieds, sans chaperons et tous déceints ; et en eux approchant se mirent tous à genoux, les mains jointes, et présente toute la seigneurie, qui y étoit en très grand nombre, et les duchesses d'Orléans et de Bourgogne lui supplièrent très humblement qu'il leur voulsît pardonner leurs offenses du temps passé, selon la teneur de la paix.

Lequel duc délaya un petit ; mais incontinent, par la prière dudit duc d'Orléans, leur octroya à leur requête ; et ce fait, ceux de ladite loi baillèrent audit duc de Bourgogne toutes les clefs des portes de la ville. Et adonc, tous les dessusdits Brugelins se levèrent et s'en allèrent chausser et habiller. Et puis, partant de là, vinrent tantôt toutes les processions des églises de ladite ville, tant des quatre ordres des mendiants que des religieux, des religieuses et béguines, et les paroisses, atout leurs reliques et meilleures chapes. Si étoient en très grand nombre; et commencèrent tous à chanter *Te Deum laudamus*, à haute voix et claire, quand ils ouïrent que leur naturel seigneur étoit content d'eux; si le convoyèrent la plus grand' partie jusques à son hôtel. Et quant au regard des marchands de toutes nations, qui lors se tenoient en ladite ville de Bruges, ils s'en allèrent chacun d'eux en droit soi, en moult belle ordonnance, et très richement habillés de divers habillements, tous à cheval, au-devant dudit duc de Bourgogne. D'autre part, étoient faits en plusieurs lieux, par où ledit duc devoit passer, grands échafauds, sur lesquels y avoient personnages qui jouoient de moult de manières de jeux. Aussi étoient les rues, à un côté et à l'autre, tendues de riches draps. Et quant aux trompettes d'argent, clairons et autres instruments de musique, il y en avoit par si grand nombre, que tout en retentissoit par ladite ville. Si y avoit en outre, en plusieurs et divers lieux, manières d'instruments, tant en semblance de personnages qu'autres, qui jetoient vin et autres breuvages; et en prenoient tous ceux qui en vouloient, et advenir y pouvoient.

Finablement, il n'est point de mémoire que lesdits Brugelins fissent oncques pour nul de leurs seigneurs, prédécesseurs dudit duc, tant de joyeusetés ni de riches parements qu'ils firent cette fois, comme dessus est dit. Et quand il fut descendu à son hôtel, ceux de la loi allèrent devers lui pour le bien viengnier (venir). Et après ce qu'il les eut reçus assez joyeusement, il leur fit, par le souverain de Flandre, rendre les clés des portes qu'ils lui avoient présentées et baillé esau-dehors de ladite ville, disant qu'il avoit bonne fiance en eux; dont ils furent moult joyeux. Et là commencèrent tous à crier : Noel! et aussi l'avoient déjà crié en plusieurs lieux par la ville à sa venue. Et quand ce vint à la nuit, par toute la dessusdite ville furent faits moult de beaux feux sur hauts échafauds, et tant que tout resplendissoit. Et quand ce vint le lendemain, furent faites unes joûtes sur le marché, auxquelles joûtèrent plusieurs nobles hommes et bourgeois. Si emporta le prix de ceux de dehors, le seigneur de Waurin, et de ceux de dedans, le damoiseau de Clèves, lequel fut servi de lances par son oncle le duc de Bourgogne.

Après lesquelles joûtes, et que le souper fut fait, on commença à danser en grand triomphe; et y furent mandées les damoiselles de ladite ville de Bruges. Et le mardi ensuivant, furent faites encore unes joûtes sur ledit marché; et soupèrent tous lesdits seigneurs, dames et damoiselles, en la maison des échevins, où ils furent servis très abondamment aux dépens de ladite ville.

Et le samedi, vinrent de Charrolois, le comte dudit lieu, et fils dudit duc de Bourgogne, et la comtesse sa femme, fille du roi de France; à l'encontre desquels allèrent le duc d'Orléans et plusieurs autres nobles hommes, et ceux de la loi de ladite ville, accompagnés de grand nombre de notables bourgeois; et furent convoyés jusques à la cour d'icelui duc; et le dimanche en persévérant, furent faites joûtes, danses, et plusieurs autres ébattements, qui trop longs seroient à raconter chacun par lui. Mais pour vrai, les Brugelins firent ès jours dessusdits toutes les joyeusetés qu'ils pouvoient imaginer, tant pour l'amour de leurdit seigneur et prince, comme pour complaire audit duc d'Orléans et à ceux qui étoient avec lui; et aussi lui firent aucuns présents, desquels il se tint assez content.

Et le lundi ensuivant, se départit d'icelle ville de Bruges, sa femme la duchesse en sa compagnie; auquel département y eut maintes larmes pleurées des dames et damoiselles de l'hôtel dudit duc de Bourgogne, au prendre congé à icelui duc, et par espécial, pour la cause du département d'icelui duc d'Orléans. Et s'en allèrent à Gand, jusques auquel lieu les convoya le devantdit duc de Bourgogne, où ils furent semblablement reçus honorablement. Duquel lieu de Gand, peu de jours ensuivant, se départit le dessusdit duc d'Orléans, la duchesse sa femme avec lui, et les convoya le duc de Bourgogne jusques au-dehors de la ville; si prirent congé l'un à l'autre, et s'entre offrirent de faire dorénavant ce que possible leur seroit l'un pour l'autre; et de là s'en alla par aucuns jours en la cité de Tournai, où on lui fit très honorable et solennelle réception.

En outre, depuis qu'icelui duc fût retourné des pays d'Angleterre à Gravelines, et de là venu à Saint-Omer, et ès autres lieux dessus nommés, jusques au partement de lui et dudit duc de Bourgogne, vinrent devers lui, des marches de France, tant de seigneurs, comme d'ailleurs, plusieurs gens pour le voir et bien viengner (venir), et lui offrir leur service, desquels il en retint partie.

Et d'autre part, des pays mêmes du dessusdit duc de Bourgogne, en y eut très grand nombre qui, par divers moyens, firent tant qu'ils furent retenus à lui et de son hôtel, tant gentilshommes comme damoiselles, et autres de divers états. Aussi lui furent présentés, par plusieurs chevaliers et écuyers, bien huit ou dix de leurs enfants pour être ses pages. Et avec ce, lui furent baillés environ vingt-quatre compagnons des marches de Boulenois, bien en point, montés et habillés, pour être ses archers et gardes de son corps, lesquels furent tous retenus de son hôtel. Et tant se multiplièrent les serviteurs dessusdits, que quand il vint audit lieu de Tournai, il avoit environ bien trois cents chevaux de sa retenue.

Et quant à son ordre, elle fut par lui octroyée à porter à grand nombre de chevaliers et écuyers, et autres de moyens états, qui lui en faisoient requérir pour l'avoir. Ils en faisoit peu ou néant de refus; et fut pour ce temps assez commun ès pays de Picardie. Si étoient moult de gens désirant de le servir et être à lui, sur intention et espérance qu'ils avoient principalement que lui venu envers le roi, il auroit un très grand gouvernement au royaume de France; pour quoi, par ses moyens, ils pourroient être moult avancés en diverses manières; et lui-même l'entendoit ainsi. Toutefois y avoit aucuns sages qui doutoient le contraire, et qu'il n'en advînt ainsi qu'il fit. Et bien disoient en leur secret que plutôt eussent conseillé audit duc d'aller devers le roi plus hâtivement, et à plus privée mesgnie (suite) qu'il ne fit. Et d'autre part, leur sembloit que ceux qui gouvernoient le roi et avoient gouverné long-temps par avant durant le temps de ses adversités, ne souffriroient point, tant qu'ils pussent, qu'autre qu'eux eût le gouvernement : jà-soit-ce, que celui duc lui fût plus prochain que tous les autres, et qu'il eût moult fort à souffrir pour la couronne de France. Néanmoins, il a été vu de très long-temps qu'entre si grandes seigneuries a toujours eu de grands envies et dissensions, et que les grands seigneurs ont souvent baillé l'un à l'autre des travers.

Et après, ledit duc d'Orléans, partant de Tournai, alla à Valenciennes, et de Valenciennes au Quesnoy-le-Comte, voir sa belle-cousine la comtesse Marguerite, douairière de Hainault, qui le festoya très joyeusement. Et après qu'elle lui eut donné aucuns dons, s'en vint en la cité de Cambrai, où on lui fit plusieurs présents; et entre les autres, lui

donnèrent, ceux de la ville, cinq cents écus d'or
de France. Duquel lieu de Cambrai il avoit intention d'aller à Saint-Quentin ; mais aucuns de ses
gens lui donnèrent à entendre qu'il y avoit grand
péril pour lui et sa compagnie d'aller ce chemin,
pource qu'il falloit passer par aucuns détroits près
des forteresses de messire Jean de Luxembourg,
qui encore n'avoit point fait le serment de la paix
d'Arras.

Et pour cette cause, et afin d'aller plus sûrement,
manda aucuns gentilshommes de la marche de Cambrésis et leurs gens, pour aider à convoyer leurs
bagues. Duquel messire Jean de Luxembourg, si
ledit duc d'Orléans eût su les affaires, il n'en dût
point être en doute pour deux raisons : la première, si est qu'il étoit du tout réconcilié avecque
ledit duc de Bourgogne, et mêmement avoit été
à Bruges au temps que ledit duc d'Orléans y étoit,
et avoit eu avecque lui assez grande communication et plusieurs parlements sur aucuns de leurs
affaires, tant de la seigneurie de Coucy, comme
d'autres besognes qui leur touchoient ; et avecque
ce, ledit messire Jean de Luxembourg étoit par
bonne amour parti de lui de la ville de Bruges, et
lui avoit offert de le servir et lui faire plaisir en
tout ce qui lui seroit possible ; par quoi étoit à supposer que jamais n'eût consenti lui porter aucun
dommage ou contrariété. La seconde raison si
étoit qu'en tant qu'icelui duc d'Orléans étoit à
Cambrai, le dessusdit messire Jean de Luxembourg

gisoit en son hôtel de Guise moult aggravé de maladie, de laquelle il alla de vie à trépas; et furent apportées les nouvelles de sa mort au dessusdit duc d'Orléans en la ville de Cambrai. Pour lesquelles il demeura deux jours plus qu'il n'avoit intention; et fit requête aux gouverneurs de ladite ville de Cambrai, qu'ils le voulsissent élire à gardien de leurdite ville au lieu dudit de Luxembourg, qui par avant l'étoit, et il se feroit confirmer de par le roi de France, comme il étoit accoutumé. De laquelle requête ils s'excusèrent au mieux qu'ils purent, disants qu'ils ne l'oseroient faire sans le consentement de leur évêque.

En après, ledit duc s'en alla de Cambrai à Saint-Quentin, et de là à Noyon, à Compiègne, à Senlis, et puis à Paris, où il séjourna aucuns jours; et partout où il passoit et séjournoit, on lui faisoit aussi grand honneur et révérence, comme on eût fait à la personne du roi de France ou à son fils le dauphin; et avoient les gens moult grand confidence et espérance que par son retour et déprisonnement, viendroit grand' consolation au royaume de France; et par espécial, la plus grand' partie du peuple y étoient moult fort affectés, et désiroient long-temps par avant à le voir en sa franchise, comme lors le véoient.

Si étoit l'intention dudit duc d'aller devers le roi au plus tôt que faire se pourroit; mais il ouït nouvelles, pour lesquelles il se délaya grande espace de temps; c'est à savoir, bien un an ou plus.

Et la cause si fut pource que le roi fut averti de toutes les manières qu'icelui duc avoit tenues depuis qu'il étoit retourné du pays d'Angleterre, et des alliances et serments qu'il avoit faits avec le dessusdit duc de Bourgogne, et aussi de son ordre qu'il avoit prise; et mêmement que déjà étoit accompagné, et avoit de son hôtel grand nombre de gens des pays dudit duc de Bourgogne, qui avoient autrefois mené guerre au roi de France et à ses pays. Et lui fut dit en outre que ces alliances se faisoient contre lui et ceux qui le gouvernoient, et qu'avecque iceux deux ducs étoient alliés plusieurs grands seigneurs, comme les ducs de Bretagne, d'Alençon et autres, lesquels avoient jà proposé de lui bailler nouvel gouvernement, et que dorénavant son royaume seroit gouverné par eux et autres tels qu'ils y voudroient commettre; et auroit tant seulement honnêtement son état, sans pouvoir faire aucune chose qu'il ne fût par le consentement et congé d'iceux seigneurs.

Lequel roi, qui toujours étoit assez enclin de croire conseil, pource que durant son règne on lui avoit fait et machiné par plusieurs fois de grandes traverses et assez semblables, crut légèrement tout ce qu'on lui dit des besognes dessusdites être véritable; et par espécial, quand il sut que lesdits deux ducs de Bretagne et d'Alençon avoient reçu l'ordre dudit duc de Bourgogne, il en fut en plus grand doute que par avant. Et avec ce, de jour en jour, ceux qui étoient avecque lui, lui disoient et rapportoient que ainsi étoit qu'on le disoit; pour lesquelles nouvelles il étoit très mal content. Et pour ce, nonobstant qu'il eût ordonné ledit duc d'Orléans venir devers lui, en disant à ses gens qui lui avoient apporté les nouvelles de son retour, que moult le desiroit à voir, néanmoins, pour les choses dessusdites, ne fut point content qu'il y allât, s'il n'étoit à privée mesgnie (suite) sans y mener aucuns des dessusdits de son service, c'est à savoir, ceux du dessusdit pays du duc de Bourgogne. Et pour tant ledit duc d'Orléans, sachant les choses être en l'état dessusdit, se tira de Paris à Orléans, et puis à Blois et sur ses autres seigneuries, où il fut encore plus qu'ailleurs très notablement reçu de tous ses vassaux et sujets; et lui furent faits plusieurs et notables dons et riches présents en sesdites seigneuries.

Or convient retourner à parler un peu de messire Jean de Luxembourg, comte de Ligny, lequel, comme il est dit par avant, trépassa dedans le châtel de Guise. Si fut son corps emporté sur un charriot, accompagné de ses gens, très honorablement, en l'église Notre-Dame de Cambrai, où il fut mis sur deux étaux dans le chœur. Et la première nuit on dit vigiles et commandaces; et fut veillé jusques au lendemain, qu'on dit la messe des morts moult solennellement. Et y avoit très grand nombre de torches allumées autour dudit corps, que tenoient ses gens. Et icelle messe finie, fut mis en terre au dehors dudit chœur, assez près d'un de ses prédécesseurs, nommé messire Waleran de Luxembourg, seigneur de Ligny et de Beau-Revoir. Et comme en autre lieu est plus à plein déclaré, ledit messire Jean de Luxembourg alla de vie à trépas sans avoir fait devers le roi de France, ni autres ses députés, le serment de la paix d'Arras, jà-soit-ce qu'à ce faire eût été plusieurs fois incité.

Et depuis l'an trente-cinq, qu'icelle paix avoit été confirmée, jusques environ la nuit des Rois mil quatre cent quarante, qu'il trépassa, comme dit est, avoit entretenu ses villes, forteresses et pays, sans ce que nulles des trois parties, c'est à savoir de France, d'Angleterre et de Bourgogne, y eussent fait aucunes entreprises, sinon assez peu; car, quant auxdits Anglois, ils étoient tous désirants de lui complaire et faire plaisir, pource qu'il n'étoit point encore délié d'eux, et n'avoit rendu son serment; et avoient moult grand' fiance d'avoir son aide et assistance, si besoin leur en eût été. Et pareillement il se tenoit tout sûr d'avoir aide contre tous ceux qui l'eussent voulu nuire ou gréver. Et au regard des Bourguignons, peu en y avoit qui ne fussent enclins de lui faire plaisir en toutes ses affaires. Et nonobstant que le duc de Bourgogne fût par un temps aucunement indigné contre lui, par les rapports qu'on lui faisoit souvent, néanmoins la besogne ne sortit point à effet si avant que pour venir à l'œuvre de fait; ains étoit du tout retourné en la bonne grâce et bienveillance dudit duc Philippe de Bourgogne. Et d'autre part les dessusdits François, et par espécial les capitaines, qui menoient et entretenoient les gens de guerre, le doutoient fort pour ce qu'ils le sentoient moult vaillant de sa personne, et que toujours il étoit pourvu de gens de guerre pour résister contre eux s'ils lui faisoient aucun dommage; et savoient bien que s'il les trouvoit sur aucunes de ses seigneuries à son avantage, il les feroit détruire sans en avoir aucune miséricorde. Et pour ces raisons, quand ils approchoient desdites seigneuries, ils étoient tous joyeux de bailler leurs scellés, promettant de non lui faire aucun dommage, ni quelque grief ou déplaisir à lui ni aux siens; et ainsi le firent plusieurs fois; et aussi il étoit content de les laisser paisibles sur icelles conditions.

Toutefois, peu de temps devant sa mort, le roi Charles de France avoit conclu avecque son conseil, de non plus lui bailler aucuns jours de répit; et avec ce, étoit du tout délibéré de venir à grand' puissance contre lui, pour le subjuguer et mettre en son obéissance, ou au moins le contraindre de lui faire le serment d'Arras dessusdit. Mais Dieu, le créateur de toutes choses, y pourvut avant qu'on pût savoir à quelle fin icelles besognes pourroient venir. Ainsi et par cette manière fina sa vie le dessusdit messire Jean de Luxembourg, qui de sa même personne avoit été très chevaleureux, et moult douté en tous lieux où on avoit de lui connoissance; et pouvoit bien avoir environ cinquante ans d'âge. Et assez bref temps après son trépas, un nommé Levrin de Moucy, à qui il avoit baillé le château de Coucy en garde, le rendit ès mains du dessusdit duc d'Orléans, moyennant certaine grand' somme d'argent qu'il en reçut ; et ne fut point content de mettre ès mains du comte de Saint-Pol, neveu et successeur dudit messire Jean de Luxembourg. Et aussi ceux de Nesle et de Beaulieu, en Vermandois, déboutèrent Lionel de Vendôme, qui étoit leur gouverneur, et tous les autres qui étoient en icelles places, de par le dessusdit messire Jean de Luxembourg, et mirent dedans les gens de monseigneur de Mongagnier. Et toutes les autres villes, cités, châteaux et forteresses, furent mises et délivrées en l'obéissance dudit comte de Saint-Pol, par ceux qui les tenoient et en avoient eu le gouvernement.

CHAPITRE CCLIII.

Comment le roi de France alla à Troyes, en Champagne, et comment plusieurs villes et forteresses se mirent en son obéissance ; et autres matières.

Durant le temps dessusdit, Charles, roi de France, fit moult grand' assemblée de gens de guerre de plusieurs de ses pays, et avecque ce remanda les capitaines des compagnies, dont dessus est faite mention, qu'ils vinssent devers lui atout leurs gens. Et quand tout fut assemblé devers la rivière de Loire, il se partit de Bourges en Berri, son fils le dauphin en sa compagnie, le connétable de France, messire Charles d'Anjou, et autres grands seigneurs en très grand nombre, atout lesquels il se tira à Troyes, en Champagne, et là séjourna environ trois semaines. Et étoient ses gens logés par les villes, sur le plat pays, dont celui pays étoit moult fort travaillé; et si y en avoit grand' partie ès parties d'Auxerre et de Tonnerre, et sur les marches de Bourgogne. Auquel temps, plusieurs villes et forteresses se mirent en son obéissance, lesquelles paravant lui avoient fait forte guerre à ses pays; et aussi apaisa la guerre des Barrois et Lorrains, et du comte de Vaudemont; et si se pacifia avec lui, le damoiseau de Commercy, et plusieurs autres seigneurs des marches de Bourgogne, qui paravant étoient en son indignation. Et ces besognes faites et accomplies, s'en vint ledit roi en la ville de Bar-sur-Aube, auquel lieu vint devers lui le bâtard de Bourbon, qui avoit sous lui à son commandement, une très grosse compagnie de gens d'armes, qu'il avoit long-temps entretenus sur les champs; mais quand il fut venu audit lieu de Bar, il fut accusé d'aucuns crimes devers le roi. Et après que sur iceux eut été diligemment examiné, et son procès fait, fut condamné à être rué et jeté dedans un sac à la rivière, tant qu'il fût noyé et tant que mort fût accomplie; et ainsi fut fait.

Et depuis qu'il fut mort, fut tiré dehors de ladite rivière, et mis en terre sainte.

Si fut lors assez commun qu'on lui avoit ce fait, pour ce que durant la guerre d'entre le roi et son fils le dauphin, y étoit à grand puissance avecque sondit frère, le dessusdit duc de Bourbon, et avoit été cause principalement de déloger icelui dauphin du roi son père. Et d'autre part, au retour du voyage de Harfleur, où il avoit été avec le comte d'Eu, comme dit est ailleurs, il s'étoit tiré à Saint-Omer devers le duc de Bourgogne, auquel il avoit promis de le servir, si aucuns affaires lui survenoient, en la faveur du dessusdit duc de Bourbon, beau-frère au duc de Bourgogne dessusdit. Pour laquelle exécution ainsi faite sur icelui bâtard de Bourbon, aucuns des autres capitaines, qui par long-temps avoient tenu les champs sous ombre des armées du roi, furent en très grand doute et crémeur, que pareillement ils ne fussent punis de leurs anciennes mauvaises œuvres.

CHAPITRE CCLIV.

Comment les Anglois, qui se tenoient au châtel de Folleville, faisoient moult de maux en Amiénois et ès pays d'environ, et déconfirent aucuns seigneurs Picards et leurs gens, qui les assaillirent.

En icelui temps, les Anglois qui se tenoient au châtel de Folleville, firent moult de maux au pays d'Amiénois, de Corbie et de Santois, et aussi à la ville de Mont-Didier, et ès autres lieux à l'environ. Et étoient environ cent compagnons de guerre qui firent moult de grands maux; et tellement contraignirent iceux pays que la plus grand' partie des villes étoient toutes appactisées à eux et rançonnées à certaine somme d'argent et de froment pour chacun mois; dont le pauvre peuple étoit moult fort oppressé et travaillé. Et mêmement allèrent un jour courre la ville de Dours, sur la rivière de Somme. Si étoit dedans la forteresse d'icelle ville le seigneur d'icelle, lequel, pource qu'il n'étoit point assez puissant pour résister à l'encontre desdits Anglois, monta hâtivement à cheval, et s'en alla en la ville d'Amiens, pour avoir aide et secours.

Si trouva le seigneur de Saveuse, capitaine de ladite ville d'Amiens, et plusieurs autres gentilshommes et autres gens de guerre, lesquels, avec aucuns du commun, se mirent à voie, tant de cheval comme de pied, et poursuivirent iceux Anglois, lesquels ils trouvèrent assez près dudit lieu de Folleville, où ils se retrahirent en moult belle ordonnance, menant avec eux grand' foison de bagages qu'ils avoient conquis. Si fut ordonné que le seigneur de Saveuse conduiroit ceux de pied, et le seigneur de Dours dessus nommé, le seigneur de Contay, le seigneur de Tilloye, Guichard de Fiennes, et aucuns autres gentilshommes mèneroient ceux de cheval; lesquels approchèrent et écrièrent iceux Anglois pour les combattre tous ensemble de cheval et de pied. Laquelle ordonnance ne fut point bien tenue; car les dessusdits de cheval, qui étoient moult désirants d'assembler avecque leurs adversaires, férirent dedans sans attendre iceux de pied, dont il leur mésadvint très grandement : car les dessusdits Anglois, qui virent leurs adversaires eux approcher, et qui étoient en plus grand nombre, les deux parts se mirent en bonne ordonnance, leurs chevaux derrière eux, afin qu'on ne les pût envahir par derrière. Et se défendoient très vaillamment, et tant que grand' partie de leurs adversaires et ennemis y furent morts; entre lesquels le furent, le seigneur de Dours, Guichard de Fiennes, Jean de Beaulieu, et aucuns autres nobles gentilshommes. Et des prisonniers fut le principal, messire Martel d'Antoch, seigneur de Tilloye; et les autres passèrent outre par force de bons chevaux qu'ils avoient : desquels les aucuns furent moult fort navrés et blessés, et les autres eurent leurs chevaux effondrés. Et ledit seigneur de Saveuse, voyant la besogne être ainsi mal tournée, entretint au mieux qu'il put ceux de pied, lesquels il avoit en son gouvernement, et avecque ceux de cheval qui étoient échappés de la besogne dessusdite, les reconduit audit lieu d'Amiens, moult triste et déplaisant de cette male aventure. Et depuis, par traité avec iceux Anglois, furent les morts apportés tout dénués pour enterrer chacun en leurs lieux. Si furent aucuns des amis et prochains de ceux qui y avoient été morts, qui en voulurent donner aucune charge audit seigneur de Saveuse, disant qu'il ne s'étoit point avancé, comme il dût, pour aider et secourir ses gens, quand besoin leur en étoit. A quoi, selon son pouvoir, s'en excusoit, disant que bonnement ne se pouvoit plus fort hâter, pour ce qu'il avoit en son gouvernement, comme dit est ci-dessus, les gens de pied, lesquels lui avoient été baillés à conduire par le consentement de tous les nobles là étant présents.

CHAPITRE CCLV.

Comment les gens du comte de Saint-Pol détroussèrent aucuns des serviteurs du roi de France, qui ramenoient les habillements de guerre, tant de la cité de Tournai comme d'ailleurs, et l'amende que ledit comte de Saint-Pol en fit.

ENTRE temps que le roi de France étoit atout son armée au pays de Champagne, comme vous avez ouï dessus, il avoit ordonné aucuns de ses plus féaux serviteurs, pour aller en sa ville de Tournai, et ès marches de Flandre, pour acheter certain nombre d'artillerie et autres habillements de guerre, pour mener en sa ville de Paris, afin de lui aider quand il en auroit besoin. Lesquels, c'est à savoir ceux qui y étoient commis, en firent très bonne diligence; et tant que des besognes dessusdites chargèrent plusieurs chars et charriots, et les conduisirent sûrement parmi les pays du duc de Bourgogne, depuis la cité de Tournai, sans trouver aucun qui leur baillât ou fît empêchement, jusques à tant qu'ils vinrent en une ville nommée Ribemont, où ils furent rencontrés des gens du comte de Saint-Pol, qui étoient en garnison en icelle ville. Entre lesquels étoient Jean, seigneur de Thorente, Guyot de Béthune, Othe de Neufville, et plusieurs autres, tant hommes d'armes comme archers, lesquels détroussèrent du tout lesdites gens et serviteurs du roi, et prirent et emmenèrent lesdits harnois et artilleries, atout les charriots et autres habillements, et les boutèrent en ladite ville de Ribemont, auquel lieu ils en butinèrent et dissipèrent grand' partie. Toutefois ce ne fut point du sçu et consentement, ni ordonnance dudit comte de Saint-Pol, ains en fut très courroucé et déplaisant. Laquelle détrousse venue à la connoissance du roi, en fut très indigné et mal content, et jura qu'il seroit amendé, et qu'il feroit guerre à icelui comte de Saint-Pol, s'il n'en faisoit du tout restitution et délivrance, et s'il ne lui faisoit hommage et féauté des terres et seigneuries qu'il tenoit de lui en son royaume.

Et lors, lui étant en la ville de Bar-sur-Aube, comme dit est dessus, venoient de jour en jour, gens de guerre devers lui pour le servir ; et quand il eut illec séjourné une espace, il s'en vint par Châlons et Reims, en la cité de Laon ; et partout où il venoit étoit reçu par les bonnes villes à lui obéissantes très honorablement, ainsi et par la manière qu'il est accoutumé de faire à son roi et souverain seigneur. Duquel lieu de Laon, et de la marche à l'environ, se départirent grand' partie, de ses capitaines, atout leurs gens d'armes, c'est à savoir La Hire, Antoine de Chabannes, Joachim Rohault, et aucuns autres pour venir et approcher les villes et forteresses que tenoient les gens dudit comte de Saint-Pol, et pour eux faire guerre. Lequel comte de Saint-Pol, qui étoit assez averti d'icelle venue, les avoit fait garnir de ses gens, du mieux qu'il avoit pu ; et se tenoit de sa personne à Guise en Tiérasche, pour aider et subvenir à ceux qui en auroient besoin et nécessité. Mais il advint que ceux de ladite garnison et les dessus nommés qui se tenoient à Ribemont, de par ledit comte de Saint-Pol, comme dit est, quand ils ouïrent et surent que le roi et sa puissance les approchoit de si près, eurent si grand doute et si grand peur, qu'avant que les François vinssent, se départirent soudainement, et en grand déroi, sans attendre l'un l'autre ; et abandonnèrent la ville et château dudit Ribemont, en les laissant au gouvernement du commun peuple. Lesquels demeurèrent moult désolés pour la départie des dessusdits, et se retrahirent vers leur maître et seigneur, ledit comte de Saint-Pol, audit lieu de Guise, et en autres villes et forteresses, appartenant audit comte, qui d'eux fut très mal content, et par espécial de ceux qui en avoient eu le gouvernement, et auxquels il en avoit baillé la charge. Et ce même jour ou le lendemain, vinrent devant ladite ville de Ribemont, les François, auxquels, au nom du roi Charles, fut baillée pleine obéissance ; et les mit-on dedans ladite ville, dedans laquelle ils trouvèrent des biens très largement, et en partie en prirent à leur plaisir. Et entre les autres, y entra comme chef, ledit Joachim Rohault. Et brefs jours ensuivant, la plus grand' partie de l'armée du roi se tirèrent devant la ville de Marle, et l'environnèrent, et l'assiégèrent à grand' puissance.

Dedans laquelle ville étoit, de par le comte de Saint-Pol, un gentilhomme assez expert et diligent en fait de guerre, nommé Georges de Croix, qui avoit avecque lui environ soixante combattants, avec ceux de la ville. Si fut suffisamment sommé, de par le roi, de rendre la ville; mais il fit réponse, toutes les fois qu'il en fut requis, que sans le sçu et consentement de son seigneur et maître le comte de Saint-Pol, point ne la rendroit. Pour lequel refus, les dessusdits assiégeants mandèrent en grand' diligence les gros engins et artilleries du roi, et de fait les firent asseoir et affûter en très grand nombre devant les portes et murailles de la dessusdite ville.

Si commencèrent à jeter et adommager ladite muraille en aucuns lieux; et étoit leur intention et volonté de l'assaillir bref ensuivant. Mais, entre temps que les besognes dessusdites se faisoient, ledit comte de Saint-Pol, considérant qu'au long aller ce lui étoit chose impossible de tenir sesdites places contre le roi et sa puissance, attendu que déjà étoit assez averti que point n'auroit secours dudit duc de Bourgogne, se commença aucunement à dissimuler; car, avecque ce, les principaux qui étoient avecque lui, lui conseillèrent qu'il trouvât les moyens d'avoir traité, et de demeurer paisible, lui et ses seigneuries.

Lesquels moyens, tant par la comtesse sa mère,

douagière, qui par avant avoit été devers le roi, et encore étoit à Laon, comme par autres ses bons amis, se commencèrent à traiter et ouvrir; et finablement ledit comte de Saint-Pol alla à Laon, devers le roi, duquel et du dauphin il fut reçu assez courtoisement, et aussi des autres seigneurs qui là étoient. Et certains brefs jours ensuivant, impétra et obtint envers ledit roi, que ceux qui étoient devant ladite ville de Marle, et ses gens qui étoient dedans, ne fissent point de guerre l'un à l'autre, jusques à certain jour, pendant lequel temps on traiteroit du surplus.

Lesquels traités finablement, après que sur ce le roi et son grand conseil eut tenu plusieurs journées, et que le dessusdit comte de Saint-Pol eut été ouï sur ce qu'il vouloit dire et requerre, fut ordonné qu'icelui comte de St.-Pol demeureroit en la bonne grâce du roi, moyennant qu'il lui feroit hommage et serment de fidelité des terres et seigneuries qu'il tenoit en son royaume, tant de par lui comme de par la comtesse de Marle et de Soissons, sa femme, ainsi et par la manière que lui avoient fait et faisoient journellement ses autres vassaux; et avecque ce, qu'il feroit mettre sadite ville de Marle en l'obéissance du roi et ses commis, et en vider ceux qui dedans étoient; et outre plus, lui bailleroit certaines lettres signées et scellées de son scel, contenants certains points déclarés en icelle, dont la copie sera ci-après mise et écrite. Après lesquels traités faits et accordés par icelles parties, on envoya tantôt de par le roi, audit lieu de Marle, certains commis pour prendre l'obéissance de la ville, comme dit est.

Lesquels commis portèrent un sauf-conduit du roi au dessusdit George de Croix, pour lui et pour ses gens, atout lesquels il se partit, et alla à la Ferté-sur-Oise, par l'ordonnance dudit comte de Saint-Pol. Et tôt après entrèrent iceux commis dedans la dessusdite ville de Marle, et firent ce qui leur étoit commandé et ordonné de par le roi, en prenant ladite obéissance selon le dessusdit traité. Mais bref ensuivant, ladite ville fut remise et rendue par le consentement du roi et par son octroi, en la main dudit comte, comme devant avoit été. Et adonc se délogèrent de là toutes gens de guerre, et se tirèrent plus avant ès marches de Vermandois, de Hainaut et de Cambrésis; et partout où ils alloient, faisoient de grands oppressions au pauvre peuple. Le comte de Saint-Pol, depuis qu'il eut sondit traité, commença à être très bien en la grâce du roi et de tous les autres grands seigneurs, et par espécial, du dauphin, et lui promit de le servir dorénavant en toutes ses besognes et affaires contre les Anglois, s'il lui plaisoit le mander; et fut en ladite ville de Laon bonne espace de temps: et avant son département bailla ses lettres, dont dessus est faite mention, contenant la forme et manière qui ci-après s'ensuit.

« Louis de Luxembourg, comte de Saint-Pol et de Ligny, de Conversan, de Braine et de Guise, seigneur d'Enghien et de Beau-Revoir et châtelain de Lille, à tous ceux qui ces présentes lettres verront et orront, salut. Savoir faisons que j'ai promis, et par ces présentes promets, par foi et serment de mon corps, et sous l'obligation de tous mes biens, faire et faire faire pleine et entière obéissance au roi notre sire et à ses officiers, tant en justice comme aux faits et conservations des droits royaux de ses finances, aides, greniers, tailles, hauts passages et autres touchant son domaine ; et autrement, de faire cesser gardes et appactis mises sus, en ce qui est de ma puissance, depuis vingt ans en ça ; et avecque ce, promets restituer au roi, et par tout où il appartiendra, ce qu'il reste ; et restituer de l'artillerie du roi et marchandises prises par ceux de Ribemont, et ce qui reste de chevaux et charriots du roi pris par ceux de Marle. Et avecque ce, ai promis et promets de répondre en la cour de parlement à tout ce que le roi ou son procureur voudra maintenir, requerre ou demander touchant la succession de feu monseigneur le comte de Ligny, mon oncle, à qui Dieu pardonne ! tant au regard des héritages comme des biens meubles que tenoit et possédoit mondit feu oncle au jour de son trépas, pour tant que toucher m'en peut, et pour les comtés de Ligny et de Guise, comme pour autres terres et seigneuries venus à mondit feu oncle; et de tenir, obéir et accomplir, en tant qu'à moi est, tout ce qui par ladite cour me sera sur ce dit, jugé et prononcé. Pourquoi j'ai pris et accepté jour, et me suis tenu et tiens pour ajourné en ladite cour de parlement, pour répondre au procureur du roi, au quinzième jour de juillet prochain venant, pour y procéder ainsi qu'il appartiendra. Et générale ment promets faire envers le roi mon souverain seigneur, tout ce que bon et loyal sujet doit et est tenu de faire envers son roi naturel et souverain seigneur; ni ne souffrirai, ni tiendrai en nulles de mes places, gens pour faire guerre, mal ni dommage sur le pays et sujets du roi. Et avecque ce, promets rendre et délivrer toutes les terres d'autrui que j'ai en ma main à cause de la guerre; et au regard de Montagu, faire mon plein pouvoir d'icelle rendre. Toutes lesquelles choses, je promets de tenir de point en point, ainsi que dessus est dit, sans enfreindre. En témoin de ce, j'ai signé ces présentes de ma main, et scellées du scel de mes armes, le vingtième jour d'avril, l'an mil quatre cent quarante et un.

CHAPITRE CCLVI.

Comment la duchesse de Bourgogne vint à Laon, devers le roi, pour faire aucunes requêtes; et autres matières.

Au mois dessusdit, la duchesse de Bourgogne, femme au duc Philippe, et fille au roi de Portugal, alla devers le roi Charles en la cité de Laon, très honorablement accompagnée de chevaliers et écuyers, comme de gens de conseil, et aussi de dames et de damoiselles. Et, pource qu'elle n'étoit point bien haitée (en santé), se faisoit porter sur une litière. Si vint au-devant d'elle, bien une lieue, le connétable, qui avoit épousé la sœur dudit duc de Bourgogne, comme dit est ailleurs; lequel connétable la mena et conduisit jusques en ladite ville, et aussi devers le roi, qui la reçut assez courtoisement; et aussi fit son fils le dauphin, et autres plusieurs nobles et grands seigneurs. Après laquelle réception, elle se retrahit en l'abbaye de Saint-Martin, où elle fut logée; et depuis fut, par plusieurs fois, devers le roi, pour lui faire aucunes requêtes, dont elle étoit chargée de par ledit duc de Bourgogne, son seigneur et mari, tant sur la paix générale d'entre les royaumes de France et d'Angleterre, comme pour le fait du duc d'Orléans.

Et, avec ce, pour la forteresse de Montagu, appartenant au seigneur de Commercy, que tenoit encore Villemet de Hainaut et autres des gens de feu messire Jean de Luxembourg, et se vantoient ceux qui la tenoient, de la non rendre à ceux qui déjà les avoient requis de par le roi, sans le congé et licence du duc de Bourgogne. Pour lequel refus y étoient allés grand' compagnie des gens du roi, sur intention d'y mettre le siége. Si fut aucunement attargé (retardé) de lui mettre, sur espérance qu'on trouveroit aucun bon traité devant le partement d'icelle duchesse, laquelle fit en outre plusieurs requêtes au roi; mais peu lui furent accordées: néanmoins elle fit ses pâques audit lieu de Laon, et y tint très noble et bel état. Si fut assez visitée des grands seigneurs et plusieurs autres notables gens de l'hôtel d'icelui roi. Et pareillement alla devers le roi, à Laon, Jeanne de Béthune, comtesse de Ligny et vicomtesse de Meaux. Lequel roi fut content de sa venue, et la reçut très agréablement et joyeusement; et releva icelle comtesse du roi toutes les seigneuries qu'elle tenoit de lui. Et, avecque ce, fit certain traité avec ses commis, pour et en tant que toucher lui put, des biens meubles que sondit feu mari lui avoit laissés, lesquels on disoit être confisqués, pource qu'il étoit allé de vie à trépas étant adversaire du roi; et en paya certaine somme d'argent. Et par ainsi, au regard de ce, demeura paisible, et en obtint lettres royaux. Et icelle, séjournant alors en ladite ville de Laon, fut instamment requise de prendre à mari le comte d'Eu; mais elle s'en excusa aucunement.

Et brefs jours après ensuivant, quand elle eut fait et accompli ce qu'elle put, elle s'en retourna au château de Beau-Revoir, et de là à Cambrai. Durant lequel temps venoient, de jour en jour, plusieurs gens devers le roi, pour lui faire hommages et le servir: lesquels il retenoit, et leur promettoit à eux faire du bien largement; car il avoit volonté de faire, l'été ensuivant, une très grosse armée à l'encontre des Anglois, ses anciens adversaires.

En cet an, fut accusé devers le duc d'Orléans un sien écuyer de l'écuyerie, nommé Dunot, de l'avoir voulu empoisonner, à la requête et instance, comme on disoit, d'aucuns grands seigneurs de l'hôtel du roi de France : si fut pour cette cause très durement gêné, questionné et examiné, et, après, noyé par nuit en l'eau de Loire; mais du surplus fut peu de nouvelles que la besogne vînt à clarté contre ceux qui étoient suspectionnés.

Durant aussi le temps dessusdit, si s'avancèrent environ huit vingts saquements (pillards) de l'hôtel du roi Charles, et allèrent au pays de Hainaut, en une ville nommé Haussy, en laquelle avoit bel châtel; et se logèrent là; et s'y tinrent deux ou trois jours. Si composèrent plusieurs villes et villages, tant de Hainaut comme de Cambrésis, à grand' finance. Durant lequel temps, messire Jean de Croy, bailli de Hainaut, assembla aucune puissance de gens d'armes au Quesnoy-le-Comte, et s'en vint pour les détrousser; mais une partie se retrahirent audit châtel, lesquels furent tantôt assaillis : auquel assaut fut mort un moult notable gentilhomme assez ancien, nommé Lordenois d'Osterne. Et depuis fut fait traité dudit bailli avec iceux, par tel si qu'ils se départiroient en délaissant ce qu'ils avoient pris; et, avec ce, lui donnèrent une somme d'argent, afin qu'il les laissât partir. Et en y avoit eu plusieurs morts et détroussés, qui avoient été trouvés en ladite ville de Haussy. Si se partirent tous ensemble pour eux tirer vers la ville de Laon; mais ils furent rencontrés des gens du comte de Saint-Pol, vers le pont au Nouvion, et du tout détroussés; et la plus grand' partie y demeurèrent morts en la place.

CHAPITRE CCLVII.

Comment la duchesse de Bourgogne se partit du roi Charles, étant à Laon, et retourna au Quesnoy, où alors étoit ledit duc de Bourgogne, son mari.

Au commencement de cet an, Charles, roi de France, étant à Laon, où il avoit solennisé le jour de la résurrection de Notre-Seigneur, en l'hôtel épiscopal de l'évêque d'icelle cité de Laon, tint plusieurs grands conseils sur les requêtes que lui avoit faites la duchesse de Bourgogne et ceux de son conseil; en la fin desquels conseils finablement, comme j'ai déclaré, lui en furent peu accordées; dont elle ne fut point bien contente; et aperçut assez clairement, et aussi firent ceux qui y étoient avecque elle, que les gouverneurs d'icelui roi n'avoient mie agréable le duc de Bourgogne ni ses besognes. Et pour tant, elle, voyant que sa demeure illec ne lui étoit mie grandement profitable, prit congé au dessusdit roi, et le remercia de l'honneur et bonne réception qui lui avoit été faite. Et après lui dit : « Monseigneur, de » toutes les requêtes que je vous ai faites, ne m'en » avez nulles octroyées, ni accordées, jà-soit-ce, que » selon mon avis, elles fussent assez raisonnables. »

A quoi le roi lui répondit assez courtoisement, en disant : « Belle-sœur, ce poise nous qu'autre- » ment ne se peut faire ; car, selon ce que nous trou- » vons en notre conseil, à qui en avons parlé bien » au long, icelles requêtes nous seroient moult » préjudiciables à accorder. »

Après lesquelles paroles elle prit congé, comme dit est, au roi et à son fils le dauphin, puis se partit de là, et s'en vint au gîte à Saint-Quentin, avec elle toutes ses gens. Et la reconduit le connétable et aucuns autres, grand'espace. Duquel lieu de Saint-Quentin, elle s'en vint le lendemain dîner au châtel de Cambrésis. Et à cette heure étoient allés aucunes gens dudit roi fourrager au pays de Hainault, et ès marches à l'environ ; et emmenoient moult grosses proies, c'est à savoir, chevaux, vaches, et autres biens et bétail. Si y furent tôt et roidement plusieurs des gens de ladite duchesse, lesquels en occirent trois ou quatre en la place, et les autres se sauvèrent par force de bien fuir, réservé deux qui furent ratteints et pris, et menés au Quesnoy-le-Comte, où ils eurent les hâtereaux (cous) coupés. Auquel lieu du Quesnoy alla au gîte icelle duchesse de Bourgogne, où étoit le duc son mari, à qui elle raconta tout ce qu'elle avoit trouvé envers le roi de France et ceux qui le gouvernoient. Et pour vrai, la plus grand' partie des nobles qui avoient été avec elle en icelui voyage, n'étoient point si François à leur retour, qu'ils étoient quand ils allèrent devers le roi, pour aucunes paroles qu'ils avoient ouïes et vues en iceux de ce parti. Pour lesquels rapports, le dessusdit duc de Bourgogne se pensa de lui-même, et s'en devisa avecque aucuns de son plus privé conseil, que grand besoin lui étoit de lui ses pays tenir sûrs et bien garnis de gens, considérant qu'à peu d'occasion on seroit tôt enclin de lui faire grief et dommage.

Néanmoins, si avoit-il toujours de vaillants, discrets, prudents et sages hommes, qui moult désiroient et contendoient de les tenir en paix et bonne union; et par espécial, de la partie du roi, s'y employa l'archevêque de Reims, grand chancelier de France. Et jà-soit-ce que la dessusdite duchesse de Bourgogne se fût départie de devers le roi, comme vous avez ouï ci-dessus, si y avoit-il de jour en jour aucuns hommes de bien, allant et venant de partie à autre, pour entretenir et concorder ce qui seroit à faire entre eux.

CHAPITRE CCLVIII.

Comment la forteresse de Montagu, appartenant au damoiseau de Commercy, fut abattue et désolée par le commandement du duc de Bourgogne.

En outre, messire Robert de Salebrusse (Saerbruck) seigneur de Commercy, poursuivoit très fort le roi et ceux de son conseil, pour ravoir sa forteresse de Montaigu; lequel seigneur de Commercy n'étoit point en la grâce du duc de Bourgogne, mais l'avoit en très grand' indignation et haine, pour plusieurs injures qu'il avoit faites en ses pays, et aussi ses gens et sujets. Et pour tant ne voulut consentir pour nulle rien, qu'icelle forteresse lui fût rendue; ains vouloit qu'elle fût démolie et abattue, et pareillement le désiroient plusieurs bonnes villes, comme Reims, Laon, Saint-Quentin, et autres, pour ce que de très long-temps, gens s'étoient accoutumés d'eux y tenir; lesquels moult fort avoient travaillé et oppressé, par leurs courses et pillages, ceux desdites villes et du plat pays à l'environ. Et finablement la conclusion fut telle, que ceux qui étoient dedans baillèrent sûreté de la rendre au roi, à l'entrée du mois de juin prochain ensuivant, en tel état qu'il plairoit audit duc de Bourgogne, c'est à savoir, entière ou désolée, et de ce fut le roi content.

Pendant lequel jour, ledit duc de Bourgogne fit mettre ouvriers en œuvre en grand nombre, pour icelle forteresse abattre et démolir, et ainsi en fut fait; mais durant le temps dessusdit, icelui damoiseau de Commercy cuida trouver aucuns moyens secrètement de la ravoir en sa main, pour argent, d'aucuns de ceux qui l'avoient en garde, lesquels furent de ce accusés, et pour cette cause pris; et en y eut quatre qui eurent les hâtereaux coupés, desquels en étoit l'un le prévôt de la ville dudit Montaigu. Ainsi et par icelle injure fut désolée icelle forteresse, laquelle étoit située et assise haut sur une montagne en moult fort lieu; à l'occasion de laquelle le pays avoit eu à souffrir, comme dit est ci-dessus.

CHAPITRE CCLIX.

Comment le roi de France alla mettre le siège devant la ville de Creil, laquelle il conquit.

Après que le roi de France eut séjourné, par l'espace d'un mois ou environ, dedans la cité de Laon, il se partit de là, et par Soissons et Noyon s'en alla à Compiégne, où il séjourna par aucuns jours, en attendant son armée, qui se préparoit pour aller devant la ville de Creil. Et nonobstant que Guillaume de Flavy, capitaine d'icelle ville de

Compiégne, eût son pardon et rémission du roi, pour la mort du seigneur de Rieux, maréchal de France, qui étoit mort en ses prisons, toutefois n'alla-t-il point devers le roi; mais par avant sa venue, pour la doute des amis dudit maréchal, s'en alla avec ledit seigneur d'Offemont pour être plus sûr de sa personne. Et lors venoient gens de plusieurs parties du royaume de France devers le roi, qui par avant avoient été mandés. Et peu de jours ensuivant, le roi se partit de ladite ville de Compiégne, et s'en alla à Senlis, où il séjourna un petit de temps; et puis se mit à chemin, avec son exercite, pour aller vers la ville de Creil, que tenoient les Anglois. Si se logea près d'icelle ville au côté devers Paris; et le connétable et autres capitaines se logèrent à l'autre côté devant le pont. Devant laquelle ville, de première venue, furent faites escarmouches: et tôt après furent assis les gros engins du roi contre les portes et murailles, dont très fort la adommagèrent, et tant que les assiégés commencèrent à avoir doute d'être pris d'assaut; par quoi au bout de douze jours ou environ, après ledit siége mis, requirent de traiter avecque icelui roi ou ses commis; si leur fut octroyé. Et en la fin d'icelui traité, furent contents de rendre ladite ville et le châtel, avec tous les biens, par tel si, qu'ils pouvoient tant seulement emporter leurs robes, et ce qu'ils avoient d'argent. Et ce fait, s'en allèrent, sous bon sauf-conduit, tout à pied, par la porte du pont, en tirant vers la ville de Beauvais. Et y étoit en chef d'iceux Anglois, messire Guillaume Chamberlan. Après lequel département des dessusdits Anglois, le roi entra dedans le châtel ; et les autres seigneurs et capitaines se logèrent en plusieurs lieux devant la ville, à laquelle garnison il commit Yvon du Puys.

CHAPITRE CCLX.

Comment le roi de France alla assiéger la ville et forteresse de Pontoise, laquelle enfin il conquit d'assaut.

APRÈS que le roi de France eut séjourné aucuns peu de jours en la ville de Creil, il tira vers la ville de Pontoise atout son armée, et y vint environ la mi-mai. Si se logea à l'abbaye de Maubuisson, où il y a une notable église de dames et de moult beaux édifices ; et avec lui se logèrent tous ceux de son hôtel avec aucuns autres, et le connétable et les maréchaux de France, c'est à savoir les seigneurs de Sologne et de Lohéac ; et plusieurs autres capitaines se logèrent en aucuns autres divers lieux. Et bref ensuivant furent assis et affûtés les grands engins devant un boulevert qui étoit au bout du pont, au côté de devers ledit lieu de Maubuisson ; lequel fut tantôt si dommagé, qu'il se rendit et fut pris d'assaut. Si y furent morts quatorze ou seize des gens du roi et plusieurs blessés :

et pareillement furent aucuns Anglois. Lequel boulevert le roi fit fortifier; et ordonna pour la garde d'icelui, messire Denis de Chailly et Michaut Durant atout (avec) leurs gens.

Et d'autre part, l'on fit faire un pont par-dessus la rivière d'Oise, contre l'abbaye de Saint-Martin, lequel fut clos de petite muraille et fut fortifié tout à l'environ, tant de fossés comme de petits bouleverts, ainsi qu'il est accoutumé de fortifier bastilles. Et là se logea messire Charles d'Anjou, le seigneur de Cotigny, amiral de France, avecque lui trois ou quatre mille combattants. Et si fut fait à l'entrée du pont, au dehors de ladite rivière d'Oise, une assez forte bastille pour la garde d'icelui pont. Par les moyens desquelles fortifications pouvoient passer sûrement à leur aise, sans le danger des Anglois, leurs adversaires, auquel côté qu'il leur plaisoit de ladite rivière.

Et entre temps que les approches dessusdites se faisoient, vinrent devers le roi grand nombre de gens, tant seigneurs et nobles hommes comme ceux des bonnes villes, qui par avant avoient été mandés. Entre lesquels y vinrent de ceux de la cité de Tournai, jusques au nombre de six vingts combattants ou au-dessus, en très bon convenant, gens d'élite et très bien habillés, dont en la plus grand' partie étoient arbalêtriers. Et les conduisoient trois notables hommes d'icelle cité, dont le premier étoit nommé Simon de Genoix, l'autre, Robert le Boucher, et le tiers, Jean de Courcelle;

si furent reçus du roi très joyeusement. Et aussi y vinrent ceux de la cité de Paris, en moult grand' quantité et en très bel état, et avec ce d'autres bonnes villes. Et si comme ils venoient, ils étoient reçus et logés par les gens du roi, comme il appartenoit.

En outre, Louis de Luxembourg, comte de Saint-Pol et de Ligny, qui par avant avoit fait son amas de gens d'armes en ses seigneuries, y arriva environ huit jours après la Saint-Jean, atout six cents combattants ou environ, très bien en point; et faisoit moult chaud. Si mit ses gens en bataille assez près du logis du roi; lequel, avecque aucuns de ses princes et capitaines, les alla voir bien à loisir, et toutes ses gens, et fut moult joyeux de sa venue. Si le festoya et mercia moult grandement de ce qu'il l'étoit venu servir à si belle compagnie. Avec lequel comte de Saint-Pol étoient le seigneur de Vervins, messire Collard de Mailly, Louis d'Enghien, messire Ferry de Mailly, Jean d'Hangest, messire Daviod de Poix, Jacotin de Béthune, et ses frères, Georges de Croy, et plusieurs autres gentils hommes. Si furent ce jour une grand' partie moult travaillés de la chaleur dessusdite, et tant qu'à cause d'icelle mourut un gentilhomme nommé Robert de Frisomen.

Et quand le roi les eut vus, comme dit est, s'en allèrent loger en un village plus près de là; et bref ensuivant se logèrent avec les autres audit siége. Et aussi vint le comte de Vaudemont, accompagné de cent ou six vingts combattants; de laquelle venue le roi fut très content et joyeux. Et pour vrai, à cette assemblée furent moult de grands seigneurs au service du dessusdit roi de France, c'est à savoir son fils le dauphin, le comte de Richemont, connétable de France, et les deux maréchaux dessus nommés, et l'amiral, messire Charles d'Anjou, les comtes d'Eu, de la Marche, de Saint-Pol, de Vaudemont, d'Albreth, de Tancarville, de Joigny, le vidame de Chartres, le seigneur de Châtillon, le seigneur de Moreul-en-Brie, le seigneur de Beuil, La Hire, Poîhon de Sainte-Treille, le seigneur de Hem, messire Heincelin de la Tour, le seigneur de Mouy, Claude d'Hangest, Regnault de Longueval, le seigneur de Moyencourt, le seigneur de la Suze, messire Théolde de Valperge, Antoine de Chabannes, Charles de Flavy, messire Gilles de Saint-Simon, Hue de Mailly, Olivier de Cotigny, le seigneur de Pennesach, Blanchefort, Floquet, Broussach, Joachim Rohault, Pierre Regnaut, le seigneur de Graville, messire Jean de Gapondes, Geoffroi La Hire, le bâtard de Harcourt, et moult d'autres nobles gens de grand'autorité; et tant, que selon l'estimation de ceux en ce connoissants, le roi pouvoit bien avoir en tout de dix à douze mille combattants, et fleur de gens de guerre: lesquels, chacun en droit soi, étoient moult désirants de conquerre la ville de Pontoise. Durant lequel temps le duc d'Yorck, le seigneur de Talbot, et aucuns autres chefs de la partie des Anglois, qui se tenoient à Rouen, commencèrent à aviser et à imaginer comment ils pourroient mieux secourir leurs gens qui étoient dedans icelle ville de Pontoise. Et enfin conclurent que pour la première fois le seigneur de Talbot la iroit ravitailler, pour aviser la manière et conduite des François. Si se mit sus ledit Talbot, atout quatre mille combattants ou environ, tant de pied comme de cheval, atout chars, charrettes et bétail, et alla par aucuns jours, tant qu'il vint loger jusques à une ville nommée Chevrin, assez près dudit lieu de Pontoise, et là geut (coucha) deux nuits. Et entre temps bouta les vivres dedans ladite ville, sans avoir aucun empêchement; car le roi et ceux de son conseil étoient délibérés de non combattre iceux Anglois, sinon qu'ils les trouvassent grandement à leur avantage.

Après lequel ravitaillement, messire Jean de Talbot s'en retourna à Mantes; et se logèrent ses gens en un village au dehors de la ville; et de là s'en retournèrent en Normandie. Et entre temps, les engins du roi de France, qui étoient assis contre ladite ville de Pontoise, tant en la grande bastille de Saint-Martin comme ailleurs, jetoient continuellement contre les tours et murailles d'icelle, et les dérompoient en plusieurs lieux; mais les dessusdits assiégés les refaisoient de nuit et de jour, de queues et de bois, au mieux qu'ils pouvoient; et avecque ce faisoient aucunes fois des saillies contre lesdits François, auxquelles, tant d'une part comme d'autre, en y avoit très souvent de morts ou de navrés. Durant lequel temps le roi et ceux de sa partie encloyrent icelle ville par siége, tout à l'environ ; mais bonnement ne pouvoient encore voir que ce se pût faire sans trop grand péril, parce que lesdits siéges ne pouvoient aller au secours l'un à l'autre, si besoin en eût été ; et si sentoient que les Anglois dessusdits étoient bien puissants, et assez près pour venir bref ensuivant eux combattre pour lever le siége ; et pour ces causes délayèrent lesdits François de environner icelle ville.

Et fut ordonné qu'on feroit encore une grande bastille en la forêt de Compiégne, pour amener par eau, et icelle asseoir sur aucun des côtés où on verroit qu'il seroit plus expédient. A laquelle, pour la faire expédier, fut commis Guillaume de Flavy. Et certain temps après ledit messire Jean de Talbot retourna pour la seconde fois, et ravitailla derechef ladite ville et lesdits assiégés, de foison de vivres, et d'aucuns engins et habillements de guerre. Et à chacune fois y laissoit une partie de ses gens, et ramenoit avecque lui ceux qui étoient navrés ou malades ; et, comme par avant, après le dessusdit ravitaillement, s'en retourna sans avoir aucun empêchement ou détourbier. Toutefois, le roi, voyant les manières que tenoient sesdits adversaires, ayant considération que celui siége pourroit être long, par le moyen des vivres qu'on amenoit en ladite ville de Pontoise de jour en jour, en étoit moult mélancolieux et déplaisant. Néanmoins il, de sa personne, faisoit très grand' diligence, tant de faire fortifier ses bastilles, comme de les pourvoir de vivres et autres besognes nécessaires pour eux défendre, si ainsi advenoit que on les assaillît.

CHAPITRE CCLXI.

Comment le duc d'Yorck, souverain gouverneur de Normandie pour le roi d'Angleterre, vint vers la ville de Pontoise pour cuider lever le siége du roi de France.

Au temps dessusdit, le duc d'Yorck, qui étoit chef pour la guerre, et lieutenant-général pour le roi Henri d'Angleterre, ès marches de France et de Normandie, avoit assemblé de six à sept mille combattants, entre lesquels étoient les seigneurs d'Escalles et de Talbot, messire Richard de Vondeville (Woodville), qui avoit épousé la duchesse de Bedfort, sœur à Louis de Luxembourg, comte de Saint-Pol, et aucuns autres capitaines de Rouen, dont plus avant ne me suis informé des noms. Et avoient avecque eux très grand nombre de chars, charrettes et chevaux chargés de vivres et artilleries; et si y avoit très grand nombre de bétail. Si se mirent en chemin en moult belle ordonnance, entour la mi-juillet; et de Rouen, par aucunes journées, vinrent devers Pontoise le duc d'Yorck et ses gens; et faisoit l'avant-garde, atout trois mille combattants, messire Jean de Talbot.

Si se logea ledit duc à Ceuri, à demi-lieue près de ladite ville de Pontoise, et l'avant-garde se logea en une ville nommée Hérouville ; auquel logis y furent par trois jours ; et ravitaillèrent ladite ville très abondamment de plusieurs manières de vivres. Et adonc firent savoir au roi qu'ils étoient venus pour le combattre, et toute sa puissance, s'il se vouloit mettre aux champs contre eux. Mais le roi n'eut point conseil de ce faire, ains lui fut dit et remontré, comme autrefois, par ceux de son grand conseil, qu'il seroit trop mal conseillé d'aventurer sa personne et toute son armée contre gens de si petit état, au regard de lui, disant outre que autrefois lui avoit trop cher coûté en aucunes batailles qui avoient été faites contre eux par ses gens durant son règne ; et que mieux valoit de leur laisser faire leur envahie pour cette fois, et garder les passages de la rivière ; car bonnement ne pourroient lesdits Anglois faire long séjour à si grand gent, pour ce qu'ils n'avoient vivres, sinon à grand danger ; et fut cette conclusion tenue. Si furent plusieurs capitaines envoyés par ordonnance avecque leurs gens, au bout de la rivière d'Oise, depuis Pontoise jusques à Beaumont, et encore outre ; et le roi et ceux des bastilles demeurèrent en leur logis. Et adonc les Anglois, voyant que point ne seroient combattus, prirent conseil, et conclurent l'un avec l'autre de passer la rivière d'Oise, s'ils pouvoient, pour aller en l'Ile-de-France, et mêmement au logis du roi. Si se délogèrent dont ils étoient logés, au quatrième jour, et tous ensemble s'en allèrent loger à Chant-Ville-Haut-Vergier.

Et pource qu'ils étoient assez avertis et informés qu'on gardoit les passages contre eux, virent bien qu'ils ne pouvoient mieux faire ni achever leur entreprise que par nuit. Et avoient des petits bateaux de cuir et de bois, cordes et autres habillements tout propices à faire ponts, qu'ils avoient chargés sur charriots. Si ordonnèrent que la greigneure (majeure) partie de leurs gens feroient semblant de vouloir passer par force d'assaut au port de Beaumont, en y faisant un très grand cri et haute noise, afin que toutes gens de leurs adverses parties laissassent leurs gardes pour y venir; et les autres, atout leurs habillements, iroient tout coiment épier sur la rivière, quand ils verroient qu'il seroit heure de besogner. Laquelle chose ils trouvèrent selon leur intention; c'est à savoir, adressèrent contre l'abbaye de Beaumont, où lors n'y avoit point de guet; car déjà toutes gens de guerre étoient allés devers ledit lieu de Beaumont où le dessusdit bruit et cri étoient encommencés, si comme entre eux Anglois avoient proposé et divisé; et faisoient grand semblant de vouloir illec passer la rivière, ce qui étoit mal possible, pourtant qu'on leur voulsît défendre. Et adonc les dessusdits Anglois boutèrent un batel en l'eau, et passèrent bien doutablement outre, trois ou quatre, pour la première fois; lesquels attachèrent une forte corde d'un bord à l'autre, atout petits poinsons qu'ils avoient liés par le milieu; par le moyen de laquelle ils passèrent tantôt de quarante à cinquante, lesquels se fortifièrent de pieux aiguisés aux deux bouts, ainsi qu'ils ont accoutumé et établi de faire. Or, considérez le grand péril où les premiers passants se mettoient; pour vrai, s'il y eût eu tant seulement dix combattants de la partie des François, ils eussent bien gardé ledit passage contre ledit duc d'Yorck. Si est moult bel exemple pour ceux qui ont tel besogne à conduire, d'y commettre gens qui soient sûrs et doutent à perdre leur honneur, pource que par mauvaise diligence advient souvent de grands mésaventures.

Et tôt après, aucuns des gens de Floquet, qui avoient la charge de ce côté, en retournant devers Beaumont, où ils étoient allés au cri dessusdit, aperçurent lesdits Anglois qui passoient. Si y allèrent tantôt, et crièrent à l'arme tout du long de ladite rivière jusques audit lieu de Beaumont, où étoient grand' partie des capitaines, qui montèrent tantôt à cheval. Et allèrent les aucuns audit passage sur intention de les rebouter; mais ce fut peine perdue, car ils étoient en très grand nombre pour y résister, jà-soit-ce qu'il y eût escarmouche entre icelles deux parties. A laquelle escarmouche fut mort un très vaillant homme, nommé Guillaume du Châtel, neveu de messire Tanneguy; et avec lui furent morts deux ou trois autres. Et avoient fait lesdits Anglois un pont de cordes, par lequel ils passèrent tout leur charroi, et autres bagues et habillements de guerre. Et lors les François, voyant qu'ils n'y pouvoient mettre remède, se tirèrent hâtivement grand' partie vers Pontoise, et noncèrent au roi de France ces nouvelles, lequel en fut moult grandement déplaisant, et aperçut bien aucunement qu'il étoit en grand péril de recevoir grand' honte, dommage et destourbier. Si fit sans délai porter grand nombre de son artillerie dedans la grand' bastille de Saint-Martin, et se prépara diligemment de déloger de là et toute son armée si besoin lui en eût été. Et lors iceux Anglois, quand ils furent passés tout à leur aise, couchèrent la première nuit au pont dudit passage, et firent ce jour aucuns nouveaux chevaliers. Entre lesquels le furent faits les deux frères du comte de Staffort, dont l'un se disoit comte d'Eu; et le lendemain se délogèrent assez matin, et chevauchèrent en moult belle ordonnance en tirant vers Pontoise, et se logèrent en deux villages.

Et adonc eut le roi conseil de laisser son logis de Maubuisson, et s'en alla à Poissy, et avec lui tous ceux de son ost, réservé ceux de la bastille Saint-Martin, en laquelle demeurèrent de deux à trois mille combattants ou environ, desquels étoit souverain capitaine le seigneur de Cotigny, amiral de France, et avecque lui La Hire, Joachim Rohault, Jean d'Estouteville, et Robinet son frère, messire Robert de Béthune, seigneur de Moreul, en Brie, le seigneur de Châtillon, le seigneur de Moyencourt, Regnault de Longueval, le seigneur de la Roche-Guyon, le seigneur de Moy, en Beauvoisis, et moult d'autres nobles et grands seigneurs et vaillants hommes de guerre; et aussi y demeurèrent ceux de la cité de Tournai, dont dessus est faite mention. Et y avoit-on retrait des vivres de l'ost en très grand' abondance. Et au partement d'icelui, roi leur fut promis de les secourir et aider en tout ce qui leur seroit possible. Et quant au boulevert du bout du pont, que tenoient lesdits François, ils le délaissèrent et abandonnèrent. Et en après, le dessusdit duc d'Yorck se tira vers Maubuisson, dont le roi de France s'étoit parti, et y trouva encore des vivres et moult d'autres biens que les marchands n'avoient pu emmener; et là se logea. Et Talbot s'en alla loger une lieue plus avant en une ville, sur la rivière entre Pontoise et Conflans, lesquels logis ils tinrent trois jours. Et alloient en la ville par leur pont que ceux de dedans avoient réédifié, avecque leur boulevert tout à leur bon plaisir. Et pareillement ceux de dedans issoient, quand bon leur sembloit, sans avoir empêchement ou destourbier de leursdits adversaires. Si espéroient, ceux de ladite bastille, être assaillis chacun jour, et étoient en volonté d'eux très bien défendre; de laquelle chose, au regard d'assaut, ils n'avoient garde, car iceux Anglois n'eussent jamais bouté leurs gens en ce danger, attendu les affaires qui leur survenoient, dont ils ne pouvoient encore voir la fin. Mais, nonobstant ce, leur disoient qu'ils les assaudroient, et qu'ils se départissent atout une partie de leurs bagues, et qu'ils feroient en gens de grand sens, attendu et vu que le roi les avoit abandonnés et laissés en ce danger; mais ils n'en avoient point volonté. Ains répondirent qu'ils n'en feroient rien, et que point ne les doutoient; entre lesquelles paroles furent faites aucunes escarmouches entre eux, et plus de trait que par aucune manière.

Et au quatrième jour, ledit duc d'Yorck se délogea dudit lieu de Maubuisson, et alla au logis de Talbot, qui avoit fait faire un boulevert de cordes, claies et autres besognes, par lequel ils repassèrent l'eau d'Oise; et pouvoient bien avoir cinquante que chars que charrettes. Et ce propre jour, Pothon de Sainte-Treille s'étoit parti de Poissy avec grand' quantité de gens de guerre, pour mener vivres à la devant dite bastille. Et allèrent après lui, le connétable de France, le comte de Saint-Pol, et aucuns autres capitaines pour le secourir, s'il en eût eu besoin; mais ils furent avertis du repassage desdits Anglois, parquoi ils envoyèrent devers ledit Pothon dire qu'il se hâtât de retourner. Et il leur remanda qu'ils s'en allassent passer par Meulan, par où ils s'en retourneroient audit lieu de Poissy par l'autre côté de la rivière; laquelle chose ils firent. Et après que le duc d'Yorck et ses Anglois furent repassés, comme dit est, s'en allèrent mettre en bataille devant Poissy, où étoient le roi et le dauphin avec grand' partie des seigneurs et des capitaines. Et y eut une moult grande escarmouche, à laquelle furent pris deux des archers du connétable de France, et un archer du comte de Saint-Pol. Et de là s'en allèrent loger en une ville nommée Tourtie-sur-Seine; et le lendemain retournèrent à Mantes, et le roi s'en alla à Poissy et à Conflans, atout une partie de ses gens. Et ledit connétable, le comte de Saint-Pol et plusieurs autres allèrent passer à Saint-Cloud et de là à Paris, où ils furent deux jours; et puis retournèrent tous gens de guerre en l'Ile-de-France, où leur furent délivrées villes pour eux loger, chacun selon son état. Et depuis, le roi atout les seigneurs qui étoient entour lui, allèrent à Saint-Denis en France, où ils furent jusques à la mi-août; et de là retourna le roi encore à Conflans, où il fit faire un pont pour passer une île sur la rivière de Seine.

Avec ce, fit faire un autre pont pour passer la dessusdite rivière tout outre; au bout duquel il fit un boulevert, et grands fossés entour, dedans lequel se logèrent grand nombre de gens de guerre. Durant lequel temps Talbot vint piller la ville et l'abbaye de Poissy, et les biens des dames, et puis s'en retourna à Mantes. Et bref ensuivant, fut la ville de Pontoise ravitaillée pour la quatrième fois; et y demeurèrent les gens du duc d'Yorck, au lieu de ceux qui y étoient de par ledit de Talbot, dont le roi fut moult travaillé. Voyant qu'il étoit petit apparent que son entreprise vînt à bonne fin et conclusion, il pensa en lui-même que s'il se départoit de là sans avoir l'obédience d'icelle ville de

Pontoise, qui tant lui avoit coûté, et devant laquelle il avoit jà été si longue espace de temps, ce lui seroit un très grand déboutement et déshonneur de s'en partir sans la subjuguer; et crieroit le peuple contre lui et ses gouverneurs, et par espécial les Parisiens, qui tant avoient mis du leur. Et avec ce étoit du tout averti comment les princes de son royaume, et mêmement de son sang, n'étoient point bien contents de son gouvernement; et lui avoit été dit qu'ils se devoient assembler ensemble, et que ce n'étoit point pour son bien; et par ainsi n'étoit point merveille s'il avoit bien à penser.

Néanmoins il se disposa et conclut avec les plus féables de son conseil, de retourner et loger audit lieu de Maubuisson, et de poursuivre sadite entreprise; et y revint au bout de douze jours après qu'il en fût parti. Si fit reloger ses gens en plusieurs lieux, ainsi comme ils étoient par avant son partement. En un autre jour, se leva une moult grand' escarmouche au connétable entre Maubuisson et ladite ville, à laquelle fut mort Claude de Engest, seigneur d'Ardillières, du trait d'un canon.

Et d'autre part, durant le temps dessusdit, furent faites plusieurs chevauchées et escarmouches entre les François et les Anglois, lesquelles à raconter chacun à part lui seroient trop longues et ennuyeuses; dont à l'une fut blessé Charles d'Anjou d'une flèche. Et au regard des grosses besognes et rencontres, s'en firent peu qui fassent à écrire.

En après, le comte de Saint-Pol, qui avoit ses gens, lesquels étoient moult travaillés, et avoient dépendu largement du leur, et moult désiroient de retourner en leur pays, et lui prièrent qu'il les vousît ramener, prit congé du roi et de monseigneur le dauphin, et s'en retourna devers son pays; lesquels lui donnèrent de beaux dons, en le remerciant des bons services qu'il leur avoit faits. Si se partit de là, et puis emmena ses gens pour passer la rivière d'Oise au pont Saint-Maxence.

A l'entrée duquel pont le capitaine d'icelle issit hors pour parler au comte de Saint-Pol. Si s'émurent entre eux paroles rigoureuses, et tant qu'icelui comte de Saint-Pol cuida faire prendre ledit capitaine; mais il saillit vitement dedans son fort. Et incontinent fit tirer de canons et d'arbalêtres sur ledit comte de Saint-Pol et ses gens, desquels coups de canon fut tué le cheval de messire Ferry de Mailly, et un autre homme d'armes eut le bras rompu. Pour lequel débat ledit comte et ses gens se retrahirent arrière de là, et s'en allèrent passer à Compiégne; et de là se tira ledit comte en son pays; et ceux dudit pont allèrent après aucuns de ses gens qui étoient passés, et allèrent vers Montdidier; si les battirent et détroussèrent. Et en ces mêmes jours, se partit pareillement le comte de Vaudemont atout ses gens; et aussi firent autres grands seigneurs, et laissèrent le roi en l'état que vous avez ouï, dont il n'étoit guère joyeux, quelque semblant qu'il montrât; mais il ne pouvoit adonc avoir autre, et lui convenoit attendre toutes les aventures qu'il plaisoit à Dieu lui envoyer. Si faisoit de jour en jour très diligemment continuer de faire jeter ses gros engins contre les tours et murailles de la ville, et avec ce contre l'église de Notre-Dame, étant au-dehors d'icelle ville, laquelle les Anglois tenoient, et avoient tenu toujours, passé long temps. Lesquels murs de ladite église furent moult démolis et abattus, et tant que le seizième jour de septembre ensuivant, le roi eut conseil de faire assaillir icelle église, et fut par un samedi.

Si fut assez tôt prise d'assaut, et ceux de dedans morts et pris. Laquelle église étoit moult haute, et assez près de ladite ville, parquoi on pouvoit de là voir grand' partie du gouvernement desdits Anglois, et avec ce les en pouvoit moult travailler de petits canons et coulevrines, et aussi d'arbalètres et autres habillements de guerre. Par le moyen de laquelle prise de ladite église fut derechef conclu, le mardi ensuivant, qu'on livreroit plusieurs assauts à icelle ville, pour voir et essayer si on la pourroit bien conquerre. Et comme avoit été conclu fut fait; car, le mardi dessusdit, le roi et tous les autres seigneurs et capitaines firent armer et habiller leurs gens, et les enhortèrent tous, criant à haute voix : Saint Denis! ville gagnée! Si se trouvèrent tantôt dedans en très grand nombre, qui très vaillamment envahirent les défendants, lesquels commencèrent à tourner le dos et fuir, pour eux retraire par les églises et autres forts lieux.

Toutefois y eut tantôt et prestement plus de cinq cents Anglois mis à l'épée, et le surplus furent prisonniers, qui pouvoient être, selon juste estimation, le nombre de quatre cents, ou environ. Et entre les autres, de ceux qui y furent morts, le fut un chevalier anglois nommé messire Nicole Bourdet, et si fut pris le capitaine de ladite ville. Et de la partie du roi, y furent morts, tant à assaillir la ville et au prendre, comme ceux qui moururent après par blessures, quarante, ou environ. Si furent aussi faits plusieurs nouveaux chevaliers; entre lesquels le furent Jean et Robinet d'Estouteville, frères, Regnault de Longueval, Le Bon de Reuly, et plusieurs autres. Et quant au regard de celui qui monta premier sur la tour, il fut moult autorisé de tous les seigneurs pour sa grand' vaillance; si le ennoblit le roi et ses successeurs, et avec ce lui donna aucuns riches dons pour soi entretenir lui et son état. Si entra ledit roi en ladite ville, avec ceux de son assaut. Et assez tôt après que ses gens l'eurent gagnée, fit défendre incontinent qu'on ne fît nulle force aux habitants d'icelle ville, qui s'étoient retraits èsdites églises, sinon à ceux qui étoient armés. Et lui venu, sa bannière au plus près de lui, devant la grand' église, un Anglois saillit hors d'icelle, qui se rendit à lui. Si le reçut à merci depuis, et le délivra sans payer aucune finance, et lui donna aucuns beaux dons.

Et tantôt entra dedans icelle église, et fit son oraison moult dévotement et humblement devant le grand autel, en regrâciant Dieu son créateur de la belle et bonne fortune qu'il lui avoit envoyée. En après, tout le jour et la nuit ensuivant, iceux François cherchoient les Anglois, lesquels s'étoient mucés (cachés) en plusieurs lieux et divers; et ainsi qu'ils les trouvoient, les mettoient à l'épée ou les prenoient prisonniers.

Ainsi, et par cette manière, reconquit Charles, roi de France, septième de ce nom, la dessusdite ville de Pontoise, par force d'assaut, à son très grand honneur, devant laquelle ville il avoit eu plusieurs grands affaires, comme dessus est déclaré. Et au regard des nobles, tant chevaliers comme écuyers, et autres gens de guerre, qui furent à icelui assaut, il en y eut très grand nombre qui s'y portoient prud'hommement et moult vaillamment; entre lesquels ne fut dit que messire Charles de Bosqueaux y avoit été bien vu.

CHAPITRE CCLXII.

Comment le duc d'Orléans retourna de France devers le duc de Bourgogne.

En l'an dessusdit, Charles, duc d'Orléans, retourna du pays de France devers le duc de Bourgogne, qui se tenoit pour lors en la ville de Hesdin; lequel duc de Bourgogne, quand il sut sa venue, alla au-devant de lui; et s'entrefirent grand' chère, et tous ensemble s'en allèrent audit lieu de Hesdin, où le dessusdit duc d'Orléans fut par l'espace de huit jours, et y solennisa la fête de Toussaints. Pendant lequel temps tinrent l'un avec l'autre plusieurs grands et étroits conseils sur leurs affaires et besognes; et conclurent d'eux assembler assez bref ensuivant en ladite ville de Nevers, avecque plusieurs autres grands princes et seigneurs du royaume de France.

Lesquels jours passés, ledit duc d'Orléans se départit d'illec, et par Saint-Pol s'en alla en la ville d'Arras, où il fut moult hautement et honorablement reçu et festoyé de tous les états de ladite ville; et lui furent donnés aucuns beaux et riches dons; et puis, partant de là, s'en alla à Paris, et de Paris à Blois. Après lequel temps, le duc de Bourgogne fit assembler certain nombre de gens de guerre, lesquels il conduisit et mena au pays de Bourgogne. Au-devant duquel duc, vinrent de devers Troyes, en Champagne, grand' partie des nobles dudit pays de Bourgogne pour le accompagner. Si renvoya les Picards, qu'il avoit là amenés, et leur fit défendre moult détroitement qu'ils ne séjournassent ni méfissent rien au pays, ni aux sujets du roi de France. Si fut en ce voyage, pour la seconde fois, abattue la forteresse du seigneur de Commercy, c'est à savoir la forteresse de Montaigu, laquelle ledit seigneur avoit fait réédifier.

CHAPITRE CCLXIII.

S'ensuit la copie des instruments envoyés au roi Charles de France par les seigneurs qui s'étoient assemblés à Nevers ; et les réponses faites à icelles par ceux de son grand conseil ; et les requêtes faites par les dessusdits.

Premièrement récitèrent quatre articles autrefois proposés par les ambassadeurs du roi, par lui envoyés à Nevers devers lesdits seigneurs, avec les réponses servant à un chacun article.

Item, remontrèrent au roi la nécessité de la paix générale du royaume de France, et, en ensuivant ce que par lui avoit été accordé, il devoit, pour éviter charge, faire entretenir la journée de la paix au lieu accoutumé, sans soi arrêter à la difficulté du lieu, où on ne véoit point d'intérêt suffisant pour empêcher ladite journée de paix, et aussi que la journée de Tartas et celle de ladite paix, se pussent bien être entretenues.

CHAPITRE CCLXIV.

Réponse faite par le roi auxdits articles.

« QUANT est au premier point, il ne s'y faut point arrêter, car il n'a point été récité de réponses faites à Nevers par les seigneurs à monseigneur le chancelier de France, à messire Louis de Beaumont, et aucuns autres envoyés audit lieu de Nevers de par le roi.

» Audit second article, touchant les remontrances de la paix, le roi a eu et a toujours bon vouloir d'y entendre et procéder par effet, par tous moyens licites et raisonnables, comme il sait bien et peut savoir que lesdits seigneurs ainsi l'entendent. Et vu les grands devoirs qu'il a faits en cette matière, il s'en tient être bien acquitté envers Dieu et le monde. Car, comme il est notoire, quand le traité fut fait d'entre le roi et monseigneur le duc de Bourgogne en la ville d'Arras, le roi fit, par l'avis de monseigneur de Bourgogne, qui désiroit le bien et union desdits royaumes, offres bien grandes, et plus qu'il ne devoit aux Anglois, qui pour lors étoient envoyés par le roi d'Angleterre, pour traiter la paix desdits deux royaumes ; lesquelles offres furent par eux refusées. Et pour ce et autres choses, sembla aux cardinaux et autres illec envoyés pour ladite matière par notre Saint-Père le pape et le saint concile de Bâle, aussi aux parents et seigneurs de mondit seigneur de Bourgogne, qu'avoit assemblés de tous ses pays en bien grand nombre, que, vu la déraison qui étoit en la partie d'Angleterre refusant telles offres, ledit seigneur de Bourgogne ne se devoit plus tenir à eux par loyauté; mais tant que pour autres causes s'en pouvoit éconduire et faire paix avec le roi, son naturel et souverain seigneur.

» *Item*, et depuis, le roi, à la requête de monseigneur le duc d'Orléans et le duc de Bretagne, et du consentement de mondit seigneur de Bourgogne, sans lequel jamais à ladite paix d'Arras n'a voulu entendre ni procéder à nuls moyens de paix avec lesdits Anglois, jà-soit-ce que de leur part aucunes ouvertures leur en aient été faites, mais pour toujours soi mettre en son devoir, envoya devers mondit seigneur de Bretagne ses ambassadeurs solennels, atout pouvoir suffisant pour prendre lieu de convention, où les ambassadeurs solennels de la part du roi de France et d'Angleterre pussent aller, et mondit seigneur le duc d'Orléans qui devoit être amené à Cherbourg y pût être ; laquelle chose pour lors ne prit aucun effet.

» *Item*, depuis la requête de monseigneur d'Orléans et de madame la duchesse de Bourgogne, le roi consentit tenir journée entre Gravelines et Calais, pour le fait de ladite paix à certain jour; auquel lieu et temps il envoya ses ambassadeurs à pouvoir suffisant, nonobstant que ledit lieu de Gravelines et Calais étoit bien lointain, et en l'obéissance de ses ennemis; mais ce lui fit accorder et consentir la faveur de mondit seigneur le duc d'Orléans, qui, pour cette cause, devoit être amené au dessusdit lieu de Calais; car le roi vouloit et désiroit qu'il fût présent, ou auprès du lieu où ladite cause seroit démenée, pour y avoir son avis, ainsi que bien raison étoit, vu la proximité de lignage, à quoi icelui duc d'Orléans attient (appartient) au roi, et aussi pour parvenir à aucuns moyens de sa délivrance. Et si ne fût pour les causes dessusdites, le roi n'eût point accepté le lieu de Gravelines dessusdit. A laquelle convention fut faite une cédule par mondit seigneur d'Orléans, et madite dame la duchesse de Bourgogne, contenant plusieurs points touchant ladite paix. Laquelle cédule fut envoyée devers le roi Charles, où il avoit lors ses trois états pour la diversité des opinions, aussi pour la faute de mondit seigneur le dauphin, auquel, comme chacun sait, touche plus qu'à nul autre après le roi. Et ainsi que point n'y étoient les seigneurs et gens des pays de Languedoc, de Vienne et d'autre pays, fut prise une autre journée à Bourges, en Berry, au mois de février ensuivant. Auxquels jour et lieu le roi avoit intention d'être; mais, nonobstant certaines divisions qui lors survinrent, ne purent venir ladite journée.

» *Item*, et néanmoins, en entretenant l'appointement de la journée prise par mondit seigneur d'Orléans et madite dame la duchesse de Bourgogne, envoya à la journée entreprise au premier jour de mai, solennelle ambassade avec pouvoir suffisant, pour besogner au fait de ladite paix. Et y furent et demeurèrent lesdits ambassadeurs par l'espace de sept ou de huit mois sans rien besogner. Et tant seulement fut emprise une autre journée au premier jour de mai ensuivant, l'an mil quatre cent quarante-deux. Auquel jour derechef le roi envoya de moult notables ambassadeurs, ayant pouvoir suffisant comme dessus; et n'y fut rien besogné, pour la défaute des Anglois, qui n'y avoient envoyé qu'un simple clerc, qui n'étoit point personne suffisante pour traiter de telle et si haute matière.

» *Item*, et lors derechef fut fort pourparlé par mondit seigneur le chancelier avec madite dame la duchesse de Bourgogne, d'entreprendre une autre journée au premier jour de ce présent mois de mai ès marches de Beauvais, de Senlis ou de Chartres; laquelle journée madite dame de Bourgogne fit savoir au roi d'Angleterre. Et lui fut fait réponse par une lettre, laquelle elle envoya au roi de France. Et en effet contenoit qu'en autre lieu ne tiendroient, ni feroient tenir ladite convention que audit lieu de Gravelines, auquel lieu le roi n'a délibéré de tenir ladite journée. Et mêmement, vu que par trois fois le roi avoit envoyé en l'obéissance desdits Anglois, ne devoient ceux Anglois refuser lieu en l'obéissance du roi de France, où ils pouvoient sûrement et convenablement assembler; et ce que le roi consentit tant de fois assembler audit lieu de Gravelines, a été en faveur de la délivrance de mondit seigneur le duc d'Orléans.

» *Item*, et néanmoins le roi, pour toujours de plus en plus montrer et donner à connoître son bon propos et volonté, en continuant ce que par monseigneur le chancelier avoit fait savoir à madite dame la duchesse de Bourgogne, est content de tenir journée avec sesdits adversaires les Anglois, pour le bien de paix, au vingt-cinquième jour du mois d'octobre ensuivant, ès marches ci-dessus déclarées, c'est à savoir entre Pontoise et Mantes, entre Chartres et Verneuil, entre Sablé et le Mans, jusques à la place moyenne devisée et prise par les ambassadeurs commis d'une part et d'autre. Et ne peut le roi plus tôt prendre journée qu'audit vingt-cinquième jour, pour deux causes très raisonnables. La première, si est qu'il vouloit être retourné de la journée de Tartas au temps dessusdit, et être près du lieu où ladite convention se tiendroit, accompagné de messeigneurs de son sang, qui être y voudroient, ou de leurs gens; aussi des prélats, barons et grands seigneurs et autres notables hommes de son royaume; mêmement de ceux de la nation de Normandie, sans lesquels, avec les autres dessusdits, il n'a intention de procéder, ni besogner en ladite cause et matière de paix, ainsi que raison est, vu qu'ils ont bien acquitté leur loyauté envers le roi son père et lui; et tant y ont souffert, qu'ils ont bien desservi d'y être appelés, et d'en avoir l'opinion d'eux et leur conseil, et aussi pour ce que la chose leur touche plus qu'à nuls autres. L'autre cause, si est pour les anciennes alliances qui sont entre les nations d'Espagne et de France, et celle d'Ecosse, lesquelles, jusques à l'heure présente, se sont bien entretenues; le roi envoiera icelui temps pendant, devers lesdits rois d'Espagne et d'Ecosse et les autres alliés, pour eux signifier la cause de ladite convention, afin d'avoir leur avis, conseil et consentement; car, par les anciennes alliances qu'ils ont ensemble, ils ne peuvent ni doivent faire paix finale, ou prendre longues trèves auxdits Anglois, sans le consentement les uns des autres; car toujours depuis lesdites alliances faites entre les dessusdits rois de France, d'Espagne et d'Ecosse et autres, elles ont été bien gardées et entretenues, et de par le roi, qui, à l'heure présente, les a confirmées, ni pour rien ne les voudroit enfreindre, ni aller au contraire, et bien à cause de ce faire; car il a trouvé lesdites alliances entre eux bonnes et sûres et les gens de leurs pays; et ont fait leurs sujets de grands services à la maison de France; et, pource que le roi doit désirer et désire que les devoirs en quoi il s'est mis et veut mettre, lesquels, comme lui semble, devoient être tenus de tous gens très licites et raisonnables, soient connus partout, maintenant et pour le temps à venir, et que ce soit son acquit et décharge envers Dieu et le monde, il a intention de signifier les devoirs dessusdits, en quoi il s'est mis, et l'offre que de présent il fait, de tenir convention avec lesdits adversaires pour le bien de paix ès lieux dessusdits, qui avant ou plus sont à sûreté de partie adverse, comme du roi à notre Saint-Père le pape, auxdits rois d'Espagne et d'Ecosse et autres seigneurs ses alliés. En outre, le roi fera savoir à la partie d'Angleterre, afin qu'ils y envoient. Et requiert le roi à monseigneur le duc d'Orléans, à messeigneurs les ducs de Bourgogne et de Bretagne, et à madame la duchesse de Bourgogne, qui, en cette matière, se sont employés, que devers ladite partie d'Angleterre ils veulent envoyer aucuns de leurs gens pour exploiter, induire et mouvoir à renvoyer leurs ambassades solennelles avec bon et suffisant pouvoir au jour et dessusdits an, pour illec besogner au bien de la matière de paix. Auquel temps n'y aura point de faute que le roi n'y envoie gens notables ayant pouvoir suffisant.

» *Item*, le roi veut dès maintenant ouvrir et découvrir sa volonté à messeigneurs, comme à ceux de qui il doit être sûr et certain qu'ils veulent l'honneur de lui et de sa couronne, ainsi comme raison est, comme ceux qui en sont descendus et prochains, touchant certaines paroles qui furent dites, dont le roi est informé, qui servent beaucoup à la matière de paix. Lesquelles sont, qu'à la première assemblée, qui fut tenue entre Gravelines et Calais, présente madame la duchesse de Bourgogne et le cardinal d'Angleterre, fut prononcé par la bouche de l'archevêque d'York, que *usque in ultimo statu*, toute la nation d'Angleterre ne souffriroit pas, ni consentiroit que leur roi tînt rien en hommage, ressort, ni souveraineté de nul autre roi ou prince que de lui-même, qui étoit chose mal concordable pour parvenir à quelconque traité de paix ; et n'est point chose qui se puisse et doive faire. Et pour ce, le roi est délibéré et arrêté que pour rien il ne baillera, ni délaissera aucune chose auxdits Anglois, que ce ne soit en son hommage, souveraineté et ressort, comme les autres vassaux de son royaume et ses sujets ; car il ne veut pas que ce que ses prédécesseurs ont augmenté et accru par vaillance et bon gouvernement d'eux et à l'aide de ses sujets, soit ainsi perdu ; et ne pourroit croire le roi, que pour rien, nul de messeigneurs de son sang, ni les vaillants et notables hommes de ce royaume s'y pussent consentir, ni encore, si faire le vouloit, le souffrir, considéré la hautesse et excellence de la couronne de ladite maison de France.

» *Item*, qu'afin que chacun connoisse les devoirs que le roi a faits jusques à présent pour entendre à avoir ladite paix, et que pour le temps advenir charge ne lui en pût être imputée, il fera, pour être en mémoire, enregistrer en sa chambre des comptes, cette présente réponse.

» *Item*, au regard de ce qu'ils ont requis provision convenable devant l'allée du roi à Tartas, aux nouvelles entreprises des Anglois, au pays Chartrain et de Beausse, le roi y donne remède, et y envoie le bâtard d'Orléans, que lesdits princes ont et auront bien agréable, avec puissance de gens de guerre, pour résister auxdites entreprises.

» *Item*, que pour ce que lesdits seigneurs se doivent prochainement assembler à Nevers, ont lesdits ambassadeurs requis au roi, qu'en entretetenant toujours ce que par ses ambassadeurs avoit fait savoir aux dessusdits seigneurs, qu'il étoit content que monseigneur le duc de Bretagne s'assemblât avec eux audit lieu de Nevers, il plaise au roi écrire derechef et mander qu'il s'assemble audit lieu de Nevers, avec lesdits seigneurs, en lui envoyant son sauf-conduit et sûreté si besoin en est,

» Le roi fit savoir par monseigneur le chancelier et messire Louis de Beaumont, qu'il étoit content de leur assemblée, espérant les voir en sa ville de Bourges ou en quelque lieu qu'ils fussent venus, et leur eût fait bonne chère et vu, volontiers, comme ses plus prochains parents, et communiqué avecque eux sur les affaires de son royaume. Et quant à la venue de monseigneur de Bretagne à Nevers, le roi s'émerveille de ce qu'ils n'en font mention ni plainte ; car le roi étoit en bonne intention que s'il fût venu par terre, que son plaisir étoit qu'il passât par Tours pour l'accompagner audit lieu de Bourges à la venue desdits seigneurs, si bonnement et à l'aise de sa personne se pouvoit faire. Autrement eût pu sembler audit duc de Bretagne que le roi se fût voulu étranger de lui ; et néanmoins le roi envoya le sire de Gaucourt avec lettres-patentes, lesquelles il a devers lui, pour savoir s'il vouloit aller par eau par Blois et Orléans, pour lui compagner et lui faire ouverture comme à sa propre personne. Et derechef écrire au dessusdit duc de Bretagne de rassembler à Nevers, ne semble point au roi, que ce soit chose raisonnable ou convenable, que lesdits seigneurs fassent assemblée pour traiter des faits de ce royaume en l'absence du roi ou sans son commandement ; mais le roi, à son retour de Tartas, a bien intention de les requérir de leur aide, conseil et secours, et mettre armée sus, la plus grande qu'il pourra, pour entrer en Normandie, à ce qu'il ait meilleur traité de paix, ou qu'il puisse à l'aide de Dieu, et d'eux, recouvrir sa seigneurie.

» *Item*, au regard de justice, ont requis au roi, que tant en parlement qu'autres offices de justice de ce royaume, il lui plaise commettre personnes sages et expérimentées au fait de justice, et pourvoir aux offices et non point aux personnes.

» Le roi, à son pouvoir, a toujours mis, élu et constitué en son parlement les meilleurs et les plus sages et plus idoines clercs qu'il a pu trouver ni finer ; et encore y sont des plus sages et des plus notables pour le présent commis clercs, juristes et expérimentés de ce royaume. Et en faveur et requête de monseigneur le duc de Bourgogne, le roi a mis douze, tels que mondit seigneur de Bourgogne lui a voulu nommer, d'autres seigneurs. Quand ils ont requis pour personnes qui le vaillent ès autres offices de la justice du royaume, le roi y a mis gens notables et suffisants pour exercer bien et dûment lesdites offices, tant par eux comme par leurs lieutenants, qui sont gens de justice et clercs et notables hommes, en tel cas eux connoissant, pour faire et administrer justice.

» *Item*, qu'il plaise au roi faire abréger les procès et administrer justice aux parties, et tant aux sujets desdits seigneurs comme aux sujets du roi, sans moyen, en faisant constitution, et par effet l'entretenant à ce que, sans avoir regard aux partialités du temps passé, bonne justice y soit mise et administrée.

» Le roi n'a jamais eu plainte ni doléance desdites choses, et désire de tout son pouvoir l'administration de justice et l'abréviation des procès, sans avoir regard auxdites partialités ; ains voudroit punir tous ceux qui feroient le contraire ; et l'intention du roi est écrire à sa cour de parlement et à ses autres officiers de justice, que dorénavant ils abrègent encore plus qu'ils n'ont accoutumé lesdits procès, et fassent bon et bref droit auxdites parties, sans avoir regard auxdites partialités.

» *Item*, ont remontré au roi l'horreur des roberies, outrages et dérisions que font plusieurs gens de guerre, qui se disent au roi, tant sur les sujets desdits seigneurs que sur les siens, requérant sur ce provision non par lettres ou paroles, mais par effet; et aussi ont remontré qu'il seroit convenable que seulement aucuns capitaines notables, qui, bien et loyaument ont servi le roi, eussent la charge des gens d'armes et de guerre.

» *Item*, que les gens de guerre fussent payés, soudoyés et logés ès frontières; et sans punition on ne leur souffrît tenir les champs, ou vivre sur le peuple. Et avec ce, que le roi retienne seulement pour lui servir gens expérimentés de la guerre, et non soi arrêter à la multitude; mais contraigne les gens de bas état, oiseux, noiseux, et non sachant de la guerre, d'eux retourner à leurs labeurs et leurs métiers.

» Lesdites pilleries ont toujours déplu au roi, et déplaisent de tout son cœur; et s'est essayé plusieurs fois de vider toutes gens faisant pilleries. Et quant aux logis sur frontières, lui étant dernièrement à Angers, l'avoit fait et ordonné, et les avoit établis et soudoyés; mais lors et depuis, on lui a levé lesdits gens d'armes, qui a été cause de remettre les pilleries sur les pays; et ont été faites plusieurs traverses, parquoi on n'a point pu exécuter ni donner provision auxdites pilleries, ainsi qu'il avoit proposé et intention de faire. Et est le roi du tout délibéré, en suivant le conseil desdits seigneurs, d'y pourvoir si convenablement que lesdites pilleries cesseront, et de casser toutes gens inutiles pour la guerre. Si requiert auxdits seigneurs qu'ils ne veuillent accueillir aucuns qui feroient contre ladite ordonnance.

» *Item*, ont remontré au roi la pauvreté du commun peuple, excessives tailles, aides, impositions, gabelles, dont les dessusdits sujets sont insupportablement foulés, requérant qu'il plaise au roi d'y pourvoir convenablement et modérément.

» Le roi est très déplaisant de la pauvreté de son peuple, en quoi il a très grands intérêts et dommages, et a intention, selon son pouvoir, de les relever et supporter le plus fort qu'on pourra; et pour eux ôter de la pillerie, lui a convenu aller l'an passé ès pays de Champagne, où il a été, et fait cesser ladite pillerie. Semblablement le fera ès autres lieux de son royaume, et ne cessera jusques à ce qu'il ait fait mêmement, comme dessus est dit, touchant les gens d'armes qui demeurèrent èsdites frontières, en leur faisant paiement et ordonnance de vivres, en quoi il est délibéré d'entendre et vaquer; autrement connoît la dépopulation et destruction de tout son royaume et de ses sujets. Et au regard des tailles, aides et gabelles excessives dont les sujets desdits seigneurs sont insupportablement grevés et foulés, le roi a plus supporté les sujets desdits seigneurs que les siens propres; et sera trouvé que quand en l'année, sur lesdits sujets du roi, auront été levées deux tailles, sur les pays et sujets desdits seigneurs, n'en aura été levée qu'une, que lesdits seigneurs mêmes ont prise, levée et empêchée, ou la plus grand' partie. Pourquoi appert que besoin a été au roi avoir autre aide que des pays desdits seigneurs, pour conduire le fait de sa guerre et de ses autres grandes affaires.

» *Item*, ont remontré au roi comment telles tailles et impositions se doivent mettre sus et imposer, et appeler les seigneuries et les états du royaume.

» Les aides ont été mises sur les seigneurs, et de leur consentement. Et quant aux tailles, le roi, quand il a été en lieu, les a appelés ou fait savoir, combien que de son autorité royale, vu les grandes affaires de son royaume si urgentes, comme chacun sait, et mêmement ses ennemis en occupant une grand' partie et détruisant le surplus, le peut mettre sus, ce qu'autre que lui ne peut faire sans son congé. Et n'est jà nul besoin d'assembler les trois états pour mettre sus lesdites tailles; car ce n'est que charge et dépense au pauvre peuple, qui a à payer les frais de ceux qui y viennent; et ont requis plusieurs notables seigneurs dudit pays, qu'on cessât de telle convocation faire. Et pour cette cause, sont contents qu'on envoie la commission aux élus, selon le bon plaisir du roi.

» *Item*, qu'aux grandes affaires de ce royaume, le roi devroit appeler les princes de son sang plus que nuls autres, et qu'ainsi se doit faire raisonnablement, vu leur grand intérêt, et ainsi est accoutumé de faire, par les très chrétiens rois de France, ses progéniteurs.

» *Item*, ont requis au roi qu'il lui plaise entretenir lesdits seigneurs en leurs prérogatives et autorités, lesquelles ils ont, tant à cause des parties et autres seigneuries qu'ils ont au royaume.

» Le roi n'a traité d'aucune matière haute sans le su desdits seigneurs, ou de la plus grand' partie d'iceux; et encore son intention n'est point d'autrement faire, et son plaisir et sa volonté est de les entretenir en leurs prérogatives et autorités, et n'a rien fait au contraire. Ainsi lui fassent les seigneurs, et fassent faire à leurs sujets, en leurs terres et seigneuries, ainsi qu'ils sont tenus de faire.

» *Item*, qu'il lui plaise élire en son grand conseil gens notables cremant Dieu, et non extrêmes ou passionnés ès divisions passées.

» *Item*, qu'il plaise au roi élire lesdits conseillers en nombre compétent, et non plus commettre la somme ou conduit des grandes affaires de ce royaume à deux ou trois, comme il a été fait par ci-devant.

» Le roi, de son pouvoir, a toujours quis et élu en son conseil des plus notables de son royaume, ni le roi n'a eu regard aux divisions passées; il les a et tient pour oubliées, et a toujours le roi en bon nombre de conseillers, par lesquels il a conduit et délibéré les matières, ainsi que le cas et le temps l'ont requis.

» *Item*, qu'il plaise au roi prendre en bien ces remontrances, vu les quatre causes remontrées au roi, qui ont mu lesdits seigneurs de ce faire.

» *Item*, ont remontré au roi le fait de monseigneur le duc d'Alençon, en lui requérant qu'il lui plût restituer la place de Niort, ou lui faire promptement délivrer son argent ou paiement, et aussi le rétablir à sa lieutenance et pension, et lui faire restituer la place de Sainte-Suzanne et un sien prisonnier anglois, ou lui administrer bonne et briève justice.

» Quand le roi a été en son pays de Poitou pour y donner provision et faire cesser les pilleries qui s'y faisoient, et mettre en sa main plusieurs places, par lesquelles se faisoient lesdites pilleries, doutant le roi que durant le temps de son voyage de Tartas, et en son absence, que par les villes et châteaux de Niort fût porté dommage au roi et à son pays de Poitou, ainsi qu'aucunes fois et autresfois a été, le roi le reprît en sa main, en intention de payer et contenter ce en quoi il étoit tenu, jà-soit-ce que toute la dette ne fût point de prêt, et déjà a fait bailler à mondit seigneur d'Alençon six mille écus, et le surplus à son paiement fera faire et bailler aux termes, et ainsi que le roi l'a écrit à mondit seigneur d'Alençon; et n'y aura point de faute, sans ce que le roi ait regard aux rentes et revenus dudit lieu de Niort, que mondit seigneur d'Alençon a levées le temps qu'il l'a tenue. Touchant le rétablissement de sa lieutenance et pension, quand mondit seigneur d'Alençon se conduira et gouvernera envers le roi, ainsi qu'il doit, le roi le traitera comme son parent et sujet, en ayant mémoire de la prochaineté de lignage, et aux services que lui et les siens ont faits au roi et au royaume; et toujours l'a fait jusques à ce que la faute soit venue par lui. Touchant la place de Sainte-Suzanne; le roi ne l'a point baillée au seigneur de Beuil, ni de par lui il ne la détient. Et toutes fois que mondit seigneur d'Alençon requerra au roi justice, il lui administrera et fera administrer très volontiers. Et ledit seigneur de Bueil a bien de quoi répondre, s'il tient de tort à mondit sieur le duc d'Alençon. Semblablement du prisonnier qu'il demande, lui sera administrée raison et justice.

» *Item*, ont parlé du fait de monseigneur de Bourbon, demandant que sa pension lui fût entretenue, laquelle n'est point excessive.

» Le roi a tellement fait continuer, que rien ne lui en est dû; et sur quatorze mille et quatre cents francs que monte sadite pension sur cette présente année, le roi avoit ordonné lui être baillé neuf mille francs, que ses gens ne vouloient accepter, à Bressuire, en janvier dernier passé; et s'émerveille le roi comment à présent il en fait mention.

» *Item*, ont parlé du fait de monseigneur de Vendôme, en suppliant au roi qu'il lui plût lui faire avoir les pensions et biens qu'il a eus par ci-devant, dont il est bien métier audit seigneur, et n'a point besoin qu'elles lui soient cassées; et aussi qu'il plaise au roi qu'il pût venir exercer son office de grand-maître-d'hôtel, comme il avoit de coutume de faire.

» Le roi ne l'a point mis hors de son hôtel, lui-même s'en est mis hors ; et quand mondit seigneur de Vendôme se gouvernera envers le roi, ainsi qu'il doit, le roi fera ce qu'il appartiendra.

» *Item*, et au regard de monseigneur de Nevers, considéré la prochaineté de lignage dont il attient au roi, et que monseigneur son père mourût en son service, et les services que monseigneur de Nevers peut faire au roi, il lui plaise à faire ôter et cesser les empêchements à lui mis au grenier à sel d'Arcy-sur-Aube, et lui faire avoir les décharges, en la manière accoutumée, pour le paiement de sa pension dessusdite.

» Le roi, en contemplation de mondit seigneur de Nevers et en faveur de lui, nonobstant les grandes charges et affaires que le roi a à supporter pour le fait de sa guerre, est très bien content que mondit seigneur de Nevers ait sa dessusdite pension, dont il prendra en paiement sa composition des Rethelois, pour autant qu'elle vaut. Et au surplus le roi lui baillera de ses tailles et aides, en faisant et donnant obéissance au roi, ses lettres, mandements et officiers ès terres de mondit seigneur de Nevers. autres que jusques à maintenant n'a été fait : et n'est point le roi content que mondit seigneur de Nevers souffre par toute ladite comté de Rethelois. ses pays de Champagne et autres pays voisins, être foulés, courus, mangés, ni détruits, tant par ses gens comme par autres qui y passent, et se retrayent en ladite comté de Rethelois, et doit y pourvoir tellement que le roi ait cause d'en être content. Et au regard dudit grenier d'Arcy-sur-Aube, le roi veut qu'on envoie en sa chambre des comptes, savoir si mondit seigneur de Nevers doit prendre et avoir ledit grenier d'Arcy; et ce qui lui en sera certifié par ladite chambre, le roi y donnera provision.

» *Item*, ont parlé du fait de monseigneur le duc de Bourgogne, sans vouloir faire de présent aucune poursuite, ainsi et par la manière qu'il a proposé, c'est à savoir pour donner à connoître au roi, que le traité de la paix entre le roi et lui n'est point encore accompli en plusieurs articles de la part du roi, et aussi qu'il y a très grand nombre d'articles où on attente directement, et encore fait-on de jour en jour contre ledit traité de paix au grand préjudice de mondit seigneur de Bourgogne.

» Le roi a toujours désiré et voulu avoir paix, amour et bon accord avec mondit seigneur de Bourgogne, et pour l'avoir n'y a rien épargné, et jusques à présent a toujours entretenu ladite paix et accord, et a volonté de l'ainsi faire sans rien interrompre. Et pour le mieux fermer et entretenir, a le roi bien voulu le mariage de sa fille aller avec son fils monseigneur de Charrolois. Et quant à ce qui reste à accomplir du traité de la paix d'Arras, fait entre le roi et mondit seigneur de Bourgogne, mondit seigneur a vu les grands affaires que le roi jusques à présent a eus et soufferts, pourquoi ne les a pu accomplir ainsi qu'il eût voulu; mais il a intention et bon vouloir de les accomplir au mieux et le plus bref qu'il pourra, et tant que mondit seigneur le duc de Bourgogne en devra être content. Et quant à ce qu'audit article est faite mention, que en plusieurs points et articles de ladite paix a été attempté (attenté) directement de la part du roi, et fait-on de jour en jour, le roi ne sait ni croit, et ne voudroit que rien de sa part eût été attempté ni fait au contraire, mais bien auroit le roi sur ce de quoi soi douloir, dont il se passe de présent. »

Après que les ambassadeurs dont dessus est faite mention, eurent été et vaqué par plusieurs journées en l'hôtel du roi, où ils furent reçus assez honorablement, et qu'ils eurent bien au long remontré l'état et les articles pourquoi ils étoient là envoyés de par les seigneurs dessusdits, et aussi que les réponses sur iceux articles, tant de bouche comme par écrit, leur eurent été baillées de par le roi, prirent congé et s'en retournèrent devers les dessusdits seigneurs. Toutefois, le roi n'étoit pas bien content ni joyeux des assemblées que les dessusdits seigneurs faisoient en son absence; car de jour en jour y avoit des plus grands de tout son hôtel et de ceux de son privé conseil, qui lui disoient et rapportoient que lesdites assemblées n'étoient point pour son bien, et qu'iceux seigneurs s'efforçoient d'attraire de leur parti les nobles hommes de son royaume, avecque les gens d'église et le commun peuple, pour faire tous ensemble nouvelles ordonnances, et bailler gouvernement en icelui royaume de par les trois états; ce qui seroit et pourroit être à son grand préjudice; parce que si ainsi étoit, comme ils disoient, il n'avoit nulle autorité, sinon par les mains de ceux qui avoient ledit gouvernement. A quoi le roi dessusdit répondit qu'il ne pourroit nullement croire qu'iceux dessusdits seigneurs voulsissent ce faire contre lui ni sa majesté royale. Et par espécial, que le duc de Bourgogne se voulsît entremettre ni consentir d'aucune chose être faite à son préjudice, considéré la paix et réunion que naguères ils avoient faite l'un contre l'autre; et disoit outre, que s'il pouvoit être certainement averti qu'ils voulsissent traiter ou faire aucune chose contre lui ni sadite majesté, il laisseroit toutes autres besognes pour leur courre sus.

CHAPITRE CCLXV.

Comment le roi Charles de France fit grand' assemblée de gens d'armes, avec lesquels alla tenir la journée de Tartas, à laquelle journée les Anglois ne comparurent point.

Au commencement de cet an, le roi de France fit un très grand mandement par toutes les parties et par tous les pays où il étoit obéi, pour continuer son entreprise qu'il avoit encommencée, et assembler gens de guerre, sur intention d'aller tenir la journée de Tartas, de laquelle en autre lieu est faite mention; car il avoit entrepris et volonté d'y avoir la plus grosse armée qu'oncques il eût eu pour nuls de ses autres affaires durant son règne. Et aussi la besogne lui touchoit moult grandement; car s'il eût délaissé icelle journée sans y bailler secours, il étoit en péril et en aventure de perdre les pays de Guienne et de Gascogne et très grand' partie des seigneurs à lui obéissant, et avec ce, les nobles d'iceux pays. Lesquelles gens de guerre, avec plusieurs autres grands seigneurs, se commencèrent fort à mettre sus très diligemment et en très grand' multitude; et s'assemblèrent en plusieurs et divers pays, de grosses compagnies, lesquelles, par la délibération de son conseil, il fit tirer devers la cité de Toulouse par divers chemins.

Et entre temps, la journée, qu'il avoit prise au premier jour de mai, fut rallongée, à la requête des capitaines anglois, qui avoient faite ladite composition de Tartas, jusques au jour de Saint-Jean-Baptiste prochain ensuivant; lequel temps durant, le roi fit ses préparations. Et enfin se partit en très noble et puissant appareil, pour aller audit lieu de Toulouse où toute sa dessusdite assemblée se faisoit, comme dit est ci-dessus. Et pour vrai, quand le roi de France fut illec venu, et que les grands seigneurs et capitaines qu'il avoit mandés, furent assemblés ensemble, fut trouvé qu'il pouvoit bien avoir le nombre de quatre-vingt mille chevaux avec très grand nombre de charriots et charrettes, menant artilleries, vivres, et autres engins et habillements de guerre. Et quant aux seigneurs et capitaines, il en y avoit moult largement : entre lesquels y étoient le dauphin, premier fils du roi, le comte de Richemont, connétable de France, messire Charles d'Anjou, le comte d'Eu, le comte de Foix, le vicomte de Helman (Lomaigne), fils du comte d'Armagnac, le sire d'Albret, le comte de Commingres, les deux maréchaux de France, qui avec le dessusdit connétable faisoient l'avant-garde : c'est à savoir le seigneur de Lohiac et de Valognes, le seigneur de Cotivy, amiral de France, le seigneur de Villars, le seigneur de Mongascon, le seigneur de Saint-Priath, le seigneur de Chalençon, le seigneur de Saint-Valier, le seigneur de Videmont, et plusieurs autres grands seigneurs et capitaines et routiers de guerre, fleur de droites gens d'armes, qui par très long-temps avoient suivi la guerre, comme La Hire, Pothon de Sainte-Treille, Antoine de Chabannes, Olivier de Coligny, le seigneur de Blainville, et son frère messire Robert Blanchefort, Pennesach (Vennensach), Floquet, Joachim Rohault, Pierre Rohault, Mathelin de l'Escouan, Dimenche de Court, et moult d'autres nobles hommes de grand renom. Et lors le roi venu audit lieu de Toulouse, fut averti par plusieurs seigneurs du pays et des marches de Gascogne, que les Anglois n'étoient point puissants assez pour comparoir à ladite journée contre lui.

Et pour ce, après qu'il eut eu conseil avec les plus sages de sa compagnie, se disposa d'aller audit lieu de Tartas atout une partie de ses gens, afin qu'il pût être pourvu et fourni de vivres plus abondamment. Si se partit dudit lieu de Toulouse atout environ seize mille chevaux, desquels étoient la plus grand' partie des seigneurs et capitaines dessus nommés, et alla loger à deux lieues près de Tartas, en une petite ville, nommée Mylien, qui étoit au seigneur d'Albret, laquelle tenoit le comte de Foix; et ses gens se logèrent assez près tout à l'environ d'icelle ville. Et le lendemain, qui étoit le jour pris entre les deux parties, alla le roi lui mettre en bataille devant ladite ville de Tartas; et y fut depuis le matin jusques entre dix et onze heures devant none. A laquelle heure vinrent devers lui les dessusdits seigneurs de Cognac et Enguerrant de Saint-Per, lesquels avoient icelle ville en garnison, comme dessus est déclaré; et emmenèrent avec eux le cadet Charles d'Albret, qui étoit demeuré en ôtage. Si apportoient les clés de la ville, lesquelles ils rendirent et mirent ès mains du roi. Et avec ce fit ledit seigneur de Cognac serment au roi; et le dessusdit Enguerrant s'en alla en la cité d'Acques (Dax). Et adonc le dessusdit seigneur d'Albret entra dedans sa ville de Tartas, et le roi s'en alla au gîte à Cognac, qui est une petite bonne ville assise assez près, environ deux lieues dudit lieu de Tartas, et là séjourna le jour de la Saint-Jean, et le lendemain.

CHAPITRE CCLXVI.

Comment le roi de France, après la journée de Tartas, s'en alla loger devant Sainte-Sevère, chef du pays de Gascogne, et conquit ladite ville et châtel, et plusieurs autres places audit pays.

En après, le mercredi ensuivant de la journée de Tartas, dont ci-dessus est faite mention, le roi et son armée s'en allèrent devant Sainte-Sévère, où tout le pays s'étoit retrait. Et y avoit cinq fermetés; car c'étoit une ville forte à merveille. Desquelles fermetés, les gens de monseigneur le dauphin prirent deux, de première venue, sans faire long procès, et se logèrent dedans. Et peu de jours ensuivant, les gens du roi prirent la tierce fermeté. Et depuis fut commandé, de par le roi, qu'on assaillît la quarte, à laquelle les Anglois firent grand' résistance; mais petit durèrent. Et furent reboutés et poursuivis très vigoureusement jusques à la porte du Maître-Châtel. Lequel, sans commandement ni ordonnance du roi ni de ses capitaines, fut assailli très vaillamment par les François; et dura ledit dernier assaut environ quatre heures moult merveilleux; mais enfin les Anglois qui étoient dedans furent pris et conquis par force et mis à l'épée; et en y eut prestement sans remède mis à mort bien de huit cents à mille Anglois. Et n'y moururent à icelui assaut, qu'environ de vingt à trente des gens du roi, entre lesquels en fut l'un le petit Blanchefort. Si fut prise la ville par le côté que faisoit assaillir le connétable de France, et là fut pris, du côté desdits Anglois, messire Thomas de Rampston, et aucuns autres en petit nombre.

Après laquelle prise, et que le roi y eut séjourné environ l'espace de douze jours, il s'en alla mettre le siége devant la cité d'Acques (Dax), en Gascogne, où fut bien cinq semaines; et y avoit moult fort bouleverts devant l'une des portes. Et après que les gros engins du roi eurent trait et jeté par plusieurs jours, et démoli la muraille de ladite ville et le dessusdit boulevert, on assaillit icelui boulevert; et dura ledit assaut bien l'espace de cinq grosses heures très cruel et merveilleux. Et enfin fut conquêté et pris de force, environ le jour faillant. Si y furent morts dix ou douze Anglois; et des François en y eut plusieurs navrés.

Après laquelle prise, on fit retraire toutes gens de par le roi, réservé ceux qui furent commis à garder ledit boulevert. Et le lendemain, ceux de ladite ville d'Acques (Dax), doutant qu'on y fît nouvel assaut, et qu'on recommençât de plus fort, se rendirent tous à la volonté du roi, excepté le seigneur de Montferrant, qui étoit capitaine pour le roi d'Angleterre, et le dessusdit Enguerrant de Saint-Per, lesquels se rendirent, saufs leurs corps seulement, et s'en allèrent le bâton au poing. Et avec ce, permit ledit seigneur de Montferrant de rendre en la main du roi deux forteresses qu'il avoit emprès la cité de Bordeaux; et, pour la sûreté de ce, bailla son fils en ôtage, lequel demeura prisonnier par long temps, parce que ledit seigneur de Montferrant ne voulut point rendre les forteresses dessusdites, ainsi que promis l'avoit. Et gouvernoient lors en icelui pays le Captal de Busch, ledit seigneur de Montferrant, et messire Thomas de Rampston, sénéchal de Bordeaux. Durant lequel temps, les Anglois reprirent la ville et châtel, avecque tous les forts de Sainte-Sévère; mais bref ensuivant le roi de France y retourna atout son armée. Si fut reconquise de force, et y eut moult grand nombre d'Anglois mis à mort. Auquel temps se rendit françois, et fit serment au roi en lui baillant obéissance en ses villes et forteresses, le seigneur de Rochetaillade. En après, alla le roi devers Marmande, laquelle se rendit à lui; et de là se tira devers la Réole, qui fut assiégée très puissamment par lesdits François. Et depuis fut prise icelle ville d'assaut; mais le châtel se tint environ l'espace de six semaines, au bout duquel terme, se rendirent ceux de dedans, sauves leurs vies. Et y commit le roi, Olivier de Cotigny, pour en avoir le gouvernement, avecque aucunes autres places qui avoient été conquises durant ledit voyage. De laquelle ville de la Réole, étoit capitaine pour le roi d'Angleterre, le baron d'Acques, lequel depuis se rendit françois. Et entre temps que les conquêtes dessusdites se faisoient, y eut aucune détrousse par lesdits Anglois sur les François, et par espécial les paysans du pays leur faisoient forte guerre. Pourquoi, tant pour la grand' multitude de gens que avoit le roi comme pour les reboutements que leur faisoient les dessusdits, furent par plusieurs fois moult oppressés de famine, et moururent la plus grand' partie de leurs chevaux. Dont les routiers et autres, qui ont accoutumé de tenir les champs long-temps, furent moult troublés; et en y eut très grand nombre qui se tirèrent plus avant ès pays pour eux rafraîchir; et mêmement allèrent jusques assez près du pays de Navarre, en faisant de très grands dommages au pauvre commun peuple.

Et d'autre part, pendant le temps dessusdit, les Anglois s'assemblèrent un certain jour; et, **par** moyens qu'ils avoient, reprirent la cité d'Acques, en Gascogne, sur les François; de laquelle étoit capitaine Regnault Guillaume le Bourguignon, lequel fut pris prisonnier, et très grand' partie de ses gens mis à mort; duquel le roi de France fut très mal content, pource qu'il avoit perdu si en hâte, et par mauvais soin, icelle cité, qui assez largement avoit coûté à conquerre. Après lesquelles besognes, et que le roi eut été au pays de Gascogne environ de sept à huit mois, et fait en icelui plusieurs belles conquêtes, comme dit est ci-dessus, considérant le grand travail que de jour en jour avoient eu ses gens pour la défaute des vivres, dont ils avoient à très grand danger, si conclut et délibéra de tourner à Montauban, où il fut environ deux mois; et là fit ses ordonnances pour la garde du pays; et, par diverses journées s'en retourna à Poitiers. Et peu de temps après, La Hire, qui moult avoit été travaillé en icelui voyage, et qui déjà étoit homme assez âgé, alla de vie à trépas au châtel de Montauban. Pour la mort duquel le roi fut très déplaisant, quand ce fut venu à sa connoissance; et ordonna que sa femme possédât d'aucunes terres et seigneuries qu'il avoit données audit La Hire durant sa vie.

CHAPITRE CCLXVII.

Comment Pierre Regnault fut par force débouté de la forteresse de Milly.

Vous avez ouï bien raconter au long, comment Pierre Regnault étoit logé au châtel de Milly, étant à deux lieues, ou environ, près de Beauvais ; lequel lieu de Milly il avoit fait réparer et fortifier, et avoit bien avec lui le nombre de deux cents combattants, tous forts saquements, roides et vigoureux. Atout lesquels il couroit souvent en divers lieux, et tout ce qu'il pouvoit atteindre et attraper au dehors des châteaux et fermetés, tant sur les pays du roi comme ailleurs, étoit pris, ravi et emmené en leur forteresse et garnison. Et, par espécial, avoit couru, et couroit continuellement de jour en jour sur les villes et pays de l'obéissance et seigneurie du duc de Bourgogne, du comte d'Étampes, et de plusieurs autres grands seigneurs de ce parti. Et mêmement, très souvent passoient l'eau et la rivière de la Somme, en tirant vers la marche d'Artois, où il y avoit de douze à seize lieues de leurdite garnison ; et pareillement faisoient ès châtellenies de Péronne, Mont-Didier et Roye, où ils prenoient de bons prisonniers, lesquels ils mettoient à grosses finances, ainsi et par la manière que eussent pu faire leurs adversaires du temps de la guerre, avec tous autres biens quelconques, dont lesdits pays étoient moult oppressés et travaillés. Si en furent par plusieurs fois faites grandes plaintes de doléance aux seigneurs dessusdits, dont ils étoient très mal contents.

Et, pour cette cause, envoya ledit duc de Bourgogne devers le roi, lui remontrant la destruction d'iceux ses pays, en lui requérant d'y avoir provision. A quoi le roi fit réponse, comme autrefois avoit fait pour pareil cas : c'étoit qu'il lui en déplaisoit moult, et qu'il étoit très content que ledit duc de Bourgogne le fît ruer jus et détrousser, s'il le pouvoit trouver en ses pays, ou qu'il le fît assiéger et débouter par ses gens d'icelle forteresse de Milly : et il manderoit et feroit faire défense à tous ses capitaines des marches à l'environ, qu'ils ne lui baillassent aide, recours, ni faveur nulle contre les gens du duc de Bourgogne, sur autant qu'ils doutoient à encourir son indignation De laquelle réponse icelui fut assez content, et se pourpensa qu'il pourvoiroit au plus bref que bonnement faire se pourroit. Si trouva manière de faire traité avec aucuns capitaines anglois, sur la marche de Normandie, et qu'ils bailleroient sûreté de non faire guerre à ses gens. Et quand le duc de Bourgogne fut assez acertené des deux parties qu'ils ne lui porteroient nul grief ni dommage à ses gens, à la cause dessusdite, lui, qui pour lors étoit en son pays de Bourgogne, fît à savoir au comte d'Étampes, qui avoit le gouvernement de ses pays de Picardie, qu'il assemblât le plus de gens de guerre qu'il pourroit finer, et les menât devant ledit châtel de Milly. Sur quoi ledit comte fit grand' diligence, et mit ensemble, en bref terme, bien le nombre de douze cents combattants, tant chevaliers comme écuyers, et autres gens de guerre des plus experts d'icelui pays de Picardie et de la marche à l'environ. Entre lesquels étoient Walleran de Moreul, Guy de Roye, Jean d'Hangest, le seigneur de Saveuse, Simon de Lalain, Jean de Haplaincourt, Charles de Rochefort, messire Colart de Milly, et moult d'autres grands seigneurs et gentilshommes. Et fut faite icelle assemblée en la ville d'Amiens; duquel lieu, atout charrois fort chargés de vivres et habillements de guerre, s'en-allèrent, en moult belle ordonnance, par aucuns jours, jusques à Beauvais, où ils furent reçus honorablement; et ses gens se logèrent ès villages environ. Et de là ledit comte se tira devant le châtel de Milly. Si fit loger ses gens au plus près de la porte, qui dérompirent fort les défenses de ladite forteresse, et, par espécial, de la basse-cour, qu'ils avoient fort réparée de queues (tonneaux), et d'autres gros bois.

Si commencèrent ceux de dedans à défendre très vigoureusement, tant de canons que d'autres artilleries et engins de guerre, desquels ils occirent et navrèrent aucuns des gens du comte d'Étampes. Entre lesquels y fut mort messire Matthieu de

Humières. Et avoient les gens du petit comte laissé leurs chevaux, ou la plus grand' partie, en la ville de Beauvais, de laquelle et aussi de la cité d'Orléans venoient vivres de jour en jour audit siége.

Durant lequel siége, après que les engins dessusdits eurent fort endommagé les fortifications de la basse-cour dessusdite, il fut livré par les assiégeants un très dur et fort assaut, auquel, tant d'un côté comme d'autre, furent faites plusieurs vaillances et prouesses ; desquels, entre les autres, le seigneur de Saveuse avec ses gens emporta le bruit. Néanmoins ceux de dedans se défendirent très puissamment, et tant que les assaillants, voyant que bonnement ne pouvoient conquerre sans avoir trop grand' perte et dommage de leurs gens, se retrahirent ; et furent morts des assaillants environ de huit à dix, et des défendeurs y eut aucuns navrés. Et après, iceux défendants, considérant qu'ils ne se pouvoient longuement tenir, et aussi qu'ils n'avoient point grand' espérance d'avoir aucun secours, firent traité avec les commis dudit comte d'Étampes, moyennant et par tel si qu'ils se départiroient de là en emportant trestous leurs biens avec eux. Si rendirent ladite forteresse, dedans laquelle on bouta le feu, et la fit-on du tout démolir et désoler. Et ce fait, ledit comte et ses gens s'en retournèrent, environ la semaine peneuse, ès lieux dont ils étoient venus. Et avoit icelui comte été devant ladite place et tenu siége environ trois semaines ou plus, audit lieu de

Milly. Pour lequel voyage et déboutement des dessusdits coureurs, tous les pays qui avoient accoutumé être courus et pillés, furent très joyeux quand ils furent acertenés qu'on les avoit ainsi délogés et chassés hors de ladite place.

CHAPITRE CCLXVIII.

Comment le roi de France fit grand' assemblée de gens d'armes pour aller en Normandie; et d'aucunes courses et conquêtes que ledit comte de Sommerset fit au pays d'Anjou et ailleurs sur les François.

Au commencement de cet an, le roi de France fit grand' assemblée de gens d'armes, sur intention d'entrer en Normandie l'été ensuivant, et aussi pour bailler secours à ceux de Dieppe, qui étoient fort contraints et travaillés par le moyen de la très forte bastille que tenoient les Anglois devant icelle ville de Dieppe; lequel secours le roi leur envoya, c'est à savoir pour ravitailler ladite ville. Et y fut mené grand foison de bétail, et autres vivres, atout grand' quantité de gens d'armes, qui les boutèrent dedans à grand' force. Et y eut entre les deux parties de très grosses escarmouches, auxquelles en y eut de morts et de navrés tant d'un côté comme d'autre. Auquel temps le comte de Sommerset assembla jusques au nombre de six mille combattants, ou environ, atout lesquels il entra au pays d'Anjou, où il fit de très grands dommages par feu et par épée. Après se tira vers Bretagne, et prit d'assaut la Guerche, appartenant au duc d'Alençon, laquelle ville fut du tout pillée et robée. Et puis s'en alla à Ponzay (Pouencé), où il fut bien deux mois.

Si couroient de jour en jour ses gens par diverses compagnies le dessusdit pays d'Anjou, de Tourainois et de Chartrianois, èsquels pays furent plusieurs fois détroussés par les paysans. Et d'autre part, le maréchal de Lohiac eut la charge, avec les gens du duc d'Alençon, de par le roi de France, pour résister aux entreprises dessusdites. Si conclurent d'aller férir de nuit sur les Anglois et sur leurs logis, c'est à savoir sur ledit comte de Sommerset; mais il en fut à temps averti, et alla au-devant d'eux, et les vint rencontrer qu'ils ne s'en donnoient de garde. Et pour ce furent iceux François mis en déroi, et en y eut de vingt à trente que morts que pris, et les autres se sauvèrent au mieux qu'ils purent par force de fuir. Et de ceux qui furent pris, en furent le seigneur d'Ausigny, Louis de Beuil, et plusieurs autres gentilshommes. Après lesquelles besognes, icelui comte de Sommerset se délogea de devant Ponzay, et alla prendre le château de Beaumont-le-Vicomte; et puis, après qu'il eut assis ses garnisons par toutes les frontières, il s'en retourna à Rouen.

CHAPITRE CCLXIX.

Comment aucuns chevaliers et gentilshommes de la cour du duc de Bourgogne entreprirent un fait d'armes par la manière ci-après déclarée.

En ce même temps, le duc de Bourgogne étant en sondit pays de Bourgogne, y eut plusieurs gentilshommes de son hôtel et de ses pays, qui, pour son plaisir et sa licence, firent annoncer et publier, par plusieurs marches et divers lieux du pays de Bourgogne, que s'il étoit aucuns notables hommes qui voulsissent faire armes et acquérir honneur et prix, ils seroient reçus par iceux, et parfournis en certaines armes qu'ils avoient entreprises; desquels gentishommes leurs noms seront ci-après déclarés, et aussi la manière des chapitres qui, pour cette cause, furent envoyés ès pays dessusdits par messire Pierre de Beaufremont, seigneur de Chargny, qui étoit chef de ladite entreprise.

CHAPITRE CCLXX.

Comment, du mandement dessusdit, les armes furent faites; et les noms de ceux qui devoient faire lesdites armes.

» En l'honneur de Notre-Seigneur et de sa très glorieuse mère, de madame sainte Anne et de monseigneur Saint-George, je, Pierre de Beaufremont, seigneur de Chargny, de Monliet et de Montfort, chevalier, conseiller et chambellan de très haut, très puissant et excellent prince, mon très redouté et souverain seigneur monseigneur le duc de Bourgogne, fais savoir à tous princes, barons, chevaliers et écuyers sans reproche, c'est excepté ceux du royaume de France et des pays alliés et sujets de mondit souverain seigneur, que pour augmenter et accroître le très noble métier et exercice des armes, ma volonté et intention est, avec douze chevaliers, écuyers et gentilshommes de quatre côtés, desquels les noms ci-après s'ensuivent ; c'est à savoir, Thibaut, seigneur de Rougemont et Mussy ; messire Guillaume de Bresremont, seigneur de Sées et de Sonnegnon ; Guillaume de Brenne, seigneur de Mombis et Gilly; Jean, seigneur de Valengon ; Jean, seigneur de Rapp et de Tirecourt; Guillaume de Champ-Divers, seigneur de Chevigny ; Jean de Chiron, seigneur de Rancheinères ; Antoine de Vauldray, seigneur de l'Aille ; Guillaume de Vauldray, seigneur de Collaon ; Jacques de Challant, seigneur d'Aineville ; messire Amé, seigneur d'Espirey ; et Jean de Chavigny, garder et défendre un pas séant sur le grand chemin venant de Dijon à Auxonne, au bout de la chaussée partant de ladite ville, et un gros arbre appelé l'arbre des ermites, tout par la forme et manière qui ci-après s'ensuit :

» Premier, y a deux écus dont l'un est noir, semé de larmes d'or, et l'autre violet, semé de larmes noires ; lesquels écus pendront audit arbre des ermites, et seront de telle condition, que tous ceux qui feront toucher par le roi d'armes, héraut ou poursuivant, l'écu noir aux larmes d'or, seront tenus à faire armes à cheval avecque moi ou avecque un de mesdits chevaliers ou écuyers, jusques au nombre de douze courses de lances à fer émoulu.

» *Item*, en faisant lesdites armes, si l'un est porté à terre de coup de lance et droite atteinte sur les harnois, celui qui sera ainsi porté à terre donnera au compagnon qui ainsi l'aura porté jus, un diamant tel qu'il lui plaira.

» *Item*, sera armé de tel harnois que bon lui semblera, double ou single (simple) accoutumé à faire armes, et sans mal engin ; c'est à savoir que l'arrêt n'ait nul avantage fors ainsi qu'on le porte en la guerre.

» *Item*, que chacun portera ses garnisons de lances et de fers, excepté que la tondelle qui gît sur les mains, ne sera que de quatre doigts de large, et non plus.

» *Item*, les lances seront d'une même mesure depuis la pointe du fer jusques à l'arrêt, desquelles lances baillerai la longueur.

» *Item*, pour faire et accomplir lesdites armes à cheval, fournirai lances à tous, et toutes prêtes dans les lices, telles et semblables de celles de mes dessusdits compagnons et des miennes.

» *Item*, et se feront lesdites armes à cheval, à la toile, laquelle sera de six pieds de hauteur. »

CHAPITRE CCLXXI.

S'ensuivent les articles sur le fait des armes de pied.

» En après, iceux princes, barons, chevaliers et écuyers de la condition dessusdite, qui auroient plus leur plaisir de faire armes de pied, seront tenus, comme dessus, de faire toucher l'écu violet aux larmes noires, et de combattre de lances ou d'épées, duquel mieux leur plairoit, jusques à quinze coups.

» *Item*, qu'en faisant lesdites armes, si l'un met les mains ou les genoux à terre, celui qui ainsi y aura touché, sera tenu de donner à l'autre un rubis de telle valeur que bon lui semblera.

» *Item*, que chacun soit armé de harnois accoutumés de combattre en lices.

» *Item*, et si l'un étoit défourni de hache ou d'épée, je l'en fournirai assez et de semblables à celles de mes compagnons et des miennes ; et en icelles haches ou épées, n'y aura aucune chose qui ne doive être par raison ou sans crochets, ou autre mal engin.

» *Item*, celui qui aura son adresse de faire armes et de combattre avec moi de pied, et l'un de nous deux porte à terre de tout le corps, il sera tenu de lui aller rendre prisonnier où l'hôtelant lui ordonnera.

» *Item*, celui qui ainsi sera prisonnier, pour sa droite rançon et délivrance sera tenu de donner à celui ou celle que ledit hôtelant voudra ordonner à élire, au-dessus de cinq cents écus.

» *Item*, ceux desdits étrangers ne requièrent moi ni mesdits compagnons ; car ils trouveront à toutes les heures ordonnées et limitées en ce présent traité, qu'il les fournira.

» *Item*, ne pourront les dessusdits étrangers faire avec moi ni mes dits compagnons qu'une fois armes, c'est à savoir l'une à cheval, et l'autre de pied, et plus avant ne pourront requerre mes dessusdits compagnons ni moi, durant le temps de ces présentes armes.

» *Item*, se feront les dessusdites armes à cheval et de pied, par la manière qui s'ensuit : c'est à savoir icelles de cheval, le lundi, le mardi et le mercredi; et celles de pied, le jeudi, le vendredi et le samedi.

» *Item*, et se commencera ledit pas, le premier jour de juillet, qui sera l'an mil quatre cent quarante-trois, et durera quarante jours entiers, sans comprendre les fêtes, ni les dimanches, ni les fêtes commandées en la ville de Rome.

» *Item*, aucuns desdits princes, barons, chevaliers ou écuyers, ne pourront ni seront tenus de passer par le pays, ni à un quart de lieue près, qu'ils ne fassent et accomplissent les armes dessusdites, ou qu'ils ne laissent gages; c'est à savoir son épée ou ses éperons, lequel qui mieux lui plaira.

» *Item*, et pour faire et accomplir lesdites armes, tant de pied comme de cheval, par la manière et ordonnance contenue ci-dessus, j'ai humblement supplié et requis à mondit seigneur souverain, que de sa grâce me donnât congé et licence d'icelles parfaire. Lequel, désirant l'accomplissement d'icelles, le m'a bénignement octroyé; et, pour ce faire, me donne et a donné à juge très haut et puissant prince et mon très redouté seigneur le comte de Nevers et de Rethel, et en son absence monseigneur le maréchal comte de Fribourg et de Neuf-Châtel. Et afin qu'il vous appert que ces présents chapitres procèdent de mon intention et volonté, désirant iceux accomplir par la manière dessusdite, les ai fait sceller du scel de mes armes, et signées de ma main, le huitième jour de mars, l'an mil quatre cent quarante deux.

» *Item*, je prie princes, barons, chevaliers et écuyers, qu'ils n'aient aucune imagination de malveillance; car je ne le fais que pour accroître le noble métier et exercice des armes, et aussi pour avoir accointance par armes aux bien renommés et vaillants princes et nobles dessusdits, qui venir y voudront.

» *Item*, auront les dessusdits nobles étrangers, bon, sûr et loyal sauf-conduit de mondit souverain seigneur, et en son absence, de son maréchal. »

CHAPITRE CCLXXII.

Comment le duc de Bourgogne envoya le comte d'Etampes atout grand puissance de gens d'armes, en la duché de Luxembourg.

En cette même saison, la duchesse de Luxembourg, qui autrefois avoit eu épousé le duc Antoine de Brabant et Jean de Bavière défunts, tous deux oncles, l'un de père et l'autre de mère, du duc Philippe de Bourgogne, fit grand' complainte à icelui duc de Bourgogne de ce que ses hommes et sujets de ladite duché ne la vouloient obéir ni payer de ses rentes et revenus, et la plus grand' partie d'icelui pays; et par espécial, d'icelui fort de Luxembourg et de Thionville, et autres lieux à l'environ; et l'avoient déboutée desdites villes en eux rendant du tout rebelles et inobédients contre elle. Si lui requéroit et prioit humblement que, pour Dieu et pitié, et aussi pour l'honneur de ses deux oncles qu'elle avoit eus par mariage, et avecque lesquels elle s'étoit portée honorablement, il la voulsît secourir à ce grand besoin, tant qu'elle pût être remise en sa seigneurie ; ou autrement la conviendroit vivre dorénavant en moult grand meschef et pauvreté. A quoi ledit duc fit réponse très courtoise, disant que de bon cœur lui bailleroit secours et aide contre les dessusdits de Luxembourg, par toutes les voies et moyens raisonnables que bonnement faire pourroit, dont elle mercia grandement. Et, pour sur ce avoir avis que bon lui en seroit à faire, fit assembler son conseil pour voir et débattre la matière, afin de savoir qu'il en seroit bon de faire pour le mieux.

Auquel conseil fut délibéré que ledit duc de Bourgogne envoieroit ses messagers solennels devers ceux de Luxembourg, eux requerre et sommer qu'ils fissent devers icelle dame et ses officiers, toute l'obéissance qu'il appartenoit, et comme ils étoient tenus de faire; et si ainsi ne le faisoient, icelui duc de Bourgogne l'aideroit et conforteroit de toute sa puissance, pour la remettre en sa seigneurie. Auxquelles requêtes et sommations, ceux de Luxembourg ne voulurent entendre ni obéir nullement, jà-soit-ce que plusieurs requêtes leur en furent faites; mais, pour eux entretenir, se pourvurent dedans leurs villes de gens de guerre, c'est à savoir des gens du duc Guillaume de Saxe, qui se disoit héritier de ladite duché de Luxembourg. Et envoya un sien parent, nommé le comte de Clicque, atout huit cents combattants des marches d'Allemagne, lesquels se boutèrent en garnison en la dessusdite ville de Luxembourg, de Thionville, et autres villes et forteresses à l'environ, qui étoient favorables. Et eux là venus, commencèrent à courre et à faire grand' guerre à aucunes villes et forteresses, qui encore étoient demeurées en l'obéissance de ladite dame, et par ainsi fut icelui pays fort divisé en grand' tribulation. Et adonc le dessusdit duc de Bourgogne, sachant que les dessusdits persévéroient de jour en jour en leur mauvais propos, se conclut et délibéra du tout à eux faire forte guerre. Et pour ces causes, écrivit ses lettres au comte de Vernembourg, au damoiseau de Saluces, à Henri de la Tour, et aux autres nobles du pays et duché de Luxembourg et de la marche à l'environ, et dont la plus grand' partie tenoit le parti de la dessusdite duchesse, et qui se vouloient employer en l'aide, faveur et secours d'elle, qu'ils fissent guerre à tous ceux qui lui étoient contraires et désobéissants. Et leur manda outre, que bref y envoieroit de ses gens, et puis iroit en personne pour conquerre ladite duché, et débouteroit ceux qui l'occupoient. A laquelle requête dudit duc de Bourgogne, ils furent très contents d'entendre et obéir. Et de fait, depuis qu'ils eurent défié les dessusdits, leur firent guerre ouverte, et coururent sur eux par plusieurs et diverses fois. Entre temps, le duc de Bourgogne envoya ledit comte d'Etampes en Picardie et lui fit savoir qu'il assemblât certain nombre de gens de guerre pour mener en Bourgogne devers lui, ce qu'il fit.

Quand son armée fut prête, il les fit tirer devers Saint-Quentin en Vermandois, et lui-même y alla en sa personne. Si étoient avecque lui, Waleran de Moreul, Guy de Roye, le seigneur de Humières, le seigneur de Saveuse, messire Simon de Lalain, le seigneur de Neufville, Gauvin Quiéret, messire Antoine de Visoch, Jean de Haplaincourt, et plusieurs autres notables chevaliers et écuyers ; et pouvoit avoir en tout le nombre de douze à treize cents combattants. Si se tira audit lieu de Saint-Quentin devers Laon, pour aller passer assez près de la comté de Rethel ; mais quand il fut vers Montaigu, si comme il fut dit et rapporté, que Dimenche de Court, le Roucin, et aucuns autres capitaines des gens du roi, étoient logés à Montaigu et audit lieu de Sissonne, lesquels naguères avoient été au pays de Rethelois, où ils avoient fait de grands et merveilleux dommages, pour lesquels, ledit comte d'Étampes étoit très mal content d'eux ; car avecque ce un petit par avant, icelui Dimenche de Court avoit été détroussé en Bourgogne, et avoit promis de non lui plus loger sur les pays de Bourgogne ni sur ceux du parti, si leur manda et fit savoir qu'ils se retrahissent hors de son chemin, et qu'il se vouloit aller loger audit lieu de Montaigu, ce que point ne vouloient faire, pourquoi entre icelles parties s'émurent aucunes rigueurs. Et fut ordonné que ledit comte d'Étampes et son conseil leur courroit sus, et ainsi fut fait.

Si furent la plus grand' partie desdits François du tout détroussés, et tous leurs biens, tant chevaux comme autres bagues, pris et ravis par les Picards dessusdits; et en y eut bien peu de morts et aussi de navrés, et depuis qu'ils eurent été faits prisonniers, furent délivrés. Et avecque ce, furent à aucuns rendues aucunes de leurs bagues, et par espécial à icelui de Court. Si se tirèrent arrière le plus bref que faire le purent. Pour lesquelles détrousses, le roi ni son fils ne furent point bien contents de ce que ainsi on les avoit rués jus en leurs pays, et aussi pour tant qu'ils alloient à un mandement que faisoit ledit dauphin pour aller au secours de ceux de Dieppe, duquel ci-après sera faite plus ample mention. Néanmoins, la besogne demeura ainsi faite pour lors, mais depuis en vinrent de très grands remords. En après, le comte d'Etampes et ses gens se tirèrent jusques sur les marches de Bourgogne, et tinrent, ses gens, les champs vers Langres et Montfaucon. Durant lequel temps, ledit comte d'Etampes et les seigneurs, et la plus grand' partie qui étoient avec lui, allèrent à Dijon vers le duc de Bourgogne, où ils furent joyeusement reçus et festoyés; et se tinrent là certaine espace de temps, entre temps que ledit duc faisoit ses apprêts pour aller à puissance en la duché de Luxembourg.

CHAPITRE CCLXXIII.

Comment le duc de Bourgogne mit la duché de Luxembourg en son obéissance.

Or convient parler dudit duc de Bourgogne, lequel, en ce temps, faisoit grands préparations pour aller en la duché de Luxembourg, et avoit plusieurs moyens qui de jour alloient et venoient devers lui, pour savoir si on pourroit trouver aucuns bons moyens entre la duchesse et ceux qui étoient envers elle désobéissants, lesquels fins ne se purent trouver. Et pour cette cause, le dessusdit duc se disposa du tout d'eux livrer forte guerre, et les mettre en l'obéissance d'icelle duchesse. Si envoya premier audit pays, messire Simon de Lalain, et de trois à quatre cents combattants avec lui, qui se joignirent et assemblèrent avec le comte de Vernembourg, et les autres nobles du pays de la marche, qui étoient alliés audit duc de Bourgogne. Et se logèrent en Arlon et en aucunes autres villes qui tenoient le parti de ladite duchesse, comme dit est ci-dessus. Et eux venus en icelui pays, cuidèrent par moyens avoir l'obéissance de Thionville; en quoi ils faillirent, pource que le comte de Clicque et ceux de son parti les avoient attraits de leur côté, et y mirent des gens de guerre pour les aider à entretenir. Et depuis, assez bref ensuivant, vint icelui comte de Clicque atout grand' puissance, garni de charrois, et habillements de guerre, loger assez près de la ville d'Arlon, qu'il entendoit assiéger; et y eut entre les parties grands escarmouches, où furent aucuns de ses gens morts et blessés. Et depuis, doutant la grand' puissance du duc de Bourgogne, se retrahit à Luxembourg. Durant lequel temps, les dessusdits firent plusieurs courses l'un contre l'autre; et alloient les Picards aucunes fois courre jusques aux portes de Luxembourg.

Et entre temps, le dessusdit duc de Bourgogne se partit dudit lieu de Dijon en très bel arroi, grandement accompagné de chevaliers et écuyers, et s'en vint à Yvoy, qui est de la duché de Luxembourg; et là se logea, et y fut reçu des habitants moult joyeusement. Auquel lieu d'Yvoy il conclut de faire assiéger un châtel nommé Villy, qui étoit garni de plusieurs saquements (pilliards) qui long-temps par avant, avoient fait et faisoient de jour en jour de grands oppressions et tyrannies au pauvre peuple dudit pays; et étoit leur chef, un nommé Jaquemin de Beaumont. Si eurent la charge de les assiéger, Guy de Roye, et le seigneur de Saveuse, Hue de Hasives, et aucuns autres chefs; lesquels y allèrent atout six cents combattants ou environ, et y firent dresser plusieurs gros engins qui les adommagèrent. Et se disoient les dessusdits être au damoisel de Commercy, qui avoit été en la compagnie du dauphin à prendre la bastille de

Dieppe, comme dessus est dit. Si fut averti d'icelui siége, et pour le cuider lever, assembla environ mille combattants; entre lesquels étoient le Roucin, Pierre Robert, et plusieurs autres routiers de guerre. Si se tirèrent par plusieurs journées en approchant ceux du siége dessusdit, et tant qu'à un matin férirent dedans leurs logis, et de première venue se boutèrent dedans sans y trouver résistance, sinon assez petit. Néanmoins ceux qui avoient la charge dudit siége, oyant l'effroi, rassemblèrent leurs gens bien en hâte, en belle et bonne ordonnance, et commencèrent à marcher avant contre leurs ennemis; lesquels, assez tôt, ils reboutèrent hors de leursdits logis aux champs; et là, de tous côtés, se commencèrent de très grands escarmouches; auxquelles se porta très vaillamment messire Gauvain Quieret, messire Hue de Longueval, et plusieurs autres, avec les chefs dessus nommés. Lequel messire Gauvain y étoit venu un jour devant, et les avoit avertis de la venue dudit damoiseau de Commercy.

Finablement icelui damoiseau, et ceux de sa compagnie, voyant qu'ils pouvoient plus perdre que gagner à illec demeurer longuement, se partirent assez hâtivement, et s'en retournèrent audit lieu de Commercy; et y furent morts huit ou dix de ses gens, et plusieurs navrés; et, de la partie des assiégeants, fut mort un gentilhomme, nommé Gaultier de Pavant, et peu d'autres avec lui. Lequel de Commercy s'en alla avec ledit Jacquemin de Beaumont, et issit du châtel par derrière, entre temps que ladite escarmouche se faisoit, en abandonnant ses gens; lesquels se rendirent en bref terme ensuivant, par tel si qu'ils s'en iroient atout leurs biens; et après, ledit duc de Bourgogne fit loger ses gens vers Luxembourg, et alla le comte d'Étampes, atout grand' partie des capitaines et gens de guerre, à Metz, qui est une grand' ville, laquelle autrefois avoit été fermée; et fut illec grand' espace de temps. Si couroient ses gens bien souvent sur leurs adversaires; desquels, quand ils les rencontroient, en faisoient bien peu de compte.

Et entre temps que toutes ces besognes se faisoient, le duc de Bourgogne, qui avoit avec lui, comme dit est dessus, plusieurs du pays assez subtils, eut plusieurs imaginations et conseils avec ses plus féables et aucuns des dessusdits, pour savoir comment il viendroit à chef de cette guerre. Si lui fut dit qu'il pourroit bien faire essayer, savoir si on trouveroit point manière d'écheler, et prendre de nuit ladite ville de Luxembourg. Et quand ledit duc ouït ce, il y entendit volontiers, et fut content que on y besognât par tous les moyens qui pourroient être possibles; et pour faire l'essai et aller aviser le lieu, furent ordonnés deux gentilshommes, c'est à savoir l'un du pays de Bourgogne, nommé Guillaume le Crevant, et le second, Robert de Miramont, natif de Picardie, et avec eux aucuns autres du pays, qui les conduisoient. Si se mirent à chemin, et allèrent par plusieurs fois voir et épier comment ils pourroient faire ; et aussi comment ceux de dedans se gouvernoient en fait de guet; et avoient avec eux aucuns excellents écheleurs. Si trouvèrent et aperçurent qu'il y faisoit bon, et que ceux de dedans s'acquittoient assez petitement de faire le guet : et adonc en y eut qui, par échelles, montèrent amont, et avisèrent bien à leur aise tout l'état de ladite ville.

En après, se départirent et s'en retournèrent le plus secrètement qu'ils purent, devers le duc de Bourgogne, auquel ils firent leur rapport de ce qu'ils avoient vu et trouvé. Sur lequel rapport, ledit duc se conclut de faire essayer de mener cette entreprise à fin. Si le fit savoir au comte d'Etampes et aux capitaines qui étoient avecque lui, en eux signifiant que c'étoit son plaisir qu'ils fissent ladite entreprise, et qu'il iroit en personne avecque eux pour les secourir et aider si besoin leur en étoit. Et étoit lors icelui duc à Arlon, et le dessusdit comte d'Etampes à Metz. Lequel comte d'Etampes, quand il eut ouï et entendu l'intention dudit duc, assembla grand' partie des plus nobles de sa compagnie, et leur remontra toutes les besognes dessusdites. Et avecque ce, leur déclara l'intention dudit duc, et leur requit que sur ce le voulsissent conseiller.

Et adonc fut la besogne aucunement débattue entre eux; et en y avoient aucuns qui doutoient aucunement à faire et conseiller ladite entreprise pour plusieurs raisons. Et enfin, tout considéré, se conclurent ensemble de le faire, puisque c'étoit le plaisir et ordonnance du dessusdit duc de Bourgogne, leur chef et souverain seigneur. Et après cette conclusion, fut avisé à qui on bailleroit la charge de faire le premier échellement. Si y furent commis messire Gauvain Quieret, le seigneur de Bosqueaux, Guillaume de Crevant, et Robert de Miramont dessus nommés, avecque les écheleurs, et de soixante à quatre-vingts compagnons. Si se mirent à chemin, et avoient bonnes guides du pays qui les menoient; et depuis les suivit et atteignit le seigneur de Saveuse, jà-soit-ce qu'il fût pour lors moult aggravé de maladie. Pour la compagnie duquel ils furent bien joyeux, et se tirèrent le plus coiment qu'ils purent, jusques à demi-lieue de Luxembourg, où ils se mirent à pied, et laissèrent leurs chevaux. Et puis s'en allèrent tout outre jusques au lieu qui étoit ordonné; et eux là venus avoient commis ceux qui devoient premier monter, et aussi ceux qui les suivroient de main en main, par très bonne manière et belle ordonnance.

Et quand tout fut prêt, on commença à dresser les échelles et à monter, ainsi comme il avoit été avisé. Et fut requis au seigneur de Saveuse, qu'il demeurât au pied des échelles, pour faire tenir les ordonnances et pour faire monter ceux qui à ce étoient commis. Lequel le fit et à point; car audit lieu n'y avoit homme qui bien ne se voulsît conduire par son conseil. Et quand messire Gauvain

Quieret et les autres furent dedans, et la plus grand' partie, ils prirent aucuns de ceux du lieu, auxquels ils firent semblant de les mettre à mort s'ils faisoient aucune noise, et tôt après iceux allèrent rompre une poterne et ouvrir pour ledit seigneur de Saveuse et autres qui les avoient suivis, jusques à deux cents ou environ qui y entrèrent, et commencèrent à crier à haute voix : Ville gagnée ! Duquel cri la ville fut étourdie, et tout en hâte crièrent à l'arme en plusieurs lieux. Et entre temps les dessusdits Bourguignons se tirèrent au marché, lequel ils gagnèrent, nonobstant que ceux de dedans se fussent assemblés en petit nombre pour le garder. Si firent peu de résistance. A laquelle fut navré ledit messire Gauvain; et des dessusdits défendeurs en mourut deux tant seulement, et les autres se mirent de toutes parts à fuir vers le châtel, et aussi vers le bas de la ville. En après ledit comte d'Étampes, qui les dessusdits suivoit de près à puissance, fut averti de celle prise par plusieurs messages qu'iceux envoyèrent devers lui. Si se hâta le plus tôt qu'il put d'y venir. Et quand il fut dedans, il fut ordonné qu'on envoieroit certain nombre de gens devant le châtel, pour garder la saillie de ceux qui étoient dedans ; mais déjà ils avoient bouté le feu tout au travers de la rue qui étoit devant ledit châtel ; par lequel furent arses moult de belles maisons et la plus grand' partie des chevaux des gens d'armes qui là étoient logés, lesquels en grand nombre s'étoient retraits au châtel dessusdit. Et avec ce, quand le peuple, dont il y avoit grand'multitude, qui s'étoit retrait en la basse ville, vit et aperçut que la ville étoit ainsi prise, et qu'il n'y avoit point de ressource, il s'en issit hors, et s'en alla à Thionville et autres lieux, moult déconforté, en abandonnant tous ses biens.

Et en ce même jour vint audit lieu de Luxembourg ledit duc de Bourgogne. Après laquelle venue se commencèrent ses gens à loger par ordonnance, par ladite ville. Dedans laquelle furent trouvées de grandes richesses et des biens en grande abondance, lesquels tantôt furent tous pris, ravis et butinés par ceux qui avoient conquis ladite ville. Et avoit été ordonné, à faire icelle entreprise, que tous lesdits biens seroient partis et butinés également, et que chacun, selon son état, en auroit sa portion, sans y faire aucune fraude. Laquelle ordonnance ne fut point entretenue ; mais en furent fraudés la plus grand' partie des compagnons, par espécial ceux du moyen et moindre état ; et y en eut peu qui y eurent profit, sinon aucuns des chefs de l'armée et ceux qui avoient conduit la besogne, et aussi autres qui furent commis à butiner, et qui eurent le gouvernement d'iceux biens. Pour laquelle fraude en y eut plusieurs qui se plaignirent l'un à l'autre, disant qu'on leur montroit mauvais exemple d'eux une autre fois aventurer leurs corps pour gagner ce où ils n'avoient rien ; néanmoins, quelque plainte qu'ils en fissent, n'en purent avoir autre chose, ains furent contraints assez rigoureusement, tant par serment comme autrement, d'apporter ou délivrer ce qu'ils avoient trouvé en la main desdits butineurs.

A laquelle assemblée ou besogne étoit le seigneur de Humières, qui exerçoit l'office de maréchal, auquel office il a été commis de par le seigneur de Beaumont, le maréchal de Bourgogne. Aussi étoit avecque ledit duc de Bourgogne, des marches de Picardie, le comte d'Étampes, dessus nommé, le seigneur de Croy, comte Porcien, Waleran de Moreul, messire Simon de Lalain, Guy de Roye, messire Robert de Saveuse son frère, Hue de Hames, Hue de Longueval, le seigneur de Bosqueaux, messire Antoine de Wissoch, et moult d'autres nobles hommes. Et des marches de Bourgogne, le seigneur de Ternant, messire Pierre de Beaufremont, seigneur de Chargny, le seigneur de Brassy, Charles de Rochefort, Philebert de Vaudray, Jean de Vaudray, Philebert d'Aincourt, et aucuns autres chevaliers et écuyers, en grand nombre. Et quant est audit comte de Clicque, il se retrahit avecque ses gens dedans le châtel; mais depuis se déroba de nuit secrètement, et s'en alla tout de pied à Thionville; lequel châtel de Luxembourg se détint depuis ladite prise, environ trois semaines. Durant lequel temps, de ceux de dedans fut occis, messire Jean, bâtard de Dampierre, d'un trait dont il fut frappé par la tête; et ledit seigneur de Saveuse, à une saillie qu'avoient faite aucuns dudit châtel, fut navré très grièvement d'un vireton en la poitrine, dont il fut en péril de mort; mais, par la diligence des chirurgiens dudit duc de Bourgogne, tourna depuis à guérison.

En la fin desquelles trois semaines, le dessusdit comte de Clicque fit traité avec les commis du dessusdit duc de Bourgogne, moyennant que ses gens qui étoient audit châtel de Luxembourg, s'en iroient sauves leurs vies, et si n'emporteroient rien de leurs biens. Et avec ce rendit la ville de Thionville, et se retourna en son pays d'Allemagne, à grand' perte, honte et confusion de lui et de ses gens. Et par ainsi, icelui duc de Bourgogne eut pleine obéissance de ladite duché de Luxembourg, en peu de temps et à petite perte de ses gens. Auquel lieu alla la duchesse sa femme, et avec elle la duchesse de Luxembourg, laquelle avoit fait ou fit traité avec ledit duc, par condition qu'il jouiroit de ladite duché toute sa vie durant, et y auroit tout tel droit qu'elle y avoit, et il lui en rendroit, par chacun an, la somme de dix mille francs, monnoie de France. Auquel temps ledit duc de Bourgogne avoit fait publier, lui étant en sa ville de Luxembourg, que nul, de quelque état qu'il fût, ne prît débat, ni ne fît aucune extorsion aux seigneurs du pays, ni à leurs gens qui étoient en sa compagnie, des marches d'Allemagne, et de ladite duché. Laquelle publication fut enfreinte par un sien archer de corps, nommé le petit Écossois, qui prit débat à messire

Pierre Bernard, et de fait le férit aucunement; pour lequel fait ledit duc le fit prendre; et nonobstant plusieurs prières d'aucuns grands seigneurs de son hôtel, et aussi dudit messire Bernard qui lui pria pour au dessusdit sauver sa vie, le fit pendre, jà-fût-que moult l'eût aimé par avant, et que bien fût content de son service; mais il le fit principalement afin de bailler exemple à tous autres, qu'ils ne fussent si osés de rompre et enfreindre ses édits et ordonnances.

En ce temps furent mis plusieurs ambassadeurs sus d'entre les deux rois de France et d'Angleterre; lesquels très souvent alloient d'un pays en autre pour trouver moyens de paix entre les deux royaumes, ou du moins rallonger les trèves. Et pour lors le roi de France se tenoit à Tours en Touraine, auquel lieu se tinrent plusieurs grands conseils, et moult d'assemblées sur cette matière, auxquelles étoient mandés et évoqués très souvent les trois états de son royaume. Toutefois, nonobstant lesdites assemblées se mouvoient continuellement les deux parties, et menoient grosses et fortes guerres les uns aux autres.

CHAPITRE CCLXXIV.

Comment aucuns des gens du dauphin se tirèrent vers le pays de Bourgogne, lesquels furent rués jus par le maréchal de Bourgogne et les siens.

Au commencement de cet an, le dauphin de Viennois, premier fils du roi, retourna devers son père, qui étoit à Tours en Touraine; et avoit ledit dauphin été moult grand espace de temps au pays de Languedoc, tant pour le fait du comte d'Armagnac, comme pour autres affaires. Auquel retour moult de gens de son armée se tirèrent sur les marches de Bourgogne, où ils firent de grands desrois, comme autrefois avoient fait. Si s'en allèrent loger à un gros village nommé Espoise, auquel lieu leur vint courre sus le seigneur de Beaumont, maréchal de Bourgogne, accompagné de plusieurs nobles du pays; et y eut dure rencontre entre eux; mais enfin, par la diligence et vaillance dudit maréchal et d'aucuns autres seigneurs de sa compagnie, furent iceux François tournés à déconfiture, et y eut grand nombre que morts que pris. Et bref ensuivant en furent portées les nouvelles audit dauphin, et lui fut dit comment ses gens avoient été rués jus au pays de Bourgogne; lequel dauphin jura lors un grand serment qu'il s'en iroit lors au pays pour les contre-venger. Et d'autre part le duc de Bourgogne fut averti de ce que ledit dauphin avoit dit et juré. Si dit pareillement qu'il iroit aider à garder son pays. Et par ainsi eut aucun commencement de rigueur entre ces deux princes; mais assez bref après, par le moyen d'aucuns notables et sages personnes d'un côté et d'autre, furent les choses rapaisées, et ledit dauphin refreignit son ire et son courroux.

CHAPITRE CCLXXV.

Comment unes trèves furent faites et données entre les rois de France et d'Angleterre, et tous leurs parents, amis et alliés et sujets.

DURANT le temps dessusdit, se continuèrent à Tours en Touraine les assemblées et traités d'entre les deux royaumes de France et d'Angleterre; auquel lieu étoient plusieurs princes et grands seigneurs du royaume de France en personne; et ceux qui point n'y étoient, avoient envoyé grands et notables ambassadeurs, ayant pouvoir suffisant de par les seigneurs qui les avoient envoyés. Entre lesquels y étoient, de par le duc de Bourgogne, messire Jean de Croy, bailli de Hainaut, le prieur de Vergy, maître Oudart Caperel, et autres notables hommes; et aussi y étoient ceux des bonnes villes en très grand nombre. Et pareillement, de la partie du roi d'Angleterre, y étoient, atout pouvoir suffisant, messire Guillaume de la Pole, comte de Suffok; maître Adam Melaine, (Moleyns) garde du privé scel du roi d'Angleterre, et doyen de Salsebéry; messire Robert de Roos et autres; lesquels, tous ensemble, par diverses journées, s'assemblèrent l'un avec l'autre; et furent faites plusieurs ouvertures entre icelles parties pour venir et conclure à paix générale; mais finablement, pour les grandes difficultés qui pour lors étoient entre les parties, ne pouvoient venir ni eux accorder à ladite paix générale; mais sur espérance d'y parvenir, prirent unes trèves et abstinence de guerre jusques à certain temps entre les dessusdites parties, lesquelles s'entretinrent assez sûrement, dont du contenu la teneur s'ensuit:

« Charles, duc d'Orléans et de Valois, comte de Blois et de Beaumont, seigneur de Coucy et d'Oisy; Louis de Bourbon, comte de Vendôme et de Chartres, souverain maître-d'hôtel de France; Pierre de Bresé, seigneur de la Varenne, et de Brésac, sénéchal de Poitou et d'Avignon, Bertrand de Beauvau, seigneur de Précigny, chevalier conseiller et chambellan de très excellent prince le roi de France, notre très redouté et souverain seigneur, à tous ceux qui ces présentes lettres verront, salut. Comme notre Saint-Père le pape ait très souventes fois prié, requis et exhorté par ses lettres et messages, et mêmement dernièrement par révérend père en Dieu l'évêque de Vièse, son ambassadeur et messager, le roi notre très redouté et souverain seigneur, de condescendre et vouloir entendre par moyen de longue trève ou autrement, à bonne paix, et union et concorde, avec très haut et très puissant prince, son neveu d'Angleterre; lequel, pour cette cause, a depuis naguères envoyé et transmis, atout certain pouvoir, par-devers notre très redouté et souverain seigneur, ses solennels ambassadeurs et messages ; c'est à savoir, Guillaume de la Pole, comte de Suffort, grand-maître-d'hôtel d'icelui très haut prince, maître Adam Melaine, garde de son privé scel, docteur en lois, doyen de Salsebéry ; messire Robert de Roos, messire Thomas Hors, chevalier; Richard d'Andreus, secrétaire dudit très haut prince, et neveu d'icelui souverain seigneur; de laquelle chose le roi, notre très redouté seigneur, pour révérence de Dieu, pour la pitié qu'il a toujours eue et a des grands dommages et afflictions que le pauvre peuple d'une partie et d'autre a eu longuement, et a encore à souffrir et porter à l'occasion de ladite guerre, et, pour éviter l'effusion du sang humain, s'est libéralement condescendu, pour besogner en cette matière avecque lesdits ambassadeurs de sondit neveu, et surtout communiquer, traiter et appointer avecque eux, lui ait plu nous commettre et déposer de sa part, et nous bailler ses lettres des pouvoirs dont la teneur s'ensuit :

» Charles, duc d'Orléans, etc. Savoir faisons qu'après ce que pour traiter de ladite paix et trèves, nous sommes assemblés par plusieurs journées en cette ville de Tours, avec iceux ambassadeurs d'Angleterre, nous, à leur requête, avons, par vertu à nous donnée, en espérance principale de parvenir par trait de temps à bonne paix et accord final entre notre très redouté et souverain seigneur, et sondit neveu, et des royaumes de France et d'Angleterre, octroyé, consenti, promis et accordé, et par ces présentes, consentons, octroyons, accordons et promettons, pour et au nom de notre très redouté et souverain seigneur, avec les dessusdits comtes de Suffort, et autres ambassadeurs d'Angleterre dessus nommés, et eux aussi avec nous, par vertu du pouvoir à nous donné, duquel la teneur s'ensuit:

» *Henricus*, etc., trèves générales pour le roi notre souverain seigneur, son royaume, tant par terre, par eau douce comme par mer, ses vassaux et ses sujets. Et mêmement, pour très puissants princes, les rois de Castille, des Romains, de Lihons (Léon) et Sicile, duc d'Anjou, de Bar et de Lorraine, le roi d'Écosse, monseigneur le dauphin de Viennois, aussi fils de France, nous, duc d'Orléans dessus nommé, les ducs de Bourgogne, de Bretagne, de Bourbon et d'Alençon, le comte du Maine, et généralement pour tous les seigneurs du sang du roi notredit souverain seigneur, et ses autres sujets, amis et alliés, et adhérents, et par tous leurs royaumes, Dauphiné de Viennois, duchés, comtés et par tous les autres pays, terres et seigneuries qu'ils ont et tiennent tant en ce royaume que dehors, et pour tous leurs vassaux et sujets, c'est à savoir, au regard desdits amis et alliés, et adhérents non suspects, si compris y veulent, lesquels alliés, aidants et adhérents qu'ils y voudront comprendre, si compris y veulent être, non suspects d'un côté ni d'autre, seront tenus de promettre et jurer à garder ladite trêve, et de réparer ce qui par eux ou les leurs seroit fait au contraire. A commencer lesdites trêves par tout le royaume de France, tant par terre comme par eau douce, et ès ports de mer : c'est à savoir en la duché de Guyenne et pays de Gascogne, et ès ports de mer, et ès îles qui y sont, le quinzième de mai prochainement venant à soleil levant, et en tous les autres pays et contrées d'icelui royaume. Et au regard de la mer, le premier jour de juillet après ensuivant, ladite heure de soleil levant, par tous les royaumes d'Angleterre, et seigneuries d'Irlande et de Galles ; et par toutes les autres seigneuries et îles quelconques dudit très haut et puissant prince et neveu de notredit seigneur, dudit jour de juillet prochainement venant à soleil levant. Et au regard de ladite mer, le premier jour de juillet prochainement venant à soleil levant. Et au regard desdits alliés, d'un côté et d'autre, commenceront icelles trêves, après ce qu'on aura signifié la déclaration de leur volonté, d'une part et d'autre. Et suffira, pour la décharge et acquit du roi notredit et souverain seigneur, qu'il fasse signifier ladite déclaration et volonté desdits alliés, à celui qui aura la charge et gouvernement pour ledit très haut et puissant prince son neveu d'Angleterre, deçà la mer ès parties de Normandie et de Guienne. Et au regard d'icelui très puissant prince et neveu, il suffira qu'il fasse faire ladite signification à la cour de parlement à Paris. Et dureront lesdites trèves, commençant comme dessus, jusques au premier jour d'avril prochainement venant, à ladite heure du soleil levant, l'an révolu, qu'on comptera selon l'usage de ce royaume, l'an mil quatre cent quarante et cinq, avant pâques.

» *Item,* durant les trèves dessusdites, cessera et fera le roi notredit souverain seigneur cesser toute guerre et voie de fait, entre lui et ses royaumes, pays et sujets, et aussi alliés, ainsi que dit est. Et ledit très haut et puissant prince, et neveu de notredit souverain seigneur, n'aidera ni souffrira aucuns de ses sujets du roi notredit seigneur, ni autre quelconque personne, à l'encontre de lui, ni à son préjudice et dommage. Et pareillement ne fera le roi notredit très redouté et souverain seigneur, au regard dudit très haut et puissant prince son neveu.

» *Item,* et pendant icelles trèves, ne pourra l'une desdites parties ni ses gens, prendre au parti et obéissance de l'autre, aucunes cités, villes, places, forteresses, ni autres lieux, par force, par emblée, ni par échellements, de jour ni de nuit, pour vendition, tradition, séduction, ni autrement, ni quelque manière, ni sous quelque couleur ou moyen que ce soit. Et cesseront et fera notre très redouté et souverain seigneur cesser toutes prises de personnes quelconques, de quelque état ou condition qu'ils soient, et rançonnements, excepté les rançons de ceux qui avoient été par avant lesdites trèves, pilleries, roberies et boutements de feu, et tout autre fait et exploit de guerre. Et ne pourront ni devront, les gens de l'une desdites parties, tenir compagnie de gens de guerre au parti de l'autre, ni y porter aucun dommage.

» *Item*, s'il advenoit que les gens de l'une desdites parties prissent aucune ville, cité, place ou forteresse sur l'autre partie, qui auroit fait ladite prise, audit cas sera tenu de rendre et remettre ladite place ès mains et obéissance de l'autre, ainsi qu'elle avoit été par avant icelle prise, et tout réparer et rétablir. Et au cas que sans force d'armes, ceux qui auroient ainsi fait ne voudroient obéir ni rendre ladite place, la partie à qui ils auroient été par avant ladite prise ou au temps d'icelle, sera tenu de les faire à ses dépens, et aussi sera tenue l'autre partie en ce, si elle en est requise. Et supposé que ladite réparation ne pût être faite pendant lesdites trèves, néanmoins la partie à laquelle seroient ou auroient été, par avant au temps d'icelle prise, ceux qui auroient faite ladite prise, seront tenus de la rendre et réparer tout entièrement.

» *Item*, pendant lesdites trèves, tous les sujets, d'un côté et d'autre, pourront désormais aller, venir, demeurer et marchander de toutes marchandises, réservé habillements de guerre, sûrement et paisiblement, et faire toutes les autres œuvres et besognes licites les uns ès pays des autres, sans être empêchés, arrêtés ou molestés en quelque manière que ce soit, pour marque, représaille, entreprise, ni pour quelque dette, obligation, ni autres choses faites ou advenues par avant lesdites trèves, en payant tous péages accoutumés ès lieux et pays par où ils passent ; pourvu toutefois que les sujets, nobles ou gens de guerre de l'une desdites parties, ne pourroient entrer ès châteaux, villes fermées et autres forts lieux en l'obéissance l'un de l'autre, sans demander licence ou congé aux seigneurs capitaines desdits lieux, ou de leurs lieutenants, et qu'ils soient désarmés et en petit nombre. Et au regard des vrais pélerins, ils pourront aller en compagnie grande, moyenne ou petite, ainsi que pélerins ont accoutumé de faire en tous lieux où il y a pélerinages anciennement accoutumés. Et au regard d'eux et des personnes, comme marchands et autre menu peuple, il suffira qu'ils demandent et obtiennent congé et licence d'entrer èsdites villes, châteaux et forteresses aux portiers d'icelles.

» *Item*, pource que plusieurs des sujets du roi notredit très redouté et souverain seigneur, ont en l'obéissance de sondit neveu d'Angleterre plusieurs terres et seigneuries, desquelles ils ont par ci-devant joui en tout et en partie, par mains de fermiers ou autrement, ils en pourront jouir durant lesdites trèves, ainsi et par la forme et manière qu'ils faisoient par avant icelle.

« *Item*, et au regard des appactis, qu'ils ont accoutumé d'être levés d'un côté et d'autre, il en sera fait et ordonné par les conservateurs desdites trèves, et par autres commissaires qui y seront commis et députés de par le roi notre souverain seigneur de sa part, et par lesdits ambassadeurs ou autres commis de par son devantdit neveu d'Angleterre.

» *Item*, et s'il advenoit que aucuns attentats fussent faits à l'encontre desdites trèves, que Dieu ne veuille ! elles ne seront pas pour ce corrompues, ni pour ce ne sera faite guerre ni d'un côté ni d'autre ! mais demeureront les dessusdites trèves en leur force et vertu, tout ainsi et par la forme et manière que si aucune chose en avoit été faite au contraire. Mais lesdits attentats seront réparés par lesdits malfaiteurs, et iceux punis par les conservateurs et commissaires qui à ce seront commis et ordonnés, et par notredit souverain seigneur pour sa part, et de par ledit prince son neveu pour la sienne.

» *Item*, et si durant lesdites trèves, aucune question ou débat s'émouvoit par l'une des dessusdites parties, à l'encontre d'aucuns des autres sujets ou alliés de l'autre, icelle partie ne pourra, pour ce, soutenir ni soi allier avec celui contre lequel ledit débat seroit ainsi ému et encommencé. Toutes lesquelles choses dessusdites et chacune d'icelles, nous, duc d'Orléans, comte de Vendôme, et autres dessus nommés, commis et députés de par ledit très redouté et souverain seigneur le roi de France, avons promis et juré, promettons et jurons, pour, au nom et en l'ame de notredit souverain seigneur le roi, par ces présentes faire avoir agréable à mondit très redouté et souverain seigneur, et par ces patentes, tel qu'il appartiendra et que le cas le requiert, la tenir et approuver et ratifier, confirmer et en bailler ses lettres en la ville de Rouen, à celui qui aura le gouvernement de sondit neveu deçà la mer, dedans le quinzième jour de juillet prochain venant; pourvu que ainsi le fasse de la part du dessusdit très haut et puissant prince, le neveu de notredit souverain seigneur, étant illec dedans ledit terme. En témoin de ce, nous, et chacun de nous en droit soi, avons signé de nos mains et fait sceller de nos sceaux ces dites lettres.

» Données audit lieu de Tours, le vingtième jour de mai, l'an de grâce mil quatre cent quarante-quatre. »

Et en traitant toutes les besognes dessusdites, furent faites plusieurs ouvertures aussi pour traiter le mariage du dessusdit roi d'Angleterre, avec que la fille du roi René de Sicile, duc d'Anjou, de Bar et de Lorraine, lequel depuis fut parfait et confirmé.

FIN DU 2ᵉ LIVRE DES CHRONIQUES DE MONSTRELET.

TABLE

DES MATIÈRES

CONTENUES DANS CETTE DERNIÈRE PARTIE DU 2e LIVRE DES CHRONIQUES D'ENGUERRAND DE MONSTRELET.

LIVRE SECOND.

Page

Chap. ccxxvii. Comment la famine, la guerre et la pestilence fut grande et merveilleuse en plusieurs pays.. 1

Chap. ccxxviii. Comment le seigneur de Talbot, messire Thomas Kiriel, et aucuns autres capitaines Anglois, conquirent Longueville et plusieurs autres forteresses sur les François.................... 3

Chap. ccxxix. Comment le traité du mariage fut fait entre l'aîné fils du roi de Navarre et la damoiselle de Clèves, nièce au duc de Bourgogne............. 4

Chap. ccxxx. Comment les villes et châteaux de Montargis et Chevreuse furent mis en l'obéissance du roi Charles de France...................... 5

Chap. ccxxxi. Comment il y avoit grand discord entre le pape Eugène et le concile de Bâle; et autres matières..................................... 6

Chap. ccxxxii. Comment le comte d'Eu, qui étoit prisonnier en Angleterre, retourna en France, et des armes qu'il y fit........................... 9

Chap. ccxxxiii. Comment La Hire, Blanchefort et plu-

	Page
sieurs autres capitaines du roi Charles, coururent ès Allemagnes.................................... 12

CHAP. CCXXXIV. Comment le comte d'Etampes reprit la forteresse de Raoullet sur les gens du seigneur de Moy; et autres matières...................... 14

CHAP. CCXXXV. Comment une assemblée se fit entre Calais et Gravelines, du cardinal d'Angleterre et de la duchesse de Bourgogne, pour trouver manière d'avoir paix finale entre les parties de France et d'Angleterre... 16

CHAP. CCXXXVI. Comment le roi de France contraignit Rodrigue de Villandras, lequel gâtoit et travailloit son pays, d'aller guerroyer sur les Anglois.... 18

CHAP. CCXXXVII. Comment le pape Eugène envoya ses lettres en plusieurs lieux de la chrétienté; et la teneur d'icelles.................................... 20

CHAP. CCXXXVIII. Comment messire Jean de Luxembourg envoya ses lettres aux chevaliers de la Toison, à cause de ce qu'il se sentoit en l'indignation du duc de Bourgogne................................... 40

CHAP. CCXXXIX. Comment le comte de Richemont, connétable de France, prit la ville de Meaux, en Brie, sur les Anglois............................ 53

CHAP. CCXL. Comment messire Jean de Luxembourg envoya lettres d'excusations devers le grand conseil du duc de Bourgogne, et la teneur d'icelles....... 57

CHAP. CXLI. Comment le roi Charles de France envoya dame Catherine, sa fille, devers le duc de Bourgogne, pour l'accomplissement de la promesse du mariage d'icelle dame et du comte de Charrolois, fils audit duc.. 67

Chap. ccxlii. Comment le bâtard de Bourbon prit la ville de La Motte, en Lorraine.................... 70

Chap. ccxliii. Comment plusieurs notables ambassadeurs s'assemblèrent entre Gravelines et Calais, sur le fait du parlement qui se devoit tenir et faire entre les rois de France et d'Angleterre.............. 71

Chap. ccxliv. Comment les Anglois vinrent au pays de Santois, où ils prirent le châtel de Folleville, et y firent moult d'autres maux et cruautés.......... 73

Chap. ccxlv. Comment le dauphin, le duc de Bourbon, et plusieurs autres seigneurs, se départirent du roi Charles de France..................... 78

Chap. ccxlvi. Comment les François coururent en la terre de Nesle, appartenant à messire Jean de Luxembourg................................ 85

Chap. ccxlvii. Comment le comte de Sommerset, atout grand' puissance d'Anglois, assiégea la ville de Harfleur................................ 87

Chap. ccxlviii. Comment un très grand seigneur du pays de Bretagne, nommé le seigneur de Raix, fut accusé d'hérésie........................ 95

Chap. ccxlix. Comment Pierre Regnault, frère bâtard de La Hire, alla fourrager ès pays d'entour Abbeville................................ 97

Chap. ccl. Comment les ambassadeurs de France, d'Angleterre et de Bourgogne vinrent à Calais, pour traiter la paix finale...................... 101

Chap. ccli. Comment les Barrois et Lorrains coururent en la comté de Vaudemont, où ils firent moult de maux et de grands desrois................. 102

Chap. cclii. Comment le duc d'Orléans fut délivré de

sa prison d'Angleterre par le moyen du duc de Bourgogne, et épousa la demoiselle de Clèves, nièce au duc de Bourgogne.................................... 105

Chap. ccliii. Comment le roi de France alla à Troye, en Champagne, et comment plusieurs villes et forteresses se mirent en son obéissance ; et autres matières... 130

Chap. ccliv. Comment les Anglois qui se tenoient au châtel de Folleville, faisoient moult de maux en Amiénois et ès pays d'environ, et déconfirent aucuns seigneurs Picards et leurs gens, qui les assaillirent.. 135

Chap. cclv. Comment les gens du comte de Saint-Pol détroussèrent aucuns des serviteurs du roi de France, qui ramenoient les habillements de guerre, tant de la cité de Tournai comme d'ailleurs, et l'amende que ledit comte de Saint-Pol en fit......... 136

Chap. cclvi. Comment la duchesse de Bourgogne vint à Laon, devers le roi, pour faire aucunes requêtes ; et autres matières.. 143

Chap. cclvii. Comment la duchesse de Bourgogne se partit du roi Charles, étant à Laon, et retourna au Quesnoy, où alors étoit ledit duc de Bourgogne, son mari.. 147

Chap. cclviii. Comment la forteresse de Montaigu, appartenant au damoiseau de Commercy, fut abattue et désolée par le commandement du duc de Bourgogne.. 150

Chap. cclix. Comment le roi de France alla mettre le siége devant la ville de Creil, laquelle il conquit.. 151

Chap. cclx. Comment le roi de France alla assiéger la ville et forteresse de Pontoise, laquelle enfin il conquit d'assaut.................................... 153

Chap. cclxi. Comment le duc d'Yorck, souverain gouverneur de Normandie pour le roi d'Angleterre, vint vers la ville de Pontoise pour cuider lever le siége du roi de France....................... 159

Chap. cclxii. Comment le duc d'Orléans retourna de France devers le duc de Bourgogne............... 172

Chap. cclxiii. S'ensuit la copie des instruments, envoyée au roi Charles de France par les seigneurs qui s'étoient assemblés à Nevers; et les réponses faites à icelles par ceux de son grand conseil; et les requêtes faites par les dessusdits...................... 173

Chap. cclxiv. Réponse faite par le roi auxdits articles.. 174

Chap. cclxv. Comment le roi Charles de France fit grand' assemblée de gens d'armes, avec lesquels alla tenir la journée de Tartas, à laquelle journée les Anglois ne comparurent point..................... 195

Chap. cclxvi. Comment le roi de France, après la journée de Tartas, s'en alla loger devant Sainte-Sevère, chef du pays de Gascogne, et conquit ladite ville et châtel, et plusieurs autres places audit pays. 198

Chap. cclxvii. Comment Pierre Regnault fut par force débouté de la forteresse de Milly.................. 203

Chap. cclxviii. Comment le roi de France fit grand' assemblée de gens d'armes pour aller en Normandie; et d'aucunes courses et conquêtes que ledit comte de Sommerset fit au pays d'Anjou et ailleurs sur les François....................................... 207

Chap. cclxix. Comment aucuns chevaliers et gentilshommes de la cour du duc de Bourgogne entreprirent un fait d'armes par la manière ci après déclarée.... 209

Chap. cclxx. Comment, du mandement dessusdit, les armes furent faites; et les noms de ceux qui devoient faire lesdites armes................... 210

Chap. cclxxi. S'ensuivent les articles sur le fait des armes de pied................................... 212

Chap. cclxxii. Comment le duc de Bourgogne envoya le comte d'Etampes, atout grand' puissance de gens d'armes, en la duché de Luxembourg............ 215

Chap. cclxxiii. Comment le duc de Bourgogne mit la duché de Luxembourg en son obéissance......... 220

Chap. cclxxiv. Comment aucuns des gens du dauphin se tirèrent vers le pays de Bourgogne; lesquels furent rués jus par le maréchal de Bourgogne et les siens.. 231

Chap. cclxxv. Comment unes trèves furent faites et données entre les rois de France et d'Angleterre, et tous leurs parents, amis et alliés et sujets......... 232

FIN DE LA TABLE DES MATIÈRES DU 2ᵉ LIVRE.

SUPPLÉMENT

AUX DEUX PREMIERS LIVRES DES CHRONIQUES

D'ENGUERRAND DE MONSTRELET.

MÉMOIRES

DE JEAN LEFEVRE,

DIT

TOISON-D'OR,

SEIGNEUR DE SAINT-REMY, DE LA VAQUERIE, D'AVESNES ET DE MORIENNE, PREMIER ROI D'ARMES DE LA TOISON D'OR, ET CHANCELIER DE PHILIPPE, DUC DE BOURGOGNE.

AVERTISSEMENT.

Le second livre des *Chroniques d'Enguerrand de Monstrelet* finissant à l'année 1444, avant d'entrer dans la discussion du troisième livre, qui a jusqu'ici passé sous son nom, j'ai cru devoir compléter la relation historique contenue dans les deux premiers livres, en y joignant, en forme d'appendice ou de supplément nécessaire, le récit d'un autre Bourguignon, Jean Lefèvre, seigneur de Saint-Remy, roi d'armes de la Toison d'or, employé activement dans toutes les affaires de ce temps, et dont les curieux Mémoires n'ont été publiés qu'en partie par le Laboureur, à la suite de l'*Anonyme de Saint-Denis*. Dans l'édition de le Laboureur, les Mémoires de Lefèvre de Saint-Remy se terminent en 1422 à la mort de Charles VI, tandis qu'en effet ils s'étendent dans les manuscrits jusqu'en 1436. Je suivrai, pour cette édition, le texte qui m'est donné par un manuscrit fort exact de la Bibliothèque du Roi, n° 9869³, ancien fonds, Colbert, n° 603. C'est un in-4° de 525 pages à deux colonnes, écrit sur papier en écriture courante, assez difficile à lire, du commencement du 16ᵉ siècle. Un autre manuscrit, de la Bibliothèque du marquis Levert, et qu'il a bien voulu me confier, contient une cinquantaine de pages de plus que le manuscrit du Roi. Je les ai ajoutés à cette édition, la seule qui ait été publiée de ses Mémoires.

PROLOGUE

DU Sʳ DE SAINT-REMY.

Au nom de la très excellente et glorieuse Trinité, Père, Fils et Sainct-Esperit, ung Dieu éternel en trois personnes, qui tout a faict, créé et composé par sa puissance infinie, selon sa provue discrétion et vollenté; et de la glorieuse vierge Marie, mère et fille de nostre créateur et rédempteur Jésus-Christ, reine des cieulx et de la terre, dame des anges et de tous les saincts et sainctes de paradis, auxquels gloire et louenge soit donnée, et apprès, à tous empereurs, rois, ducs, comtes, barons et aultres donnés, selon sa vocation, à la très noble et militant ordre de chevallerie, en laquelle ont esté et sont de hauts et nobles princes et aultres, qui en cest état ont régné et règnent; comprins lesquels, par permission et sous la puissance divine, ont estés et sont institués et ordonnés ès dignités temporelles pour soustenir saincte Église, droit et justice, et le bien de la chose publique maintenir, et deffendre nostre foy chrestienne et catholique; je, Jehan, seigneur de Sainct-Remy, de la Vacquerie, d'Avesnes et de Morienne, dict Thoison d'or, conseiller et roi d'armes de très hault, très excellent et très puissant prince et mon très redoubté seigneur Philippe, par la grâce de Dieu, duc de Bourgongne, de Lotheric (Lothier), de Brabant et de Lembourg; comte de Flandres, d'Arthois et de Bourgongne; palatin de Hainaut, de Hollande, de Zellande et de Namur; marquis du Sainct-Empire, seigneur de Frize, de Salins et de Malines, duquel, de tout mon cœur, j'ai toujours désiré et désire accomplir les commandements et plaisirs, et faire chose dont aucunement soit mémoire apprès mon temps. Et comme je m'y répute tenu et obligé, et singulièrement à cause du serment par moi faict à ladicte ordre de la Thoison d'or, ainssi que cy apprès sera plus à plein déclaré, et lequel est contenu ès chappitres dudict ordre, me suis disposé à rédiger et mectre par escript aucunes petittes recordations et mémoires ès quelles sont contenues en chiefs plusieurs choses advenues, desquelles j'ai peu avoir cognoissance; et ce fait, les ay envoyés au noble orateur George Chastellain [1], pour aulcunement, à son bon plaisir et selon sa discrétion, les employer ès nobles histoires et chroniques que lui faict, jà-soit-ce-que (quoique) la chose soit de petit fruict au regard de

---

[1]. Voyez les deux volumes de notre collection qui renferme les œuvres de Chastellain.

son œuvre, si non tant seullement par manière d'avertissement.

Et pour venir à parler de cette matière, et comment je ai esté premièrement nommé Thoison d'or; il est vrai que mondict très redoublé seigneur [1], le jour qu'il espousa madame Élisabeth [2], fille, sœur, et tante du roi de Portugal [3], en la ville de Bruges, le 1ᵉʳ jour du mois de janvier, l'an 1429, fonda ledict ordre, ordonna, nomma et esleut ung certain nombre de chevaliers, desquels les noms seront cy apprès déclarés, et avec iceulx quatre officiers, c'est assavoir, chancellier, trésaurier, greffier et roi d'armes; auquel office de roi d'armes, je fus esleu, institué et mis; et me fut donné lenom *Thoison d'or*, par mondict très redoublé seigneur, qui en oultre me fist tant d'honneur de sa grâce, que de me retenir son chancellier. Desquels offices et estas obéir, exercer, et servir mon très redoublé seigneur, à mon pouvoir léalement, ès

---

1. Philippe-le-Bon, duc et comte de Bourgogne, qui succéda, en 1419, à son père, Jean Sans-Peur.

2. Elisabeth, ou Isabelle, était fille de Jean Iᵉʳ de Portugal.

3. Elle étoit sœur d'Édouard, qui succéda à Jean Iᵉʳ, leur père, en 1433, et tante d'Alphonse V, fils d'Édouard, qui lui succéda en 1438.

exercices de ses offices et aultrement, fut par moi faict serment sollemnel ès mains de l'évesque de Chaalons, chancellier de ladicte ordre de la Thoison d'or, en la présence de mon très redoubté seigneur et de plusieurs des chevaliers dudict ordre. Depuis lequel temps, mondict très redoubté seigneur dispose que faire debvons tant en ses guerres que ès grandes et notables ambassades, èsquelles lui a pleut moi envoyer, tant devers les papes Eugène [1] et Nicole [2], en Italie, et devers pluisieurs prinches du pays ; aussi devers le roi d'Arragon [3], ès royaulmes de Naples et de Sicille, ès Espaignes, devers le roi de Chastille, de Portugal, de Navarre et de Grenade ; plusieurs voyaiges ès Allemaignes et en Angleterre, en Escoche, et plusieurs aultres lieux ; et tant ay voyagié, par mer et par terre, que par la grâce de Dieu je ai atteint l'aage de soixante-sept ans ou environ, occupé de maladie en telle manière que bonnement ne puis aller ni faire tels ou semblables voyaiges à pied, à cheval, ni à char-

---

1. Eugène IV (Gabriel Condolmieri, Vénitien, cardinal, évêque de Sienne), élu pape le 3 mai 1431.

2. Nicolas V (Thomas de Sarzan, cardinal, évêque de Bologne), élu pape le 6 mai 1447.

3. Alphonse Ier, roi d'Arragon, V^e de ce nom, roi de Naples, de 1442 à 1458.

riot : par quoi j'ai esté et suis constraint et mis en nécessité de moi en déporter (dispenser). Pour quoi, en considérant les choses dessusdictes, pour eschiever (éviter) occiosité (oisiveté), qui est la mère de tous vices, et que mon ancienneté ne demeurasse inutile, me suis disposé, comme dict est, faire et compiler ce petit volume, en quel sont contenues pluisieurs choses que je ay veues, et aultres qui m'ont estées dictes et recordées par pluisieurs notables personnes dignes de foi.

Et pour ce que sçais bien que pluisieurs cronicques et histoires ont estés faictes et escriptes, par pluisieurs grands livres et volumes, par leur vertueuse éloquence, selon leurs exquis et aournés (ornés) langaiges, et mesmement du temps dont mon avant dict petit livre faict mention, je me suis déporté (dispensé) de y faire longue récitation, ni de tant présumer que de moy entremettre ni bouter trop avant en cette matière, attendu que je congnois bien mon imperfection, et que les hommes me pourroient bien faire riche, mais saige non. Et pourtant me suis attendu et attends auxdits historiens et orateurs d'avoir escript et mis en leurs histoires, livres et vollumes, ces haulx faicts et aultres advenues chacun en son temps, et ay faict et compilé pour ces causes dessusdictes, ce présent petit livre par manière de recordation et mémoire en mon gros et rude langaige picard[1], comme cellui quy aultrement ne sauroit escripre ni parler. En quel livre sont contenues, entre les aultres choses, la plus grant' part des voyaiges quy par moy ont esté faicts par le commandement de mon avant dict seigneur, moyennant la grâce de Dieu et de la glorieuse Vierge Marie et toute la cour célestialle (céleste) de paradis, quy soit au commenchement, au moyen et en la fin de mon œuvre. Et supplie et requiers tant humblement que je puis, de tous ceulx quy le verront et orront (entendront), que si aulcunes choses y a dignes de répréhension ou correction, il leur plaise, en suppléant à mon ignoranche, de moy avoir et tenir pour excusé, entendu que ce qui par moy a esté fait, dit et rédigé par escript, les ay faict le mieulx et le plus véritablement que j'ay peu, et sans aulcune faveur pour recordation et mémoire de choses dessusdites. Et quand je parlerai du roi de France, je le nommerai le roi tant seullement, et tous les aultres rois averont sieute (suite). Aussi quand je parlerai de

---

[1]. Cette expression de *langage picard*, appliquée à la langue écrite par Saint-Remy, nous prouve qu'en effet la langue françoise parlée aujourd'hui est bien véritablement originaire de ce pays, et qu'elle a été formée plutôt à la cour du duc de Bourgogne qu'à la cour de France.

mon avant dict seigneur de Bourgongne, je le nommeray le duc tant seullement, au moins à la plus part du livre; et au regard de feu monseigneur son père¹, il sera nommé duc de Bourgongne².

---

1. Jean Sans-Peur.

2. Don Julian de Pinedo y Salazar, qui a écrit en espagnol une Histoire de l'ordre de la Toison d'or (en 3 volume in-folio), donne les renseignements suivants sur Jean de Saint-Remy.

« Jean le Fèvre, seigneur de Saint-Remy, de la Vacquerie, d'Avesnes et de Moriennes, né à Abbeville, en Picardie, conseiller et héraut du duc de Bourgogne Philippe-le-Bon, avec le titre de Charrolois, fut créé par le même duc, chevalier et premier roi d'armes de l'ordre de la Toison d'or, dès son institution, en 1429. Il écrivit les Mémoires des principaux chapitres de l'ordre tenus de son temps. Il écrivit aussi, en 1463, un traité qui contient les ordonnances des anciens ducs de Bourgogne, sur le blason (*Dictionnaire de Trévoux*). Il a laissé deux volumes de Mémoires sur les principaux événements de son temps, depuis l'année 1407 jusqu'à l'année 1460 (*la Toison d'or*, Cologne 1689). Le 7 mai 1468, il demanda à se faire remplacer dans son emploi de premier roi d'armes, par Gilles Gobet, héraut du même ordre avec le titre de fusil, et qu'il avait instruit dès son enfance dans l'art héraldique, et avait amené avec lui dans plusieurs voyages. Gilles Gobet fut en effet nommé son substitut par une cédule expédiée par Martin Steenberghe, greffier de l'ordre. Jean le Fèvre mourut le jour du Saint-Sacrement, en 1468. Il fut remplacé dans ses fonctions de premier roi d'armes en titre, par George Chastellain, son ami. » (Salazar, t. 2, p. 637.)

INTRODUCTION

DU Sr DE SAINT-REMY.

Pour ce que j'ay intention de parler et escripre en brief les choses avenues en mon temps, et que je pourrois bien avoir vues, je commencherai à parler de la très dolloureuse adventure qui advint en France l'an 1407, que lors régnoit Charles VI de ce nom, qui en son temps et apprès sa mort, fut nommé Charles le Bien-Aymé. Lequel avoit un seul frère nommé Loys, duc d'Orléans; et si avoit trois oncles, frères, lesquels trois oncles avoient à nom, l'ung Charles, duc d'Anjou, le second, Jehan, duc de Berry, et le tiers, Philippe, duc de Bourgogne [1].

Du duc Philippe, duc de Bourgongne, yssirent (sortirent) plusieurs enfants, entre lesquels en y eut ung, et l'ains-né, nommé Jehan [2], qui après la mort de son père fut duc de Bourgongne, lequel estoit cousin-germain dudit duc Loys d'Orléans. Or advint que par la temptacion du Diable, par en-

---

[1]. Philippe-le-Hardi, fils de Jean, roi de France, créé duc et souverain de Bourgogne par le roi Jean, par une donation passée à Nogent-sur-Marne, le 6 septembre 1363.

[2]. Jean Sans Peur, fils de Philippe-le-Hardi, lui succéda en 1404.

vye d'avoir le gouvernement du royaulme, comme l'on disoit, et aussy pour aultres causes qui cy-apprès seront déclarées, le duc Jehan de Bourgongne fist tuer le duc d'Orléans, son cousin-germain; dont sy grandes et mauldites guerres sourdirent, et qui tant longhement durèrent, que peu s'en faillit que tout le royaulme ne fust destruict, comme l'on poeult (peut) veoir et savoir par les cronicques qui en sont faictes, et aussi j'en parlerai ung petit en che présent livre. Apprès, aussi je parleray de la venue du roi Henry d'Angleterre [1], qui vint en France l'an 1415, et aussi de son fils le roy Henry [2], qui fut couronné roy de France à Paris; et apprès je parleray comment mon avant dict seigneur le duc Philippe de Bourgongne, en l'an 1429, espousa la fille du roy de Portugal, en la ville de Bruges, où il y eut une grande et nottable feste, en laquelle feste le duc mist sus une ordre appelée la Thoison d'or, dont le duc fut le fundateur, chef et souverain; en laquelle ordre furent premièrement ordonnés vingt-quatre chevaliers, gentishommes de nom et d'armes, nés en léal mariage et sans reproches. Et avec, fut ordonné par ledict duc, qu'il y auroit quatre officiers : c'est à sçavoir, chancellier, trésaurier, greffier et roy d'armes, ainssi que devant est dict. En apprès, je parleray des hauts et

---

1. Henri V, fils d'Henri IV.
2. Henri VI.

loables faicts du duc et des chevaliers de son ordre, non mye sy au long, à la centiesme partye, que en a descript nottable orateur George le Chastellain [1]. En apprès, je parlerai, et en brief, de moult merveilleuses et piteuses aventures advenues depuis le commenchemeut de cestui petit livre, jusques à l'an 1460 [2]; et pour che j'ai dict que je commencherai en l'an 1407.

Vrai est que le duc Jehan de Bourgongne fist tuer le duc d'Orléans, frère seul du roy Charles le Bien-Aimé, dont terribles et mauldites guerres en sourdirent et vinrent, telles et si grandes, qu'il n'est à croyre fors de ceulx qui les veyrent. D'icelle mort plusieurs du royaume furent troublés et courouchiés, et non sans cause. Or est vray que de prime face on sçavoit quy avoit faict faire l'homicide du duc d'Orléans; mais apprès ce que la vérité fut sçue, la vefve (veuve) de feu le duc d'Orléans, fille du duc de Millan [3], se tira à Paris, en sa compaignye trois de ses enfants, c'est à sçavoir Charles, duc d'Orléans, son ains-né fils, le comte de Vertus [4] et le comte d'Angoulême [5]. Elle et ses

---

1. Voyez les deux volumes de ses OEuvres, publiés dans cette collection.

2. Les manuscrits que j'ai entre les mains ne vont que jusqu'à 1436.

3. Valentine, fille de Jean Galéas Visconti.

4. Philippe, comte de Vertus.

5. Jean d'Orléans, comte d'Angoulême.

trois enfants firent envers le roy de grants poursuites pour avoir justice du duc de Bourgongne ; mais pour diligence ne porsieute qu'elle sceut faire, remède n'y sceut trouver ; et fut la matière longuement délairée ; et finablement morut la poure duchesse, en la porsieute (poursuite) ; et ne fut pour l'heure ne de sa vye aultre chose faicte.

SUPPLÉMENT

MÉMOIRES

DU S' DE SAINT-REMY.

CHAPITRE PREMIER.

La rébellion des Liégeois faictes l'an 1408, à l'encontre de leur seigneur et esleu, Jehan de Bavière, lequel ils assiégèrent dedans la ville de Trecht (Maëstricht).

Je layray (laisserai) à parler de la duchesse d'Orléans et de ses enffants jusques à temps et heure sera, et parleray comment, en l'an 1408, ceulx de la cité et pays de Liège, se rebellèrent allencontre de leur esleu, nommé Jehan de Bavière[1] frère du duc Guillaume de Bavière, comte de Haynaut, de Hollande et de Zellande. Et se mirent sus Liégeois en nombre de quarante à cinquante mille hommes, et allèrent asségier leur esleu, qui estoit dedans la ville de Trect (Maëstricht) sur Meuse. Quand l'esleu se trouva asségiez, pour ceste cause il envoya devers le duc Guillaume, son

---

1. Jean de Bavière avait été élu à l'évêché sans être prêtre, et les Liégeois voulaient qu'il reçut l'ordre de prêtrise ou renonçât à l'évêché.

frère, et devers le duc de Bourgongne, son beau-frère; car le duc de Bourgongne avoit espousé sa sœur, et le duc Guillaume la sœur du duc de Bourgongne. L'esleu leur signiffia et rescript (écrivit) comment il estoit asségiez, leur requérant secours; laquelle chose ils firent en grand' diligence; et assembla le duc de Bourgongne une grande et nottable armée, tant de Bourgongne, de Picardie que de Flandres, où il eust de grands seignouries. Pareillement fist le duc Guillaume.

Le roy scust l'assemblée des deux princes, qui estoit grande, pour entrer dedans le pays de Liège, pour laquelle cause il envoya monseigneur Guichard Dolphin, qui puis fust grand maistre d'hostel de France et aultres, en sa compaignye, devers le duc de Bourgongne, pour lui faire deffense de par le roy, sur certaines et grosses paines, qu'il ne combatist les Liégeois ne entrast en leur pays.

Or est vray que quand messire Guichard Dolphin et ceulx de sa compaignye arrivèrent devers le duc de Bourgongne et le duc Guillaume, lesquels estoient desjà entrez dedans le pays de Liège. Mais che non obstant, monsseigneur Guichard accomply che que le roy lui avoit chargié, et fist les deffenses telles que devant sont dessus. Auxquels commandements, le duc de Bourgongne respondy qu'il avoit esté et estoit prest d'obéir au roy; mais il avoit procédé si avant, et estoit si près de ses ennemis, que sans grand' honte ne se povoit retrayre (retirer), et sy savoit bien que le roy ne le voulloit point déshonnorer, requérant, apprès plusieurs parolles à monseigneur Guichard le Dolphin, que, comme son parent et amy, il le voulsist (voulût) conseiller, disant : « Vous avez accom- » plis vostre charge, et n'estes plus ambassadeur. » Comme monseigneur Guichard le Dolphin, » veuilliez moy aydier à garder mon honneur. »

Monseigneur Guichard luy répondy qu'il luy sembloit qu'il ne povoit retourner par honneur, s'il ne véoit de plus près ses ennemis, en luy disant qu'il estoit prest de vivre et morir avec luy allencontre des Liégeois rebelles; et avoit faict porter secrettement avec lui son harnas (harnois) de guerre, en paniers : et quand ceulx quy estoient avec luy sceurent sa volonté, si conclurent d'eulx armer avecque luy. Et pour ce qu'ilz n'avoient point de harnas, le duc leur en fist baillier de son armoirie. Ainssy conclurent combattre avec le duc de Bourgongne.

Quand les Liégeois sceurent la venue des deulx princes, ils levèrent leur siége et se retrairent (retirèrent) dedans la cité de Liège, mais n'y arrestèrent guerres qu'ilz ne yssirent (sortirent) aux champs pour combattre. Et prinrent place belle et grande et s'assemblèrent pour combattre les deulx ducs et l'esleu de Liége, qui estoit yssu de la ville de Trect (Maëstricht), où il avoit esté asségié. La bataille fut grande et bien combattue, tant d'ung costé comme d'aultre : et Dieu sçait quelle fin firent Liégois, et quel dommage les archiers de Picardie firent aux Liégeois, car enfin furent Liégois desconfits; et là moururent, ainssy qu'ilz furent nombrés, vingt-huit mille Liégeois, sans ceulx qui furent prisonniers, et des gens du duc de Bourgongne et du duc Guillaume, environ six cents.

Avant que les trois princes dessus nommez se partissent du pays des Liégeois, firent à leur seigneur l'esleu plaine obéissance, comme plus à plain est déclaré ès croniques sur ce faict. Touttesfois il n'est pas à oublier les seigneurs qui furent en icelle bataille, avec les dessusdits trois princes, au moins aulcune partye : lesquels ne sont point mis par ordre, mais ainssy que les ay trouvez par escript (écrit). Et premiers le comte de Namur, le comte de la Marcq, le prince d'Orange, le comte de Clermont, le comte de Fribourg, messire Jehan de Namur, le seigneur d'Enghien, le seigneur de Sainct-George, le seigneur de Croy, messire Jehan de Vergy, maréchal de Bourgongne; le sénéchal de Haynaut, le seigneur de Ghistelle, le seigneur de Lignes, le seigneur de Waurin, le seigneur de Boussu, le seigneur de Roubais, le seigneur de Rosinbos, le seigneur de Rochefort, messire Jehan de Torsy, messire Pierre de Fontenay, le seigneur de la Hamède, les enfants de Mailly, le seigneur de Miromont, le seigneur de Biauvoir, messire Jehan de Sainct-Gobin, messire Jehan de Bailleul, messire Hue de Launoy et deulx de ses frères, le seigneur de Happelencourt, messire Hélion de

Hacqueville, le chastellain de Lens, messire Jehan de Roye, le seigneur de Sempy, le seigneur d'Inchy, le seigneur de Landres, messire Jehan de Noeufchastel, messire Robert de Flandres, messire Jehan de Bourbon, le seigneur de Chasteauviller, le seigneur de la Guiche, le seigneur de Helly, le seigneur de Raasse, messire Jehan de Jumont, messire Guillaume de Noislle, Robert de Roulx, Enguerrant de Bournonville, et pluisuers aultres nobles hommes.

En icelle meisme année, plusieurs princes du roiaulme mirent grant paine de faire paix entre les enfants d'Orléans et le duc de Bourgongne; et de faict se tint une journée en la ville de Chartres, là où étoit le roy et la royne, les roys de Sicille et de Navarre, le duc de Guyenne, qui pour lors avoit espousé la fille du duc Jehan de Bourgongne, les ducs de Berry et de Bourbon, le cardinal de Bar, et plusieurs aultres grants seigneurs de céans. L'assemblée fut en l'église Notre-Dame de Chartres. Là étoient les dessus nommés. Le roi fist aller premier les enfants d'Orléans devers lui en l'église, et puis manda le duc de Bourgongne; et, quand le duc fut devant le roy, et apprès la révérence faicte, il feit dire qu'il avoit entendu qu'il étoit indigné et courrouchié contre luy pour le faict qu'il avoit commis et faict faire en la personne du duc d'Orléans son frère, pour le bien de sa personne et du royaulme; car il étoit prest de dire et remonstrer véritablement, touttes et quantes fois qu'il lui plairoit, en suppliant au roy très humblement qu'il lui pleusist (plût) oster de lui son yre (courroux) et indignacion, et le tenir en sa bonne grâce. Ces parolles dictes, fut dict au duc de Bourgongne qu'il se tirast ung peu arrière; puis après la royne, le duc de Guyenne son filz, les roys de Secille et de Navarre, et le duc de Berry, se engenouillèrent devant le roy, et lui supplièrent et requirent qu'il luy pleusist (plût) pardonner au duc de Bourgongne l'offense qu'il avoit faict. Laquelle requeste fust par le roy accordée; et fist-on venir le duc de Bourgongne devant le roy; et dist le roy au duc de Bourgongne : « Beau cousin, à la requeste de ceulx que » vous véez chy présents, je vous pardonne tout. »

Le duc de Bourgongne remerchia le roi très humblement; et, ce faict, s'approcha des enfants d'Orléans, et leur fist dire par le seigneur d'Olehain, qu'il leur dist : « Messeigneurs, vechy le » duc de Bourgongne, lequel vous prye et re- » quiert qu'il vous plaise oster de vos cœurs, si » vous avez aulcunes malveuillances ou hayne » contre luy pour le faict quy fut perpétré (com- » mis) en la persone du duc d'Orléans votre père, » et d'ores-en-avant vous demourez et soyez bons » amis enssamble. » Adonc, dict le duc de Bourgongne : « Je vous en prye. » Mais les enfants d'Orléans ne répondirent mot. Ce véant, le roy leur commanda qu'ilz accordassent la requeste à son beau cousin de Bourgongne, et ils répondirent au roy : « Puisqu'il vous plaist le comman-

» der, nous accordons la requeste, et pardonnons
» toute la malincolie (chagrin) que avions contre
» luy, car en riens ne vous voullons désobéir. »
Et lors, incontinent, le cardinal de Bar ouvrit
ung missel, et, en touchant leurs mains sur les
évangilles, promirent de tenir bonne paix et entière l'un envers l'aultre, sans jamais aller au
contraire. Puis commanda le roy à touttes les partyes d'estre bons amis ensamble; et, avec ce, leur
fist deffense qu'ils ne feissent ni pourchacassent
grief ni dommage l'ung à l'aultre, ni à leurs
serviteurs, subgectz et amis et alliés. Icelle paix
faicte, dont plusieurs furent moult joyeulx, chacun
s'en alla en son pays, et le roy et la royne retournèrent à Paris, dont tout le peuple fut joyeulx.

CHAPITRE II.

Du concille quy se tint à Pise, où furent comdempnez deulx antipappes, en en leur lieu esleu pappe, Alexandre, V^e de ce nom, quy estoit auparavant archevesque de Milan, nommé Pierre de Candye.

En l'an 1409 se tint un concille à Pise, où furent
assemblés grands nombres de prélatz pour la division qui estoit en l'Église entre les deux pappes; et
là y avoit vingt-quatre cardinaulx, tant de ceulx
du collège de Rome que ceulx du pappe de la Lune.
Grand nombre de prélatz de toute chrétienté y

estoient assemblez. Aussi y estoient plusieurs ambassadeurs, tant de l'empereur comme des roys et princes de toute chrestienté. L'avant dit cardinal de Bar, Guy de Roye, archevesque de Rains, et maistre Pierre d'Alli, évesque de Cambray, se mirent à chemin ensamble, fort accompaigniez de prélatz et clergié, pour aller au concille dont devant est dict.

CHAPITRE III.

La fortune adverse qui advint à l'archevesque de Rains en allant au concille de Pise.

Ung jour furent logiés en une ville, nommée Voultre, estant à quatre lieues de Jennes; advint que le mareschal de l'archevesque de Rains print noise à ung mareschal de la ville; et tellement monta leur débat, que le maressal de la ville fut occhis par l'autre mareschal, lequel s'en courut pour saulveté à l'hostel de son maistre; mais ceulx de la ville, esmeus pour ce débat, coururent en grand nombre en l'hostel de l'archevesque, pour vengier la mort de leur mareschal. L'archevesque, pour les rappaisier yssy hors de son hostel, et leur pria doulcement qu'ils voulsissent cesser et appaisier, et il bailleroit son mareschal au juge de la ville pour faire justice. En offrant cette offre, aulcun maulvais garnement de celle esmeute, gecta ung dard contre l'archevesque, et l'attaint sy durement qu'il chéit mort à terre; et sy occirent le mareschal, et le juge qui le tenoit. Le cardinal de Bar et les aultres convint partir hastivement, pour la doubte du peuple qui esmeu estoit; et s'en allèrent au concille de Pise, où furent les deulx pappes condempnez comme hérétiques, sissematicques, obstinés en mal et troubleurs de la paix de notre saincte Église.

Après icelle condempnation faicte devant tout le peuple présent, tout le clergié se mirent en conclave, appellant la grâce du Sainct-Esperit, et furent dix jours ensemble, et eslurent pappe canonicque, nommé Pierre de Candie, natif de Gresse, de l'ordre des Frères-Mineurs, docteur en théologie, archevesque de Milan; et fu nommé Alexandre, V° de ce nom, et fut faict le 16° de juing.

CHAPITRE IV.

Comment les Jénevois se rébellèrent contre les François et occirent le lieutenant de Boussicault; et comment Montagu eult la teste tranchée pour avoir mal gouverné les finances du roy.

En icellui an, Boussicault, mareschal de France, gouverneur de Jennes pour le roy, fu près du duc de Milan, qui voulsist aller devers lui pour appaisier le débat de luy et de son frère. Sy se party Boussicault, et alla à Milan; mais, tantost apprès son partement, ceulx de Jennes se rebellèrent contre les François, et cruellement occirent le seigneur de Toullette; lieutenant Boussicault, et les aultres Franchois se soulvèrent ès chastiaulx qui estoient en leurs mains.

Mais, sans tarder, ils furent assiégiez par les Jénevois et par le marquis de Montferrat, qui se mist avec ceulx de Jennes, et le firent leur duc à 10,000 ducats de gaiges par an. Le mareschal Boussicault fist depuis grant guerre aulx Jenevois; mais enfin tout fut reconquis sur lui; et convint qu'il retournast en France.

En icelle année fut accusé Montagu d'avoir mal gouvernez les finances du roy, et qu'il s'en estoit fort enrichy, et, par le conseil du roy, fut prins par le provost de Paris et jehiné (mis à la question) et puis son procès faict, et enfin fut condempné à morir et avoir la teste coppée, et son corps pendu au gibet.

CHAPITRE V.

L'assemblée que les enfans d'Orléans avecques ceulx de leur party, feirent en la ville de Chartres.

En l'an 1410, les enfans d'Orléans, le duc de Berry, de Bourbon, et aultres seigneurs de leur party, s'assemblèrent en la ville de Chartres, et firent grand mandement de gens d'armes, entre lesquels estoient les comtes d'Allenchon et de Erminach; et envoyèrent en plusieurs bonnes villes, lettres pour les attraire à eulx, en remonstrant que le roy et son royaume estoit mal gouverné. Le roy leur manda et commanda qu'ils renvoyassent leurs gens d'armes sans ainssy gaster son royaulme; mais ils n'en voulrent rien faire, disant que jusques à che qu'ils auroient audience devers le roy ils ne se partiroient. Le roy renvoya de rechief devers eulx, afin que s'ils vouloient venir devers luy à simple compaignie, il en estoit content, mais ils n'y voulrent obéir.

CHAPITRE VI.

L'assemblée que le roi feist contre les enfans d'Orléans, et comment il délaya la sentence qu'il avoit faiste contre eulx.

Pour laquelle cause cy-devant dicte, le roy fist grant mandement; et vinrent à luy de la part du duc Jehan de Bourgongne, grant nombre de gens; entre lesquels estoit le duc de Brabant, le comte de Pointièvre, le comte de Saint-Pol; et estoient nombrés 15 mille bachinets, et 17,000 hommes de trect, dont l'Ile-de-France en fut moult foullée et destruicte. Et, de l'autre costé, les Orliennois estoient logiés au Mont-le-Héry, à grant puissance, quy tant faisoient de maulx que à merveilles. Sy fut advisé qu'il estoit besoing de trouver quelque bon moyen entre les partyes, ou aultrement tout le pays estoit perdu et destruit. Pour laquelle cause la royne alla devers les ducs d'Orliens, de Berry et de Bourbon, pour appaisier, se faire se pouvoit, les différens des partyes; mais, pour remonstrance qu'elle sceust faire; elle ne sceust trouver accord, et s'en retourna à Paris, et les Orlienois s'en allèrent logier jusques ès faulbours de Paris, du costé vers le Mont-le-Héry. Sy furent ceulx de Paris plus esmerveilliez que devant; par quoy la royne fut de rechief envoyée devers les ducs d'Orliens, de Berry et de Bourbon, laquelle leur remonstra la desplaisance que le roy avoit de ainssy veoir son pays et son peuple destruire, et que, à la vérité se il ne se pacifioient, le roy avoit intencion de déclairer touttes leurs terres confisquiées, et de leurs corps, se tenir les povoit, en faire justice, comme de ses ennemis rebelles et désobéissans. Quelque chose que la royne sceust dire, ne se voulrent accorder à nul traictié, tousjours demandant justice du duc Jehan de Bourgongne.

En tel estat retourna la royne, disant que plus le roy ne renvoyeroit devers eulx, mais procèderoit contre eulx en toutte rigoeur. La royne fist son rapport, et véant le roy, que les Orlienois faisoient de mal en pis, conclud premièrement leurs terres confisquiées, et secondement d'entrer en bataille contre eulx avec ses alliés.

Le duc de Berry sceut la conclusion que le roy avoit prins, pourquoi il envoya devers le roy, lui requérant qu'il fust content qu'il peust renvoyer devers luy pour trouver aulcun bon moyen entre les partyes. Le roy eult conseil de luy accorder sa requeste; car il estoit trop desplaisant de veoir les seigneurs de son sang en telle division. Sy délaya la sentence que devant avoit ordonné estre prononchiée, et dict qu'il vouloit que aulcun bon traictié se trouvait entre eulx. Les ambassadeurs orlienois et les gens du roy se trouvèrent ensamble, et sy bien besongnèrent que appointié fu, que les partyes seroient d'accord et que retourneroient chacun en son pays, au moins de dommaige qu'ils pouroient faire au pays du roy; et ne demourroit avec le roy, que le comte de Mortaigne, et que le roy manderoit le duc de Berry venir devers luy; pareillement il manderoit le duc de Bourgongne affin que se aulcunes ordonnances estoient faictes pour le bien du royaulme, que l'ung n'y fust point appellé sans l'autre, comme ces choses sont plus au long et à plain déclarées ès lettres qui pour tous en furent faictes.

CHAPITRE VII.

Comment le seigneur de Croy, en allant en ambassade devers le roy et le duc de Berry, fut rencontré des gens du duc d'Orléans et mené prisonnier à Blois.

NE demoura guaires apprès che que le duc de Bourgongne fust retourné en son pays, il envoya ses ambassadeurs devers le roy, qui lors estoit à Paris, et de Paris les ordonna aller à Bourges, devers le duc de Berry. Les ambassadeurs du duc de Bourgongne étoient le seigneur de Croy, le seigneur de Domes, et maistre Raoul le Maire, chanoine de Tournay. Advint, quand ils orent besongnié, en allant de Paris à Bourges, ils furent rencontrés des gens du duc d'Orliens, quy prinrent le seigneur de Croy et laissèrent aller les deux aultres. Le seigneur de Croy fut mené à Blois, où il fut, comme l'on dict, durement interrogié et gebiné sur la mort du duc d'Orléans, penssant qu'il en fust ou eult esté cause, coulpable ou consentant; et fut mis en destroite prison. Et les aultres ambassadeurs allèrent devers le duc de Berry, et feirent leur légation, et puis luy dirent comment les gens du duc d'Orléans avoient prins le seigneur de Croy, qui estoit chief de l'ambassade, et luy prièrent qu'il voulsît aydier à sa délivrance. Le duc de Berry le prist à grant desplaisir, et sans tarder manda au duc d'Orléans, par lettres signées de sa main, qu'il renvoyast devers luy, ou sy non il le réputeroit pour son ennemy. Le duc d'Orléans rescript assez courtoisement, en prolongeant la besongne d'autre part. Quand le roy et le duc de Guyenne en furent advertis, ils mandèrent au duc d'Orléans qu'il le délivrast, sur peine de mourir en leur indignacion; mais il ne fist riens, ainssy que cy-après sera dict.

CHAPITRE VIII.

Des lettres que les trois frères d'Orléans envoyèrent au roy pour avoir justice de la mort de leur père; et des lettres de défiance qu'ils envoyèrent au duc de Bourgongne.

En l'an 1411, les trois frères d'Orléans entreprinrent de faire guerre au duc de Bourgongne, disant qu'il n'avoit point tenu la paix faicte à Chartres. Mais premièrement ils envoyèrent lettres au roy, lesquelles contenoient en effect la mort et occision de leur père, qui estoit son seul frère, lequel avoit le duc de Bourgongne faict occire par la grant hayne qu'il avoit à luy de longue main, et pour convoitise d'avoir le gouvernement du roy; puis déclarèrent le péchié estre sy grant et sy énorme, qu'oncques ne fu faict le pareil, attendu la prochaineté de sang et l'alianche qui estoit entre eulx, et les allianches qu'ilz avoient ensamble, non pas une seulle mais plusieurs, disant qu'ils portoient les enseignes l'ung de l'autre en signe d'amistié, et aultres pluiseurs choses qu'ilz imposoient au duc de Bourgongne contre son honneur; et puis ilz mettoient en leursdictes lettres comment après ce qu'il ot faict tuer ne luy suffist pas, ains le voult condempner après sa mort, par faulses accusations; puis dirent comment madame leur mère poursuivist devers le roy et son conseil, pour avoir réparacion et justice du cas, et que le roy leur avoit promis qu'il leur feroit, dedens le Noël ensuivant, ou aultre jour certain, dont néantmoins il ne avoit rien faict; puis déclarèrent toutte la manière que tint le duc de Bourgongne, quant il vint à Paris à main armée, et comment il alla à Chartres, devers le roy, là où une paix fu faicte par constrainte ou par faveur, et contre toutte raison, et qu'elle n'est pas digne de recittation; et mesmement que le duc de Bourgongne n'avoit point tenu les points contenus en icelle paix, par laquelle ils ne devoient pourchasser l'ung ne l'aultre, ne à leurs gens ou serviteurs faire mal ne dangiers. Et il avoit faict morir Montagu, après ce qu'il l'avoit faict jehiner sy terriblement que tous ses membres furent desrompus par jehiner (torture), en hayne de ce qu'il estoit leur familier, si comme le remonstra à sa fin ; car quant on luy deult copper la teste, il affermoit et print sur la dampnation de son ame qu'il n'avoit oncques veu ne percheu que le duc d'Orléans deffunt pensast mal ne trayson contre le bien de la personne du roy. Secondement, pour che qu'il nourist et soustint les murdriers quy par la dicte paix furent exceptés; et tierchement qu'il avoit destitué de tous offices leurs favourables et bouttés arrière du roy, pour y mectre les siens et pour gouverner à son plaisir. Puis ramenteurent le voyage qu'ils firent de Chartres à Mont-le-Héry et de Mont-le-Héry à Vincestre, et la paix qui y fut faicte, par laquelle debvoient estre mis en conseil et gouvernement du roy, hommes preudhommes, et non suspectz, et loyaulx, et non pensionaires de nulles des parties; et néantmoins le duc de Bourgongne, avant son partement, y avoit ordonné et laissié les siens familliers et serviteurs, par lesquelz tout estoit faict en l'hostel du roy, qui estoit chose directement faicte contre icelle paix. Finablement requirent au roy, par leurs lettres, qu'il ne voeulle souffrir la mort de leur père demourer impugnye, mais leur voeulle faire justice ainssy que au cas appartenoit. Lesquelles lettres, signées de leurs saings manuelz, furent faictes à Jargiau, le 10ᵉ jour de juillet, l'an 1411; et furent venues au conseil du roy; et sur icelles furent dictes et remonstrées pluiseurs oppinions. Mais néantmoins le duc de Bourgongne avoit adonc tant d'amis à la cour du roy, que riens n'y fut respondu quy fut aggréable aux enfans d'Orléans. Mesmement fut envoyée la coppie des dictes lettres au duc de Bourgongne, par quoi il congnut qu'il auroit guerre prochainement. Sy se prépara à touttes dilligences pour résister contre eulx et tous ceulx quy nuyre le polroient. Durant che, envoyèrent, ces enffans d'Orléans, pluiseurs semblables lettres à pluiseurs bonnes villes, requérant que chascun leur fust en ayde de venger la mort de leur père Et pour che que du roy ne de la royne ne du conseil ils n'eurent point de response, ils envoyèrent encore unes lettres aultres au roy, contenant manière de sommacion; disant, se provision ne leurs estoit faillie, qu'ilz la querroient par aultre manière. Sy que le roy fut meu de parler à la royne et au duc de Berry, et aultres, pour trouver aucun moyen pour les appaisier. Mais néantmoins on ne les pouvoit accorder; car le duc de Bourgongne ne voulloit faire quelque réparacion aultre que il avoit faict à Chartres. Et vint la chose à telle conclusion, que les enfans d'Orléans se conclurent seulement de faire guerre au duc de Bourgongne, à l'ayde de pluiseurs grans seigneurs quy leur avoient promis leur ayde et secours. Et de faict envoyèrent lettres au duc de Bourgongne et messages par les quelles ils le deffioient pour la mort du duc d'Orléans leur père; les quelles lettres furent données à Jargiau, le 18ᵉ de julliet an dessus dict. Et quant le duc de Bourgongne eult veu et receu les lettres de deffiance, il fist responce aux enffans d'Orléans et rescript que pour raison et droicture, il avoit faict tuer et occire leur père, et que une fois il les feroit amender che que ainssy l'avoient deffié et chargié son honneur. Et furent les lettres données à Douay, le 13ᵉ d'aoust en suivant.

Quant le duc d'Orléans olt veu les responces du duc de Bourgongne, il se prépara de tous points à lui faire guerre, et envoya bouter gens de guerre en garnison ès villes de Roye, Ham, Charny, Clermont et aultres places là environ. Les quelles garnisons se prinrent à courre en Arthois et ailleurs, sur les terres de ceulx qui tenoient la partye du duc de Bourgongne. Et pareillement le duc de Bourgongne mist garnisons ès villes et forteresses, sur la frontière et allencontre des Orliénois. Ainsy commencha pays à destruire; mais touttefois, le duc de Bourgongne avoit adonc le roy de son party, par le moyen de ceulx quy le gouvernoient et estoient entour de luy.

Pour che tamps estoit cappitaine de Paris le bon Walleran de Sainct-Pol. Avent luy estoit Jehan de Luxembourg son nepveu, quy depuis fut nommé comte de Ligny, et fut chevalier de l'ordre de la Toison-d'Or, qui en son tamps fit de grandes vaillances. D'autres gens et seigneurs de Picardie estoient avec le roy ; c'est à savoir messire Jehan de Thorsy, évesque de Tournay, le vidame d'Amiens, Antoine de Craon, le seigneur de Helly, Charles de Savoisy, Antoine des Essarts, Jehan de Courcelles, et aultres qui du tout estoient Bourguignons; de laquelle chose les Orliénois étoient moult desplaisants, et se mirent sus à grand' puissance, et commencèrent à gaster le pays.

CHAPITRE IX.

Commandement que le roi feist contre ses ennemis, les enfants d'Orléans, avec l'assemblée des gens d'armes et des Flamands que le duc fit.

Pour laquelle cause devantditte, le roy fit de grands mandements, et fit crier sur son royaume, que tout homme se mît sus pour le servir, et en son absence le duc de Bourgongne, pour aider à boutter hors du royaume ses ennemis; et au duc de Bourgongne fût faitte obéissance comme à lui-même, et que on lui fît ouverture, pour lui et les siens, toutes et quantes fois qu'il lui plairoit. Le duc de Guyenne, qui avoit épousé la fille du duc de Bourgongne, le manda par ses lettres, que le plus brief qu'il polroit, il alla servir le roi et lui, en la plus grant puissance de gens d'armes, et de tant qu'il polroit finer, et en sa propre personne, pour résister et rebouter les Orliennois, qui gastoient le royaume en plusieurs lieux. Quand le duc de Bourgongne eut veu ces lettres du duc de Guyenne, il assembla gens d'armes de toutes parts en son pays de Flandre, de quarante à cinquante mille Flamands bien embastonnés, et si avoient bien douze mille charriots chargés d'armures et de leurs habillements. Le duc de Brabant y vint atout belle compaignie de ses gens, et messire Guillaume Baldoch, lieutenant de Calais, à trois cents combattants anglois, et grand planté de chevaliers et aultres, du pays d'Artois et de Bourgongne. Et estoit le duc de Bourgongne de là quarante mille combattants; et, à la requête des Flamands, leur avoit abandonné ce qu'ils pourroient conquerre contre leurs ennemis.

CHAPITRE X.

Du désordre que les Flamands faisoient en l'armée du duc, dont plusieurs débats s'ensuivoient.

Donc advint, quand ils vindrent aux champs en la fin de la comté d'Arthois, ils commencèrent à prendre et ravir tout ce qu'ils trouvoient et troussoient sur leurs charriots; et pour le grand nombre qu'ils étoient, ne tenoient compte des gentilshommes ne d'autres; mais prenoient les meilleurs logis, et leur tolloient (enlevoient) leurs vivres et leurs fourrages, dont sourdirent plusieurs débats. Le duc de Bourgongne assembla toute son armée à Marquyon, entre Arras et Cambray, puis se mist en chemin pour aller mettre le siége devant la forteresse de Hem, où estoient ses adversaires. Et quand il fut devant la ville d'Athies-Guysiet, entre Marquyon et Hem, les bourgeois de la ville furent si espouventés de sa grand' puissance, qu'ils lui portèrent les clefs de la ville, et par tant échappèrent de péril et de dommage. Après se tira le duc de Bourgogne vers Hem; et, au prendre les logis devant la ville, ceux de la garnison saillirent, et là eut une grande escarmouche; mais l'effort des Bourguignons les fist retraire dedans la ville.

CHAPITRE XI.

Le siége devant la ville de Hem, qui fu à la fin abandonnéce des Orliénois et pillée des Bourguignons.

Et lendemain, tout l'ost fut logié par bonne ordonnance; ceux de dedans firent plusieurs saillies, où il y eut plusieurs hommes tués et bléchiés, tant d'une part que d'autre. Bombardes et canons y jettèrent, et rompirent portes et murailles en plusieurs lieux; mais ceux de la ville les réparoient le mieux qu'ils pouvoient de tonneaux, de bois et fiens. Le duc de Bourgongne ordonna de faire ponts pour passer la rivière de Somme, afin de les enclorre de toutes parts. Ceux de la garnison, véants la grand' puissance, n'osèrent plus attendre, ains habandonnèrent la ville avec les plus nottables gens, et partirent de nuit le plus secrettement qu'ils porrent, emportants de leurs biens che que povoient. Incontinent ceux de l'ost le sceurent. Si entrèrent sans deffense dans la ville, laquelle fut toute pillée et robbée. Les Flamands, qui étoient eu plus grand nombre, tolloient aux autres che qu'ils avoient pris, dont plusieurs débats sourdirent en leur ost. La ville fut arse, l'abbaye, les églises, et plusieurs hommes, femmes et enfants qui se étoient muchiés et retraits ès cheliers; qui fut grand' pitié et aussi grand ébahissement aux autres villes du parti d'Orléans.

CHAPITRE XII.

Comment ceux de la ville de Nelle se rendirent au duc de Bourgongne

Quand ceux de la ville de Nelle sceurent la prise et la destruction de Hem, véant que leurs garnisons les habandonnoient, envoyèrent vers le duc Bourgongne lui présenter les clefs de leur ville. Le duc les rechupt et les prit à merci, moyennant qu'ils abbatissent partie de leurs murs et de leurs portes. Ceux de la ville se rendirent ainsi au duc de Bourgongne, et lui firent serment qu'ils ne recepvroient ni obéiroient au duc d'Orléans, ne à ceux de son alliance. Pareillement le firent ceux de Chauny. Le duc de Bourgogne, venu à Roye et au pays d'environ, atout son ost, ainsi que avez ouï, envoya messire Pierre des Essars à Paris, devers le roi et les Parisiens, pour signifier sa venue et sa puissance ; dont le roi, le duc de Guienne et les Parisiens furent moult esjouy.

CHAPITRE XIII.

Comment le duc d'Orléans et ses alliés passèrent Marne, et assemblèrent au pays de Vallois plusieurs gens d'armes de diverses langues, qui furent appelés Erminacques.

ENTRE ces choses, le duc d'Orléans, le comte d'Erminacques, le connétable de France, le maître des arbalêtriers de France, à grand' compagnie de gens d'armes, allèrent à Melun devers la reine, avec laquelle ils eurent aucun parlement ; puis passèrent la rivière de Marne, et entrèrent en la duché de Vallois, appartenant au duc d'Orléans ; et là assemblèrent les Orliénois, les ducs de Bourbon, d'Alenchon, Jehan, fils du duc de Bar, et plusieurs autres de diverses langues et pays ; lesquels, de lors en avant, furent nommés Erminacques pour la bande blanche qu'ils portoient, qui étoit, comme l'on disoit, l'enseigne du comte d'Ermignacques. De la duché de Vallois, les Orliénois prinrent leur chemin à Beaumont-sur-Oise ; et en passant devant la cité de Senlis, un capitaine de Picardie, nommé Enguerrand de Bournonville, saillit sur eux, et rua jus aucuns de la compagnie des Orliénois ; et y prit entre les autres choses un charriot chargé de bachinés.

CHAPITRE XIV.

Comment les Flamands retournèrent de devant Mont-Didier, quoique le duc de Bourgongne leur fît remontrer, et furent conduits en leur pays par le duc de Brabant, frère au duc de Bourgongne.

Or fault parler du duc de Bourgongne, et comment il s'en alla de Roye devant Mont-Didier, et là fut par aucuns jours logié. Là se commencèrent Flamands fort à lasser de tenir les champs, et envoyèrent leurs capitaines devers le duc de Bourgongne, demander congé de retourner en Flandre, disants qu'ils avoient servi autant de temps qu'on leur avoit requis, et que promis avoient. Le duc de Bourgongne les cuida bien retenir; et par plusieurs fois leur remontra et fit remontrer que ses ennemis étoient prêts, et de jour en jour attendoient la bataille, en leur requérant qu'ils voulsissent demourer avec lui encore huit jours tant seulement. Les capitaines des Flamands assemblèrent leur commun, et leur remontrèrent la requête que leur faisoit leur seigneur; mais pour remonstrance, nulle n'y voulrent demourer; et dirent qu'ils s'en iroient; et se prinrent à trousser tentes et autres bagues; et tous se mirent à retour vers leurs pays. Quand le duc de Bourgongne vit que remède n'y avoit, fut moult dolent, disant que ses ennemis étoient à une journée près de lui, qui diroient et publieroient partout qu'il s'en seroit enfui, et qu'il ne les osoit atteindre. Quand le duc vit le délogement des Flamands, et qu'il demeuroit bien esseulé, si eut conseil de soi retraire en Picardie; et ordonna le duc de Brabant, Anthoine, son frère, pour remener et conduire les Flamands ou pays. Quand les Orliénois sceurent le deslogement des Flamands, et que le duc de Bourgogne étoit retourné en Picardie, ils en furent joyeux; et par aucun moyen cuidèrent avoir le roi de leur parti; et tirèrent droit à Paris, pensant que les portes leur seroient ouvertes. Mais ils trouvèrent ce contraire, car ceux de Paris leur firent telle résistance et si dure, qu'il les convint retourner devers Saint-Denis, laquelle leur fut rendue; et logèrent dedans.

CHAPITRE XV.

Comment la ville de Saint-Denis leur fut rendue; et de la guerre que les Orliénois firent aux Parisiens; et des bouchers de Paris.

Quand les Orliénois virent que on ne les volloit avoir dedans Paris, ils se mirent à faire guerre ouverte aux Parisiens et à ceux qui dedans estoient. En la ville de Paris estoient les bouchers en grand règne; et n'y avoit homme ne femme qui osast parler d'Orléans, de Berry, de Bourbon, ne de ceux tenant leur parti ; et véritablement étoit grand' pitié de la rigueur que les bouchers faisoient à ceux qui étoient soupçonnés Orliénois, car il ne falloit que dire : vela un Erminacque, on les alloit tuer ou noyer sans faire information nulle. Quand le duc de Bourgogne fut retourné en sa ville d'Arras, il fit son mandement, assembla chevaliers, écuyers et gens de guerre ; et d'autre part le vindrent servir les comtes d'Arondel et de Quime, anglois, que le roi d'Angleterre lui envoya, atout douze cents combattants.

CHAPITRE XVI.

Comment le duc de Bourgongne entra dedans Paris et prit la ville et tour de Saint-Cloud sur les Orliénois; et de la guerre et prise de plusieurs places que le roi et le duc de Bourgogne firent ès pays de Beausse et de Vallois.

PRESTEMENT que le duc de Bourgogne eut assemblé son armée qu'on nombroit de six à sept mille combattants, il se mit à chemin pour aller à Paris ; et tira tout droit à Pontoise, et de là au pont de Meulan où il passa la rivière de Seine en tirant au loin du vau de Jouy ; et s'en alla entrer dedans Paris par la porte de Saint-Jacques, qui est à l'opposite de la porte Saint-Denis, où les Orliénois étoient logiés. Or est ainsi que, avant la venue du duc de

Bourgongne dedans Paris, le duc d'Orléans trouva moyen devers le capitaine de la tour du pont de Saint-Cloud, en laquelle le duc d'Orléans mist de ses gens dedens, et fit fortifier le villaige, où se logèrent grand nombre de gens qu'on nommoit les Erminacques, qui faisoient tous les maux du monde, outre la rivière de Seine devers Paris. Quand le duc de Bourgongne fut entré dedens Paris, avant qu'il se logeast, alla tout droit au roi faire la révérence, et au duc de Guyenne, aisné fils de France. Le comte de Nevers, son frère, et le comte de Saint-Pol, qui dedans Paris étoient avec le roi, furent moult joyeux de sa venue icelle nuit. Et se logea en l'hôtel de Bourbon auprès du Louvre, où le roi étoit logié. Les Anglois furent logiés à Saint-Martin-des-Champs, et les autres partout avant la ville. Lendemain yssit de Paris une grand' compagnie de gens du duc de Bourgongne, entre lesquels étoit Jean de Luxembourg, nepveu du comte de Saint-Pol, en sa compaignie Enguerrand de Bournonville et plusieurs autres ; et allèrent courre devant la Chapelle, entre Paris et Saint-Denis, que les Orliénois avoient fortifié, et y tenoient un gros logis ; mais ce nonobstant, ils eussent été en grand' aventure d'être rués jus, n'eust été qu'ils eurent secours de ceux de Saint-Denis. L'assaut fut grand et bien combattu, tant d'une partie que d'autre ; et en y eut plusieurs blessés, mais chose n'y fut faite pour cette heure. Le duc de Bourgongne, qui fort désiroit traveillier ses ennemis, assembla ses princes et seigneurs, et tint conseil. Là lui fut conseillé que bon étoit qu'il allast à Saint-Cloud pour essayer de rompre les logis des Orliéanois et de plus grand plaisir ne pourroit faire à ceux de Paris; par lesquels Orléannois tout le pays devers le Mont-le-Héry étoit en subjection. De che conseil fut le duc d'accord. A tous ceux qui là étoient si fut ordonné que, tantôt après jour failli, on feroit sçavoir à tous les capitaines et chefs de chambres, que secrettement ils s'apprêtassent, eux et leurs gens, pour partir à minuit en la compaignie du duc de Bourgongne, sans nommer le lieu où ils devoient aller. L'ordonnance faite, le duc de Bourgongne se partit à l'heure devant dicte, qui fut le deuxième jour de novembre en icellui an, en sa compagnie le comte de Nevers, son frère; le comte de la Marche et pluiseurs autres; et fit guider lui et ceux qui conduisoient son ordonnance, pour aller droit à Saint-Cloud, cottiant la rivière de Seine du costé vers Mont-le-Héry. Et avec ce ordonna cent lances, hommes vaillants et bien montés qui, du côté vers Saint-Denis, chevauchèrent le plus secrettement qu'ils purent, tant qu'ils furent à l'endroit de la tour Saint-Cloud, pour garde que nul ne passast par là de la ville ne de la tour pour aller vers les Orliénois. Quand le duc de Bourgongne fut parti de Paris, il tira son chemin droit à Saint-Cloud, et moyennant les guides qu'il avoit, se trouva devant la tour assez près : celle nuit fist grand' froidure à merveille.

Et quand ce vint environ sept heures au matin, le duc de Bourgogne fit assaillir la ville, par deux ou trois lieux. Les Orliénois, qui grand nombre de gens étoient, vaillamment se deffendirent. L'assaut fut grand, le cri et la noise; mais les Orliénois furent surpris, et ne peurent faire sçavoir à leur grand' puissance, l'assaut que on leur faisoit; car les cent lances du duc de Bourgogne, qui étoient d'entre le pont de Saint-Cloud, gardoient que nul ne pouvoit yssir. La besogne fut grande; et y perdit maint homme la vie; toutefois Orliénois y furent déconfits, dont pluiseurs, qui se cuidoient sauver et retraire en la tour de Saint-Cloud, furent noyés; car la presse fut si grande sur le pont, qu'ils boutoient l'un l'autre jus en l'eaue; et avec ce, on dit que le pont rompit, qui tout chargé de gens étoit; et là furent, que morts que noyés, de neuf cents à mille hommes, et de quatre à cinq cents prisonniers; entre lesquels fut pris le seigneur d'Escambourg, messire Manssart Du Bois, Guillaume Battillier, et autres gens de nom. Et apprès celle déconfiture, retourna le duc de Bourgongne à Paris, et fut reçu des citoyens à grand louange. Quand le duc d'Orléans et ceux de sa compagnie sceurent la déconfiture de leurs gens, furent moult dolents; pour laquelle cause se mirent à conseil. Si conseillèrent, vu la grand' puissance qu'avoit le duc de Bourgogne, qu'ils se partiroient celle nuit. Et firent cette nuit secrettement ponts sur la rivière de Seine, pour passer à l'endroit de Saint-Denis. Ainsi se par-

-tirent; mais tout leur carriage et la plupart de leur bagages demeurèrent; et s'en allèrent devers la duché d'Orléans. Le second jour après, les gens du duc de Bourgongne allèrent devant la tour de Saint-Cloud, et se rendit le capitaine à la volonté du roi, telle qu'il fit trancher la tête au capitaine de la tour, nommé Collinet de Puysseux, et aussi à messire Manssart du Bois, pour ce qu'il étoit natif de Picardie. Ne demeura guères après que le roi et le duc de Bourgogne envoyèrent le maréchal Boussicault, le seigneur de Helly, Enguerrant de Bournonville et Amé de Viry, à tout grand' puissance, en la ville de Bonneval, lesquels faisoient guerre à la duché d'Orléans, au pays de Beausse et d'environ. Le comte Walleran de Saint-Pol eust charge d'aller avec grand' compagnie de gens de guerre en la duché de Vallois en la terre de Coucy, là où il fit grand' conquête; et premier lui fut rendu Crespy en Vallois, Pierrefons, dont le seigneur de Bosqueaulx étoit capitaine, puis après la Ferté Mellon, et Villers Cautereth. Après alla devant la ville et château de Coucy, dont messire Robert d'Onne étoit capitaine. La ville ne tint guères, ains se rendit au comte de Saint-Pol. Le château tint et fut assiégé et battu de canons, qui guaires n'y faisoient; car c'est une des belles et fortes places au royaume de France. Et quand le comte de Saint-Pol vit que ne le povoit avoir pour battre de canons, il fit faire plusieurs mines, entre lesquelles en y eut une qui s'adressa à l'encontre d'une tour qui se nommoit la tour Maistre-Odon. Quand les mineurs orent miné celle tour, et mise sur estances, ils y bout- tèrent le feu, et tellement que la tour qui estoit à terrasse, se fendit en deux; et avalla une des par- ties en bas, sans soi démaschonner, laquelle s'ap- puya contre l'autre partie qui demeura entière. A celle heure que la tour se fendit, avoit haut sur la terrasse deux hommes de guerre qui demeurèrent en leur état, sur la partie qui demeura droite, mais furent fort épouvantés. Après che que le siége eut été longuement devant le château de Coucy, ceux de dedens, véants qu'ils n'auroient point de se- cours, rendirent la place au comte de Saint-Pol.

CHAPITRE XVII.

Comment Waleran, comte de Saint-Pol, fut fait connétable de France, au lieu de Messire Charles de Labreth; et comment la comté de Vertus fut rendue au roi.

APRÈS celle conquête faite, le comte de Saint- Pol retourna à Paris, et fut de par le roi fait con- nétable de France, au lieu de messire Charles de Labreth, pour et à cause de la division qui lors estoit au royaume de France; car le seigneur de La- breth estoit Orliénois, et le comte de Saint-Pol, Bourguignon. Le seigneur de Rambures fut fait maître des arbalestriers, au lieu du seigneur de

Hangest; le seigneur de Longuy, mareschal de France, au lieu du seigneur de Rieux; messire Philippe de Cervolles, bailly de Vitery; et eut charge, de par le roi et le duc de Bourgogne, d'aller avec puissance de gens d'armes en Champagne, pour mettre en l'obéissance du roi plusieurs places, lesquelles étoient rebelles; et lui fut rendu pour le roi la comté de Vertus, Espernay, et toutes les autres places d'environ, excepté Moismes, que messire Clignet de Brabant tenoient, et messire Thomas de Largies. Si fut la place asségiée, et pendant le siège, messire Thomas de Largies et messire Clignet de Brabant yssirent pour aller querre secours, et y laissèrent le frère de messire Clignet pour la garder. Toutefois ils n'orent point de secours, et ne retournèrent point la deffendre; et fut la place rendue au bailly de Vitery, à la volonté du roi, qui fut telle que le frère de messire Clignet en eut la tête coppée.

CHAPITRE XVIII.

Comment messire Jean, fils du seigneur de Croy, print le chastiau de Moncheaux, et en icelui trois des enfans du duc Jean de Bourbon; et de plusieurs capitaines qui furent ordonnés de faire la guerre au duc d'Orléans et ses alliés, en divers lieux et pays.

En icelle saison, messire Jehan de Croy, fils du seigneur de Croy, véant que son père étoit prisonnier ès mains du duc d'Orléans, et en grand danger de mort, comme l'on disoit, trouva façon d'entrer dedans le château de Moncheaulx, séant en la comté d'Eu, où il trouva trois des enfans du duc Jehan de Bourbon, lesquels il prit et mena prisonniers dedans le chasteau de Renty. En icelle saison, le vidame d'Amiens eut charge d'aller devant Clermont en Beauvoisy; et lui fut rendu pour le roi et le duc de Bourgogne, le châtel et la ville. Le bailly d'Amiens eut charge d'aller au pays de Boullenois; et à lui se rendirent, pour le roi, le chasteau et la ville de Boulongne, la comté d'Eu, Gamaches et tout le pays d'environ. Vous avez ouy comment le comte d'Arondel et de Quime furent, avec le duc de Bourgogne, à la prise de Saint-Cloud, qui fut une grande et belle besogne pour lui. Or, est vrai que le duc de Bourgogne, véant que ses adversaires étoient fort reboutlés, il envoya les deux comtes d'Arondel et de Quime en

Angleterre; et en après fut ordonné le comte de la Marche et le seigneur de Hambye, d'aller au pays de Beausse en la duché d'Orléans. Si advint que quand ils furent logés au pays de Beausse ; ils ne logèrent point ensemble, mais loin l'un de l'autre. Ceux qui dedans Orléans estoient le sçurent; si assemblèrent de cinq à six cents combattants, dont les seigneurs de Barbasan et de Gaucourt étoient chefs; et se partirent de la nuit; et tant chevauchèrent que vindrent au point du jour auprès d'un village nommé Puiset, en Beausse, où le comte de la Marche étoit logé, qui rien ne sçavoit de la venu des Orliénois. Si fut là pris le comte de la Marche et la plupart de ses gens, à bien peu de défense. Toutefois les aucuns allèrent vers le seigneur de Hambie, qui logé étoit assez pres de là, qui se gouverna si bien qu'il reprit la plupart de ses prisonniers, et si rua jus des Orliannois de trois à quatre cents; et se ne fust la seule personne du comte de la Marche qu'ils emmenèrent, ils eussent beaucoup plus perdu que gagné. Or, tôt après la besogne de Saint-Cloud, et en ce même mois, les ducs de Bourgongne et de Guyenne allèrent asségier la ville d'Estampes, laquelle étoit au duc de Berry; et en étoit capitaine un gentil chevalier, nommé messire Loys Bourdon. La ville ne tint point longuement ; mais firent ouverture. Dedans laquelle logèrent les ducs de Bourgongne et de Guyenne. La forteresse fut asségiée, laquelle avoit trois tours. La place fut fort battue et minée; et furent, par force, la basse-cour et le château pris, et le donjon de la grosse tour minée et mise sur estanches, par cette sorte que qui eût vollu, on l'eût fait trébucher par terre. Mais dedans icelle tour avoit, avec le capitaine, un gentil chevalier du pays de Picardie, nommé le seigneur de Raon, prisonnier dedans ladite tour, lequel fit tant que le capitaine eut son traité, tel que, en rendant ladite tour, il auroit sa vie sauve; mais seroit prisonnier au plaisir des ducs de Guyenne et de Bourgogne. Après la reddition du castel et ville d'Estampes, lesdits ducs retournèrent à Paris, où ils furent, à grand' joie, reçus du roi et des autres; et là fut messire Loys Bourdon, amené prisonnier, et depuis fut délivré et eut à la cour du roi, gouvernement; lequel gouvernement fut à sa maladventure, car il fut accusé d'aucuns cas déshonnêtes; par quoi il fut pris et rué par nuit en la rivière de Seine, où il fina ses jours. Après le retour d'Estampes, qui fut à l'entrée de décembre en l'an onze, plusieurs capitaines, tenans la partie du roi et du duc de Bourgogne, furent envoyés pour faire guerre aux Orliannois, et à ceux qui qui tenoient leur parti, c'est assavoir messire Guichart Daulphin, le seigneur de Helly et autres au pays de Berry; Amé de Viry, au pays de Bourbonnois. Le seigneur de Helly, lui étant au pays de Berry, en un village, fut pris dépourvu de gens, du duc de Berry, au point du jour; et là perdit la plupart de ses gens; mais depuis ne demeura guaires que ne se remonta, et depuis fit-il de très belles besognes, tant en Berry comme en Guyenne, dont il fut fait sénescal ; et là se trouva grandement accompagné de noblesse, tant de Picardie, de Flandres, de Tourraine, que de Guyenne. Ainsi que le seigneur de Helly étoit un jour en la ville de Saint-Jean-d'Angély, nouvelles lui vindrent de la Rochelle, qu'on avoit vue, sur le côté d'Angleterre, navires de guerre qui prenoient le chemin pour aller vers la Rochelle, comme il sembloit. Or, tenoient alors une petite ville nommée Soubise, les Anglois, séant sur la mer, à trois lieues de la Rochelle, dont un chevalier d'Angleterre, nommé messire Thomas Blood, étoit capitaine. Et sembloit à ceux de la Rochelle, que les navires venoient à Soubise, mener vitailles, et dirent au seigneur de Helly que s'il voulloit aller à la Rochelle, ils lui bailleroient navires pour aller au-devant des Anglois, et qu'il ne polroit fallir de les trouver. Le seigneur de Helly crut iceulx de la Rochelle, et alla en leur ville, et monta en mer, cuidant trouver les Anglois ; mais, pour abrégier, ils ne les trouvèrent point. En retournant vers la Rochelle, il le convenoit passer devant la ville de Soubise. Or est vrai que quand ledit seigneur de Helly vint devant ladite ville, il requit à ses maronniers que ils le descendissent à terre, car il vouloit voir de quelle advenue étoit la ville de Soubise. Les maronniers s'excusèrent fort, disants que la mer se retraitoit fort, et que leur gros navire ne polroit approcher la terre. Il répondit qu'il volloit descendre, et qu'on le mist en bottalrins; et de fait descendit et aucuns de ses gens au mieux que povoient. Les Anglois, qui dedans Soubise estoient, se mirent tous en armes, véants que les gens du seigneur de Helly descendoient à très grand peine, et que ceux des navires ne pourroient secourir ceux de la terre, et qu'ils estoient assez forts pour iceux combattre, saillirent hors de leur ville, et combattirent le seigneur de Helly, qui bien se deffendit, car il étoit vaillant chevalier. Là, fut le noble chevalier de Helly pris, et de bien nobles gens de sa compagnie morts et prins; et là moururent messire de Helly, son frère, le seigneur de Bailleul en Flandre, messire Jehan Oudard, et plusieurs autres; et ceux des navires qui ne pouvoient secourir le seigneur de Helly, se retournèrent à La Rochelle. Par cette malle fortune, fut la compagnie du seigneur de Helly rompue, et s'en retourna chacun en son pays.

CHAPITRE XIX.

La délivrance du seigneur de Croy et des enfants du duc de Bourbon ; et comment le seigneur de Croy fut faict gouverneur du Boullenois, chastellain de Bray-sur-Somme, et grand bouteiller de France.

Au mois de mars ensuivant, à la prière et requête de la duchesse de Bourbon, fille du duc de Berry, fut, par le duc d'Orléans, le seigneur de Croy mis à plaine délivrance de la prison où il avoit longuement esté ; et fut envoyé des gens du duc d'Orléans jusques auprès de Paris; et à son partement promit sur sa foi de tant faise vers son maistre le duc de Bourgogne, que les enfants de Bourbon, qui estoient prisonniers, seroient délivrés. Et quand il fut venu à Paris, le duc de Bourgongne et le duc de Guyenne le rechurent à grand' joie. En briefs jours après, le seigneur de Croy fit requête, laquelle avoit promis la délivrance des enfants de Bourbon, laquelle lui fut accordée de par le roi. Si furent mandés au château de Renti, et furent amenés à Paris, et de là furent renvoyés franchement, sans riens payer : et les conduisit messire Jean de Croy jusques aux terres du duc de Berry ; mais le fils de messire Manssart du Bois, qui avoit esté pris avec eux, demeura prisonnier au château de Renti. En outre, le seigneur de Croy, par l'ordonnance et consentement du duc de Bourgogne, fut ordonné de par le roi gouverneur de la comté de Boullogne, et chastellain de Bray-sur-Somme; et encore lui fut donné derechef, à la requête du duc de Bourgongne, l'office de grand boutillier de France, et à messire Pierre des Essarts, prévost de Paris, se lui fut baillé l'office d'être maître des Eauwes et forests, lequel tenoit par avant Walleran, comte de Saint-Pol, connétable de France.

CHAPITRE XX.

Comment le bailly de Caen, en Normandie, print aucuns des ambassadeurs et tous leurs papiers et instructions, que les ducs de Berry, d'Orléans et de Bourbon et autres, leurs alliés, envoyoient en Angleterre, l'an 1412.

Au commenchement de cest an 1412, les ducs de Berry, d'Orléans et de Bourbon, les comtes de Vertus, d'Angoulesme, d'Alenchon, d'Erminacq, et le seigneur de Labret, soi disant connétable de France, avec eux aucuns grands seigneurs de leur alliance, pour eulx fortifier, et à leur pooir du tout nuire au duc de Bourgogne, envoyèrent leurs ambassadeurs devers le roi Henri d'Angleterre, avec lettres garnies et scellées, et instructions, afin de besoigner avec lui selon la charge qu'ils avoient des seigneurs dessus nommés. Mais ainsi que ces ambassadeurs passoient sur le pays du Maine, pour aller en Bretagne, et de là en Angleterre, furent poursuivis par le bailly de Caen, en Normandie, lequel, à l'aide d'aucuns hommes qu'il assembla, les rua jus, et en print une partie avec toutes leurs lettres scellées et instructions, et les autres se sauvèrent le mieux qu'ils polrent. Après ce jour, envoya toutes icelles escriptures et besognes au roi. Et étoient icelles lettres en un sac de cuir qui étoit scellé par-dessus, et pour icelles voir et visiter le premier, merquedi après Pasques, le roi étant en l'hostel de Saint-Pol tenant son hostel, où étoit le roi de Secylle, les ducs de Guyenne et de Bourgongne, les comtes de Charrolois, de Nevers, de Mortaing, et plusieurs autres, fut proposé par le chancellier du duc de Guyenne d'assigner le seigneur de d'Ollehain[1], comme n'a gaires lui avoit été baillée en garde, par l'ordonnance du conseil du roi, un sacq de cuir, ouquel estoit plusieurs papiers, qui avoient été trouvé et pris par le bailly de Caen en la compagnie d'un chevalier chambellain du duc de Bretagne, de frère Jacques Petit, de l'ordre de Saint-Augustin, et autres ambassadeurs des dessus nommés; et là récita ledit chancellier, comment en icelui sacq avoient esté trouvé quatre blancs scellés de quatre grands sceaulx, et signés de quatre seignes manuels, c'est assavoir Berry, Orléans, Bourbon et Alenchon; et

---

1. Il s'appeloit Jean de Nielles.

en chacun estoient leurs noms escripts dessus les sceaulx en marge, et n'y avoit autre escript. Et aussi avoient trouvé plusieurs lettres addressans au roi d'Angleterre, à la reine, et à ses quatre fils, et pareillement au duc de Bretagne, au comte de Richemont, et aussi à plusieurs autres grands seigneurs d'Angleterre. Et si portoit frère Jacques Petit plusieurs lettres de crédence, esquelles n'avoit nulles subscriptions, adressants au roi et à la reine d'Angleterre; et furent icelles lettres publiquement leutes; et par icelles nommoit, le duc de Berry, le roi d'Angleterre, *mon très redouté seigneur et nepveu*, et la reine, *ma très redoutée dame niepce et fille*; et estoient signées de la propre main du duc de Berry, et en icelles qu'il envoyoit à la reine, avoit escript deux lignes de sa main. En outre là furent présents le roi et les princes, et tout le conseil, montrés les blancs scellés des dessusdits; et les tint le roi en sa main; et si avoit une petite cédulle par manière de libelle, contenant une feuille de papier, ouquel étoit l'instruction des dessusdits ambassadeurs; et estoit contenu dedens comment ils réciteroient les propositions faittes par la duchesse d'Orléans et ses enfants, contre le duc de Bourgongne, pour la mort du duc d'Orléans; réciteroient aussi comment, par pluiseurs fois, pour icelle mort ils avoient sommé et requis le roi à faire et avoir justice du duc de Bourgongne, laquelle ils n'avoient pu obtenir, pour tant que le duc de Bourgongne avoit tellement séduit le roi, disant comment le duc d'Orléans avoit été faux et traître contre le roi et sa majesté; et disoient aussi que le duc de Bourgongne avoit séduit le peuple, espécialement celui de Paris; aussi fait courre langaiges, que les dessus nommés volloient déposer le roi de sa couronne, et détruire sa génération, che qui étoit faux et n'avoient oncques penssés. Et si étoit aussi que le duc de Bourgongne avoit mis en indignation devers le roi, Jean, duc de Bretagne, pour la cause qu'il avoit rompu le voyaige de Calais, et plusieurs autres choses que le duc de Bourgongne vouloit faire contre le roi d'Angleterre; et comment il avoit séduit le peuple de Paris contre le roi et son fils de Guyenne; que tout entierrement ils étoient gouvernés par leurs mains, et étoient devers eux en telle subjection, que à peine osoient dire mot. Et ainsi ceux de Paris, sous ombre d'une bulle donnée par Urbain pape quint, pour les grands compagnies qui étoient venues en France, les dessus nommés et tous leurs alliés, contre raison avoient été dénoncés et excommuniés, et comment ils avoient contraint l'official de Paris par force, de faire procès contre eux, afin qu'ils fuyssent dénunchiés, excommuniés et rengrevés; et apprès que bien se gardassent lesdits ambassadeurs d'eux descouvrir à homme d'Angleterre, s'ils ne sentoient qu'ils fuyssent de la bende des dessusdites. Et quand auroient dit publicquement au roi d'Angleterre ce que dessus est touchié, se lui dissent qu'ils avoient à parler à lui à part; c'est assavoir comme ceux de Berry, Orléans, Bourbon et Allenchon vouloient du tout son bien et son honneur, et eux allier avec lui, et lui aider et conforter allencontre du duc de Bourgongne, et aussi contre ceux de Galles et d'Ibernie; et outre lui dissent que ou cas qu'ils ne polroient venir à leurs conclusions contre les Escochois, qu'ils s'y emploieroient de tous leurs povoirs, et se ainsi étoit que il ne se poeul faire, ils feroient tant que la paix seroit faicte entre lui et le roi. Et en outre que s'il y avoit aucunes terres sur la mer où il voulsist faire aucunes demandes, ou avoir aucun droit, ils feroient tant qu'il seroit content. Et lui dissent encoires, comment, par deffaulte de justice, ils venoient devers lui pour avoir droict et raison de la mort du duc d'Orléans; et comment, pour le nom de roi qu'il porte, lui appartient faire justice; et que ce lui seroit plus grand honneur perpétuel de tant noble sang, comme étoit le duc d'Orléans. Et se lui dissent comment les dessus nommés le serviroient de tout leur povoir, lui et ses enfants, et aussi les siens, au temps advenir: laquelle chose pourroient bien faire contre tous les plus puissants et plus nobles du royaume de France. Et en outre, que lesdits ambassadeurs requissent au roi d'Angleterre, d'avoir trois cents lances, et quatre mille archers, lesquels on payeroit pour quatre mois. En après, fut montré par ledit chancellier de Guyenne un petit traité, lequel frère Jacques Petit avoit fait sur le gouvernement du roy de France, contenant plusieurs articles; et fut leu publicquement; entre lesquels estoit que sur chacun arpent de terre fut imposé une aide qui seroit nommé fons de terre. Et pareillement que en ce royaume on ait greniers de bled et d'avoine au profit du roi, et encore pluiseurs autres choses, que pour cause de brief je ne voeul réciter, pour ce que les chroniques de France en font tout au long mention ; car tant étoit grande la haine contre le duc de Bourgongne, de ces seigneurs, qu'il ne leur chaloit qu'ils feissent pour estre vengiés de lui et le mettre au dessous. Mesmement y avoit autres lettres lesquelles furent leutes publiquement, contenants que n'avoit gaires de temps que les ducs d'Orléans avec leurs alliés furent assemblés en la ville de Bourges, et que là ils avoient renouvellé leurs sermens, en concluant destruire le roi et le duc de Bourgongne, et la royne, et la bonne cité de Paris, si les voulloient aidier allencontre d'eux, ou ils seroient destruits et morts en la paine. Quand le roi entendy ceste clause, de son propre mouvement, moult fort plourant, respondy et dis : « Nous véons bien leur mauvaise volonté: pourquoi » nous prions et requerrons à vous tous qui êtes de » notre sang, que vous aidiez et conseilliez contre » eux ; car il nous touche et à vous aussi, et à tout » notre royaume. » Et pareillement en pria les autres là étant. Et adonc le roi de Secylle se leva, en soi mettant à genoux devant le roi, et dit : « Sire, » pour l'honneur de vous et de votre royaume, je » supplie qu'il vous plaise celle besogne bien et

» diligemment solliciter, et avoir au cœur, car il » est grand' nécessité. » Et pareillement firent les autres ducs, comtes et autres seigneurs, et se offrirent à servir le roi de toute leur puissance. Et après ces besognes ainsi dittes, les matières des dessusdites furent publiées parmi Paris et à pluiseurs données par écrit.

En cet an et même jour, Louis, duc de Bavière, frère de la reine, étant à Paris, fut soupchonné par les Parisiens avoir dit aucunes paroles au roi et au duc de Guyenne, en la faveur des ducs de Berry, d'Orléans et leurs alliés. Pour laquelle cause, et aussi pour doubte que ceulx de Paris ne lui fessent aucun danger, s'en partit et s'en alla en son pays en Allemagne. Et assez tôt après, le roi d'Angleterre fit crier à son de trompe, en sa ville de Calais et aultres lieux, et frontières du Boullenois à lui subjectes, que nul, de quelqu'état qu'il fut de son obéissance, n'allast au royaume de France pour servir en armes ne autrement, sur peine de confiscation de corps et de biens. Ainsi que vous avez ouy se demenèrent les besognes en France, après ces consaulx, lettres et instructions, et autres gloses veues par le roi en son conseil.

CHAPITRE XXI.

Comment les siéges furent mis devant les ville et chasteau de Danfrons, et ville et chasteau de Saint-Remy, tenant le parti des Orléannois, qui furent rendus au roy.

Le roi de Secille, par l'ordonnance du roi, se partit de Paris, le mardi vingt-huitième d'avril, moult bien accompagné de gens d'armes, et alla mettre garnison par toutes ses villes et forteresses de ses pays d'Anjou et domaines. A l'encontre des comtes d'Alenchon et de Richemont; d'autre part, furent envoyés au pays d'Alenchon, pour le mettre en l'obéissance du roi, messire Anthoine de Craon et le Borgne de Heuze, bien accompagnés de gens de guerre. Lesquels mirent le siége devant la ville de Danfrons, laquelle leur fut rendue; mais le chastel ne polrent avoir. Toutefois ils l'asségièrent de tous côtés. Quand ceux du chastel se virent asségiés, ils envoyèrent devers le comte d'Allenchon, lui requérant que les voulsist secourir. Si leur promit secours en briefs jours, disant qu'il combatteroit ceux qui tenoient le siége. De laquelle response furent advertis ceux qui tenoient le siége. Si mandèrent incontinent au roy qu'il leur envoyast aide; laquelle chose il fit; et y envoya le comte de Sainct-Pol, connestable de France, et un des maréchaux de France, à grand puissance. Et pareillement le roy de Secylle y envoya une belle compaignie ; mais au jour que le comte d'Alenchon avoit assigné journée de combattre, il n'y vint point. Lors le connestable et autres, véans que leurs adversaires ne s'étoient apparu pour lever le siége, firent édiffier devant le chastel de Danfront, une forte bastille, dedans laquelle, et en la ville, ils laissèrent grant gens pour asségier ceux du chastel ; puis se partit le connestable, et alla mettre le siége devant Saint-Remy au plain, et envoya à Vernon querre les bombardes et engiens de guerre, pour amener au siége. En la compagnie du connestable, étoit Jehan de Luxembourg son nepveu, et plusieurs autres nobles seigneurs, jusques au nombre de douze cents lances, et grand nombre d'archers, lesquels tous ensemble se logèrent en la ville de Sainct-Remy, et allenviron, moult forte place et bien garnie de gens de guerre. Le connestable les fit sommer d'eux rendre en l'obéissance du roy; ils le refusèrent. Après icelle sommation, y jetèrent bombardes et canons, dont la place fut fort battue et adommagée. Durant le siége, le seigneur de Gaucourt, messire Jean de Trèves, et autres capitaines, tenans la partie d'Orléans et d'Alenchon, se mirent ensemble atout grand nombre de combattants, le plus secrettement qu'ils polrent, en intention de frapper sur ceulx du siége, cuidans iceux trouver à despourveus : mais, de leur venue et de leur puissance, fut le connestable adverti. Si fit hastivement ordonner ses batailles aux champs. Son ordonnance faite, et véans ses ennemis, pluiseurs escuyers espérans la bataille, lui requirent l'ordre de chevallerie. Le connestable en fit de nouveaux chevaliers. Là fut fait chevalier, Jehan de Luxembourg, Jean de Beaussault, Allart de Harbaumes, le Brun de Sains, messire Robert de Pierrecourt, Regnaut d'Asincourt, et pluiseurs autres.

Quant le connestable eust ordonné ses batailles, il se mit à pied auprès de sa bannière. Les Orléanois, qui, à cheval estoient, se prinrent à courre par force grande dedans la ville Sainct-Remy, cuidans y trouver leurs ennemis, pensans qu'ils ne fussent point advertis. Quant ils perchurent qu'ils estoient en bataille, ils se assemblèrent faisans grands cris. Les hommes d'armes à cheval se frappèrent devant un petit nombre des archers du connestable, et en tuèrent de vingt à trente; mais le connestable et ses gens tinrent ordonnance, et se gouvernèrent si vaillamment, que les Orléanois furent desconfits; et, en brief, se mirent en fuite. Les gens du connestable se montèrent à cheval, et là y ot grand' chasse et poursuite, où il y ot maint homme mort; et, au retour de la chasse, ramenèrent bien de quatre-vingts à cent prisonniers; et, tout droit à leur proie vindrent, devant le connestable, qui tenoit son ordonnance, et menoit grand joie de la victoire. Entre lesquels prisonniers, estoit le seigneur d'Anières, messire Jehan de Garensières, et plusieurs autres. Or, est vrai, qu'avecque les gens de guerre tenans le parti des Orléanois, étoient plusieurs paysans, dont en y ot de tués, de trois à quatre cents. Après la victoire et la reddition du chastel de Saint-Remy, le connestable se retraist dedans la ville de Donfront, et fist préparer et mettre ses gens en ordonnance, pour de tous points asségier le chastel. Ceux du chastel véans qu'ils auroient le siége, et que, entendu la bataille qui avoit été donnée devers Sainct-Remy, il n'estoit point vraisemblable à avoir secours, rendirent la place, moyennant qu'ils se partiroient sauf en leur corps et biens. Après la conquête de Donfrons et de Sainct-Remy au plain, le connestable et ses gens retournèrent à Paris. Lequel fut rechupt à grand joie et honneur, pour la victoire que Dieu lui avoit envoyé.

CHAPITRE XXII.

Comment les ducs de Berry, de Bourbon et d'Orléans envoyèrent derechef ambassade au roi d'Angleterre; et des alliances et traités qui se firent entre eulx.

Autre ambassade fut faite de par les ducs de Berry, de Bourbon, d'Orléans, et comte d'Alenchon, oyans les nouvelles de la mauvaise adventure de leurs gens, et aussi que de jour en jour les gens du roi s'efforçoient d'eux faire guerre, et prendre ville et chasteaux sur eux; pourquoi eux tous ensemble conclurent derechief d'envoyer devers le roy d'Angleterre, pour avoir secours et aide. Si ordonnèrent leurs ambassadeurs; et les envoyèrent en Angleterre. Lesquels se gardèrent mieux que la première fois, et trouvèrent le roy d'Angleterre logié dedans un de ses manoirs de plaisance, nommé Elthan, séant assez près de Londres. Le roi d'Angleterre les rechupt moult honorablement, et, en brief, eurent audience, et présentèrent leurs lettres au roi, qui contenoient crédence sur eux. Après la lecture des lettres, les ambassadeurs déposèrent leurs créances, selon le contenu de leur instruction; et dirent que, entre autres choses, n'avoit gaires de temps que les ducs de Berry, d'Orléans, et autres leurs alliés, avoient mis sus une ambassade, pour aller devers lui, portans lettres scellées par leurs maîtres; mais en chemin avoient été rués jus, et leurs lettres prinses et ostées, et la plupart détenus prisonniers. Le roy d'Angleterre respondit qu'il en estoit desplaisant, et que bien eust vollu que fuissent venus sans encombrier vers lui. Finablement, après plusieurs secrets consaux que iceulx eurent avec le roy d'Angleterre, et moyennant les scellés de leurs maîtres qu'ils avoient portés avec eux, traictèrent tant que le roi d'Angleterre fut content d'envoyer aux ducs de Berry et d'Orléans, son second fils, Thomas, duc de Clarence, accompagné des gens d'armes qu'ils avoient requis; et d'icelui traité et promesse bailla aux ambassadeurs ses lettres scellées de son grand sceau, dont ils furent moult joyeux. Leurs besognes faites et accomplies, prirent congé du roi d'Angleterre, et s'en retournèrent en France devers les ducs de Berry, d'Orléans et de Bourbon, et autres qu'ils trouvèrent en la cité de Bourges, qui furent moult joyeux quand vinrent les scellés du roi d'Angleterre; car chacun jour attendoient d'en avoir affaire, parce qu'ils savoient que le duc de Bourgongne menoit le roy avec toute sa puissance, allencontre d'eulx, pour les subjuguer.

Le roy d'Angleterre, ses enfants, d'une part, et les ducs d'Orléans, de Berry et de Bourbon, les comtes d'Allenchon, d'Erminacq, d'Albret, et autres de leurs alliés, d'autre part, firent traité ensemble, en l'an 1412, le huitième jour de mai. « Premièrement, fut accordé par les dessusdits seigneurs, ou par leurs procureurs, que doresnavant exposeroient leurs personnes et toute leur puissance à servir le roy d'Angleterre, ses hoirs et successeurs, toutes et quantesfois qu'ils en seroient requis, en toutes ses justes querelles : lesquelles justes querelles recognoissans que la querelle que le roi d'Angleterre maintient en la duché de Guyenne et en ses appartenances, est bonne et juste, et que ladite duchié lui appartient par droit, héritage et succession naturelle, et déclarent dès maintenant, qu'ils ne blessent aucunement leur léaulté, en persistant en che avec le roy d'Angleterre. *Item*, iceulx seigneurs, ou leurs procureurs suffisamment fondés, offrent leurs fils, filles, niepces, nepveux, selon la disposition du roy d'Angleterre. »

Item, offrent villes, terres et forteresses, tous leurs biens, à l'aide dudit roi d'Angleterre, en ses querelles en la restitution de la duché de Guyenne. *Item*, toutes fraudes cessans, iceulx seigneurs sont prests de reconnoître audit roy d'Angleterre la duché de Guyenne estre sienne, et en telle et semblable franchise qu'aucuns de ses prédécesseurs tindrent et possédèrent. *Item*, reconnoissent les dessusdits seigneurs, que toutes les villes, chasteaux et forteresses qu'ils tiennent en la duché de Guyenne, ils les tiennent et veulent tenir du roy d'Angleterre, comme de leur vrai duc de Guyenne; et promettent tous services deubs pour hommage, par la meilleure manière qu'il se poeult faire. *Item*, en après est déclaré comment èsdites lettres scellées il plaist au roy d'Angleterre que le duc de Berry, son loyal oncle, sujet et vassal, et pareillement le comte d'Erminacq, tiennent de lui en foi en hommage les terres et seigneuries que s'ensuit : le duc de Berry tenra la comté de Poitou sa vie durant; le duc d'Orléans tenra la comté d'Angoulesme sa vie durant, et la comté de Pierregort à toujours ; le comte d'Erminacq tenra quatre chasteaux déclarés ès lettres scellées sur ce faites. *Item*, et parmi ces promesses faictes, le roy d'Angleterre et duc de Guyenne doibt deffendre les dessusdits seigneurs contre tous leurs ennemis, et à eux donner secours comme à leurs vrais subjets, et avec ce leur faire son accomplissement de justice du duc Jehan de Bourgongne. Et en oultre, ne fera le roi d'Angleterre nuls traictiés, confédérations ne accords avec le duc de Bourgongne, ses alliés et amis, sans le consentement des dessusdits seigneurs. *Item*, leur enverra présentement le roy d'Angleterre huit mille combattants, pour eulx faire secours contre le duc de Bourgongne, qui s'efforce de mener le roi à toute sa puissance contre eux. »

Icelles lettres de confédérations et alliances entre icelles parties furent passées et scellées des sceaux des deux parties, le huitième de mai 1412. Toutefois les dessusdits seigneurs promirent payer les gens du roy d'Angleterre, et à ce s'obligèrent suffisamment. A laquelle promesse le roy d'Angleterre ne faillit point : car, pour le temps que le siége étoit devant Bourges, moult tost après le roi d'Angleterre envoya son second fils et secours auxdits seigneurs, atout le nombre de huit mille combattants, pour aller et résister allencontre du duc de Bourgogne; auquel en advinrent pluiseurs maux et tribulations en France, et plus que par avant. Et aussi en cette même année le roy Henri trespassa de che siècle, comme cy après polrez voir.

Vérité fut que, en ce temps, le roi, pour mettre ses ennemis en son obéyssance, manda par tout son royaume gens d'armes pour venir vers lui à Paris ; et avec ce furent mandés grand nombre de charrettes ; et aussi les ducs de Bourgogne et de Guyenne firent très grans mandemens. Les Parisiens, en grand nombre, avec ceux de l'Université, véans que le roi estoit prest d'aller en son voyage, en la présence de son conseil, lui requerrent instamment qu'il ne fist accord ne traictié avec ses ennemis sans ce qu'ils y fuissent comprins et dénommés. La requeste leur fut accordée. Le roi issit de Paris, en noble arroi, le sixième jour de mai d'icelui an, et alla au bois de Vincennes, où estoit la royne sa compaigne; et de là alla à Melun, accompaigné des ducs de Bourgogne, de Guyenne et de Bar; des comtes de Mortaing et de Nevers, avec pluiseurs autres grands seigneurs, et print son chemin pour aller mettre le siége devant la ville de Bourges, comme il fit. Durant lequel temps, les Anglois de la frontière de Boullenois prindrent d'emblée la forteresse de Bavelenghen, située entre Ardre et Calais, laquelle appartenoit au seigneur de Dixmude, nonobstant que pour lors avoit trèves scellées entre les deux rois. Et fut commune renommée que le capitaine de ladite place, nommé Jean d'Estenbecque, l'avoit vendue, et rechupt argent des Anglois. Pour laquelle prinse, quand les nouvelles furent espandues par le pays, le peuple tenant le parti des François fut moult troublé. Le capitaine et sa femme demourèrent paisiblement avec les Anglois; par quoi fut assez à voir que c'estoit assez son consentement; et aucuns souldoyers qu'il avoit avec lui furent prisonniers, et mis à renchon.

CHAPITRE XXIII.

Des lettres que le roi d'Angleterre envoya aux Gantois, à ceulx de Bruges et du Franc; et comment la ville de Guisnes feut prinse des Franchois.

En ce tamps là fut rompue l'alliance et le traictié que le roi Henri avoit voulu avoir pour le mariage de son fils ains-né avec la fille du duc de Bourgogne. Et fut du tout retourné par le moyen du traité qu'il avoit fait avec les Orliénois; et puis envoya aux Gantois et à ceux de Bruges et du Franc, lettres en franchois, dont la teneur s'ensuit : « Henri, par la grâce de Dieu, roy de France et d'Angleterre, seigneur d'Irlande, à honnorés et sages seigneurs bourgmaistres et eschevins des villes de Gand, de Bruges, d'Yppre et du territoire du Franc, nos treschers et espéciaux amis, salut et dilection. Il est venu à nostre cognoissance, par relation créable, comment sous ombre de nostre adversaire de France, le duc de Bourgongne, comte de Flandres, print et voeult prendre son chemin vers nostre pays d'Acquitaine, pour icelui gaster et destruire et nos subjets, et par espécial, nos très chers et bien aimez cousins, les ducs de Berry, d'Orléans et de Bourbon, les comtes d'Alenchon, d'Erminacq et d'Albreth, qui se disoit connestable de France. Pourquoi, se votre seigneur persévère en son vicieux et maulvais propos, vous nous voeulliez, par le porteur de ceste, signifier par vos lettres, le plus tôt que polrez, se ceux du pays de Flandres voeullent pour leur partie tenir les trèves entre nous et eulx dernièrement faictes et données, sans vous assister au maulvais propos de vostredit seigneur contre nous. Entendons, très honorez seigneurs et très chiers amis, en ce cas que vous et les communes de Flandres le voudroient tenir et garder au profit du pays de Flandres, nous entendons et avons proposé de faire pareillement de notre partie. Très chiers et honorez seigneurs et amis, le Saint-Esperit vous en ait en sa sainte garde. Donné sous nostre privé séel, en notre palais de Wesmoustier, le 16 de mai l'an 1412. »

Les Flamands ayant receues ces lettres, respondirent et dirent au porteur, que les trèves dont lesdites lettres faisoient mencion ne voeulloient nullement enfreindre, mais aussi au roy, leur souverain seigneur, et à leur seigneur duc de Bourgongne, comte de Flandres, assisteroient comme autrefois ils ont fait, selon leur povoir; et autre réponse ne firent au porteur desdites lettres. Lequel retourna hastivement à Calais, et de là en Angleterre, où il fit son rapport de la responce de ceux de Flandres; de laquelle le roy d'Angleterre ne fut pas trop bien content, mais pour l'heure ne fit autre chose. Après ce que le hérault du roy d'Angleterre se fut parti, les Flamens envoyèrent un messagier atout les lettres à eulx envoyées de par le roi d'Angleterre, en la ville de Sens, où estoient le roi et le duc de Bourgongne. Si bailla les lettres au roy, en la présence du duc de Bourgongne et de tous les princes, dont et de laquelle response que les Flamens avoient fait au hérault, le roi et le duc de Bourgongne furent bien contents. Le roi, étant encore avec les princes à Sens en Bourgongne, ouyt certaines nouvelles que le roy d'Angleterre vouloit envoyer aucuns de ses gens en France pour gaster son royaume ; et que déjà étoient issus de Calais et d'autres forteresses, en tirant sur les frontières du Boullenois, et commençoient à courir et faire innumérables maux, en enfraignant les trèves qui estoient entre eulx. Et pour obvier aux entreprises du roi d'Angleterre, fut envoyé ès parties de Boullenois le comte Waleran de Saint-Pol, lors connestable de France, qui hastivement se partit du roy, avecque lui le Borgne de la Heuse et autres chevaliers ; et alla à Saint-Omer, à Boullogne et autres places sur les frontières ; si les garnit et renforcha de gens de guerre, pour résister aux Anglois. Tantost après, toutes ces places ainsi pourvues, toute la terre et frontière des Anglois fut esmute et plaine de rigoeur et rumeur ; mais ils cessèrent pour adviser la manière des François. Toutefois gaires ne se tinrent sans mal faire ; et commencèrent à courre, prendre prisonniers, et faire le pis que povoient. Le connestable, véant leur manière, tint conseil avec ses chevaliers et autres. Le conseil tenu, il assembla jusques au nombre de trois cents lances et six cents hommes archiers, lesquels conduisoient le seigneur de Louroy et un nommé Aliame Becquetin. Il envoya devers la ville de Guisnes, quand il commenchèrent à approcher; et tout à pied, de par un autre côté, estoit envoyé messire Jean de Remy avec quarante lances; car bien savoit les entrées de la ville, afin de montrer par quel lieu il debveroit assaillir. Laquelle ville estoit close de bons fossés; et si estoit garnie d'Anglois, Hollandois et autres souldoyers, qui y demouroient. Le connestable, atout six cents lances, passa oultre la ville pour garder un passaige qui estoit entre Calais et Guisnes: lors, le connestable se mit au milieu de ses gens, et là se tint tant que l'assaut dura. Les compaignies ordonnées pour che faire se trouvèrent ensamble au point du jour près de la ville, bien ordonnés et prêts pour assaillir. Si commenchèrent à passer les fossés et rompre les palis, et firent tant par leur vaillance, que ils entrèrent dedans la ville; si y boutèrent le feu, et y ot arses plus de quarante maisons. Mais ceulx du chasteau ouvrirent une porte de leur basse-cour, par laquelle ceulx de la ville entrèrent dedans. Ainsi fut la ville prinse et arse, à laquelle y ot pluiseurs morts et navrez. La retraite des François fit sçavoir le seigneur de Louroy au connestable, lequel, atout son armée, retourna à Boullogne, où il laissa garnison, comme ès autres lieux et places. Les deux parties couroient tous les jours les uns sur les aultres, en faisant innumérables maux.

CHAPITRE XXIV.

Comment le roi meit le siége devant la cité de Bourges, cù traictié se feit, et feut la cité rendue, et la paix de Chartres renouvelée entre les partyes d'Orléans et de Bourgongne; et comment les Anglois descendirent en Normandie.

Le dixième jour de juing, le roi mist son siege devant la ville de Bourges. De ce qui y fut faict ne vous quiers faire grande recordation, pour che que les chroniques de France en font mention bien au loin, ni des armes, escarmouches et saillies, ne des rencontres; mais certainement ceulx de dedans et de dehors firent maintes belles armes l'un contre l'autre. Mais enfin traité se fit, et fut rendue en l'obéissance du roy; et fut lors renouvelé la paix faicte à Chartres entre les parties d'Orléans et de Bourgongne; et furent les serments renouvellés d'un côté et d'autre. Après ce que le roi eut recheupt l'obéissance de la cité de Bourges, les ducs de Berry et de Bourbon, et le seigneur d'Albreth, avec eux les procureurs du duc d'Orléans et ses frères, allèrent en la tente du duc de Guyenne, pour ce que pour lors le roy estoit malade de sa maladie accoutumée; et en la présence de plusieurs princes et grands seigneurs jurèrent derechef la paix par eux accordée devant Bourges, sur saintes évangiles.

tenir loyaument et fermement garder. Et en après, le promirent jurer en la présence du roi, et le faire jurer le duc d'Orléans et ses frères, qui lors estoient absents, en leur promettant de faire sçavoir le jour qui leur fut assigné par devant le roy, c'est assavoir en la ville d'Aussoire (Auxerre). Après ces choses, et jurements, et promesses, le roy alla à Aussoire; et convindrent le duc d'Orléans, ainsi que promis avoient ses procureurs, et là renouvellèrent les serments que faire devoient. Durant ces traités, le roi étant à Aussoire, lui vinrent autres nouvelles, et aux princes étans avec lui, qui moult lui dépleurent, et non sans cause; c'est assavoir que les Anglois estoient arrivés atout leurs navires à la Roche-Saint-Wast, qui est au pays de Constantin (Cotentin), et là estoient descendus à terre, et eux espandus au pays d'environ, et roboient et prenoient prisonniers, et estoient environ huit mille combattants, dont il y avoit deux mille lances, et le surplus archiers; et en étoit conducteur Thomas, duc de Clarence, second fils du roi d'Angleterre; et venoient iceux Anglois au secours de Bourges, ainsi que le roi d'Angleterre avoit promis. Et tantôt qu'ils furent descendus, les comtes d'Alenchon et de Richemond allèrent devers eux, qui de cœur joyeux les receurent, jà-soit-ce qu'ils venissent trop tard en leur aide; mais ce nonobstant, ils aidèrent de tout leur povoir à pourvoir de vivres et de chevaux; et depuis eurent les Anglois de six à sept cents Gascons, qui avoient esté souldoyers du duc de Berry à Bourges, lesquels se boutèrent avec eux, et tous ensemble commencèrent à gaster le pays. Mais les ducs de Berry, d'Orléans et autres, envoyèrent devers eulx pour appointier de leur année, qui montoit bien à deux cents mille écus; et se la finance eust été prête, ils fussent retournés en Angleterre, mais par faute d'argent ils firent depuis beaucoup de mal en France. En ce même temps, vindrent d'Angleterre à Calais les comtes de Wervic et de Quime, envoyés de par le roi Henri, atout deux mille combattants au pays de Boullenois; et firent grands dhommages, et finablement ardirent la ville de Saunir-au-Bois, prinrent d'assaut le bois de Wssault, le pillèrent et robèrent tout, puis boutèrent le feu dedans. Pour laquelle cause le roi envoya à Saint-Omer le comte Walleran, son connestable, le seigneur de Rambures, maître des arbalestriers, et le seigneur de Helly, atout grand nombre de gens d'armes, qui furent mis en garnison sur les frontières de Boullenois. Et par ainsi le pays de tous côtés fut oppressé et dégasté, tant par les Anglois comme par les François.

CHAPITRE XXV.

Du retour du roy à Paris, et comment le duc d'Orléans alla vers le duc de Clarence, et le contenta de la soulde des Anglois qu'il avoit amenez à son ayde et secours; et des commotions et haines couvertes entre les princes du sang royal; et comment le duc de Bourgongne, comte de Flandres, se partit du roy et retourna en son pays de Flandres.

En ce mesme temps, le roi retourna à Paris. Avec le roi entrèrent à Paris les ducs de Guyenne, de Bourgongne et de Bourbon, et le comte de Vertus. La royne, avec les ducs de Berry et d'Orléans demourèrent au bois de Vincennes. Brief après, la reine entra dedans Paris, et fut par le duc d'Orléans convoyée jusques auprès de la porte sans entrer dedans, puis prit congé d'elle, et par dehors de Paris se tira en sa comté de Beaumont; et le duc de Berry demoura au bois de Vincennes. Et après ce que le duc d'Orléans eut par aucuns jours séjourné en sa comté de Beaumont, se départit et alla vers les Anglois, c'est assavoir le duc de Clarence, qui estoit venu, comme dessus est dit, à sa requeste; si le contenta de finance aussi avant qu'il put finer, et pource qu'il ne poeult recouvrer toute la somme que on leur povoit devoir pour leurs gages, le comte d'Angolesme son mains-né frère fut baillé en gage et en ostage au duc de Clarence pour le résidu, avec lui pluiseurs gentilshommes, qui tous ensemble furent envoyés par le duc de Clarence en Angleterre ; et puis atout ses gens s'en alla au pays de Guyenne : et fut baillé le comte d'Angolesme pour la somme de deux cents et dix mille francs, monnoie de France. Et après ce que le duc d'Orléans ot ainsi exploité, s'en retourna à Blois. Si demeurèrent iceux hostages ou pays d'Angleterre grant espace de temps, comme cy après sera déclaré. En ce mesme temps plusieurs commotions se faisoient à Paris secrettement entre les seigneurs du sang royal, et tout par les officiers et serviteurs des princes, car n'y avoit celui qui ne désiroit avoir aucun gouvernement ou proffit, les uns de la partie d'Orléans, les autres de Bourgongne ; parquoi bien ne se povoient concorder ensemble ; et n'y avoit celui qui ne voulsist gouverner, quelque traictié qu'ils eussent fait. Si y avoit en couvert de grandes haines couvertes, et grands envies. Et tant firent le duc d'Orléans et ceux de sa bande que ils gouvernèrent du tout le roi et le duc de Guyenne. Le duc de Bourgongne véant ainsi les choses retournées, se partit secrettement de Paris, en menant le roi à la chasse, où il prit congé de lui et s'en alla en son pays de Flandres : dont ceulx de Paris et autres ses bienvoeullans furent moult desplaisans ; car ceulx qui estoient commis en aucuns offices ou gouvernement, furent despostés à la requeste des ducs de Berry et d'Orléans ; mais toutefois il advint avant le partement du duc de Bourgongne, maintes merveilleuses choses en la ville de Paris, ainsi que cy après sera dit. Ainsi, comme vous avez ouy, se demenoient les faicts de France, et tout par envies et haynes couvertes, parquoi le roy et son royaume fut presque tout détruit, et si ne povoit mais. Or est vrai, et ainsi que pour les maux que le duc de Clarence faisoit ou pays de Normandie, le roi fut conseillé de faire mandement et assembler gens d'armes pour resister allencontre de icellui duc de Clarence et de ses gens. Toutefois, comme vous avez ouy, le duc d'Orléans contenta le duc de Clarence, et tant fit que il retourna en Angleterre lui et ses gens.

CHAPITRE XXVI.

Comment la ville de Soubise, en Guyenne, fut prise et démolie par le duc de Bourbon et le comte de la Marche, sur les Anglois.

Or est ainsi que les gens de guerre que le roy avoit mandés pour la résistance des Anglois, faisoient innumérables maux autour de Paris. Si fut advisé que on les payeroit pour un mois, et seroient menés par le duc de Bourbon et le comte de la Marche, ou pays de Guyenne pour asségier la ville de Soubize, séant sur la mer, à trois lieues près de La Rochelle, que lors les Anglois occupoient : et ainsi que il fut ordonné il fut fait ; et furent iceux payés, pour un mois. Ils furent conduits et menés par un vaillant chevalier nommé messire Hector, bâtard de Bourbon, néanmoins que le duc de Bourbon et le comte de la Marche estoient les chefs. Or exploitèrent tant qu'ils se trouvèrent en la ville de Saint-Jean-d'Angely. Eux là venus ils envoyèrent en La Rochelle secrettement faire faire grand nombre d'échelles, et chependant envoyèrent courre devant la ville de Soubise pour prendre les passages et aussi l'assiette de la ville : et puis après ce que leurs habillements furent faits, ils ordonnèrent certains bateaux à mettre leurs échielles : et s'y assemblèrent le plus de arbalestriers qu'ils polrent finer, puis ordonnèrent que à certain jour ceux de La Rochelle seroient atout leur appareil auprès de la ville; le duc de Bourbon, le comte de la Marche et le gentil bâtard de Bourbon, ensemble iroient avec leurs gens par terre. Et de fait une belle nuit passèrent la rivière de Charente à Sainctes et à Taillebourg, et devant le jour se trouvèrent assez près de la ville de Soubize. Toutefois ils n'estoient point si près que ceux de la ville peussent ouïr le bruit de leurs chevaux. Là firent leurs ordonnances pour assaillir la ville de la belle nuict. Pavois et eschielles feurent descendus de la navire, et environ le point du jour, commenchèrent à assaillir la ville, et de fait fut la ville prinse d'assault, nonobstant que ils étoient de cinq à six cents Anglois dedans, mais ne se doutoient de l'assault, ne de la venue des Franchois ; et là furent morts de deux à rois cents Anglois, et les autres prisonniers. Là fut la ville destruite, et par ceux de La Rochelle démolie. Après cette conqueste, les deulx gentils princes de France donnèrent congé à tous leurs gens de guerre, et les deux princes dessusdits retournèrent à Paris, où ils furent festoyés grandement.

CHAPITRE XXVII.

De l'assemblée et commotion des Parisiens, et des outrages que feirent au duc de Guyenne, et de plusieurs maux qu'ilz perpétrèrent; des blans chapperons qu'ilz mirent sus en livrée, que le roy porta, et plusieurs aultres seigneurs; et de l'outraige qu'ils feirent au roy et à la royne, ès personnes d'aucuns princes et seigneurs, dames et damoiselles.

En cette mesme année, et après ce que le roi fut revenu du siége de Bourges, il ot conseil de réformer aulcuns qui de long-temps auparavant avoient gouverné ses finances, et se firent pluiseurs informations allencontre d'eux, tant publiquement comme secrètement; dont la pluspart estoient en grand doubte et soupechon comment ils polroient eschapper, car déjà en y avoit plusieurs arrêtés personnellement, et les aulcuns s'estoient rendus fugitifs; desquels on avoit mis les biens en la main du roi. Si queroient divers moyens entre les princes qui gouvernoient le roi : entre lesquels estoient des absents étoit messire Pierre de Essarts, qui estoit retrait à Chierbourg en Normandie, par aucuns moyens qu'il eut devers le duc de Guyenne, fut mandé de venir à Paris, et entra secrettement dedans la bastille Saint-Anthoine, avec lui Anthoine son frère. Toutefois il fut sceu par aucuns bourgeois de Paris, qui point ne l'aimoient; et le firent sçavoir au duc de Bourgongne et à ses gens, qui de lui n'estoient pas contens. Pour laquelle cause fut faicte une grande assemblée des communes de Paris, avec eux messire Elion de Jacqueville, lors capitaine de Paris : et tous ensemble allèrent devant la bastille, et tant firent qu'ils eurent en leurs mains messire Pierre des Essarts et son frère, et les menèrent prisonniers en Chastellet, et depuis au Palais. Ne demoura guères après que icelles communes de Paris se rassemblèrent jusques au nombre de six mille, sous l'étendard de Jacqueville; et si étoient avec eux messire Robert de Mailly, Charles de Lens, et pluiseurs autres de l'hostel du duc de Bourgongne ; et tous ensemble allèrent devant l'hôtel du duc de Guyenne. Or est vrai que les principaux émouveux d'icelles communes étoient Caboche le boucher, maître Jean de Troyes, et Denisot de Chaumont, pelletier; lesquels entrèrent dedans l'hôtel au duc de Guyenne, et allèrent tout droit devant lui, disant en cette manière : « Notre très redoubté » seigneur, véez ci les Parisiens, non pas tous, » qui vous requièrent, pour le bien de votre père » et de vous, que vous leur faites livrer aucuns » traîtres qui sont en votre hôtel de présent. » Le bon duc leur respondit par grand desplaisance que il n'avoit nuls traîtres en son hôtel, et que à eux n'appartenoit pas aller ainsi vers lui. Iceux bouchiers et méchants gens répondirent que ils les voulloient avoir, et que, pour le bien de lui, ils prendroient et puniroient selon leurs démérites. Le duc de Bourgongne, en sa compagnie le duc de Lorraine, sceurent cette assemblée. Si allèrent au duc de Guyenne; mais ce nonobstant que le duc de Bourgongne fust présent et auprès du duc de Guyenne, si ne laissèrent pas iceulx Parisiens à prendre plusieurs hommes en son hostel; et prinrent son chancellier, le duc de Bar, messire Jacques de Rivière, les deux fils du seigneur de Boissay, Michiel de Vitry et son frère, les deux fils de messire Regnault d'Angennes, les deux frères du Maisnil, les deux frères de Gérasme, et Pierre de Naisson. Quand le duc de Guyenne vit faire tel outrage en son hostel, il fut moult troublé et dit au duc de Bourgogne : « Beau-père, cette » mutation est faite par vostre conseil, et ne vous » en povez excuser, car les gens de vostre hostel » sont avec eux, et soyez seur que une fois il m'en » souviendra toujours, et n'ira pas la besogne à » votre plaisir. » Le duc de Bourgogne répondit : « Mon très redoubté seigneur, vous vous informe- » rez, et, se Dieu plaît, vous en saurez la vérité. » Toutefois les Parisiens enmenèrent tous ceulx qu'ils avoient pris, et les firent mettre en diverses prisons; et après allèrent quérir messire Raoul Bridoul : et, ainsi que on le menoit, l'un de ses hayneux le férit d'une hache et le tua, puis fut jetté en Seine; et, ce même jour, tuèrent un tapissier, notable homme, nommé Martin Dane, et si tuèrent un cannonier nommé Wateller, serviteur du duc d'Orléans. Après ces choses, faictes les Parisiens contraindirent le duc de Guyenne de soi loger à l'hôtel de Saint-Pol, avec le roi son père, et firent garder curieusement les portes, afin qu'il ne s'en allast hors de Paris : et la cause sy étoit pour ce que aucuns disoient que il voulloit aller au bois de Vincesnes, et que il avoit mandé à messire Pierre des Essarts que il lui amenast cinq cents lances, et les faist payer pour ung mois; et aussi que le duc d'Orléans et aucuns de sa partie faisoient grant assemblée de gens d'armes pour estre avec le duc de Guyenne, le premier jour de mai, l'an mille quatre cens et treize, au chastel du bois de Vincesnes, où là se devoit faire unes joustes, dont le duc de Bourgongne et les Parisiens n'étoient pas bien contents. Et pour vrai dire, c'estoit piteuse chose pour lors d'estre à Paris, car il n'y avoit ordre ne gouvernement entre eux. Et, pour montrer que c'étoit pour le bien du roi et du royaume, ce qu'ils faisoient, rescripvirent à pluiseurs bonnes villes, en requérant que se besoin estoit, ils les voulsissent aider et conforter en toutes leurs affaires, et aussi que tous demourassent ensemble et en union au service du roi et de son fils ains-né ; et après que ils orent ainsi rescript aux bonnes villes, prièrent et requirent au roi qu'il lui plaisist mander à tous les baillis et séneschaux de son royaume ses lettres patentes, pour les faire publier par tous les baillages et séneschaussés, contenans en effet que le roi deffendoit, sur peine de confiscation de corps et de biens, que quelque personne, de quelqu'état qu'il fût n'allast à mandement, ne à arme, nulle, si ce n'étoit à son commandement, ou de son fils ais-né, ou du comte de Saint-Pol, connestable de France. Icelui mandement fut envoyé par tous les bailliages, ainsi que dit est. En ce temps, comme devant est dit, les Parisiens avoient fait une livrée de blans chaperons, que ils portoient et faisoient porter à plusieurs seigneurs, tant d'église comme autres; et de fait le porta le roi, le duc de Berry et autres, qui estoient chose de grand' esclandre; mais lors ils étoient si puissants et si obstinés en maux, que nul n'y savoit remède mettre, car ils se fioient fort d'avoir aide du duc de Bourgongne. Le onzième jour de mai 1413, firent proposer, les Parisiens, devant les ducs de Guyenne, de Berry, de Bourgongne et de Lorraine; les comtes de Charollois, de Nevers, et devant prélats, chevaliers, escuyers et communes de la ville de Paris, là où avoit plus de douze mille blans chapperons, aucunes remontrances dont cy n'est faite mention. Et en la fin de ladite proposition firent bailler au duc de Guyenne un roolle, et lui requirent qu'il fust leu en publique. Onquel roolle étoient écrits et dénommés soixante traistres, tant absents comme présents, et de fait en firent prendre jusques au nombre de vingt, entre lesquels étoient le seigneur de Boissay, maistre-d'hôtel du roi, Michiel de Laillier et autres; et les absents furent appellés par les carefours de

Paris à son de trompe, au droit du roi, en briefs jours, sur peine de confiscation de corps et biens. Or est vrai, que le 18e jour de mai, l'an dessusdit, le roi, qui malade avoit esté, se trouva sain et en bon point, et de son hostel de Saint-Pol s'en alla à l'église Notre-Dame, portant le blan chaperon; et aussi faisoient les princes; puis s'en retourna en son hostel, accompaigné de grant multitude de poeuple. Le 20e jour de mai estoient les Parisiens, atout grand nombre de gens d'armes, qui environnèrent leur ville, afin que nul ne s'en pût fuir ne saillir hors; et si furent les portes fermées avec ceste garde; et lors établirent, en chascune rue de Paris, dixaines et diseniers qui toujours estoient armés; et ce fait, le provost des mareschaux et les gouverneurs de la ville, avec grant nombre de gens armés, allèrent devant l'hostel du roi, et trouvèrent avec lui la reine et son fils ains-né, qui de l'assemblée rien ne savoient. A celle heure avoit à Paris grant assemblée de seigneurs, c'est assavoir les ducs de Berry, de Bourgongne, de Lorraine et de Bavière, frère de la reine, qui lendemain devoit épouser la sœur du comte d'Alenchon; et avec ce, y étoient les comtes de Charollois et de Nevers, et de Saint-Pol, connestable de France, et autres, et pluiseurs prélats et grands seigneurs en très grand nombre; et lesdits firent faire une proposition devant le roi par un carmélite, nommé frère Wistase, lequel prit pour son theusme: *Nisi dominus custodierit civitatem, frustrà vigilat qui cus-*

todit eam. Qui vaut autant à dire : Se le seigneur ne garde la ville et la cité, la veille labeure en vain. Laquelle proposition exposee, après prêcha moult bien; et là fit aucune mention des prisonniers, et du mauvais gouvernement du royaume et des maux qui s'y faisoient. Sa collation et prédication finée, le chancelier du roi de France lui dit, que il se fist advouer, et il répondit que si feroit-il. Alors le provost des marchands et les eschevins de la ville le advouèrent; mais pour che que là n'étoit que un petit nombre de gens, et que ils ne parloient point assez haut au gré du chancelier, aucuns des gens du roi appelèrent aucuns des notables bourgeois de la ville, et de la plus grant nation qui là estoient arrivés avec les autres, lesquels allèrent devers le roi, et advouèrent ce que frère Wistasse avoit dit, en remontrant au roi la bonne amour et dilection qu'ils avoient, et à sa noble génération; et que tout ce que ils avoient fait et faisoient, étoit pour le bien et utilité de lui, de sa génération, et pour le bien publicque de tout son royaume. Quand le duc de Bourgongne sceut icelle assemblée estre en l'hostel du roi, très diligemment monta à cheval, et alla devers eux, leur priant qu'ils s'en allassent à leurs hostels, en leur demandant que ils voulloient, et pourquoi ils estoient là venus en armes, en leur remontrant que ce n'estoit pas bien fait, vu que le roi naguères étoit retourné de sa grand' maladie. Ils répondirent au duc de Bourgongne qu'ils ne se estoient point assemblés pour mal, mais pour le bien du royaume, et lui baillèrent un roolle, en disant que jamais ne se partiroient de là jusques à tant que on leur auroit baillé ceux qui écrits étoient dedans le roolle; c'est à savoir, le frère de la reine et le chancelier, et ceux qui s'ensuit : Charles de Villers, Covenard, Bayer, Jean, seigneur d'Olhain, l'archevêque de Bourges, Jean Vincent, Jennet d'Estouteville, le trésorier du duc de Guyenne, et un chevaucheur du duc d'Orléans, qui ce jour avoit apporté lettres au roi de par son maître, et avec ce, madame Bonne d'Erminacq, la dame de Montauban, la dame du Quesnoy, la dame d'Avelin, la dame de Nouvion, la dame du Châtel, et quatre damoiselles. Quand le duc de Bourgongne vit que rien ne profitoit sa requête, il s'en alla vers la reine et lui montra le roolle; laquelle, moult troublée, appella son fils le duc de Guyenne, et lui commanda que lui et le duc de Bourgongne allassent vers eux, et de plus elles les priassent tous deux que jusques à huit jours tant seulement, se voulsissent déporter de prendre son frère, et au huitième jour, sans nulle faute, elle leur bailleroit à faire leur volonté ; et se à sa requête ne vouloient rien faire, au moins que ils fussent contents que elle le peulsist faire mener après eux, là où ils le vouldroient avoir prisonnier. Le duc de Guyenne fut moult courroucé et dolent de la manière que tenoient les Parisiens. Toutefois il alla devers eux, avec lui le duc de Bourgongne, qui leur exposa la requête de la reine en brief, mais de tous points le refusèrent, disants se on ne leur bailloit ce que ils demandoient, ils les iroient quérir quelque part que ils fussent, et fussent en la chambre du roi. Les ducs de Guyenne et de Bourgongne, véans que ils ne pouvoient résister ne rien faire devers les Parisiens, se retournèrent vers la reine, et lui contèrent en la présence de son frère, la response des Parisiens, qui étoit telle que vous avez oy. Quand le duc Loys de Bavière, frère de la reine, vit que remède n'y avoit qu'il ne fût mis ès mains des Parisiens, en très grand' crainte et amère déplaisance, descendit de la chambre de la reine, et s'en alla aux Parisiens en leur faisant une requête, que ils le voulsissent mettre en honnête prison, et se ils le trouvoient de rien coupable, il estoit content d'être pugni; et se ils le trouvoient innocent, sans longue prison le délivrer. Les autres après descendirent; si firent les dames et damoiselles, qui ne fut pas sans grand paour et crainte; et là y ot maintes larmes plourés; et à la vérité ce estoit grand' pitié de voir telles nobles femmes estre mises ès mains de tel commun. Incontinent que iceux seigneurs, dames et damoiselles furent ès mains des Parisiens, ils les firent monter à cheval et menèrent en prison, les uns au Louvre, et les autres en autres prisons, et Dieu sait la crainte que avoient icelle noble gent. La reine et le surplus de ses femmes plouroient, que c'étoit pitié à les voir; et pareillement le duc de Guyenne. Tantost après, le seigneur d'Olhain fut délivré; aussi fut le chancellier du duc d'Orléans. Le duc de Bourgongne, qui avoit la garde de son cousin-germain le duc de Bar, de messire Pierre des Essarts, de Anthoine son frère, et de plusieurs autres qui estoient prisonniers au château du Louvre, lesquels il avoit plégié, s'en déchargea et les donna en garde à ceux de Paris. Ordonné fut, de par le roi, douze commissaires chevaliers et six examinateurs, pour connoître et juger selon l'exigence des cas; et fut baillé à ceux de Paris. Or est vrai que par le duc de Berry, oncle du duc de Bar, et aussi au pourchas de sa sœur Bonne de Bar, comtesse de Saint-Pol, et autres ses amis, se fit un traité, lequel fut envoyé devers ceux de l'université pour en avoir leur avis touchant les faits sur quoi ils avoient été pris, mais leur en déplaisoit. Quand ceux de Paris virent ceux de l'université déjoindre d'eux, et doubtans que en temps avenir aucune chose ne leur en fût demandée, ils impétrèrent devers le roi et son grand conseil un mandement royal pour leur décharge et excusation, lequel contenoit en effet que le roi les avoit fait prendre, et que ce que les Parisiens avoient fait, estoit pour le bien de la personne du roi et du royaume, et aussi pour le bien de la justice et toute la chose publique, veullant que jamais à eux quelque chose ne fût demandée, ne à leurs hoirs; et au *vidimus* d'icelles lettres sous le scel du Chastellet, ou autres sceaulx royaux ou authentiques, pleine et vraie foi y soit ajoutée, comme à l'original. Lesquelles lettres furent faites à Paris, le treizième jour d'avril 1413, présens les ducs de Berry, de Bourgongne, l'archevêque de Bourges, l'évêque de Tournay, le connestable de France, l'abbé de Saint-Denis, et plusieurs autres. Durant les tribulations qui lors estoient à Paris, le comte de Vertus, frère du duc d'Orléans, qui lors estoit à Paris, considérant la prise du duc de Bar et des autres, sans le sceu et licence du roi, se partit secrettement de la ville de Paris, et s'en alla, lui troisième, devers le duc d'Orléans son frère, qui lors estoit en la ville de Blois, auquel il raconta les grands tribulations, monopoles et assemblées qui s'étoient faites et faisoient de jour en jour à Paris, dont moult en déplut au duc d'Orléans. Duquel partement le duc de Bourgogne fut moult déplaisant, car il ot bien vollu que le mariage d'une de ses filles et du comte de Vertus se fût fait, ainsi que promis avoit été par avant. Pareillement se partirent de Paris plusieurs notables seigneurs des gens du duc de Bourgongne, pour la crémeur et doubte des Parisiens. Toutefois le duc de Bourgogne en remanda les aucuns, qui en grand doubte y retournèrent, et non sans cause; car les Parisiens en faisoient morir et noyer journellement, sans ordre et ordonnance, que étoit pitié à le voir, car en eux n'avoit raison nulle. Et le vendredi ensuivant dixième de mai, à la requête du duc de Bourgongne et des Parisiens, le roi alla en la chambre de parlement, et là fut en état royal, et là fit et ordonna certaines constitutions touchant le gouvernement de son royaume; et par espécial ordonna un mandement qui seroit porté par tous les baillages et ailleurs, pour là être publié; et la cause si estoit, pource que messire Clignet de Brabant, messire Loys Bourdon et autres capitaines, tenoient les champs sur la rivière de Loire en prenant leur chemin devers Paris. Le mandement contenoit, en effet, que le roi mandoit à tous ses baillis et officiers, comment il avoit sceu que plusieurs gens pilloient et roboient, et détruisoient son royaume; et de fait estoit acertené, que par eux estoient les subjets, tués, ots ranchonnés, pucelles violées; et tous les maux que ennemis polvoient faire, ils faisoient; pour lesquelles causes le roi mandoit qu'il fût crié à son de trompe, par tous les lieux accoutumés à ce faire, que tantôt un chacun se retournast à son hôtel sans plus tenir les champs, sur confiscation de corps et de biens; et avec ce fut publié que nul, de quelque état qu'il fût, fussent les princes de son sang ou autres, ne fissent assemblée de gens de guerre, pour quelque cause que ce fût, si ce n'estoit pas son mandement et ordonnance. Toutefois il n'entendoit mie que si aucun prince de son sang, et ceux qui l'avoient servi au siège de Bourges, mandoient aucuns de leurs subjets à venir devers eux qu'ils ne le peussent mais; à tous autres deffendoit.

Tantost après, environ la vigile de Penthecoustes, messire Jacques de la Rivière, frère au comte de Dammartin, qui avoit esté pris avec le duc de Bar en l'hostel du duc de Guyenne, fut dit que il s'estoit désespéré, et frappé d'un pot d'étain en la tête, si grand coup que il s'estoit tué ; et pour cette cause fut mis sur une charrette, et mené ès halles de Paris, où il fut décapité : mais, à la vérité, la chose alla autrement ; car le seigneur de la Jacqueville l'alla visiter en la prison ; et entre plusieurs paroles, l'appela faux traître ; et messire Jacques répondit que il avoit menti ; et adonc, le seigneur de Jacqueville, soi véant démenti, et meu de courroux, le frappa d'une petite hachette que il tenoit en la main, si grand coup, que il mourut. Et quand ledit Jacqueville l'ot ainsi tué, il issit hors de la prison, et fit courre la voix avant Paris que lui-même s'estoit tué d'un coup de pot d'étain ; si fut tout notoire que ainsi estoit, et chacun le disoit, et cuidoit chacun que il fût ainsi. Un gentilhomme, nommé le Petit Maisnil, écuyer tranchant du duc de Guyenne, eut la tête tranchée ès halles, et aussi olrent Thomassin et deux gentilshommes ; et tout ce faisoient faire les Parisiens. Le comte d'Eu, qui là estoit, prit congé du roi et du duc de Berry, son beau-père, pour aller en sa ville d'Eu, où il fit grand' assemblée de gens d'armes, feignant que ils voulsist faire guerre au seigneur de Croy, pour tant que messire Jean de Croy avoit pris les enfants de Bourbon en son hôtel de Monceaulx ; mais il fit le contraire, car tantôt qu'il ot ses gens prêts, s'en alla devers les ducs d'Orléans, qui estoient à Vernoeul en Perche ; et aussi le roi Loys, les ducs de

Bretaigne et de Bourbon, les comtes de Vertus et d'Alenchon, et plusieurs grands seigneurs, qui estoient assemblés, pour certaines lettres que le duc de Guyenne leur avoit escript, et aussi mandé par le comte de Vertus, c'est assavoir comment le roi, son père, la reine et lui, étoient prisonniers, et de tous points au gouvernement et garde de ceux de Paris, dont lui déplaisoit grandement. Aussi leur fit dire l'emprisonnement des ducs de Bar et de Bavière, et des autres, tant hommes que femmes; pourquoi s'étoient iceux assemblés en la ville de Vernoeul. Si orent advis ensemble qu'ils rescripvroient au roi et à son grand conseil, et à ceux de Paris, qu'ils laissassent aller le duc de Guyenne où bon lui sembleroit, et qu'ils délivrassent les ducs de Bar et de Bavière, avec tous les autres prisonniers, ou si ce ne faisoient, ils feroient guerre à la ville de Paris, et détruiroient à leur pooir tous ceux qui dedans étoient, réservé le roi et ceux de son sang royal. Lesquelles lettres furent reçues par le roi en conseil, où il fut délibéré que on envoyeroit une ambassade devers eux pour traitier des matières, pour faire faire response aux lettres que escriptes avoient. Le samedi, premier jour de juillet, après ce que on eut fait le procès de messire Pierre des Essarts, auparavant prévost de Paris, il fut mené ès halles, où il ot la tête tranché et le corps mené au gibet.

CHAPITRE XXVIII.

De la proposition et harangue que les ambassadeurs du roi de Cécille, des ducs d'Orléans et de Bourbon, feirent à Ponthoise aux ducs de Berry et de Bourgongne, pour le bien et utilité, paix et union du royaume; et des articles sur ce advisés.

Vous avez ouy comment il fut délibéré au conseil du roi d'envoyer une ambassade devers le roi Loys, les ducs de Bretagne et de Bourbon, et fut ainsi fait. Lesquels ambassadeurs furent honnorablement receus d'eux; et tantost après ladite ambassade envoyée, le roi tint conseil; et fut ordonné que messire Jean de Moroeul porteroit lettres ès baillages d'Amiens et de Vermandois, et aux prévostés d'icelles, par lesquelles le roi leur faisoit sçavoir qu'ils lui fussent toujours fermes, bons et loaulx; et fussent prêts en armes toutes et quantes fois que lui et son fils, duc de Guyenne, les manderoient pour eux servir; et avec ce leur mandoit le roi, que tout ce qui avoit été fait à Paris touchant l'exécution de plusieurs gens, avoit esté fait par justice et de son consentement, en leur faisant savoir et déclarer les causes pourquoi l'exécution avoit esté faite. En celle saison, une armée d'Angleterre descendit en la cité d'Eu, en un port de mer nommé le Tresport, lequel ils prirent et ardirent et détruirent, et mêmement l'église et l'abbaye fondée en l'honneur de saint Michel; et puis s'en retournèrent, sans autre chose faire, en Angleterre. Or faut parler des ambassadeurs qui avoient été envoyés de par le roi à Vernoeul, devers les dessusdits seigneurs. Les ambassadeurs furent l'évêque de Tournay, le grand maître de Roddes, les seigneurs d'Offemont et de la Viefville, maître Pierre de Marigny et aultres; lesquels, après ce que ils orent besogné devers les princes qui à Vernoeul estoient, rapportèrent au roi l'effet de leur ambassade. Laquelle rapportée, un peu de temps après, par l'ordonnance du roi, les ducs de Berry et de Bourgongne, avec eux lesdits ambassadeurs, furent envoyés à Ponthoise; et le roi de Sezille, les ducs d'Orléans et de Bourbon, les comtes de Vertus, d'Alenchon et d'Eu, vinrent à Vernon; et là envoyèrent leurs ambassades à Ponthoise, devers le duc de Berry et de Bourgongne, pour leur remontrer et exposer les causes de leurs complaintes, et les grands maux, périls et inconvénients qui pourroient advenir; et par un de leurs ambassadeurs, fut exposée la charge et la créance qu'ils avoient aux ducs de Berry et de Bourgogne, avec lesquels étoient plusieurs du conseil du roi, et aussi des Parisiens. Et dit ainsi celui qui proposa pour le roi Loys, les ducs d'Orléans et autres.

« La crédence à nous baillé, de la partie de monseigneur le roi de Sezille et le duc d'Orléans, et vous, nos très redoutés seigneurs de Berry, de

Bourgongne, et à vous, messeigneurs du grand conseil du roi, et de monseigneur de Guyenne, qui estes de leur compagnie, puisqu'il convient que je die la parole pour le bien de paix, confiants en celui qui est auteur de paix, et la faveur et bonne volonté des écoutants, je prends un mot du Psautier : *Oculi mei semper ad Dominum*, au 24e psaume ; qui vaut autant à dire : *Mes yeux sont toujours vers Notre-Seigneur*. Par l'introduction du sage Platon, duquel j'ai pris mon theusme. Entre les autres notables dis envoyés à tous seigneurs et princes ayans prééminence au gouvernement des choses publiques, ils doivent garder les commandements de leurs seigneurs ; premier, que en tout ce que ils feroient, ils aient le regard à la chose publique, en délaissant et mettant derrière leur bien particulier et profit, selon ce que la chose publique, dont ils ont le gouvernement, représente un corps, dont ils sont les chefs, et les sujets sont les membres ; en telle manière que se aucuns des membres sont blessés, qu'il en descende douleur au chef. Et pour venir à mon propos, je considère ce royaume de France chrestien, estre un corps, duquel votre souverain seigneur le roi est le chef, et les membres sont les sujets. En quel degré je metterai les seigneurs du sang royal, qui nous ont ici envoyé, et vous aussi, mes très redoutés seigneurs auxquels nous parlons ? je ne seais, car nous n'avons point de chef, se non le roi, nostre souverain seigneur et prince. Quant au chef, je ne vous compare pas, ne aussi aux membres particuliers du chef. Et pour tant que entre les autres membres du chef, les yeux sont les plus notables, et de plus grant singulière et meilleure condition, je vous compère comme les yeux dudit chef, pour trois causes très excellentes et singulières. Premier : car les yeux sont et doivent être de leur nature en corps bien disposés de mesure, forme, et figure, et de vue, et sans quelque différence, si comme que quand un œul regarde droit et l'autre de travers, ou que l'un fût clos et l'autre ouvert, tout le corps en est difforme, et de ce prend-il nouvel nom, comme borgne et loucque. Et ainsi me semble que nos seigneurs nous ont ici envoyés, à vous, nos très redoutés seigneurs, auxquels nous parlons ; supposé que vous soyez plusieurs en grand nombre, toutefois êtes vous regard sur tout le corps, et debvez être tout d'une volonté, tendans à une bonne fin, c'est assavoir l'œul d'entendement par clère connoissance, et l'œul par effet, par vraie amour, et sans différence, comme dit le sage écclésiastique : *Oculi sapientis in capite ejus*. Secondement : les yeux sont en la plus haute et évidente partie de tout le corps, comme dit le prophète Ezéchiel, au 24ᵉ chapitre : *Speculatorem dedi te domui Israel* ; pareillement sont nos seigneurs du sang royal ; car pour la singulière affection que ils ont à leur seigneur et à toute sa domination et seigneurie, ils veillent continuellement sur la garde d'icelui. Tiercement : car pour la grand' noblesse de l'œul, qui a la forme ronde, il a telle sensibilité de tous les membres de son corps, que tantost que aucun membre est blessé de douleur, il en pleure, comme dit le prophète Jérémie, au 19ᵉ chapitre : *Plorans plorabit, et educet oculus meus lacrymam.* Et semblablement fait à ce propos, ce que récite Valère en son huitième livre de Marcelle tyran ; lequel véant la désolation de sa cité par son ennemi, laquelle il avoit pris par force, ne se polt tenir de pleurer de la douleur des membres ; comme fit Codrus, duc d'Athènes, lequel, pour gagner la bataille contre ses adversaires, il se fit tuer de sa mesme volonté. Et pour ce, tous nos seigneurs sont et doibvent être de pareille condition ; et les ai accomparés aux yeux, disant : *Oculi mei semper ad Dominum*, en la personne des seigneurs qui nous ont envoyés, voire, et en la personne de nous qui avons cette charge receue, non pas pour tant que aucun de nous se équipare à l'œul, mais comme très humble serviteur de l'œul, et assis entre ses ennemis, maître du corps des devant dits, comme l'ongle du petit doigt nommé le médecin de la dextre main, par vraie disposition de nature, a accoutumé de servir et obéir à l'œul, à l'exemple duquel nous sommes contraints de parler de tant haute matière, laquelle chose nous est moult griefve ; mais c'est le bien de la paix, et pour obéir à l'œul ; car, en quelconque temps, chacun doibt avoir regard à Nostre Seigneur ; mais encore plus en temps de adversité, comme on dit : Viens à ton ami quand tu es appelé, lui étant en prospérité; et quand il est en adversité, n'attends pas que tu soyes appelé. Mais j'entends de tous seigneurs terriens, supposé qu'ils soient dissolus, et non faisant les faicts et les œuvres du roi et du seigneur, selon le dit de l'apostre saint Pierre : *Soyez subgects à toutes créatures pour l'amour de Dieu, et au roy, comme plus excellent;* et derechef : *Soyez obéissants en la crémeur de Nostre-Seigneur, et non pas tant seulement aux bons et justes, mais aussi aux non sachants.* Et par ainsi se poeult dire de chacun seigneur le mot que j'ai pris : *Oculi mei semper ad Dominum.* Et pourtant, mes seigneurs qui nous ont ici envoyés, ayant l'œul d'entendement par claire cognoissance, et affectés par vraie amour à leur seigneur, comme ou chef et à tout le corps de ce chrestien royaume, doubtans que d'eux on ne die ce qui est escript par le Sage au huitième chapitre : *Speculatores ejus cœci sunt; Ses gardeurs ou veilleurs sont aveuglés :* et aussi que on ne die qu'ils soient semblables aux porcs, qui les fruits des arbres dévorent, et jamais ne lèvent leurs yeux à l'arbre; veans et pensans aucuns mauvais qui puis un peu de temps les ont tenus en la ville de Paris, se deullent qu'ils voyent avoir et souffrir tout le corps devantdit une grande destruction, par laquelle puisse bientôt venir et encourir à une bien grande maladie périlleuse, et telle que, par continuation, puisse être mortelle, que Dieu, par sa grâce ne veulle ! Premiers ils ont entendu la prinse des serviteurs du roy, de la reine, et du duc de Guyenne, desquels à eux seigneurs tant seulement appartient la cognoissance, et non à autre : et après ont entendu que pareillement a été fa! des dames et damoiselles qui estoient en la compagnie de la royne et de madame de Guyenne. Lesquelles choses, tant pour l'honneur de leurdite maîtresse la royne, comme pour l'amour du sexe féminin, ont deubt par raison avoir différé, et aussi pour l'honneur de chasteté. Et droict dit ainsi et commande, sur grand peine, que honnêtes femmes ne soient point traictées en publique ; et aussi pour l'honneur de noblesse, et de la noble maison dont elles sont extraites et issues, il semble qu'elles ne doibvent pas estre ainsi traictiées. Et en outre, se deullent, et nonobstant que quelques seigneurs du sang royal n'apparteignent, fors seulement au roi et aux seigneurs de son sang, messeigneurs les ducs de Bar et de Bavière, comme ils ont entendu, par gens qui n'avoient nulle autorité d'office royal, et en manière de rumeur de peuple, lesquels, par force, rompirent les portes de l'hostel du roi et de monseigneur de Guyenne ; et par espécial que ils ne scevent aucunes justes causes ou couleur pourquoi ils font tels exploits, qui ne se deussent faire : et peut-être que si ils sçavoient aucunes justes causes, ils ne se esmerveilleroient point tant que ils font. Et encore outre ; car en continuant, comme on dit, monseigneur de Guyenne a esté et est privé de sa liberté active et passive : active, car il ne peult alle rhors de son hostel, ou au moins hors de la ville de Paris ; passive, car nul, de quelque condition qu'il soit, ou de son sang, ou d'autre, n'ose parler ne converser avec lui, fors ceux qui le gardent, ainsi qu'il est accoutumé de faire à un prisonnier honneste : laquelle chose est moult griefve à lui et auxdits seigneurs, d'estre privés de la vision et conversation de leur souverain seigneur en terre, comme se c'étoit après la vie perdre la vision de Dieu. *Item*, se doulent ; car, puis que les choses sont advenues, vindrent lettres de par la ville de Paris, envoyées auxdits seigneurs, et presque semblables envoyées aux bonnes villes de ce royaume, contenants en effet les exploits dessusdits avoir esté faits, le petit gouvernement dudit monseigneur de Guyenne, et en la requérant que chacun fist ainsi. Donc, quant aux lettres dessusdites envoyées, ils se deulent, car nuls, fors ceux du sang royal, ne doivent sçavoir quelque chose de leur gouvernement, ne qui donne charge à tels seigneurs, et aussi n'y avoit la cause faincte ou vraie, pourquoi les villes deussent faire tels exploits ; car il n'étoit personne qui jamais se fût mêlé du gouvernement de monseigneur de Guyenne. Et semble que ce ne soit fors à induire ou esmouvoir le peuple à aucun mauvais appointement faire, au préjudice du roi et du royaume ; et aussi se deullent, car, par l'importunité d'aucuns continuant ladite matière, furent impétrés mandemens contenants que pour quelque mandement desdits seigneurs ou d'aucuns d'eux, nuls ne venissent en leur compagnie, mais se tenissent en leurs maisons, jusques à donc que monseigneur le connestable ou aucuns autres seigneurs étans dedans Paris les manderoient, dont grandement se plaignent; car oncques ne firent ne ont intention de faire chose pourquoi on leur doye oster leurs vassaux; et quand le roy a affaire d'eux, les susdits vassaux les doivent servir en leur compagnie.

Item, se plaindent de pluiseurs autres paroles et mandemens par lesquels pluiseurs officiers, qui de faict ont prins et de faict encore prendent chasteaux et forteresses, en y commettant nouveaux officiers, en bouttant dehors ses capitaines, quoiqu'ils soient notables chevaliers et escuyers, preudhommes et sans reproches, qui toute leur vie ont bien servi et léalement, et ont intention de servir le roi; lesquelles choses et mandemens, et chacune d'icelles lettres sont moult étranges, nouvelles et déplaisantes, et donnent occasion à tous états, tant en chefs comme en membres, mal exemple et inobédience, et par conséquent de subversion et de ruineuse domination; car ce très noble et très chrestien royaulme a esté gouverné longuement en bonne prospérité, principalement par bonne police d'icellui, en bonne et vraie justice, dont le fondement fut par trois choses, par lesquelles il excède les autres; comme première : patience par laquelle la foi chrestienne fut défendue, et justice par bonne police soutenue en ce royaulme: et après parla très noble et pleine preud'hommie de chevalerie, par laquelle, non pas seulement ce royaume, mais toute la foi chrestienne en a été doublée et défendue; et tiercement le grand nombre de peuple loyal et subjects, comme vrais obéissants à la domination : lesquels trois, par telle manière et exploits, légèrement veinroient à totale perversité et perdition ; et tellement que tout l'ordre est perversé, et que l'un occupe l'office de l'autre ; car les pieds qui portent le chef, les bras et le corps, vont dessus, et le chef est bas; donc le corps et tous ses membres perderoient la reigle et bonne disposition de nature, et ainsi que dit la loi. Pour laquelle chose nos seigneurs qui nous envoyent à supplier au roy et à la royne, et à monseigneur de Guyenne, et en priant et requérant à vous, nos très chers et redoutés seigneurs, qui ici estes, et à chacun de vous, à par lui, selon l'exigence du cas et possibilité ; laquelle est pour avoir et eux porter les remèdes convenables ; et il leur semble que en poursuivant l'opinion des sages physiciens, que abstinence est persévération des maladies pour la santé du corps : et pour ce de la partie des seigneurs devantdits, nous vous prions ; et de la nostre vous supplions, que de cy en avant tels exploits et manières, ainsi que dit est dessus, et toutes commissions extraordinaires cessent du tout, par vraie exhibition de bonne justice, par laquelle, honneur, prééminence et vraie liberté soient au roy et à monseigneur de Guyenne, comme au chef soit honneur et prérogative accoutumé, et aux seigneurs comme à l'œil du chef, vraie justice, et en eux préservant de toutes offenses; et au peuple comme le corps, les bras et les jambes, soit bonne, vraie et sûre paix, et comme dit le Psalmiste : *Justitia et pax oscultæ sunt.* Duquel bien dit sainct Augustin, *que chacun demande la paix en sa maison.* Et s'aucuns voeullent ladite abstinence estre périlleuse, pour la crémeur des deux choses contraires, qui sont guerre et justice rigoureuse, nous répondons de la partie desdits seigneurs; que ces deux là ils escheveront de tout leur pouvoir, et par effect se ployeront de très bon cœur à faire ladite abstinence, et à expulser tous les gens d'armes portants dhommaige en ce royaume, par toutes les voies et par tous les moyens que ils porront. Et quant au faict de justice rigoureuse, leur intention est de ensuivir la manière de tous princes, considérant la sentence de Platon, que quand un prince est cruel en la chose publique, est quand le tuteur chastie cruellement son pupille du conseil que ils ont pris à défendre; en espécial en ensuivant la coutume de leurs prédécesseurs de la très noble maison de France, lesquels ont toujours accoutumé d'avoir en eux pitié et debonnaireté, et délaisser au derrière rancune et malévolence contre ceux de la ville de Paris ou de la partie, qui de ce pourroient estre coupables ou chargés, en suppliant au roy, à la royne, et à monseigneur de Guyenne, pour avoir et obtenir, tant d'un costé comme d'autre, leur abolition; et désirent lesdits seigneurs sur toutes les choses de ce monde, à voir le roy et la royne, et monseigneur le duc de Guyenne, en leurs franchises et libertés, comme à Rouen, Chartres, Melun ou Montargis, ou en autres lieux plus convenables hors de Paris, pour le premier accès, non pas pour la malévolance qu'ils aient contre les habitants d'icelle, mais pour eschever toute occasion de rumeur, laquelle seroit ou polroit estre entre les serviteurs desdits seigneurs et pluiseurs de la ville. Et plaist auxdits seigneurs, que en toute seureté expédiente et nécessaire, soient voies et manières advisées et mises avant, à obvier à toutes souppechons et inconvénients à ladite congrégation. Auquel lieu venront lesdits seigneurs de très bon cœur, pour adviser et pourvoir au bon estat de ce royaulme, et au vrai pacifiement d'icellui; et sur ce soient advisées les manières possibles de seureté. Car nos seigneurs, et nous de leur partie, seront prests d'entendre au bien, honneur, profit, et à la vraie union du très noble chef du corps et de tous les membres dessusdits. Et se je ai dit petit, mes seigneurs et compagnons sont bien disposés pour amende; et se je ai dit trop, ou chose qui touche au deshonneur ou à la desplaisance d'aucuns, mes très redoutés seigneurs, plaise vous les imputer à simplesse ou à ignorance de loyauté très parfaite et très affectée au bon estat du roy, et à l'appaisement de tout son royaulme, veu et considéré que je ai été et suis par nature, fort obligé à serment et service, à ce faire; cuidant de tout mon petit pouvoir, ensuivir mon petit et singulier desir, lequel le roi de Sezille, mon seigneur et mon maître, a au bien de cette matière; et ne me soit pas s'il vous plaist imputé de témérité, ne autre mal talent ou affection désordonnée que j'aye ne ots oncques, ne entends à avoir jusques à ceste proposition desdites ambassades, c'est assavoir du roi de Sezille et des autres seigneurs. »

En après, furent dites et proférées plusieurs paroles sur l'avis de la paix d'une partie et d'autre, afin que ce royaume demourast en tranquillité et union; et provision fut mise aux inconvénients; et furent faites aucuns articles sur ce, lesquels sont contenus en une cédulle de laquelle la teneur s'ensuit.

« Entre les seigneurs du sang royal, sera bonne amour et union; et promettront et jureront estre vrais et bon amis, et de ce feront lettres les uns aux autres et serments; et, en plus grand confirmation de ce, jureront et promettront pareillement les serviteurs plus principaux des dits seigneurs d'une part et d'autre.

» *Item*, les seigneurs du sang royal qui ont envoyé leurs messages et ambassades, feront cesser la voie de fait et de guerre, et ne feront quelques mandements de gens d'armes, mais s'aulcuns en estoient faits, ils les feront cesser du tout.

» *Item*, feront tout leur loyal povoir de faire expulser et retourner le plus brief que faire pourront, les gens de compaignies qui sont avec messeigneurs Clygnet et Loys Bourdon et autres adhérents, par toutes voies et manières à eux possibles. Et se les gens de compagnies ne voulloient ce faire, les dits seigneurs s'employeroient au service du roi, pour iceux faire retourner ou détruire, et tous les autres ennemis du roy qui vouldroient grever son royaume.

» *Item*, promectront que de choses qui sont advenues à Paris, ils ne porteront nulles rancunes, maltalent ne dhommaige à la ville de Paris, ne à aucuns particuliers d'icelles, ne procureront estre faits en aucune manière, sous ombre de justice, ou en autre manière, comment que ce soit; et s'aucunes seuretés estoient advisées pour le bien de la ville et des particuliers d'icelles, ils se ouffrent faire procurer et aidier de tout le pouvoir.

» *Item*, que tous les seigneurs jureront et promettront par leurs serments, sur la sainte vraie croix, et sur les saintes Evangiles de Dieu, en paroles de prince et sur leur honneur, faire entretenir, et paraccomplir loyalement, toutes les choses dessus dites, sans aucune fraude ou calompnie de vérité; et, de ce, feront et bailleront leurs lettres au roi, scellées de leurs sceaulx.

» *Item*, en ce faisant, les messages et ambassades des dits seigneurs requerront au roi que il lui plaise adnuller et révoquer tous les mandemens des gens d'armes, et fasse cesser toutes voyes de fait de guerre, excepté contre les gens de Ponthoise.

» *Item*, semblablement fasse cesser et réduire à néant tous les mandemens n'agaires donnés, à mettre en sa main aucuns chasteaux et forteresses, et de iceux oster les capitaines et autres, y commettre en lieux d'iceulx ou en lieu des seigneurs auxquels les chasteaux et forteresses appartenoient, et fasse remettre les dessusdits au premier estat, quant à ce; et que la commission par lui donnée, après certain temps, pour le fait des prisonniers appellés ou à appeller à bannissement, soit révoquée; et que, par justice ordinaire et accoutumée du roi, soient contraints et convenus, sans ce que aucuns commissaires particuliers de ce se entremêlent aucunement.

» *Item*, que le roy, la royne, monseigneur de Guyenne, ces choses ainsi faites et accomplies, soient un certain jour en aucun lieu dehors Paris; auquel lieu soient les devant dits seigneurs de chacune partie pour confermer bonne union entre eux, pour adviser aux besognes du roi, nécessaires à lui et à son royaulme; et se aucuns faisoient doubte que les seigneurs ou aucuns d'eulx voulsissent induire le roy, la royne, et monseigneur de Guyenne, à aucune hayne ou vengeance contre la ville de Paris ou aucuns des habitants, ou prendre le gouvernement, ou attraire le roi avec eux, ou monseigneur de Guyenne, ou que, à la dite congrégation ou assemblée, on fasse aucun doubte, lesdits seigneurs sont prests de bailler bonne seurté possible, là où on pourra adviser. »

Lesquelles besognes aussi mises par escript et conclues par les seigneurs dessusdits d'une partie et d'autre, se départirent et retournèrent ès lieux dont ils estoient partis.

Et après que les ducs de Berry et de Bourgogne, et ceux qui avec eux estoient, furent retournés à Paris, ils remontrèrent au roi les points de leur ambassade, et le contenu de la cédulle ; et après ce que tout ot été avisé par grand délibération de conseil, où estoient ceux de l'université de Paris et de la ville en grand nombre, fut accordé, de par le roi, que tout ce que les ambassadeurs avoient fait et rapporté s'entretenroit ; et, sur ce, fut ordonné à faire certains mandements royaux, pour envoyer ès sénéchaussées du royaume, pour estre publié par les officiers ès lieux accoutumés : desquels mandements la copie sera cy-après déclarée.

Durant que on traitoit ainsi la dite paix, messire Clignet de Brabant, messire Loys Bourdon, et autres capitaines, en leur compaignie bien seize mille combattants, faisants maux innumérables, se trouvèrent jusques au pays de Gastinois, disants que c'étoit pour faire guerre aux Parisiens. De ce non contents, mirent jusques au nombre de seize cents lances, et grand nombre d'autres combattants ; desquels étoit chef et capitaine, messire Elion de Jacqueville. Toutefois ils ne se entrouvèrent point, et se départirent sans combattre. En ce temps le roi ordonna une grande ambassade, c'est assavoir le comte de Sainct-Pol, connestable de France, l'évesque de Tournay et l'amiral; lesquels furent, par le roi, envoyés à Boulogne sur la mer, pour communiquer avec les ambassadeurs du nouveau roi d'Angleterre, nommé Henri, fils du roi Henri de Lanclastre, qui, de nouvel, étoit allé de vie à trespas, qui étoient descendus à Calais; c'est à savoir le comte de Warwic, l'évesque de Saint-David, et aucuns autres; lesquels ambassadeurs s'assemblèrent ensemble, et traitèrent unes tresves entre les deux royaumes de France et d'Angleterre, jusques aux Pasques, lesquelles furent publiées et tenues.

CHAPITRE XXIX.

Comment le roy conclut de entretenir ce qui avoit esté conclud à Ponthoise; et de la délivrance des princes et aultres grands personnaiges, chevaliers et officiers, emprisonnés par les Parisiens; aussy la réintégration de pluiseurs quy avoient esté desmis de leurs offices; du partement du duc de Bourgogne; de la venue de plusieurs princes à Paris; et comment messire Charles de Labreth feut remis en l'estat de connestable.

Vous avez ouy comment les ducs de Berry et de Bourgongne avoient besogné à Ponthoise avec les ambassadeurs du roi de Sezille, des ducs de Bourbon, d'Orléans et autres, qui lors estoient à Vernon-sur-Seine, et comment le roi, en son grand conseil, conclud de tenir et entretenir tout ce que en ladite ville de Ponthoise avoit esté fait et pourparlé, pour laquelle cause ordonna certain mandement estre publiés partout son royaume. Par lequel mandement il faisoit sçavoir le traictié de la paix, et comment il révoquoit et adnulloit tous les bannissements et toutes sentences quelconques qui avoient esté faites contre ceux de son sang, et contre les prisonniers pris par ceux de Paris, et voulloit aussi que toutes gens de guerre et tenans les champs, s'en rallassent à leurs hostels sans plus adomager son royaume, sur peine de confiscation de corps et de biens; en mandant aussi à tous les baillis et officiers que se les gens d'armes de Champagne voulloient obéir, qu'ils trouvassent manière d'estre les plus forts, en abandonnant tous leurs biens, chevaux et harnois à ceux qui à leur compaignie seroient; et que se aucuns se deffendoient, que on les occist, et s'aucuns vouloient empescher le bien de se faire, fut en parole ou en fait, qu'ils fussent criminellement punis. Or est ainsi, que après ce que le roi eust ainsi conclud pour la cédulle qui avoit ainsi esté faite au dit lieu de Ponthoise, incontinent après, en la présence des ducs de Berry et de Bourgongne, fut ordonné, et de fait allèrent les trois ducs de Berry, de Guyenne et de Bourgogne, desprisonner les prisonniers que ceux de Paris avoient emprisonnés; c'est assavoir les ducs de Bar, de Bavière et autres grands personnages et en grand nombre, de chevaliers et officiers, tant des gens du roi et de la reine que de monseigneur de Guyenne; dont pluiseurs de Paris cuidèrent empescher et la paix et la délivrance d'iceux; mais pour eux on n'en fit rien. Après ce que les prisonniers furent délivrés, fut maître Jean de Troyes, concierge du Palais, démis de son office, et tous ses biens pris et emportés dudit Palais, par aucuns de la ville de Paris, lesquels avoient accoutumé de l'accompagner; et en l'office de conciergerie fut restitué celui qui auparavant l'exerçoit; et pareillement plusieurs autres à qui on avoit osté leurs offices, y furent remis et restitués, comme Anthoine des Essarts; comme aussi au duc de Bar fut rendue la capitainerie du Louvre, au duc de Bavière la bastille, comme auparavant avoit été. A la délivrance des prisonniers dessusdits fut faicte une grand feste et grand joie par tout Paris; et firent fête par deux jours entiers, sonnants les cloches toutes en heure, comme l'on disoit, et icelle feste se faisoit pour l'amour de la paix. Tantost après cette fête faite, furent pris des gens du duc de Bourgogne, le seigneur de la Viefville, messire Charles de Lens; et messire Robinet de Mailly, doubtant qu'il ne fust pris, s'en alla, et pour cette cause fut banni du royaulme. Le seigneur de Jacqueville fut démis de son office de capitainerie de Paris. Plusieurs des bouchers, Caboche, Jean de Troyes, maître Witase de Lattre, s'en allèrent les uns en Flandres, les aultres en Bourgongne. Plusieurs aultres aussi se absentèrent, c'est assavoir les commissaires qui avoient esté ordonnés à interroger les prisonniers.

Quand le duc de Bourgogne veit la manière du duc de Guyenne, doubtant qu'il ne fust mie bien content de lui, fut en grand souppechon que on ne mist la main à sa personne, et avec ce, il véoit que ses gens le laissoient, et secrestement s'en alloient sans prendre congé de lui, pour doubte que on ne le prist, ainsi que desja en avoit de pris; et si étoit adverti que on avoit fait aucuns agaits de nuit autour de son hostel ; véant aussi que jour en jour venoient, devers le duc de Guyenne, grand nombre de ceux qui par avant avoient esté ses adversaires ; et pour ce, afin de obvier et résister aux périls qui s'en polroient ensuivre, trouva manière que le roy alla chasser ès bois de Villenœufve-St.-George. Si alla avec lui ; et quand il vit son point, il prit congé du roy, en disant qu'il avoit eu nouvelles de son pays de Flandres, où il falloit qu'il retournast pour aucuns affaires qui lui étoient survenus. Et de fait, se party après qu'il ot pris congé du roy. Ce jour là alla gésir auprès du Pont-St.-Maissance, et prit son droit chemin à Lille en Flandres. Après son partement, les Orliénois et aucuns Parisiens commencèrent à fort murmurer contre lui ; et ses gens qui avoient tenu son parti, furent en grand soussy, et non sans cause ; car chacun jour on en prenoit, dont desaucuns on faisoit justice assez hastive. Et de fait, furent exécutés, traisnés et pendus les deux nepveux Caboche, et pareillement Jean de Troyes. Quand la royne, les ducs de Guyenne, de Berry et de Bar sçurent le partement du duc de Bourgongne, ils en furent fort joyeux, et ainsi plusieurs autres qui paravant se montroient du tout en lui. Et fort estoit la chance retournée; car n'avoit pas grand temps que nul n'osoit parler des Orliénois; et à cette heure étoit tout le contraire; car de tous points ils estoient au-dessus. En la ville de Paris, et de Bourgogne n'étoit nul qui en osast parler. Ne demoura gaires que le roi de Sezille, les ducs d'Orléans, de Bourbon, les comtes d'Alenchon, des Vertus, d'Eu, et Dampmartin, et aultres en grand nombre allèrent à Paris en grand compaignie de gens d'armes en belle ordonnance. Les ducs de Bavière et plusieurs bourgeois de la ville allèrent allencontre d'eux et les reçurent à grand joie. Iceulx princes allèrent tout droit au Palais faire la révérence au roi, à la reine et au duc de Guyenne qui là estoient à cette assemblée. La joie fut moult grande; et là soupèrent la plupart des princes ensemble; et le lendemain, messire Charles de Labreth arriva à Paris; auquel feut rendu son office de connestable, et le comte de Sainct-Pol démis.

CHAPITRE XXX.

Le mandement que le roy feit publier par tout son royaume, par lequel il annulla, révoqua et annichila tous autres mandements et ordonnances par luy octroyées contre les princes de son sang, barons et autres.

Le huitième jour de septembre, en icelui an, à l'instance et faveur des princes dont devant est faite mention, le roi alla en la chambre de parlement et s'assit au lieu accoutumé, et là fit et constitua par son grand conseil un édit par lequel il ordonna estre prononchié, duquel la teneur s'ensuit :

« Charles, par la grâce de Dieu, roi de France, à tous ceux qui ces présentes lettres verront, salut. Comme pour l'occasion des divisions, des guerres et discors meus en notre royaume entre aucuns de notre sang et lignage, plusieurs choses nous eussent dampnablement et mensongierement été rapportées, sous umbre desquelles, et pour ce que en notre conseil, et aussi en notre ville de Paris n'estoient pas telle franchise, et que n'estions pas conseillés vraiement et lealment à l'honneur de nous ne de notre royaume, comme il appartenoit ; car pluiseurs estoient parciables et affectées desordonnement, et les aucuns avoient telle cremeur, qu'ils cheoient en la personne mesmement de grand vertu et de grand constance, par ce qu'ils véoient, par dire et tenir vérité, pluiseurs perdre leur état. et aussi par espécial pluiseurs des notables prélats, nobles, et autres aussi de notre conseil et de notre ville de Paris, estre tortionnairement et viollentement pris et dépouillés de leurs biens et mis à ranchon. Pourquoi pluiseurs de nos bienveullants estoient fugitifs et absents de nostre conseil et de nostre ville de Paris. Et furent plusieurs lettres patentes dampnablement procurées et induement obtenues en notre nom, et scellées de notre scel, et envoyées à notre très puissant père souverain seigneur, au saint collége de Rome, et autres plusieurs grands princes et seigneurs, contenans que il estoit venu à notre connoissance pleinement et clèrement, et nous teniesme pour bien et duement informés, tant par certaines lettres qui nagaires furent trouvées en nos mains et de notre conseil, comme par envies que nous aviesmes veu et vèyesmes tous les jours, jà-soit-ce que jà despieça nous en doubtiesmes, et que la chose avoit esté grand temps couverte, sous dissimulation que Jean de Berry, nostre oncle, Charles d'Orléans et ses frères, nos nepveux, Jean de Bourbon, Jean d'Alenchon, Charles de Labreth, nos cousins; Bernard d'Erminacq et leurs aidants, adhérents, alliés et complices, à nous contraires et de mauvais propos, inique et dampnable, avoient entrepris et s'estoient enforcés de expulser, destituer et destruire nous, de notre estat et autorité royale, et de tout leur pouvoir nous et notre genre, que Dieu ne veulle! et outre ce, faire un nouveau roi en France; laquelle chose est abominable à ouyr et réciter à tous cœurs de nos bons et loyaux subjets. Et que en ce et en autres choses qu'ils leur imposoient iniquement et mauvaisement, ils avoient commis envers nous et notre royale majesté grands et énormes crismes et malefices, tant de lèze-majesté comme autrement, et aussi plusieurs diffamatoires libelles ont été faictes et baillées à pluiseurs personnes, et attachiées aux portaux des églises, et publiées en plusieurs lieux, au grand déshonneur et grand charge de notre sang et lignage, comme de nostre très cher et bien amé fils, nostre très cher et bien amé notre oncle de Berry, nos très chers et bien amés neveux et cousins, les ducs d'Orléans et de Bourbon, les comtes des Vertus, d'Alenchon, d'Erminacq et aussi Labreth, connestable de France, et aussi de plusieurs barons, et aucuns leurs bienvoeullants, et conséquemment de nous et de notre domination. Pour lesquelles choses, nous, par icelles lettres abandonniesmes tous nos oncles, nepveux et cousins, avec leurs adhérents et serviteurs et bien veullants, à prendre et destruire avec toutes leurs terres, et seigneuries et biens quelconques, en déclarant iceux avoir forfait envers nos corps et biens; et encore, à eux plus gréver et injurier, et de nous eslongier et esmouvoir le peuple contre eux, sous couleur de certaines bulles outre soixante ans, impétrées et octroyées contre les gens de compaigne, èsquels sans titre et sans cause, et de leur autorité tenoient et assembloient, par manière de compagnies, contre nous et notre royaume; lesquelles ne se povoient, comme par l'inspection d'icelle poeut clairement apparoir compliquer contre nosdits oncles, fils, neveux et autres, et tout par deffaute de bien et vrai conseil, et sans ce que notredit souverain et très saint père le pape, et sans délibération de notables personnes, comme il appartenoit au cas, et sans ordre de droit, de procès ou monition à ce requises ne observées, et sans précédentes délibérations quelconques, feurent induement par force, faveur et voulonté désordonnée, déclarées aucunes sentences d'excommuniement contre les devant dits de notre sang et lignage, leurs officiers et subjets, adhérents et complices, par lesquels ils furent, comme vérité est, publiés comme excommuniés par tout nostre royaume. Et outre furent derechef proclamés à peine de ban, comme traîtres et malfaiteurs, de fait bannis de notre royaume, et despoinctiés de leurs bénéfices et offices. A l'occasion desquelles furent dictes et semées, et publiées pluiseurs erreurs, excès et inhumanités crueuses contre plusieurs, lesquels, à l'occasion des choses devant dites furent pris et mis à mort au regard du salut et de l'ame, comme de telle mort naturelle et piteuse, comme gens hors de la loi et sans confession, et comme bêtes brutes, et sans avoir quelque administration de quelque sacrement de sainte Église, enfouis aux champs et jettés aux bêtes mues et aux oiseaux, comme si ce fussent chiens, lesquelles choses sont moult dures et inhumaines, damnables, iniques, crueuses, destrecheusses, et par espécial entre chrestiens et vrais catholiques. Lesquelles choses devant dites ont esté faites à l'instigation, impression, violence et importunité d'aucuns séditieux, troubleurs de paix et mal voeullants de nos oncles, fils, neveux et cousins, contre raison et vérité, par machination et damnable fiction, et pour venir à leurs fausses et mauvaises entreprises, comme nous avons esté et sommes depuis informés pleinement. Et pour che, nous qui ne voulons par raison pour telles choses et tels blasphèmes non vraies et aussi faites et procurées, comme dit est, au déshonneur et charge de ceux de notre sang et lignage, et d'aucuns autres, demeurer ainsi, et qui toujours désirons et avons désiré la vérité des choses dessusdites, connues et réparées, laquelle, par inadvertance ou autrement, induement a par nous esté faite au préjudice, à la charge, au déshonneur d'autrui et mesmement de ceux de notre sang et lignage et d'aucuns autres devant dits, comme nous sommes obligés : Sçavoir faisons, nous estre plainement informés de nosdits oncles, fils, et neveux, et cousins, prélats, barons, nobles et autres leurs bienveullants, avoir eu toujours bonne affection et léale intention, et avoir esté nos bons et loyaux parents, obéissants et subjets, et tels que doivent être envers nous ; et tout ce qui y a été fait mauvaisement, damnablement et subreptivement impétré contre vérité et raison, à l'instance, impression, instigation, importunité et violence d'aucuns séditieux, troubleurs de paix et malveullants. Pour laquelle cause toutes les lettres et mandements qui contre leur honneur et à leur charge ont été faits, touchant les choses dessusdites de leurs dépendances, nous icelles déclarons, et par ces présentes avons déclaré avoir été tortionnairement, de nulle valeur faites, passées et subreptivement impétrées par leurs faux et malveullants accuseurs ; et en ce avons été déceus et non bien adverti de la vérité par deffaute de bon conseil et liberté de dire vérité, comme dit est. Et toutes les lettres et mandements avec toutes les choses quelconques qui seroient à la charge et déshonneur de nos oncles, fils, neveux et cousins, et autres devant dits, et généralement tout ce qui s'en est ensuivi, nous, étant en notredit parlement, et lieu de justice tenant, de plusieurs de notre sang, et plusieurs prélats, gens d'église, tant de notre fille l'université de Paris, de plusieurs barons et autres personnes, tant de notre grand conseil et parlement, comme notre bonne ville de Paris, accompagnés, révoquons et annullons, et par ces présentes avons revoqué et annullé, damnons et adnichillons, et du tout en tout mettons au néant, et deffendons à tous nos subjets, sur peine d'encourir notre indignation, et sur tout quant que ils se peuvent meffaire envers nous, que contre la teneur de nos affections, déclarations, renonciations et ordonnances, ne facent, dient ne viengnent pour le présent ne en temps advenir, par fait, par parole, ne autrement par quelconque manière que ce soit; et se aucunes lettres ou mandements estoient ne fussent exhibés, montrés et produits en jugement ou dehors ne voulons à iceux aucune foi estre ajoutée, maintenant ne autresfois; mais voulons et mandons que ils soient deschirés et coppés partout là où ils pourroient être trouvés. Et pour ce, donnons en mandement à nos amis et féaux, nos conseillers et gens de parlement, au prévost de Paris et à tous autres nos baillys, prévosts, séneschaux et autres justiciers, à leurs lieutenants et à chacun d'eux, si comme à lui appartiendra, que nos présentes affections, déclarations, révocations et ordonnances fassent publier, fin que nul ne puist avoir de ce ignorance, en leurs auditoires et en tous autres lieux, à faire proclamations en tel cas et lieux accoutumés en leurs jurisdictions et mectes, à son de trompe ou autrement, deuement. Et tout ce voulons-nous estre prêché et remontré par les prélatz et clercs qui ont accoutumé de prescher au peuple, que des choses dessusdites avons esté déceus, séduits et mal informés ou temps passé, par les manières et cautelles dessusdits; et aussi voulons et ordonnons que au transcript de ces présentes lettres, faites sous le scel royal, ou autre authentique, comme à l'original soit pleine foi ajoutée. En tesmoing desquelles choses nous avons à ces présentes faict mettre notre scel. Donné en notre grand'chambre de Parlement à Paris, où estoit le lit de justice, le douzième jour de septembre, l'an quatorze cents treize, et de notre règne le trente-troisième. » Par le roy tenant son lieu de justice, en sa court de parlement vraie. »

Et depuis furent publiées à Amiens au mois de septembre, le quinzième jour de l'an dessusdit.

CHAPITRE XXXI.

De la venue à Paris de Jean, duc de Bretagne, biau-filz du roy; du comte de Richemont, son frère, et de l'ambassade d'Angleterre; comment le duc d'Orléans et ceulx de son party retournèrent à gouverner le roy et royaume; et de l'édit que le roy feit pour entretenir la paix; et plusieurs autres besognes.

A la venue à Paris du roy Loys, des duc d'Orléans, de Bourbon et des autres princes, se feirent à merveilles grands festes, grands banquets, et grands ébastements et merveilles; et fit faire le duc d'Orléans heucques (robes) italiennes de drap de laine de couleur violet; et sur ce avoit escript en lettres faites de boutons d'argent, *le droit chemin*. Et n'estoit point de bonne heure, ne avant Paris qui ne avoit une. Danses et mommeries se faisoient; et Dieu scait comme le duc Jehan de Bourbon estoit en bruit entre les dames et damoiselles. Or étoit bien l'estat tourné que devant est dit : car n'avoit gaires de temps que les princes dessusdits on n'eust osé dire mot, sinon à leur foule et vitupère. Or est fol qui en peuple se fie. En ce temps vinrent à Paris Jehan, duc de Bretagne, lequel avoit espousé la fille du roy; avec lui le comte de Richemont son frère, et aussi l'ambassade du roy d'Angleterre; c'est assavoir le duc d'Yorck et le comte de Rothelan, pour traiter le mariage du roi d'Angleterre, et de madame Katherine de France, fille du roy, afin de ensuivre l'alliance que voloit faire le duc de Bourgongne, qui vouloit donner sa fille au roi d'Angleterre. Iceulx ambassadeurs furent ouys et bien venus, mais rien ne y feirent, et s'en retournèrent en Angleterre.

En ce temps estoit le duc de Bourgongne en la ville de Lille, en laquelle il assembla grand noblesse de son pays, et avec ce les quatre membres de Flandres; et là fut le comte Walleran de Sainct-Pol, lequel venoit de Boulogne et Bavelinguehem, ou il s'estoit asemblé avec le comte de Warwick et l'évesque de Sainct-David, et aucuns aultres Anglois, pour les tresves entre les deux roys de France et d'Angleterre, les quelles furent octroyées jusques à la feste de Sainct-Jehan-Baptiste; et là receut ledit comte de Sainct-Pol, connestable de France, lettres du roy par les quelles lui mandoit qu'il allast à Paris rendre l'espée de connestable. Sur lesquelles lettres il demanda conseil au duc de Bourgongne. Toutefois j'entends que il ne fut pas conseillé de ce faire. Et s'en alla en sa ville de Sainct-Pol; et puis alla jusques en la ville d'Amiens, là où il ordonna une ambassade pour aller à Paris devers le roy. Ses ambassadeurs furent le vidame d'Amiens, et maître Robert le Josne, pour proposer devant le roy leur légation. Eux venus à Paris devers le roy, furent ouys; et proposa ledit maître Robert, en plein conseil, en quel étoit le roi et plusieurs autres princes; et remontra au roi et lui dit; que le comte de Saint-Pol, son maître, n'avoit oncques tenu parti que le sien, ne oncques villes ne forteresses n'avoit tenu contre lui, ainsi que pluiseurs avoient fait. Ces choses dites et proposées, lui fut dit que il se fist advouer des seigneurs avec lesquels il étoit venu; lesquels le désadvouèrent, et pour ce fut pris et mené en Chastelet, où il fut deux jours en très grand paour et amère déplaisance. Toutefois le duc de Bar, beau-frère du comte de Saint-Pol, requist au roy de sa délivrance; et fut mis hors de prison; et en ce point s'en retournèrent les ambassadeurs du comte de Saint-Pol. En après, furent derechef grands mandements royaux envoyés par toutes les parties du royaulme à être publiés ès lieux accoutumés; lesquels mandements contenoient les desrois faits en la ville de Paris par les Parisiens, à la déplaisance du roy, de la royne et du duc de Guyenne. Lesquels mandements contenoient tous les monopoles, traysons, desrisions que avoient faits les Parisiens dedans la ville de Paris; et mesmement comment ils étoient allés à main armée, et en grand dérision en l'hostel du duc de Guyenne, où ils avoient trouvé le duc de Bar, lequel ils avoient prins avec pluiseurs autres nobles hommes. En après, comment ils avoient été jusques à la chambre de la royne prendre aucunes nobles femmes, dont en avoit du sang royal, et menées prisonnières en divers lieux, et plusieurs autres choses. Après ces choses faites, le duc d'Orléans requit au roy qu'il lui fist ravoir ses villes et châteaux de Coussy, Pierrefons et la Ferté-Milon, que le comte de Saint-Pol avoit conquises et ne lui vouloit rendre, ja-çoit-ce que par les convenances de la paix se devoit ainsi faire. La requeste du duc d'Orléans lui fut accordée; et fut, de par le roi, ordonné messire Gastelin du Bois, baillyf de Sens, d'aller recevoir l'obéissance de par le roy des dessusdites places; lesquelles obéirent au roy, et furent rendues et restituées au duc d'Orléans. Ne demoura gaires que le comte d'Erminacq vinst à Paris en la compagnie de messire Clignet de Brabant, et autres, à grant compagnie de gens d'armes; lequel fust honnorablement receu du roy. En ce temps estoit gouvernez le roy et tout le royaume par les Orliénnois; et au regard de ceulx qui avoient tenu la partie de Bourgongne, estoient du tout boutez arrière, et n'avoient quelque audience; et convenoit que ceulx qui dedans Paris demeurez estoient, ouyssent plusieurs paroles qui pas ne leur plaisoient.

Vous avez ouy comment le duc de Bourgongne estoit à Lisle, où il avoit mandez plusieurs grands seigneurs pour avoir advis et conseil de ses affaires; car souvent lui venoient nouvelles de Paris, comment ceulx qui avoient estez ses adversaires gouvernoient le roy et le duc de Guyenne, et grand' paine mettoient de le mettre hors de leurs grâces. Pour lesquelles causes il doubtoit que enfin ils ne le meissent en guerre, et de tous points tournassent le roy et le duc de Guyenne contre lui; pour laquelle cause il avoit assemblé son conseil. Et durant que le duc de Bourgongne estoit à Lille, le roy d'Angleterre envoya une ambassade devers lui pour traictier le mariage du roy avec l'une de ses filles; toutefois ils ne polrent estre d'accord, et par ainsi retournèrent en Angleterre.

Le 11ᵉ jour d'octobre, en icelui an, le roi ordonna de ses gens, c'est assavoir le seigneur d'Auffemont et le seigneur de Moy, lesquels il envoya devers le comte de Sainct-Pol, lui requérir qu'il envoyast l'espée de connestable; à quoi il respondit que il n'avoit point fait chose par quoi on lui deubt oster, et qu'il s'en conseilleroit à ses amis, et en briefs jours assembleroit ses parents et amis, et feroit telle response que par raison le roy debveroit estre content. Tantost après le roy fist un esdit par lequel il ordonna un mandement pour faire publier allencontre de ceulx qui ne se porroient tenir de murmurer et injurier les uns contre les aultres, et qui désiroient d'esmouvoir gens à commotion et discorde, pour engendrer nouveaux desbats et guerres. Lequel mandement fust publiez par tout le royaume, qui contenoit en effet: « Que le roy vouloit tenir et entretenir de point en point le traicté de la paix, sans l'enfreindre ne souffrir estre enfreint, en faisant exprès commandement et deffense, de par le roy, sur peine de confiscation de corps et de biens, que nuls, de quelque estat, auctoritez et condition qu'ils soient; ne fassent, dient, profèrent paroles au contraire de ladicte paix, ne gens induisent à venir contre icelle, ne veullent empescher; et que tous ceulx que vous trouverez faisans, parlans ou murmurans au contraire, nous voulons, par vous ou vos commis, estre faicte inquisition; et diligemment en faciez ou faites faire purgation ou justice, toutes excusations cessans, par si et telle manière que ce soit exemple à tous aultres; et que par vous, votre négligence ou coulpe, n'y ait aucune faute; et les biens desdicts coupables et murmurans, meubles et non meubles prendez et faites prendre et mettre en nos mains, aux dépens de la chose, par personnes ou personnes souffisans et notables qui de ce puissent rendre bon compte, et reliquat, où et quant mestier sera; et de ce faire vous donnons, aussi à vos depputez et commis en cette partie pleine puissance, nonobstant quelconques lettres, ordonnances, mandements, deffenses, oppositions ou appellations à ce contraires. Donné à Paris, le sixiesme d'octobre, l'an 1413, de notre règne le 33. Ainsi signé par le roy, en son grand conseil, où estoit le roy de Sécille, les ducs de Berry, d'Orléans, de Bourbon, et plusieurs aultres. »

Et puis furent publiées à Amiens, et oubaillage, le 3 de novembre oudict an.

CHAPITRE XXXII.

Comment Loys, duc de Bavière, épousa la vefve du comte de Mortaing, frère du roy de Navarre ; du bannissement du royaume des gens du duc de Bourgongne, et de l'ambassade que le roy envoya au duc de Bourgongne ; et aultres incidents.

En ces propres jours ou là environ, Loys, duc de Bavière, frère de la reine, épousa la vefve de feu messire Pierre, frère au roy de Navarre, en son temps comte de Mortaing ; auxquels noeupces ot unes très belles joustes. Et y jousta le roi et pluiseurs aultres de son sang ; et le lendemain plusieurs des gens du duc de Bourgongne furent bannis du royaulme de France ; duquel bannissement les nouvelles furent rapportées au duc de Bourgongne, qui lors étoit à Saint-Omer ; duquel ne fut pas content. Et lui conseilloient aucuns, qu'il se mist en armes et en puissance, et que il se tirast droit à Paris, et que les Parisiens lui feroient assistance aussi grande que faite lui avoient autrefois ; mais il n'en vouloit rien faire.

En ce temps s'émeut dissension entre les ducs d'Orléans et de Bretagne, pour ce que le duc de Bretagne se vouloit mettre au-dessus du duc d'Orléans. Le roi en eult la connoissance, et en décida et jugea que le duc d'Orléans iroit au-dessus du duc de Bretagne, tant en aller, seoir, escrire, que en toutes autres choses; dont le duc de Bretagne fut mal content; et pour cette cause s'en partit de la ville de Paris par mal talent; mais avant son partement, eut paroles entre lui et le comte de Vendosme moult aigres, et par ainsi demeurèrent en hayne l'un contre l'autre. Environ ces jours fut le Borgne de la Heuze, desmis, par le roi, de la puissance de la prévosté de Paris, et en son lieu y fut consntitué maistre Andrieu Marchand, advocat en parlement. Messire Guichard Daulphin, grand maistre-d'hôtel de France, le seigneur de Rembures, maistre des arbalêtriers, et messire Anthoine de Craon, furent renvoyés en leurs maisons: et leur fut dit qu'ils ne retournassent plus se le roi ne les mandoit. Et pareillement furent mis hors de Paris trois à quatre cents hommes que femmes, pour ce qu'ils avoient été favorables au duc de Bourgongne. Le comte de Vendosme fut fait grand-maître-d'hôtel, et avec ce, pluiseurs offices furent renouvellées. Environ la Toussaint, le roi ordonna une ambassade pour envoyer devers le duc de Bourgongne, qui lors étoit à Lille, qui se donnoit du bon temps. On fit unes festes et joustes où lui-même jousta, son fils, comte de Charollois, et ses deux frères, c'est assavoir, le duc de Brabant et le comte de Nevers, et pluiseurs autres chevaliers.

L'évesque d'Evreux, le seigneur Dampierre, l'amiral de France, et autres ambassadeurs du roy, présentèrent au duc de Bourgongne lettres, par lesquelles le roi mandoit au duc de Bourgongne que, sur peine de toute confiscation, il ne fesist convenance ni traités nuls au roi d'Angleterre, touchant le mariage de sa fille ni autrement, en quelque manière que ce fust; et avec ce, qu'il rendist et fist rendre ou roi trois de ses villes et chasteaux; lesquelles il tenoit ou faisoit tenir par ses gens; c'est assavoir, Chierbourg, Bohain et le Crotoy; et qu'il tenist de point en point la paix telle qu'il avoit promise. Quand le duc de Bourgongne olt ouy la lecture du mandement et commandement royal, sans faire quelque réponse, se partit de la ville de Lille, et s'en alla à Audenarde. Les ambassadeurs du roy retournèrent à Paris, sans autre chose faire. Le roi doubtant la rompture de la paix, fit faire nouveaux mandements, par quoi il mandoit à tous les baillifs, séneschaux et officiers, qu'ils fissent publier iceux mandements, par lesquels il mandoit qu'il vouloit tenir et entretenir la paix faite entre les Orliénois et les Bourguignons; laquelle chacune des parties avoit juré solennellement sur les saintes Evangiles et sur la sainte vraie croix, tenir sans icelle enfraindre ou violer. Néanmoins il étoit venu en la cognoissance du roi que plusieurs, de divers états et conditions, murmuroient à Paris, en semant mauvaises paroles, pour venir à conclusion de rompture de la paix, à icelle intention d'émouvoir guerre mortelle; pour laquelle cause, le roi mandoit à ses officiers que s'ils trouvoient aucuns des gens tels que dessus est dit, ils fuissent pris et punis criminellement ; et avec ce, ceux qui les accusoient à justice, eussent la tierce partie de leurs biens.

CHAPITRE XXXIII.

Comment le roy de Sécille renvoya la fille du duc de Bourgongne, Catherine, laquelle étoit plevie à Loys son filz, dont le duc feut mal content; et des lettres excusatoires et accusatoires que ledit duc envoya au roy.

Le vingtième jour du mois de novembre, le roi de Sécille fit ramener en la ville de Beauvais Catherine, fille au duc de Bourgongne ; laquelle devoit estre épousée à Loys, son fils ains-né ; ainsi comme paravant, du consentement des deux parties, avoit été traité; et sur ce, par le duc de Bourgongne luy avoit été envoyée en très honorable état ; mais, comme dit est, la renvoya accompagnée du seigneur de Longny, maréchal de France, et plusieurs aultres, jusques au nombre de cent soixante chevaux, chevaliers, écuyers, dames et damoiselles, et aultres officiers du roy Loys. Laquelle fut rendue aux gens de son père ; c'est assavoir aux seigneurs de Doure, de Brimeu, de Humbercourt et de Bours, et autres chevaliers, écuyers, dames et damoiselles, pour cette cause là envoyés de par lui; et d'iceux fut receue et ramenée jusques à Amiens, et de là à l'Isle, devers son père le duc de Bourgongne, qui de ce grandement fut troublé, et conchut pour cette cause grande haine allencontre du roi de Sécille, laquelle dura toutes leurs vies; et depuis, sans avoir été mariée, mourut en la ville de Gand icelle ladite Catherine de Bourgongne; laquelle étoit, selon sa jeunesse, une très gracieuse dame. Tantôt après, le duc de Bourgogne envoya, à Paris devers le roi, unes lettres contenant les excusations et accusations que il faisoit contre ses adversaires, desquelles lettres la teneur s'ensuit :

« Mon très redoubté seigneur,

» Je me recommande à vous tant humblement comme je puis, et suis désirant journellement, comme droit est, de sçavoir de votre bon état, que Dieu, par son doux plaisir, voeulle tousjours continuer de bien en mieux, selon votre bon vouloir et désir! Pourquoi je vous supplie très humblement, mon très redoubté seigneur, que plus souvent je puisse, par votre bon plaisir, estre de vous par lettres bien à plains acertené; car Dieu sçait, mon très redoubté seigneur, comment je désire de vous voir en bonne prospérité, et ne puis avoir plus grand consolation ne parfaicte joie en ce monde, que d'oyr bonnes nouvelles de vous, que Dieu, par sa sainte grâce, me doinst toujours oyr et sçavoir telles et si bonnes que vous vouldriez, et que je vouldroye et désire pour moi-même. Mon très redoubté seigneur, se de votre grâce et humilité vous plaist sçavoir de mon état : j'étoye au départment de cette ville en très bonne santé de ma personne, grâce à Dieu, qui toujours me la veuille octroyer! Mon très redoubté seigneur, je tiens bien être en votre bonne mémoire comment, par votre bonne ordonnance, du conseil de mon très redoubté seigneur, monseigneur le duc de Guyenne, votre fils et le mien, de plusieurs seigneurs de votre sang et de votre grand conseil; à la grande et humble requeste de votre fille l'université de Paris, des gens d'Église d'icelle ville, du prévost et eschevins, et généralement des autres bonnes gens de votredite ville, certaines ordonnances, tant de votre grand conseil comme de plusieurs autres conseillers, lesdits seigneurs de ladite université, de l'Eglise et de ladite ville de Paris, à avoir paix et union des seigneurs de vostre sang, pour le bien qui en poeult advenir à vous et à eux, et généralement à tout votre royaume, et mesmement pour la réparation de misère et misérable estat de votre royaume, qui estoit en estat de toute désolation, se ne fust la grâce de Dieu qui vous inspira de ladite ordonnance, moyennant laquelle chacun votre léal parent et sujet de vostre royaume peuvent avoir espérance de dormir et reposer en paix, si comme il fut dit et propose notablement par devant vous, où estoient plusieurs, tant de votre sang comme autres, par un notable chevalier, conseiller de mon très cher seigneur et cousin le roi de Sézille; et néanmoins, mon très redoubté seigneur, jà-soit-ce que je euisse juré en votre présence, de bonne foi et bonne intention, et tant cordialement, que plusieurs adont assistants présents devant vous povoient veoir ; et pour ce que je doubte et ai doubté que pour mon département plusieurs puissent prendre aucune estrange imagination sur la rumpture et infraction de votre-dicte ordonnance, le plus tôt que j'ai pu, je vous ai envoyé devers vous de mes gens pour cette cause, principalement mes lettres, à vous certifier la volonté et intention que j'avois et ay à l'entretenement de votre ordonnance ; et encore, à plus grand confirmation, j'ai envoyé devers vous mes gens pour cette cause principalement, que je tiens et veux tenir estre en vostre bonne mémoire ; mais, ce nonobstant, mon très redoubté seigneur, et que je n'ai rien fait contre vostredite ordonnnace, quelque charge que aucuns m'ont voulu donner contre vérité, sauf l'honneur et révérence de vous, moult de choses sont et ont été faites contre la teneur de votre ordonnance, du contempt préjudice, et vitupère de moi et des miens, qui estoient dedans icelle ordonnance déclarés. Et pour ce, suis-je mains tenu de procéder de votre volonté, et intention de votre dit fils, mon très redoubté seigneur, ou d'aucuns autres prud'hommes de votre sang et lignage, ou aussi de plusieurs autres de votre grand conseil ; mais je suis tenu de procéder, à l'instigation et pourchas et grands importunités d'aucuns, qui ont longuement contendu et contendent à estranges voies et matières, lesquelles Dieu voeulle réduire et ramener à bien, ainsi que il seit que mestier est, et que le désire, pour la déclaration des causes dessusdites. Il est vrai, mon très redoubté seigneur, que, à l'instigation et procuration d'aucuns, assez tôt après le serment fait sur votredite ordonnance, ont esté faictes plusieurs chevauchées, armes et congrégations, par le moyen d'aucuns de votredite ville de Paris, par espécial emprès mon hostel et logis, et à l'environ, lesquels semblablement étoient faits au contempt et préjudice de moi : car, depuis que je partis de Paris, n'ont point là été faites telles armées, chevauchées ne assemblées, et qui pis est, qui eut adonc creu aulcuns, la main eust estez mise sur moy devant mon despartement, qui n'estoit pas signe d'avoir paix et union. *Item*, est vray que devant et apprès, plusieurs de vos bons et anciens serviteurs et des miens, qui n'avoient riens fourfait, furent prins et emprisonnez, et les aultres contraints par force et par voyes obliques, à eulx de partir hors de Paris. *Item*, que tous ceulx que on sçavoit qui avoient eu aucune amour ou faveur à moi, furent destituez de leurs offices, par telle manière, que aulcuns, par élection et sans aultrui préjudice, les eussent eues, et sans ce que sur eulx on sçust ou poeult savoir aulcun mal, ou qu'aultre faute ou cause, fors tant que ils estoient trop fort Bourguignons, et emprès tous les jours se faict ainsi, et se par adventure deissent ou feissent dire, ou voulsissent dire que cela avoit estez faict ou se faisoit, pource que moy estant devers vous en votre service à Paris, je avoye faict semblablement, ad ce poeult être répondu bien et vrayement; car, supposé que ainsi fust, se peult-on clèrement appercevoir, cognoistre et considérer les termes de votre ordonnance, qui sont principalement fondés sur bonne paix, amour et union, que ce n'est fors vengeance de avoir faict ce que dit est. Laquelle chose est signe de division, et non pas de paix, amour et union, et seroit plus expédient pour la conservation de votre ordonnance et bien de votre royaulme, de pourveoir, par bonne élection et vrai, à vos offices, non point aulx personnes, sans avoir regart à ladicte vengeance. *Item*, que par lesdites procurations et inductions, à paines estoit-il nul qui osast parler ne communiquer avec aulcuns, puisque on sentoit ou sçavoit que il vaulsist mon bien et honneur, qu'ils ne fussent griefment punis et corrigés. *Item*, que en plusieurs serments, propositions et assemblées ont été dictes paroles contre mon honneur et estat, et contre vérité, saulve l'honneur et révérence de vous, en usant de paroles, non pas si estranges, que on n'entendist bien notoirement que on les dicst pour moi, en venant directement contre la paix ordonnée par vous, tant à Chartres comme à Aussoire, et contre les trèves dernièrement jurées et promises, lesquelles choses sont de très mauvais exemple, et contre l'enseignement de Cathon, et promovans à toutes tenchons, desbats et dissensions qui pourroient tourner, que Dieu ne veuille! en grand préjudice et détriment de votre royaulme.

» *Item*, ont esté faites pluiseurs lettres, et en pluiseurs lieux, en vostre royaume, comme dehors, grandement faisant mention, qui bien les entend, contre l'honneur de vous, mon très redoubté seigneur, de monseigneur de Guyenne, et de pluiseurs autres de votre sang. Et se aucuns disoient, ou vouloient dire que ce fut fait pour recouvrer de leur honneur, dont par les lettres ils avoient esté vitupérés, atout le moins dust-il avoir exprimé la vérité ès dernières lettres, sans donner charge à aultrui, qui a bien voulu tenir les tresves de votre ordonnance.

» *Item*, que pluiseurs n'ont voulu donner charge contre vérité, saulf l'honneur et révérence de vous, mon très redoubté seigneur, que j'ai tenu contre vostre ordonnance et deffence, gens d'armes, qui grandement ont opprimé et dommagié vostre peuple; et la vérité est, comme autrefois vous ai dit et fait dire, par votre commandement, je ostz charge d'avoir mil hommes d'armes avec monseigneur de Berry, mon oncle, et autres aussi auxquels vous aviez donné charge de gens d'armes, obvier à plusieurs gens de compaignie en plusieurs emprises qu'ils vouloient faire devant votre ville de Paris, en grand' déshonnorance et vitupère de vous, et incontinent après votredicte ordonnance jurée, je les contremandai; pour gens d'armes, n'en ai tenu aucuns sur le pays, et se aucuns se y sont tenus, eux advenans de moi, ce n'a pas été par mon ordonnance ne de mon commandement; ne sai si ce a été de leur volonté, ne parce qu'ils véoient les gens de compaignie, qui faisoient, comme encore font tant de maux que chacun scait.

» *Item*, est vrai, mon très redoubté seigneur, comme il est assez notoire, que aucuns ont tenu longuement et encore tiennent gens de compaignie entre les rivières d'Yonne, de Loire, de Seine, et ailleurs en venant contre votredite ordonnance, qui est à la totale destruction de vostre peuple et pays, où ils ont esté et sont sans différence de personne de quelque état qu'ils soient, gens d'Église, nobles ou autres, en moi donnant charge qu'ils les tiennent pour ce que on dit, que je fais assemblée de gens par tous mes pays pour aller à Paris à grand puissance. Et en ce est autrement faisant contre votredite ordonnance, laquelle, sauf votre honneur et révérence, mon très redoubté seigneur, n'est pas vrai, car je ne l'ai pas fait ne oncques ad ce ne autres choses quelconques qu'il vous deuist déplaire en quelque manière, ne je ne feis oncques ne voeul faire le contraire, mais serai tant que je vivrai votre bon et léal parent, et très obéissant subject.

» *Item*, est vrai, mon très redoubté seigneur, que plusieurs, si comme je me suis informé pleinement, ont dit publiquement contre vérité, sauf toujours l'honneur et révérence de vous, que j'avoye à Paris murdriers ou tueurs convenables et expers, pour eux tuer et murdrir, sur quoi, mon très redouté seigneur, je vous afferme en vérité, que je ne fis oncque ce, ne le pensai; et ce ne sont pas les premières charges qu'ils m'ont voulu donner.

» *Item*, que plusieurs ont été bannis du consentement de moi, dont aucuns dient, qu'ils ne l'ont pas desservi, et que ils le montreroient bien, si comme ils dient, s'ils peuvent être seurs de leurs corps, d'avoir bonne et vraie justice. Laquelle chose je ne dis pas, ne entends à empêcher la punition ou correction des mauvais, ou de ceux qui vous ont fait desplaisir, mais pour ceux qui ainsi au contempt de moi, ont été déposés.

» *Item*, que aucuns ont été en l'hostel de mes poures serviteurs, que j'ai en vostre ville de Paris, entour et environ mon hostel, iceulx hosteulx cerchier et retourner, pour ce que on disoit que lettres avoient esté portées esdits hostels, de par moi, pour bailler à pluiseurs du quartier des halles, pour faire une commotion en vostre ville de Paris; et par espécial, oudit quartier des halles, dont pluiseurs de femmes de mesdicts serviteurs ont été durement traictées en votre chastelet, examinées sur ce, pour quoi, mon très redouté seigneur, plaise vous sçavoir, que oncques je n'écrivis aucunes lettres, en enfreignant votre dicte ordonnance, et font mal et péché, ceux qui me baillent tels charges, de quoi vous et autres puissent avoir mauvaise imagination contre moi. Et bien doivent connoître ceux de Paris, ceux dudit quartier, comme des autres, qui pour mourir ne feroient ou vouldroient faire pour moi ne pour autre quelque chose qui deuist tourner à votre déshonneur et desplaisance. Et quant est à moi, Dieu ne me preste jà tant vivre, que je fasse le contraire.

» *Item*, et que pis est, on a dit, à ce que j'ai entendu, contre vérité, que j'ai traicté un mariage en Angleterre, auquel mariage j'ai promis les chasteaux du Crotoy, de Chierbourg et de Bohain, avec plusieurs autres choses faictes audict traité ou grand préjudice de vous et de vostre royaume : et pleust à Dieu qu'ils vous fuissent toujours aussi loyaux à la conservation de votre personne, progénie et de vostre seigneurie, domaine et royaulme, comme j'ai été et serai toute ma vie.

» *Item*, contre votre ordonnance ont été faictes et poursuivies plusieurs autres choses à déclarer en temps et en lieu, qui sont contre l'estat de ma personne; desquelles choses devant touchées, et autres à déclairer, ne font tenir les plus principaux points et tresves de votre ordonnance, mais ils me veullent faire plus d'une guerre, et plus mauvaise que hommes à paine puist faire, c'est assavoir de controuver toutes les voyes qu'ils puissent trouver, parce que dict est de me faire eslongier de vous. Toutefois, mon très redoubté seigneur, je ne vous escrits pas les choses devant dites, afin que je veulle aller contre votre ordonnance, ne icelle enfraindre, mais afin de réintégration ou réparation de vostre estat et de votre royaulme, qui tant a à souffrir en tous estats, et en tant de manières, qu'il n'est homme tant pervers ne cruel, auquel il ne deust prendre pitié.

» *Item*, se aucuns m'ont donné ou voeullent donner charge de reculer et eslongier votre ordonnance, je vous affirme que oncques ne pensai, ne à icelle n'ai voulu empêcher, mais l'ai voulu autant que homme de votre royaume, soit de votre sang ou autre exauchier. Mais il est vrai que je quéroye provision de mettre bonne paix, ferme et estable en votre royaulme, touchant les choses dessusdictes advenir. Pourquoi je vous supplie, mon très redoubté seigneur, tant cordialement comme je puis, que il vous plaise à pourveoir aux inconvénients devant dicts, par icelle maniere que ceux qui de ce sont blessés ou empêchés, ne aient cause de eux plus dolloir, et que votre ordonnance soit tellement entretenue que ce soit au bien et honneur de vous, salut et restauration de votre royaume, et que chacun puisse dormir et reposer, ainsi que on cuidoit, en paix. Et, ad ce faire, voeul exposer mon corps, mes amis, et tout ce que Dieu m'a presté, et en ce, et en toutes autres choses, votre bon plaisir et commandement d'accomplir je suis prest et appareillé. Mon très redoubté seigneur, je supplie au benoist Fils de Dieu qu'ils vous ayt en sa saincte garde, et vous doint bonne vie et longue. »

Icelles lettres furent présentées au roy par le roy d'armes de Flandres, lequel les receut amiablement et agréablement, mais ce ne fut pas du gré de ceux quy alors gouvernoient le roy ; et ne souffrirent pas que le roy fist réponse par escripture ne aultrement; mais par le chancellier fut dit au roy d'armes, que le roy avoit veu les lettres que son maistre le duc de Bourgongne avoit envoyées, sur lesquelles auroit advis, et en temps et en lieu en feroit response. Autre response ne olt le roi d'armes de Flandres; et, en cet estat, retourna devers son maistre, qui alors estoit en son pays de Flandres. Ne demoura gaires après que le duc de Bourgongne feist une assemblée de ses amis en la ville d'Anvers, pour avoir conseil de ses affaires; en laquelle ville furent le duc de Brabant son frère, le duc Guillaume en Bavière, comte de Haynault, Jehan de Bavière, esleu de Liége, les comtes de Clèves et de Saint-Pol, et pluiseurs aultres grands et notables seigneurs. Et là remontra et feist remontrer que il doubtoit avoir guerre contre les Orliénois; et leur requist que s'il avoit affaire, qu'ils le voulsissent servir, aider et conforter. Si lui promirent tous ceulx qui là estoient assemblés de lui faire, allencontre de tous ses adversaires, excepté la personne du roy et ses enffants, aide et assistance de tout leur povoir. Après celui conseil, s'en retourna en Flandres, et les aultres seigneurs tous en leurs lieux. Quand le comte Waleran fut retourné en son hostel, il trouva un sergent d'armes envoyé devers lui de par le roy, qui luy présenta lettres, par lesquelles le roy luy mandoit et commandoit et déffendoit, sur grand peine, qu'il ne se armast ne feist assemblée de gens d'armes, pour servir ne accompagner le duc de Bourgongne, ne aultres de son royaume, sans son commandement.

CHAPITRE XXXIV.

Comment la royne feit prendre quatre chevaliers et plusieurs escuyers et serviteurs du duc de Guyenne, son fils, desquels messire Jehan de Croy estoit l'un, quy feut envoyé tenir prison à Mont-le-Héry : des lettres que le duc de Guyenne escripvit au duc de Bourgongne, lequel, avec son armée, vint jusques à devant Paris, où il ne poeult entrer; et comment ledict messire Jehan de Croy feut par force et subtilité délivré de sa prison.

En ce temps, le duc de Guyenne tenoit son estat dedans le chasteau du Louvre dedans Paris. La royne sa mère alla devers luy; laquelle, par avant conseillée du roy de Cézille, des ducs de Bourgongne d'Orléans, et d'aultres princes, feit prendre quatre chevaliers, et pluiseurs écuyers et aultres serviteurs de son fils le duc de Guyenne, et les feit mener hors du Louvre, dont le duc de Guyenne feut fort troublé, de sorte que se n'eussent été les princes qui autour de luy estoient, il eust esmeu le peuple de Paris, pour estre à son aide et deffendre ses gens. Mais iceux princes et la royne sa mère le rappaisa au mieux qu'elle polt. Les quatre chevaliers dessusdits furent messire Jehan de Croy, le seigneur de Moy, messire Bertrand de Montaubant et messire David de Brimeu, dont les trois furent en briefs jours délivrés, par ainsi que ils feirent serment de non plus retourner devers le duc de

Guyenne. Mais messire Jehan de Croy feut mené au chastelet de Mont-le-Héry, où là feut détenu prisonnier. Le duc de Guyenne, très mal content de l'outrage que on luy avoit faict, envoya secrètement devers le duc de Bourgongne, afin que il vinst hastivement devers luy atout puissance de gens d'armes : et, par trois fois, escript le duc de Guyenne au duc de Bourgongne pour le haster, ainsi que cy après sera dit. Quand le duc de Bourgongne eut receu les lettres au duc de Guyenne, il en fut moult joyeux, car aultre chose ne demandoit que d'aller à Paris, et d'avoir occasion et couleur de faire assemblée de gens d'armes. Si feit un grand mandement par tous ses pays; et feit tant qu'il ot une grande compagnie ; mais avant son partement, il rescripvit lettres à la plupart des bonnes villes de Picardie, par lesquelles il leur remonstra le traité de la paix faicte à Aussoire, et depuis confirmée et jurée, et traitée à Ponthoise : néanmoins on lui avoit faict de grands injures et blasphesmes par prédications ou collations et aultrement, faicts en la ville de Paris, et mesmement à la duchesse de Guyenne sa fille, et aussi à pluiseurs de ses serviteurs, toutes lesquelles choses il avoit porté patiemment pour l'observance de la paix et le souverain bien du royaulme, jusques à ce que le duc de Guyenne l'avoit mandé, pour pluiseurs excès et despits que on luy avoit faicts dedans le chastel du Louvre à Paris, où on lui tenoit comme prisonnier; et, pour garder sa loyauté, il s'estoit délibéré de hastivement aller à Paris devers le roy et le duc de Guyenne, atout la plus grand compaignie de gens d'armes que il polroit finer. Or, ne faut pas doubter que, en briefs jours, l'assemblée que faisoit le duc de Bourgongne feut sceue à Paris, et pour cette cause feut le conseil assemblé; auquel conseil feut appointé que le duc de Guyenne rescriproit au duc de Bourgongne certaines lettres qui contenoient, en effet, que il lui mandoit, et néanmoins commandoit qu'il ne fist assemblée de gens d'armes, en quelque manière que ce fust, et que c'étoit contre la paix d'Aussoire qu'il avoit jurée; et ne vouloit point qu'il allast à Paris; mais se on luy avoit faict faire aulcune chose qui fust contre le traité de la paix, qu'il le mandast au roy et au duc de Guyenne, et on luy en feroit raison. Touttefois, néanmoins le mandement du duc de Guyenne, le duc de Bourgongne ne cessa point de rassembler des gens; pour laquelle cause le roy envoya certains mandements aux baillifs et séneschaux de son royaulme, qu'ils feissent crier et publier par tous les lieux accoutumés de ce faire, que tous ceulx quy s'étoient accoutumés d'armer fussent prests, c'est assavoir de Picardie, le cinquième jour de février, en la ville de Mont-Didier, pour tirer droit à Paris, car le roy estoit délibéré et conclud, de toute sa puissance, de résister contre les emprinses du duc de Bourgongne, et contre tous ceulx qui voudroient empescher le bien de la paix; et avec ce, que le roy mandoit, que nul, de quelque estat qu'il fust, ne se armast avec le duc de Bourgongne; et ceulx qui seroient trouvés faisans le contraire, tantost et incontinent leurs biens feussent mis en la main du roy. Avec iceulx mandements furent envoyées lettres closes sur les passages, par lesquelles il leur deffendoit que au duc de Bourgongne ne feissent aulcune ouverture de leurs villes à passage, sur peine d'encourir en son indignation. Or est vrai que quelque mandement que le roy et le duc de Guyenne feissent au duc de Bourgongne, pour ce que le duc de Guyenne luy avoit rescript par trois fois, que il ne laissast point à soi assembler ne mettre sus, et la cause feut pour les lettres qui luy avoient été envoyées, comme vous ozrez par la teneur des trois lettres escriptes de la main du duc de Guyenne. La première contenoit :

« Très chier et très amé père,

» Nous vous mandons qu'incontinent ces lettres veues, toutes excusations cessants, vous venez devers nous, très bien accompaigné pour la seurté de votre personne ; et sur tout ce que vous doubtez à nous courroucer, ne nous falliez pas.

» Escript de notre main, à Paris, le quatrième jour de décembre.

» Signé de sa main *Loys*. Et en la superscription : à nostre très chier et très amé père le duc de Bourgogne.

La seconde contenoit :

« Très chier et très amé père :

» Je vous ay autrefois escript que venissiez devers moi très bien accompagné; pourquoi je vous prie que le plus tost que vous porrez, vous veniez à moi, très bien accompagné, et pour cause. Et ne doublez; car je porterai votre faict tout oultre, qui que le voeuille veoir.

» Escript à Paris, le treizième jour de décembre,

» Signé *Loys*; et en la subscription comme dessus. »

La tierce lettre contenoit: « Très chier et très amé père, je vous ay jà mandé, par deux fois, que vous venissiez à moi, dont vous n'avez rien fait; toutefois nous vous mandons encore derechef que, toutes choses arrière mises, le plus tost que vous povez, vous venez à nous, bien accompagnié pour votre seureté: et en ce ne défailliez, pour quelconques lettres que vous ayez de nous, et sur tout quantque vous nous doublez à courroucer, et pour certaines causes qui tant vous touchent, que plus ne povent.

» Escript le 21 décembre,

» Signé *Loys*; et la subscription que dessous. »

Icelles lettres furent veues de Jean Clabault, escuyer, garde de par le roi du scel du baillage de Vermandois, établi à Roye, dont *vidimus* fut faite et scellé du scel royal.

Vous avez ouy la cause pourquoi le duc de Bourgogne entreprit son voyage de aller à Paris, et prinst, de sa ville d'Arras, le chemin pour tirer à Péronne, où il cuida passer la rivière de Somme ; mais ceux de la ville de Péronne avoient mandement et deffence du roi de non les laisser passer ; et, pour cette cause, envoyèrent au devant de lui le seigneur de Longueval, qui leur estoit lors capitaine, pour eux excuser du passage ; si prits le duc de Bourgongne son chemin à Exclusiers, où il passa la rivière de Somme, et de là à Roye, et puis envoya à Compiengne le comte de Nevers son frère, qui fist tant que, nonobstant le mandement et commandement du roi, que ceulx de Compiengne erent ouverture, et lui donnèrent passage ; et la cause qui les meult de ce faire fut pour ce que ils veirent les lettres que le duc de Guyenne lui avoit envoyées. Après ce que le duc de Bourgongne se fut trouvé dedans Compiengne, prit le serment des plus notables de la ville, lesquels lui promirent de tenir son parti, et prit son chemin pour aller à Senlis, y cuidant passer ; mais ceulx de la ville lui refusèrent passage, pour la deffense qu'ils avoient du roy. Pourquoi lui convint tirer la plaine de l'Isle-de-France. C'est assavoir à Baron et Dampmartin en Gonelle, où là vindrent plusieurs de la duché et comté de Bourgongne, à grant compagnie de gens d'armes. Les nouvelles du duc de Bourgongne et de son allier, vindrent à Paris, que desjà il estoit à l'Isle-de-France, et furent dites au duc de Guyenne, qui ce jour disnoit en l'hostel d'un chanoine ès cloistre de Nostre-Dame de Paris. Icelles nouvelles, oyes promptement, manda estre devers luy le roy

Loys, le duc d'Orléans, les comtes de Vertus et de Richemont, et pluiseurs aultres, et là fut concluld de mettre gens promptement sus, au plus grand nombre que faire se poiroit, faisant ordonnance de trois batailles, c'est assavoir d'avant-garde, de bataille, et arrière-garde. L'avant-garde fut conduite par les comtes de Vertus, d'Eu et de Richemont; lesquels chevauchoient tous trois en rang, à enseigne desployée, et leurs gens après eux. En la bataille, estoient le roy Loys, les ducs de Guyenne et d'Orléans. En après, estoit l'arrière-garde, que le comte d'Erminacq, et aultres conduisoient; esquelles trois batailles on estimoit quatorze mille chevaux, et se fist icelle assemblée devant le portail Nostre-Dame, puis s'en allèrent en belle ordonnance devant l'hostel de la ville, et là fist-on sonner une trompette pour faire silence, tant que le chancellier du duc de Guyenne eust parlé et remonstré la cause. Pourquoy cette assemblée estoit faicte, et aussi disoit au peuple, comment le duc de Guyenne, son maistre, les merchioit de la bonne amour que ils avoient pour luy, et de la loyauté et obédience que ils luy monstroient à cette fois, en leur requérant que ils s'appointassent et ordonnassent à toutte puissance pour résister allencontre du duc de Bourgongne; lequel, contre le vouloir du roy, en allant contre sa deffense, enfraignoit la paix, en leur certifiant que il ne l'avoit point mandé ne escript qu'il venist à Paris : puis demanda le chancellier du duc de

Guyenne, s'il estoit ainsi que il avoit dict, et il respondit que ouy. Icelles parolles dictes, les seigneurs dessusdits se départirent, et chevauchèrent au long de la ville de Paris, en tirant droit à la Croix du Tiroir : devant laquelle Croix ils s'arrestèrent; et là, le chancellier du duc de Guyenne hurla au peuple, disant telles parolles ou semblables qu'il leur avoit dictes en Grève devant la maison de la ville. Icelles choses faictes et dictes, le duc de Guyenne s'en alla à son hostel du Louvre; le roy de Sézille à la bastille Sainct-Antoine; le duc d'Orléans, à Sainct-Martin-des-Champs; le comte d'Erminacq, à l'hostel d'Arthois; le duc de Berry, au Temple; et les aultres seigneurs parmy la ville. Lesquels soigneusement et diligemment y chevauchoient, par doubte que aucune rumeur ne s'y feist, et firent clorre touttes les portes, excepté la porte Sainct-Jacques et Sainct-Antoine; et, à la vérité dire, ils estoient en grand doubte, quelque puissance qu'ils eussent, doubtant la faveur que pluiseurs de Paris avoient au duc de Bourgongne, qui estoit logié à Dampmartin, en Goüelle. Le duc de Bourgongne, ruent moult honorablement ses gens de la duché et comté de Bourgongne qui estoient là venus; et, en après, se délogea et priist son chemin tout droit dedans la ville de Sainct-Denis. Le troisième jour après, envoya à Paris son roy d'armes d'Arthois, porter lettres au roy, aussi à la royne, au duc de Guyenne, et à ceulx de la ville, requérant au roy qu'il lui pleusist estre content qu'il allast devers luy pour lui dire la cause de sa venue, lequel estoit contendant à toute bonne fin, et que là n'étoit venu pour faire guerre, ne pour malveillance nulle; mais estoit venu au mandement de monseigneur de Guyenne, pour obéir, ainsi que tenu estoit; et avoit le duc de Bourgongne, avec lui, six à sept mille combattants. Or est vrai que le roy d'armes cuida bien faire son message, et présenter ses lettres, car il avoit esté mené en un hostel, en la ville de Paris: auquel hostel, deux ou trois heures après ce qu'il y étoit arrivé, alla devers luy un homme qu'il ne cognoissoit, qui lui dict que tost et hastivement il s'en retournast, ou il seroit en danger de sa personne. Et ainsi, que le roy d'armes estoit à cheval pour s'en retourner devers son maistre, trouva le comte d'Erminacq qui lui dit, que se luy ne aultres, de par le duc de Bourgongne, retournoient plus dans Paris, on luy feroit trancher la teste. Ainsi retourna sans rien besogner, et raconta au duc de Bourgongne la rudesse que il avoit trouvée; lequel en fust desplaisant. Pourquoy il assembla son conseil; si lui fust conseillé de lui mettre très matin aux champs, et à toutte sa puissance, montés et armés un chacun au mieux que faire se polroit, et en belle ordonnance tirassent leur chemin droit à la porte de Mont-Martre, laquelle chose fut ainsi faicte.

Mais ils trouvèrent la porte close, devant laquelle ils se mirent en bataille en très belle ordonnance.

Or est vrai que le duc de Bourgogne ordonna quatre de ses chevaliers, lesquels il fit mettre hors de la bataille, auxquels il ordonna qu'ils se tirassent vers la porte Sainct-Honouré, et que ils trouvassent manière de parler à ceux qui gardoient la porte, pour leur dire et remontrer la cause qui l'avoit là amené, et avec les quatre chevaliers ordonna son roy d'armes d'Arthois pour aller devant la porte ; mais quand le roy d'armes requist aux gardes de la porte, que ils parlassent à lui pour faire le message des quatre chevaliers, iceulx gardes répondirent que ils n'avoient cure de parler à lui, disant que bientost s'en retournassent, ou sinon on tireroit après lui, et aultrement ne parlèrent. Cependant Enguerran de Bournonville estoit descendu à pied, en sa compaignie quatre combattants portant l'étendard du duc de Bourgongne, espérant que se aucuns de Paris le veoient, ils se metteroient sus à puissance pour faire ouvertures d'aucunes des portes ; mais rien n'en advint, et commencèrent à tirer d'arbalestre sur les gens du duc de Bourgongne. A la retraite en y eut de navrés, nonobstant que les gens du duc de Bourgongne leur disoient qu'ils ne vouloient point de guerre, mais de tous points vouloient entretenir la paix, et aussi ne firent onques semblant de volloir mal à quelque personne qui dedans Paris fust. Quand le duc de Bourgongne veid que rien ne profitoit estre devant la ville de Paris, ne nul n'avoiet voulu parler à lui, ne à ses gens, il s'en retourna dedans la ville de Sainct-Denis, où il ordonna certaines lettres, que secrettement il fit attacher au portail Nostre-Dame de Paris, au Palais et autres plusieurs lieux, contenant que par le mandement de monseigneur de Guyenne, dont il avoit plusieurs lettres signées de sa main, il s'estoit mis sus en armes pour soi employer au bien du roy, du duc de Guyenne et du royaulme, et aussi pour les mettre hors du danger où ils étoient en servitude, et que nul ne pensast que il voulsist avoir l'administration et gouvernement en quelque manière, ne vouloir adommagier la bonne ville de Paris, et qu'il étoit prest de entretenir tout ce que par l'ordonnance du roy avoit juré et promis, et s'en retourner en ses pays; mais que les aultres seigneurs, qui dedans Paris étoient, vaulsissent faire le semblable; et se donnoit de merveilles, pourquoy on n'avoit vollu recevoir ses lettres, et aussi que, sans invasion de traict aucunement, s'étoit trouvé devant la ville de Paris. pour faire exposer aucunes besognes touchant le bien de la paix et du royaume; toutesfois on avoit tiré et blessé aucuns de ses gens, et requerroit à tous les bien voeullans et sujets du roy qu'ils le vaulsissent aider et conforter contre tous ceux qui ainsy avoient mis en danger et servitude le duc de Guyenne. Telles paroles ou semblables estoient èsdites lettres données à Saint-Denis, le 11 de février 1413. Quand ces lettres furent ainsi trouvées en plusieurs portaux dedans Paris, furent montrées au conseil du roy et des princes qui là estoient: pour laquelle cause fut renforcé le guet et garde de Paris. Ce temps durant que le duc de Bourgongne estoit logé à Sainct-Denis, le seigneur de Croy qui, en sa compaignie estoit, ordonna vingt hommes d'armes sages et prudents, et vaillants et très bien montés; lesquels trouvèrent manière de passer la rivière de Seine auprès de Conflans; lesquels chevauchèrent le plus secrettement que ils polrent jusques en la ville de Mont-le-Héry, eulx disans au duc de Bourbon, que là ils estoient venus pour faire son logis. Messire Jean de Croy, fils du seigneur de Croy, prisonnier dedans le chastel de Mont-le-Héry, estoit, par le moyen d'un châtellain, qui céans le gouvernoit, adverty de la venue desdits vingt hommes d'armes. Or est vrai que à celle heure que ces vingt homme d'armes arrivèrent à Mont-le-Héry, messire Jean de Croy ouy messe en une chapelle auprès de la porte du chastel. La messe oye, iceulx hommes d'armes, qui un bon cheval avoient amené pour messire Jean de Croy, se trouvèrent assez prests; et incontinent, sachans leur besogne estre preste et que ils povoient bien emmener messire Jean de Croy, se tirèrent vers lui et le firent monter à cheval. Ainsi que messire Jean de Croy montoit à cheval, aucuns de la place allèrent devers messire Collard de Calleville, capitaine du chastel, et garde de messire Jehan de Croy, qui fut de ces nouvelles moult esmerveillé, car en rien ne se doultoit. Lors il accourut en grand diligence à la porte, et véant messire Jehan de Croy à cheval et hors de sa main et puissance, dit : « ah ! monseigneur, se vous en allez » ainsi, je suis détruit de corps et de chevance. » Messire Jehan lui respondit : « De votre ennuy et dom-» mage me déplairoit. Toutefois, à l'aide de Dieu, j'ai » intention de m'en aller; mais si vous vollez venir » avec moi, les biens de monseigneur mon père et les » miens ne vous fauldront point. » Et en ce point se partit messire Jehan de Croy; et messire Collard de Calleville, demeuraat tendant l'adventure de Dieu et telle que advenir lui porroit. Les vingt hommes d'armes se conduirent si sagement, qu'ils se trouvèrent dedans la ville de Sainct-Denis atout messire Jehan de Croy. Le duc de Bourgongne qui toujours avoit espoir d'avoir nouvelles de Paris, de rechef envoya son roy d'armes d'Arthois, portant lettres devers le roi de Sézille et devers les ducs d'Orléans et de Berry, pour eux signifier la cause de sa venue, en eux requérant que ils voulsissent souffrir que il parlast au roy et au duc de Guyenne, ou à tout le moins que ses gens y peuissent parler disant outre qui ils laissa pour le roi dominer et gouverner, sans le tenir en servitude et par espécial le duc de Guyenne, lequel ils détenoient à sa grande déplaisance; mais quand le roi d'armes fut à la porte Sainct-Antoine, on lui dit qu'il s'en retournast atout ses lettres, et que il n'entreroit point dedans Paris. Quand le roy d'armes oy cette réponse qui, très rudement et très rigoureusement lui fut faite, il prit un baston fendu, dedans lequel il meit ses lettres, et devant la porte les ficha en terre, et là les laissa ; et le plus tost qu'il poeult retourna à Sainct-Denis vers son maître, lequel fut plus mal content que devant. Quand le duc de Bourgongne veit que il perdoit temps, et que venir ne pooit à son intention, il conclud de s'en retourner en son pays de Flandres, et laissa garnison à Compiengne et à Soissons ; c'est assavoir, à Compiengne, messire Hugues de Lannoy, le seigneur de Saint-Légier et plusieurs autres ; à Soissons, messire Collart de Fiennes, Enguerrand de Bournonville et autres gens de guerre. Et fut conclud par le duc de Bourgongne, avec sa chevalerie et les bonnes villes, que jusques à tant que le roi et son fils le duc de Guyenne seroient en franchise, sans estre ainsi détenus, et qu'ils gouverneroient ainsi par telles personnes que ils vouldroient, et que ceux qui ainsi les tenoient et leurs gens seroient chascun en leurs pays, si comme lui duc de Bourgongne et ceux de son parti, qu'ils s'offroient eulx en aller en leurs pays, ils ne debvroient point d'obéissance aux mandements donnés par l'advis et conseil desdits seigneurs, ne de ceulx de leur parti. Lesquelles choses le duc de Bourgongne signifia à pluiseurs bonnes villes, en les requérant de par le roy et le duc de Guyenne, qu'ils le voeullent aider, et eux joindre avec lui ; et en ce faisant eux et chacun d'eux acquitteront leur loyauté, et en seront recommandés toute leur vie, en les promettant de les aider et conforter de tout son povoir, et de ce leur bailler lettres. Ces choses faites, le duc de Bourgongne s'en alla en sa ville d'Arras, et les Bourguignons de la duché et comté qui le estoient venus servir, il les envoya tenir les champs ès pays de Cambresis et de Therasche, sur les terres de messire Robert de Bar, comte de Marle. Et quant il fut arrivé en sa ville d'Arras, il assembla les trois estats de son pays, et par espécial les nobles, pour leur communiquer ses affaires, et si leur fit dire par le seigneur d'Ollehain la cause qui l'avoit mené à Paris. Ces remonstrations faites, toute la noblesse qui là estoit lui promirent de le servir allencontre de tous ses adversaires, excepté le roy et ses enfants; en ce conseil et assemblée, ordonna le duc de Bourgogne lettres pour envoyer en plusieurs bonnes villes du royaume, lesquelles contenoient tout le démené de son voyage devant Paris, et comment par lettres de monseigneur de Guyenne il y étoit allé; et finablement étoit contenu ès lettres, comment le roy et le duc de Guyenne étoient comme prisonniers; leur requerrant qu'ils ne voulsissent obéir aux lettres ne aux mandements quelconques, tant qu'ils fussent au gouvernement de gens où lors estoient. Ces choses faites et envoyées lesdites lettres avec le *vidimus* de trois lettres que le duc de Guyenne lui avoit envoyées, et s'en retourna en son pays de Flandres.

CHAPITRE XXXV.

Des mandemens que le roy feit publier par son royaume à l'encontre du duc de Bourgongne, en le bannissant et privant de toutes grâces et bienfaits, ensemble ses favorables amis et alliés, en luy impirant crimes horribles et détestables.

On faut parler des princes qui dedans Paris estoient, vrai est que après le partement du duc de Bourgongne, de la ville de Saint-Denis, le roy et les autres princes qui là estoient, sceurent que le duc de Bourgongne avoit mis garnisons ès villes royales, pour laquelle cause furent mesmerveillés, disant qu'il montroit qu'il vouloit venir à la guerre, et pour y obvier et résister, le roy fit faire mandements, lesquels il envoya publier partout son royaume, contenant en effet que le duc de Bourgongne, contre le mandement et deffence de lui, et mesmement contre la paix par eux jurée, avoit fait grand mandements et assemblée de gens d'armes, étoit allé devant la ville de Paris, et à son retour mis garnison ès villes royales. et avec ce tenoit gens d'armes sur les champs, pillants et robants le pour peuple. Pour laquelle cause le roi mandoit qu'il fus crié à son de trompes, que toutes gens de guerre fussent prests pour servir le roi, sur confiscations de corps et de biens. Après la publication des mandements dessus dits, ceux qui avoient tenu le parti du duc de Bourgongne à Paris et à l'environ, furent moult oppressés. Plusieurs furent pris et décapités, et leurs biens confisqués, et avec che fut ordonné un mandement royal, envoyé par les baillages et senechaussées, par lequel le roy les privant de toutes grâces et bienfaits, en bannissant le duc de Bourgongne, lui, ses favorables amis et alliez, pour le très cruel et dampnable homicide perpétré et commis en la personne du duc Loys d'Orléans; et avec ce tous les faits que povoit avoir faict ou fait faire le duc de Bourgongne, et tous les maux que on pourroit dire ne penser allencontre de lui, estoient mis par escript ès icellui mandement, disant que il avoit faict plusieurs fois questionner et tourmenter plusieurs personnes, les uns faits morir sous ombre de justice, sans cause et sans raison, les aultres morir de faim en prison, sans confession, sans aultres sacrements ecclésiastiques, et les faisant jeter aux champs, aux chiens, sans volloir souffrir qu'ils eussent sépulture, ne que leurs enfants nouvellement nés fussent baptisés, qui est expressément contre nostre foi. En ces choses fit faire horribles cruautés, et les plus grands inhumanités que oncques fuissent veues ne oys, et plus sous ombre de guerre, qui n'estoit pas au roy, ne devoit estre, mais au duc de Bourgogne, et pour son fait particulier. Et avec ce, disoit-on que le duc de Bourgongne faisoit lever sur les sujets du royaulme merveilleuse finance, tant par tailles, emprunts, réformations, trésors d'église ès cours de parlement, de chastellet et ailleurs mises en dépôt, et aultres sommes de deniers qui estoient mises et consignées ou profit de femmes veuves et d'enfants maindres-dans (mineurs), pour cause de retraite ou rachapt de revenus ou héritages; et tant de maux innumérables estoient audit mandement, comme le tout se peult veoir ès chroniques, où ils estoient bien au long spécifiez et déclairez.

CHAPITRE XXXVI.

Comment les chaisnes de la ville de Paris furent ostées, et les bastons invasibles et deffensables deffendus de porter aulx Parisiens, et leurs armures ostées; et comment les articles de maistre Jean Petit, que aultrefois avoit proposés, furent ars publiquement.

Vous avez ouy comment le duc de Bourgongne, après son partement du pays de France, s'estoit retraict en son pays; mais ce nonobstant, les ducs de Berry, d'Orléans et aultres, n'avoient fiance nulle en ceux de Paris; et toujours les soupconnoient estre Bourgaignons. Pour laquelle cause fut appointé et ordonné messire Tannegay du Chastel, lors prévost de Paris, et Remonnet de la Guerre, par l'auctorité du roi et de son grand conseil, oster toutes les chaisnes servans aux rues de Paris; lesquels les firent, par doubte de mutation du peuple.

mener au Louvre et en la bastille Saint-Antoine ; et avec ce furent les bourgeois, manants et habitants de Paris, contraints de bailler toutes leurs armures, lesquelles furent aussi portées au Louvre et en la bastille. Et avec ce leur fut deffendu de porter bastons invasibles ou deffensables ; et si leur fut deffendu la garde des portes, et les faisoient garder les Orliénois aux dépens de ceux de la ville. Tous les jours grands chevauchies de gens d'armes alloient avant la ville, et y faisoient gaits de nuit et de jour aux portes et à la muraille. Pour laquelle cause, ceux de la ville de Paris, véans qu'ils estoient mis en telle subjection, et que toute deffence on'mettoit sur eux, ils conchurent telle hayne allencontre du comte d'Erminacq, que oncques puis ne l'aimèrent ; et depuis bien lui montrèrent comme il sera dit en après. En ce mesme temps, le roy envoya plusieurs lettres et mandements contenants en effet comme autrefois il avoit escript et envoyé pluiseurs lettres aux bonnes villes de son royaume, pour séduire le poeuple, pour parvenir à sa mauvaise et maudite entreprise. Et avec ce furent envoyées aultres lettres de par le roy, aux nobles du pays d'Arthois, aux baillis de Tournay et de Vermandois ; par lesquelles il deffendoit, sur grosses peines, que de là en avant ils ne s'amassassent avec le duc de Bourgongne, ne l'accompagnassent ne lui ne les siens, en quelque manière que ce fust ; mais tantôt et incontinent, se préparassent pour servir le roy : car par l'aide de Dieu, il avoit intention de punir et humilier le duc de Bourgongne. En ce temps, l'évesque de Paris, à la requeste de l'université, envoya devers le duc de Bourgongne, pour sçavoir s'il vouloit advouer maistre Jean Petit des articles que autrefois avoit proposés à sa requeste contre le feu duc d'Orléans; et le duc de Bourgongne respondit au message que il ne le vouloit porter ni advouer, sinon en son bon droit. Le messagière retourné à Paris, à l'évesque, la response oye par l'inquisiteur de la foi, fut ordonné que les articles que avoit presché publiquement maistre Jean Petit, seroient arses publiquement, présent le clergé, et tous autres qui veoir le voldroient. Et ainsi fut fait. Et fut renommée, que on croit quérir les os dudit maistre Jean Petit, qui estoit trespassé et enterré en la ville de Hesdin, pour les faire ardoir en la ville de Paris, ou lieu où les articles avoient été arses.

CHAPITRE XXXVII.

Des mandemens et remontrances que le duc de Bourgongne feit aulx nobles de son pays d'Arthois et de Picardie; et de la maladie quy alors régnoit au royaume de France, nommée la coqueluche.

LE duc de Bourgongne, ouyt nouvelles que le roy faisoit grand' assemblée de gens d'armes; pour laquelle cause il manda les nobles de son pays d'Arthois et de Picardie, pour estre devers lui en sa ville d'Arras, et leur remontroit que il avoit eu certaines nouvelles, que le roy et le duc de Guyenne étoient du tout tournés contre lui par le moyen de ceux qui les gouvernoient. Si leur fut montré les lettres escriptes de la main du duc de Guyenne, et avec ce leur fit dire qu'il avoit laissé ses gens ès villes de Compiengne et de Soissons, pour le bien du roy. Toutefois, il sçavoit de vérité, que l'assemblée que le roy faisoit, c'étoit pour recouvrer icelles villes; pour laquelle cause il requéroit aux nobles qu'ils lui voulsissent bailler conseil et aide, à quoi lui fut répondu de tous, que volontiers le serviroient allencontre de tous ses adversaires, réservé le roi et ses enfants. Mais le seigneur de Ronq dit plus, car il dit que il serviroit contre le roi et contre tous aultres qui grever lui vauldroient. Et en ce temps régnoit une maladie par tout le royaume de France, qui tenoit en la tête, dont plusieurs josnes et vieux mouroient, laquelle maladie se nomme la cocqueluce.

CHAPITRE XXXVIII.

De l'armée que le roy mist sus contre le duc de Bourgongne, et comment la ville de Compiengne feut assaillie, où le roy se trouva en personne; et comment la ville luy feut rendue par appoinctement.

LA royne et le duc de Guyenne tindrent conseil, auquel fut conclud de faire guerre au duc de Bourgongne et à ses alliés, et se tint le second jour de mars en celluy an; où furent assemblés en l'hostel de Sainct-Pol, la royne et le duc de Guyenne, pour ce que le roy estoit malade : là furent plusieurs princes et prélats; auquel conseil, par la bouche du chancellier, fut remonstré bien au long l'estat et gouvernement du duc de Bourgongne, et comment il s'estoit conduit rigoreusement contre le roy et les seigneurs de son sang, par plusieurs et diverses fois, depuis la mort du duc Loys d'Orléans, et plusieurs aultres remonstrances; requérant aux princes qui là estoient, que sur la foy, serment et loyaulté qu'ils devoient au roy, le vulsissent conseiller, et le duc de Guyenne son fils, de ce qu'ils avoient à faire contre le duc de Bourgongne. Ot est vray que, après que la matière, qui grande estoit, ot esté bien débattue, fut, par la bouche de l'archevesque de Sens, dit, de l'autorité et ordonnance de tous ceulx qui là estoient, que licitement et de raison le roy povoit et devoit faire guerre au duc de Bourgongne, considérées les manières qu'il avoit tousjours faict et tenues, et tenroit à l'encontre du roy, du duc de Guyenne, et de tout le bien du royaulme. Si fut conclud que le roy, en sa personne, se metteroit sus avec sa puissance pour faire guerre au duc de Bourgongne, ses alliés et aydans; et là fut faict promesse mêmement de la royne, du duc de Guyenne, et de tous les aultres, que jamais n'attenderoient à quelques ambassades, lettres, ou aultres choses qui puissent venir de par le duc de Bourgongne, jusques à tant que luy et les siens seroient humiliés, et du tout remis en l'obéyssance du roi et de son conseil. La guerre conclutte, le roy fit son mandement par tout son royaulme, plus grand que oncques en sa vie n'avoit faict, et pareillement le firent tous les princes qui là estoient, et tant que, en peu de temps, grand nombre de gens d'armes se trouvèrent en l'Isle-de-France, et en la marche d'environ. Icelle assemblée faicte, furent envoyés aulcuns capitaines devant la ville de Compiengne, qui mirent le siége devant la ville de Compiengne de l'un des costés, en attendant la venue du roy; et afin que les gens du roy ne peussent loger à leur ayse, ceulx de dedans la ville ardirent et démollirent les faulxbourgs de ladicte ville, et plusieurs notables édifices, tant églises comme maisons. Mais ce nonobstant, les François ne se laissèrent pas à loger, et de faict firent ponts sur la rivière d'Oyse, afin d'assiéger la ville du tout en tout, ainsi qu'ils firent. Et le merquedy de la semaine peneuse, quatriesme jour d'avril, le roy issit de Paris à grand estat, et s'en alla à Senlis, pour illec attendre les princes de son sang et de son armée. En laquelle armée on fit porter au roy et au duc de Guyenne la bande et enseigne du comte d'Erminacq, dont plusieurs se donnèrent grands merveilles que il avoit laissé son enseigne ancienne, et que ses prédécesseurs avoient toujours porté en armes, c'est assavoir la blanche croix ; dont plusieurs feurent mal contents, veu que c'estoit en son royaulme, et veu aussi la bande du comte d'Erminacq, laquelle il portoit par damnation d'un pape, en signe d'amendise de l'ung de ses prédécesseurs, pour ung forfait qu'il avoit commis contre l'Eglise. Toutefois la plupart de cette armée portoient les deux enseignes, c'est assavoir la croix et la bande. Au commencement de l'an 1414, renouvellé de date, c'est assavoir le lundi de Pasques, l'an 1414, le duc de Guyenne, premier fils du roy, party de Paris à très noble compaignie, et alla à Senlis où estoit le roy son père. Après la venue du duc de Guyenne le roy tantost après se party pour aller au siége de Compiengne, et feut son premier logis à Vertbrye, et de là s'en alla au siége. Et quant à la royne et duchesse de Guyenne, elles se partirent de Paris, et s'en allèrent à Meaulx, en Brie, et le duc de Berry demoura capitaine de Paris, et gouverneur des marches d'environ. Le roi de Sézille s'en alla en son pays d'Anjou, et depuis revint à Paris, mais il ne feut pas tout le voyage avec le roy. Quand le roy feut arrivé devant la ville de Compiengne, il envoya devers ceulx de la ville un officier d'armes, par lequel il leur fist nonchier sa venue, en les sommant qu'ils luy feissent ouverture pour y loger luy et les siens, comme raison et comme bons loyaulx devoient faire à leur souverain seigneur. Ceulx de la ville respondirent que très volontiers le recevroient luy et son aisné fils de Guyenne, avec leur estat, et non autrement, laquelle réponse feut faicte au roy qui autre chose n'en feit pour l'heure. Si feut le logis du roy ordonné en la maison d'ung bourgeois de Compiengne, séant entre la ville et la forest; et le duc de Guyenne feut logé en l'abbaye de Royal-lieu, et les aultres princes tout à l'environ de la ville. Canons et bombarbes feurent ajustés, qui dommagèrent la ville; plusieurs saillies et escarmouches se faisoient le siége durant. Entre les aultres en y eut ung dont il faut faire mention.

Vrai est que messire Hector, bastard de Bourbon, manda à ceulx de Compiengne que le premier jour de may les iroit esmayer; laquelle chose il feit, monta à cheval, en sa compaignie deux cents hommes d'armes des plus vaillants qu'il pot finer, et avec une belle compaignie de gens de pied, et tous ensemble chacun un chapeau de mai sur leur harnois de festes, allèrent devant la porte de Compiengne nommée la porte de Pierrefons; et avec eulx portoient une grand' branche de may pour les esmayer, ainsy que promis l'avoient les chevalliers et escuyers avec eulx. Les aultres qui dedans la ville estoient, quy savoient celte venue, s'estoient préparés, armés et ordonnés, et plusieurs montés en armes ouvrirent la porte et feirent une saillie sur le bastard de Bourbon et sur ses gens, en laquelle bataille y eut maintes belles armes faictes, dont plusieurs, tant d'un costé comme d'aultres, y feurent blessés et navrés, et sy en y eut de morts en la place. Et de faict, le bastard de Bourbon eut son cheval tué sous luy, et s'il n'eust eu bonne ayde, eust esté mené prisonnier dedans la ville; toutefois il feut très bien secouru, et sans grand' perte retourna en son logis, luy et les siens. Quand ceulx de la ville se veirent assiégés, et le roy devant eulx à sy grand' puissance, ils conclurent d'envoyer devers le duc de Bourgongne, luy requérant se de luy auroient secours, ou quelle chose il luy plairoit qu'ils feissent. Le duc de Bourgongne, véant que le roy estoit en personne, et que il n'avoit point gens prêts pour lever le siége, leur manda que ils feissent traité et poinctement le plus honnorablement que faire se polroit. La responce du duc de Bourgongne venue à ceulx de Compiengne. trouvèrent manière de parlementer à ceulx du siége, et tant feut exploité que la ville seroit rendue au roy, par ainsy que tous les gens de guerre quy dedans estoient, s'en iroient où bon leur sembleroit atout leurs biens, et généralement atout ce quy leur appartenoit; quant aulx habitants de la ville, ils demoureroient en corps et en bien saufs, et sy auroient pardon, moyennant que ils crieroient merchy au roy, Et par ainsy feut la ville de Compiengne rendue au roy, quy feut le septième jour du mois de may, l'an 1414. Icelle reddition faicte, et les Bourguignons vidiés, lesquels s'en allèrent ou pays d'Arthois, le roy et le duc de Guyenne entrèrent dedans la ville, où ils feurent faisans bonne chière par aucun temps. Pendant ce temps, le comte Walleran de Saint-Pol chéy de son cheval sy rudement, qu'il se rompist la jambe; et pour icelle adventure ne se arma point en icelle armée; dont les aucuns dient qu'il faignoit estre blessé, afin de estre excusé d'aller au mandement du roy, et pareillement estoit requis du duc de Bourgongne que il l'allast servir, et ainsy par la blessure ou aultrement ne servist ne l'ung ne l'aultre. Et pareillement messire Jacques de Chastillon, seigneur de Dampierre, admiral de France, se tint toute la saison en son chastel à Roulencourt, où on disoit que il estoit malade, et pour icelle armée ne servit le roy ne le duc de Bourgongne. Toutefois la pluspart de leurs gens feurent au service du duc de Bourgongne.

CHAPITRE XXXIX.

Comment Soissons feut assiégée par le roy, prinse et pillée, les églises violées, et de grands crimes y perpétrés.

Après la prise de Compiengne, le roy prit son chemin pour aller devers Soissons avec toute son armée; si exploita chemin, tant que il se trouva devant la cité de Soissons, dont, pour le duc de Bourgongne, estoit capitaine Enguerran de Bournonville, nonobstant que il y eust dedans la ville plusieurs grands seigneurs. Le roi se logea en une abbaye nommée Saint-Jean-des-Vignes, le duc de Guyenne à Saint-Crespin, et les autres princes tout entour, le mieux que polrent; et de l'autre costé de la rivière estoit logé le comte d'Erminacq. Au prendre le siége eust de grands escarmouches, car ceux de dedans faisoient ardoir et démolir églises, maisons et aultres édifices, et nonobstant on n'y laissa point pour tant à loger. Le roy fist sommer ceux de la ville, comme leur souverain seigneur; mais les gens du duc de Bourgongne n'en vouldrent rien faire, espérant d'avoir secours du duc de Bourgongne. Après ce furent appointiés bombardes et canons, dont la ville fust très fort battue, et très fort approchée. Dedans la ville de Soissons estoient de quarante à cinquante Anglois, entre lesquels avoit de très bons archiers; si advint que en une saillie que ceulx de la ville feirent, messire Hector, bastard de Bourbon, à l'escarmouche, et au rebouter ceulx de dedans la ville, fust navré d'une flèche parmi le gorgerin, qui fust faulsé tout oultre, tant que le fer de ladite flèche entra dedans la gorge de messire Hector; de la quelle blessure il alla de vie à trépas; dont le duc Jean de Bourbon fust moult courroucé et merveilleusement déplaisant, et aussi furent la plus grand partie de ceux de l'ost, et se il fust fort plaint, ce ne fut pas merveilles, car, à vérité dire, c'estoit un des vaillants chevaliers de la compagnie; et ne sçay poinct se plus vaillant y avoit. Depuis la mort du bon messire Hector, ne fina le duc de Bourbon de pourchasser la destruction de ceux de la ville de Soissons, tant par battures de canons, d'approches, que aultrement; et de faict fist tant que journée fut prinse de l'assaillir, et ordonnance faicte que chacun fist pourvéance de grandes et longues bourrées pour jetter dedans les fossés; et tant feut procédé que la ville fust assaillie, les eschelles dressées aux murailles, pour combattre main à main à merveilles. Fort feut la ville assaillie, et aussi bien deffendue. Le duc de Bourbon, qui mortellement hayoit ceux de la ville, feut de ceux montans aux eschelles, et combattants main à main; et en combattant feut abbattu de hault en bas d'un coup de hache, dont il feut si fort navré que on cuidoit que il fust mort, et feut porté en son logis, en tel estat qu'il ne connoissoit ne homme ne femme ; pour laquelle blessuere, tant pour entendre à luy à l'emporter, que pour la vaillance de ceulx de dedans, l'assault feut de tous poincts delaissé, et se retrayoit chacun. Mais ne demoura guères que on commença à crier : Ville gaignée ! dont tous ceulx qui estoient du costé vers Sainct-Jean-des-Vignes furent moult émerveillez, car désjà estoient tous retraits. Mais est vrai qu'il y avoit dedans la ville de Soissons aucuns Anglois qui avoient eu débat et noise en la ville, duquel débat n'avoient pas eu le meilleur ; pour laquelle cause ils avoient conceu hayne à plusieurs qui dedans la ville estoient, et pour eux venger trouvèrent façon de parler à aucuns Anglois Bourdelois, de la compagnie du comte d'Erminacq, et tant y en bouttèrent qu'ils furent maistres de la ville ; car jamais ceulx de la ville ne se fussent doubtés que leur ville eust été prinse par là, et sans ouvrir la porte qui murée estoit, et sans avaler le pont ou la planchette, estoit impossible de par là prendre la ville. Or est ainsi, que quant les gens du comte d'Erminacq se trouvèrent puissants dedans la ville, commencèrent à crier : Ville gaignée ! la quelle chose plusieurs des gens de guerre qui là estoient ne le povoient croire, et de faict en furent plusieurs prins et morts, lesquels furent trouvez en la garde qui leur estoit ordonnée pour la ville deffendre. Quand Enguerran vit la mal adventure, il se cuida deffendre ; mais sa deffense guères ne luy valust, et feut pris et fort blessé à prendre, entre lesquelles blessures en avoit une au front, dont il estoit fort blessé. Quand ceulx du costé Sainct-Jean-des-Vignes ouyrent le bruit et le cry en la ville, véans la muraille abandonnée et encore la plupart des eschelles dressées saillirent ès fossés, et montèrent amont la muraille, qui plus n'estoit deffendue. Ainsi que vous avez ouy, la ville de Soissons fut prinse. Or, fault parler de la pitié et cruauté qui en la ville feut faicte. Premièrement furent bien que morts, que prins en la place, que têtes coupées, que pendus, bien de mille à douze cents. En après furent toutes les eglises violées, cassées, et reliquaires rompus; les ossements des corps saincts jettez dehors, le corps de Jésus-Christ osté hors des vaisseaux qui estoient dedans le tabernacle, pour en avoir iceulx vaisseaux; femmes efforcées devant leurs maris, et aucunes des notables femmes qui se retrayrent dedans les églises; les enchaintes de paour et de tristesse enfanter sans terme, dont les enfants n'avoient poinct de vie; et n'estoit point à croire que oncques telles cruautés fussent faictes en ville nulle, et avec ce, feut toute la ville nettoiée, nettement vidée et pillée. Le vaillant escuyer Enguerran de Bournonville il eust la teste tranchez; messire Pierre de Menau et plusieurs aultres; et avec ce furent de cinq à six vingts, tant Anglois comme aultres, pendus. Après celle destruction, le roy fist diligemment chercher qu'estoient devenus les ossements des corps saincts, et avec ce fist crier que nul, de quelqu'estat, ne les transportast hors de la ville; par lequel moyen, aussi par argent qui en feut donné, furent plusieurs corps et saincts reliquaires remis ès églises, et avec ce plusieurs notables femmes, qui par nobles hommes avoient esté menées en la garde du duc de Guyenne, furent remenées en leurs maisons, et avec ce gens ordonnez des plus notables pour ratraire le peuple de la ville, tant prisonniers que ceulx qui s'en estoient fuis, auxquels le roy donna pardon, et par ainsi se retrayrent plusieurs de la cité. Après ces ordonnances faictes, le roy se partit de la ville de Soissons, et en prenant son chemin vers la cité de Laon, où il feut bien par l'espace de quinze jours; et là alla devers luy Philippe, comte de Nevers, frère du duc de Bourgongne, lequel fist son traicté envers le roy, tel que le roy n'iroit ne envoyeroit en sa comté de Aethel, ne aussi en aultre terre et seigneurie que il eust; laquelle chose le roy luy accorda, par ainsi qu'il ne aideroit ne conforteroit en quelque manière le duc de Bourgongne son frère; puis après ce traicté faict, s'en alla le comte de Nevers en sa ville de Mezières-sur-Meuse. Le roy estant à Laon fist publier nouveaux mandements pour avoir gens de guerre. Le quinziesme jour de juin, se partit le roy de Laon, et alla en sa ville de Sainct-Quentin; en laquelle ville alla devers luy la dame de Hainnault, sœur du duc de Bourgongne, pour traicter la paix; mais quelle remonstrance qu'elle sceuist faire, rien ne s'y poeult traicter; et print congé du roy et s'en retourna. Le roy estant à Sainct-Quentin ouït nouvelles que les Bourguignons des duché et conté, en très belle compagnie, s'en alloient tout droict ou pays de Haynnault, pour servir le duc de Bourgongne; pour la quelle cause le duc de Bourbon, le comte d'Eu, et messire Charles de Labreth, furent ordonnez pour tirer sur les Bourguignons et les ruer jus; et tant chevauchèrent qu'ils les trouvèrent à un passage qui se nomme le Pont-à-Merbe, ou pays de Haynnault. Les Bourguignons estoient en très belle compagnie. Or est ainsi que les Bourguignons desja avoient passé le Pont-à-Merle, excepté le Veau de Bar qui conduisoit le charroi, qui se mist à deffense, et très vaillamment combattit; mais guères de gens n'avoit avec luy, et ses ennemis estoient bien quatre milles; si feut là prins et quarante ou cinquante avec luy, et les aultres se sauvèrent et prinrent leur chemin droict à Brouxelles, en Brabant. Or est vrai que le roy, après qu'il olt envoyé son avant-garde sur les Bourguignons, se partit de Sainct-Quentin en tirant après ses gens, et feut jusques à un gros village nommé la Chapelle, en Therasse; mais quand il sceut que son avant-garde retournoit avec leur prinse, retourna à Sainct-Quentin, et tantost après alla à Péronne, où il feut longue espace, et puis de tous poincts conclut d'aller assiéger Bappasmes et Arras. Mais, avant son partement, avoit été le duc de Bourgongne en la ville de Péronne, et aussi les ambassadeurs des quatre membres du pays de Flandres, et ceulx quatre membres pour trouver la paix du duc de Bourgongne devers le roy. Quand le duc de Bourgongne sceut que il ne povoit avoir la paix, il conclut de se vouloir deffendre contre ses ennemis, toujours réservant la personne du roy et du duc de Guyenne, et de là en avant fist provision pour la garde de ses villes et forteresses de la comté d'Artois et ailleurs.

CHAPITRE XL.

Comment le duc de Bourgongne pourvey de capitaines ses villes de la comté d'Arthois et frontières.

A Douay, le duc de Bourgogne ordonna capitaine des gens de guerre, messire Gaultier de Ruppe; et de la ville d'Arras, fut capitaine général messire Jean de Luxembourg, lors josne chevalier, avec lui le seigneur de Ronq, le seigneur de Noyelle, messire Jean Bouier, gouverneur d'Arras, Allain de Vendosme, et plusieurs autres, jusques au nombre de six cents hommes de trait. En la cité lez Arras, estoient les seigneurs de Montagu, monseigneur de Vienne, le bastard de Garnison, et autres, jusques au nombre de six cents gens d'armes; et de la ville et communauté d'Arras, étoit capitaine le seigneur de Beaufort. Et pour venir à parler du roi, vrai est qu'il se partit de Péronne le vingtième jour de juillet, et s'en alla loger à Miraumont et ès villages d'entour.

CHAPITRE XLI.

Comment Bapasme feut asségiée et rendue au roy par traictié et appoinctement.

ET lendemain, 21 de juillet, le roi vint devant Bapasmes, mais promptement que le roi et ses gens se trouvèrent en la comté d'Arthois, ils déployèrent leurs bannières, disant qu'ils étoient sur les terres de leurs ennemis, et se faisoit porter le roi l'oriflambe, comme il eut fait sur les Sarrazins. Toutefois l'oriflambe n'étoit point déployé, mais le portoit un chevalier en esquierpe. Quand le duc de Bourbon, qui étoit chef de l'avant-garde, se trouva devant Bapasme, il fit de sa main plusieurs chevaliers, entre lesquels fut fait le comte d'Eu, et pareillement en fit le roi, quand devant la ville fut arrivé. Et après ce qu'il ot fait plusieurs chevaliers, le seigneur de Boissay et le seigneur de Gaucourt, pour ce voyage maréchaux ordonnans les logis, menèrent le roy loger en une abbaye, assez près de Bapasme, et en haut lieu, sans rivière ne fontaine nulle ; et si estoit en temps d'été que il faisoit chaud et sec, pourquoi les marais furent tantost tout sec; et falloit aller plus de trois lieues long quérir l'eau à la rivière auprès de Miraumont, qui estoit une grand' peine; si se advisèrent d'aucuns, de faire perchier nouveaux puits; tant en firent que on avoit son cheval abreuvé le jour pour un petit blancq. Advint que le duc de Guyenne manda le capitaine de Bapasme, c'est assavoir Henry de Hangest, avec lui messire Jehan de Seumont, et Adam d'Avelus, auxquels il demanda pourquoi ils ne faisoient ouverture au roy leur souverain seigneur; si répondirent très humblement que ils le gardoient pour le roy et pour lui, par le commandement du duc de Bourgongne, qui ainsi leur avoit baillé en garde, en requérant au duc de Guyenne que on leur donna terme de huit jours pour envoyer devers le duc de Bourgongne, qui ainsi leur avoit donné en garde, laquelle requête leur fut accordée. Si fut envoyé devers le duc de Bourgongne pour lui remontrer la grand' puissance qui étoit devant Bapasme, laquelle étoit très mal pouveue de tous vivres et habillements de guerre. Pour laquelle cause le duc de Bourgongne conclud et fut content que ils rendissent la ville et le chateau au roy et au duc de Guyenne, moyennant leurs corps et leurs biens saufs, et ainsi de ceux de la ville; et fut ainsi fait, et la ville rendue et aussi le chastel au roy; mais au traité furent réservés ceux de Paris, s'aucuns en y avoit. Le jour et l'heure fut ordonné du partement des Bourguignons, lesquels furent visités et regardés, se en leur compaignie n'avoit nuls Parisiens. Si en y fut trouvé trois en habillements de varlet, portants bacinets avecques leurs maîtres, afin que ils ne fussent congneus; toutefois rien n'y valut, car ils furent recongneus et puis eurent les têtes tranchées. Et en ce propre jour fut publié, à son de trompe, que tout homme, de quelque estat qu'il fuist, marchand ou autres répairant en l'ost du roy, portast la droite croix et la bande, sur peine d'estre confisqué corps et biens.

CHAPITRE XLII.

Des préparations que ceulx d'Arras feirent pour la garde de la ville et cité, attendant le siége du roi.

Alors le duc de Brabant et la comtesse de Haynault estoient à Cambray, qui envoyèrent devers le roy, luy requérant de povoir venir devers lui, mais le roy ne le volut pas, et fut content d'envoyer devers eux son ambassade; c'est assavoir le baron de Yvoy en Normandie, et le seigneur de Ligne, de Haynault, bien instruits pour communiquer avec le duc de Brabant et la dame de Haynault. Mais nullement ne se polrent accorder, et revindrent devers le roy; et le duc de Brabant et la comtesse de Haynault s'en retournèrent devers le duc de Bourgougne. Après le siége de Bapasme, ceux de la ville d'Arras s'attendirent tout seurement d'avoir le siége, comme ils eurent; et sachants la grand' puissance que le roy avoit, firent grand' préparation pour eulx deffendre et fortifier leur ville; et furent bollevers faits au-devant des portes, de gros chesnes plantés par grand' maistrise, barrer et fossoyer en divers lieux. Et si se pourvéirent de toutes autres choses à eux nécessaires; et avec ce firent ordonnances, que messire Jean de Luxembourg, leur capitaine, fit publier à son de trompe; c'est assavoir que tous bourgeois, manants et habitants de la ville, et aultres, de quelque état qu'il fust, se pourvéissent du moins pour six mois, ou qu'ils vuidassent la ville, et pareillement les gens de guerre. Après lesquelles publications, aucuns bourgeois et habitants menèrent leurs femmes et leurs enfants, et aucuns de leurs biens ès villes de Douay, Lille, Béthune, et autres lieulx où bon leur sembla. En outre, les capitaines fisrent abbattre et desmolir plusieurs notables églises, maisons et édifices tout autour de la ville; c'est assavoir l'abbaye de le Thieuloye, l'église des Cordelliers, celle des Jacobins, et aucuns autres; et pareillement le feirent autour de la ville.

CHAPITRE XLIII.

Comment le roi asségia Arras avec deulx cent mille hommes, qui fut approchée et battue, et vaillamment deffendue.

Ne demoura gaire après que le roy eust envoyé son ambassade à Cambray, devers le duc de Brabant, qu'il s'en alla mettre le siége devant Arras, et laissa à Bapasme, messire Gasselin-du-Bois, capitaine de la ville, qui fit faire le serment à tous ceulx de la ville. Vous avez oy comment le roy alla asségier la ville d'Arras à si grand' compagnie que on estimoit deux cent mille hommes. Si fut le roy logié en une maison nommée le Temple, et le duc de Guyenne assez près de luy, ès faubourgs; et du costé de l'abbaye de la Tieulloye, furent logés le duc d'Orléans, les comtes de Vertus et d'Alenchon, et le duc de Bar; mais les plus honnorablement logiés furent le duc de Bourbon et le comte d'Eu; car ils furent logiés ès faubourg qui se nomme Baudimont, au droit chemin d'Arras à Lille; lesquels ne povoient avoir que à très grand' peine secours et aide de leurs gens, et si estoient à la venue par où la puissance du duc de Bourgongne povoit venir, sans le congier des aultres; mais un bien y avoit pour eulx, car leurs logis étoient clos de murailles; mais aussi estoient-ils en la pleine saillie de la ville et cité, qui sont deux villes. Toutefois quelque grand' puissance que le roy mist, qui fut estimée deux cent mille, si ne fut oncques la ville si asségiée, qu'ils ne eussent deux portes ouvertes, pour entrer et issir quand bon leur sembleroit. Auprès d'Arras siet ung petit chastel nommé Belle-Motte, lequel durant le siége, par appointement, ne feit point de guerre aux gens du roy, ne aussi les gens du roy ne luy feirent point de guerre; toujours toutes voies y demeurèrent les gens du duc de Bourgongne, pour ce que la ville d'Arras ne feut point que toujours ne peussent entrer et issir ainsi que devant est dit. Si se faisoient de grands saillies et escarmouches, toujours à l'advantage des Bourgongnons; entre lesquelles s'en feit une envers la porte Sainct-Michel, en la prarie oultre une rivièrette; c'est assavoir ils se trouvèrent des gens du roy, de six à sept vingts combattants, qui pardessus une planchette passèrent la rivière; laquelle chose ceux de la ville véoient. Si envoyèrent le plus secrettement que faire se peust, oster la planche; et ce fait, par une petite posterne, saillirent sur les gens du roy; et quand les gens du roy veirent la puissance qui venoit sur eux, cuidèrent retourner, mais trouvèrent leur passage rompu, et là furent que morts que pris, de quarante à cinquante. Entre lesquels fut pris un gentilhomme nommé Cordellier, de Gironne; et lendemain furent trouvés vingt ou plus en la rivière où la besogne avoit esté. Et pour parler des courses ou chevauchées que faisoient les gens du roy au pays d'Arthois, ce seroit long à raconter ; car tout le pays d'Arthois feut si pillé et détruit qu'il n'est point à croire fors à ceux qui le véoient. Entre autres courses, l'un des bastards de Bourbon, qui après la mort de son frère messire Hector, fut envoyé quérir aux écoles où il estoit à Paris, et le fit-on venir au siége d'Arras ; et pour luy bailler bruit et renommée, luy feurent baillés mille combattants, lesquels allèrent courre la comté de Sainct-Pol, où ils feirent de grands dommages, prinrent et ruinèrent biens sans nombre, et feurent devant la ville de Sainct-Pol, où le comte et sa femme estoient, laquelle étoit sœur au duc de Bar ; et pluiseurs reproches et dérisions et moqueries disoient du comte de Sainct-Pol, disant qu'il faignoit estre malade, afin qu'il n'allast servir le roy ; et bien montroit qu'il étoit Bourgongnon, quand il avoit envoyé messire Jehan de Luxembourg, son nepveu, et la plupart de ses gens au service du duc de Bourgongne ; et pluiseurs autres paroles disoient de luy. Après ce que le bastard de Bourbon fut retourné au siége devant Arras, un autre capitaine de deux cents combattants allèrent courre devant les villes de Luceux et Hesdin, où ils feirent maux innumérables, tant de bouter le feu, comme de prendre prisonniers ; toutefois ceux de la garnison de Hesdin et d'autres places tenants le party du duc de Bourgongne, se meirent ensemble, et poursuiveirent les François tellement qu'ils rescourrent la plupart des prisonniers. D'autre part, les garnisons tenants la partye de Bourgongne faisoient souvent de grand destrousses. Le duc de Bourgongne, qui grand desir et volonté avoit de secourir ceulx d'Arras, se conclud que il metteroit en peine de ruer jus l'avantgarde du roy; et feut tout prest pour ce faire; et feut mandé à ceulx des ville de Arras et cité, afin qu'ils fuissent tous prests pour saillir le plus grand nombre que ils polroient. Au jour qui avoit esté prins, se trouvèrent les Bourgongnons quatre mille combattants, desquels estoit capitaine le seigneur de Croy, messire Jehan de Ruppes, et plusieurs autres, qui chevauchèrent ensemble jusques à trois lieues près d'Arras, où ils ordonnèrent leurs coureurs pour aller devant; desquels coureurs feurent Jacques et Arthus, frères: Loys de Boussu et autres, qui tous ensemble, de droite fortune, feurent prins des gens du roy et menez au siége. Et pourtant les gens du duc de Bourgongne sçachants la prinse de leurs coureurs, et doubtants leur entreprise par eulx estre descouverte, feurent moult troublés, et sans rien besogner retournèrent. Durant le siége d'Arras, les gens du roy prinrent la forteresse d'Avesne-le-Comte, et une autre forteresse nommée Villers-le-Chastel, toutes deux séant à quatre lieues près d'Arras, où toujours avoit grand nombre des gens du roy qui gastoient le pays. Et avec ce ne se povoient faire assemblées de Bourgongne, qu'ils ne le seussent, pour mander au siége. La ville d'Arras feut merveilleusement battue; et si feurent faites approches et mines couvertes et descouvertes, allants jusques aux murs de la cité, où par icelles les gens du roy cuidèrent secrettement entrer dedans, mais par une contre-mine feurent très vaillamment combattus.

CHAPITRE XLIV.

Comment armes feurent faictes ès mines devant Arras, du comte d'Eu allencontre du seigneur de Montagu; et d'autres armes qui se feirent devant la ville de Lens; et les bonnes chières que les parties feirent les uns aulx aultres.

Après ces choses faictes se feirent plusieurs devises de ceux de la ville à ceux de dehors, et tous dirent que armes feurent prinses à faire dedans les mines, c'est à assavoir de monseigneur le comte d'Eu allencontre de monseigneur de Montagu, capitaine de la cité; et feurent les armes conditionnées; c'est assavoir que le seigneur de Montagu devoit estre dedans les mines armé et embastonné, de haches, d'espée et de dague, se bon lui sembloit, et le comte d'Eu dehors les mines ainsi armé et embastonné comme l'autre; et feurent les armes ainsi divisées : sy le seigneur de Montagu povoit issir hors les mines oultre la voulenté du comte d'Eu, estoit tenu de lui donner un diamant de cent escus, et ou cas que le comte garderoit tellement l'issue que le seigneur de Montagu ne pourroit issir, ledit seigneur de Montagu seroit tenu de lui donner pareillement un diamant de cent escus. Ainsi que vous avez ouy feurent les armes faictes, mais le comte d'Eu qui josne estoit, garda si vaillamment l'issue et le passage, que le seigneur de Montagu ne le seut conquerre; et de faict paya voulentiers le diamant, qu'il feit présenter au comte d'Eu pour donner à sa dame.

Durant iceluy siége avoit à Lens, en Arthois, garnison de vaillants chevaliers, escuyers et vaillants hommes. Or est vrai que les gens du roy alloient souvent courre devant la ville et chastel de Lens et ou pays environ. Sy se prinrent, au deviser les ungs aulx aultres, de rompre leurs lances, et tant que en pluiseurs devises se meit sus une entreprise de quatre nobles hommes François contre quatre nobles hommes Bourgongnons; èsquelles armes chacun devoit estre armé comme bon luy sembloit, et tels lances et fers que chacun vouldroit porter, mais qu'ils feussent de mesure. Or vous avez ouy comment le bastard de Bourbon josne enfant, pour ce que le duc de Bourbon désiroit lui bailler bruit et cognoissance, le feit chef des quatre François; et de la partie des Bourgongnons feut capitaine un très puissant et bel chevalier, nommé Cotte-Brune, qui depuis feut maréchal de Bourgongne, et en sa compaignie trois nobles hommes natifs du royaume de Portugal, lesquels estoient serviteurs du duc de Bourgongne.

Et se feit l'assemblée à plains champs, entre Arras et la ville de Lens : et le jour de l'assemblée feut le bastard de Bourbon bien accompaigné de chevaliers et d'escuyers, lesquels avoient seureté et sauf-conduit du duc de Bourgongne; et pareillement l'avoient les Bourguignons du roy. A l'assembler s'entrefeirent grands festes tous, excepté ceulx quy les armes faisoient, qui ne parlèrent les uns aux aultres jusques aux armes faictes. Cotte-Brune, qui grand et puissant estoit, avoit fait apporter grosses lances à merveilles, et les plus beaux fers de lance que jamais on povoit voir ; mais quand il sçut qu'il avoit affaire à ung enfant, il trouva manière d'avoir lances gracieuses, desquelles il feit les armes allencontre du duc de Bourbon, se gracieusement que nul ne feut blessé. Après le bastard de Bourbon et Cotte-Brune, feit armes Alardin de Monsay, lequel estoit monté sur ung moult beau destrier, que le duc Loys de Bavière avoit donné au duc de Guyenne. Alardin de Monsay qui dessus estoit, feit armes allencontre d'un Portingallois; et à chacune course que ledit Alardin couroit, désarmoit son homme du coup de lance, et jusques à quatre coups le feit; mais à la vérité le Portingallois assit la lance droit au milieu de la teste de son cheval que Alardin chevauchoit, duquel coup j'ai ouy dire qu'il mourut; or par ainsi Alardin et son compaignon ne feirent plus. Le troisième se nommoit Virennes, escuyer du duc de Bourbon, qui feit les armes contre un Portingallois, qui feurent merveilleusement rudes; et à la sixième course le gentilhomme François eut l'épaule senestre percée, et la lance rompue dans le harnois, et par ainsi ne feirent plus. Le quatrième estoit aussi de l'hostel du duc de Bourbon, qui se nommoit Cougnet, qui feit aussi contre un Portugallois; lesquels feirent tant ruddement que merveilles étoit à les voir. Le Portingallois estoit monté sur un bon destrier et bel, lequel chust en la place, tout mort, sans savoir de quoi ce feut, sinon au cheoir il eut le col rompu. Toutefois le Portingallois renouvela de cheval et parfeirent leurs courses, mais à la deraine course le Portugallois assit la lance en la selle du François, laquelle feut faussée tout oultre, et le harnois, jusques au sang. De laquelle blessure feut grand bruit, et disoient les Bourgongnons qu'il estoit mort. Toutefois je ne sus oncques rien que ainsi fut; et s'il mourut, ce ne feut pas d'un mois après, car il se ralla du siége avec le duc de Bourbon son maistre. Après les armes faictes, chevaliers et escuyers s'entremirent, en faisant telles chières que merveilles; et avoient chacune des parties faict venir vin et viande; et là y avoit tentes et pavillons où tables feurent mises, et aussi les queues de vin effoncées sur les bouts; et Dieu sait la chière que chacun faisoit l'un à l'autre. Le bastard de Bourbon et Cotte-Brune s'entredonnèrent dons de chevaux et d'aucuns gracieux habillements de guerre. Là estoit Louvelet de Mainguehem, escuyer d'escurie du duc de Bourgougne, qui portoit ung manteau tout chargé de blancs doubles, qu'il donna aux officiers d'armes de partie du roy; puis prinrent congé les uns des autres, bien et doulcement, et retournèrent chacun en son party.

CHAPITRE XLV.

Comment la paix feut traictiée et accordée entre le roy et le duc de Bourgougne, au siége devant Arras; et du désordre qui feut au délogement, à l'occasion du feu quy feut és logis de l'ost.

Ne demoura guaires après, que le duc de Brabant et la comtesse de Haynault sa sœur vinrent au siége d'Arras devers le roy, et avec eulx les trois estats de Flandres, qui moult désiroient la paix. Quand ils feurent arrivés devers le roy, ils feurent du duc de Guyenne très joyeusement receus; et pour commencement de venir à paix feurent faictes tresves entre les deux parties. Si se mirent ensemble les gens du roy avec le duc de Brabant pour communiquer la paix, qui très nécessaire estoit pour le roy et pour le duc, et par espécial pour le poure peuple; car nenobstant que le roy avoit une merveilleuse puissance, toutefois n'estoit la ville d'Arras sy asségiée, qu'ils ne povoient quand affaire en avoient, avoir novelles gens et poudre, et artillerie menues que ils avoient souvent. Et quant au duc de Bourgongne, les garnisons que il tenoit en plusieurs des bonnes villes lui coustoient merveilleuses finances, pour laquelle cause la paix en estoit plus légère à faire. Sy feut par la grâce de Dieu la paix lors traictée, dont pluiseurs se resjouirent. Laquelle paix feut publiée à son de trompe, le mardi quatrième jour de septembre, devant les tentes du roy, environ six heures après disner; et par le cry, feut expressément commandé, sur peine d'encourir l'indignation du roy, que les bandes feussent ostées, et les gens du duc devoient oster la croix Saint-Adrien.

En l'ost du roy s'estoit frappée une maladie de flux de ventre, dont estoit mort messire Amé de Salbruse (Saarbruck) et pluiseurs aultres notables gens; et à cette heure en estoit malade le duc Loys de Bavière, le connestable de France et aucuns de leurs gens. Pour laquelle cause le traité s'en conclust plus légèrement; et feut le traictié tellement faict; que, pour l'honneur et révérence du roy, le comte de Vendosme entreroit dedans la ville d'Arras et la cité pour prendre l'obéissance d'icelles, et sur les portes mettroit les bannières du roy. Et pour ce que toutes les seuretés pour l'entretennement de la paix purent les bailler ne d'un costé ne d'autre, feut ordonné par le roy et son conseil, au duc de Brabant, à la dame de Hainault et aux trois estats de Flandres, qu'ils feussent à certains jours en la ville de Senlis devers le roy ou ses commis. Ces choses feurent faictes, et la paix criée et publiée comme vous avez ouy.

Lendemain que la paix avoit esté ainsy criée, aucunes gens de guerre désirants d'aller devant la puissance du roy, se deslogèrent dès la minuit, et à leur deslogement boustèrent le feu en leur logis. Sy estoient, les logis de mallenventure, au-dessus du vent ; lesquels tenoient ensemble, couverts de paille. Sy feurent en peu d'heures allumés, par telle façon que un chacun avoit assez affaire à sauver son corps. Et là y eust un desroy sy grand, que oncques eut en ost de prince, et ne feut veu le pareil; car là y eut ars prisonniers, gens malades, harnas de guerre, chevaux, tentes et pavillons, en sy grand nombre et sy belles, que en ce temps oncques ne feurent veues plus belles ne plus riches ; et feut le feu sy grand que hastivement et devant le jour, fallust faire lever le roy de son lit, nonobstant que le feu se prist bien arrière de son logis. Le duc de Barre et le comte d'Erminacq, et plusieurs aultres s'armèrent et se mirent aulx champs et en belle bataille et ordonnance, dont les aulcuns feurent ordonnés devant trois des portes d'Arras ; car nonobstant la paix criée, sy ne se fièrent point trop fort en ceulx de la ville. Que vous dirai-je? ce fust le plus désordonné partement que oncques feut veu. Et sans pourvoir à leur artillerie, vivres de marchands, et ce qu'il convenoit à l'ost, un chacun s'en alla, excepté le duc de Bourbon et le comte d'Eu, quy estoient logés de l'aultre costé de la ville, quy se deslogèrent en belle ordonnance et feirent l'arrière-garde. Après iceluy deslogement, tel que vous avez ouy, issirent ceulx de la ville, quy de tant de vivres trouvèrent à merveilles, tous abandonnés des marchands à quy ils estoient; lesquels vivres, avec l'artillerie du roy, quy sans garde estoit demourée, feirent mener dedans la ville. Laquelle artillerie feut depuis renvoyée quérir de par le roy, mais tout ne revint pas, car la plupart feut perdue. Ainsi que vous avez ouy se deslogèrent le roy et toute sa compaignie de devant Arras, et retourna droit à Paris. La royne et la duchesse de Guyenne estoient en un chastel, au dehors de Paris, séant sur Seine, entre Montmartre et Saint-Denys, nommé Saint-Ouen, où le roy alla descendre; aussy feit le duc de Guyenne, et les aultres allèrent loger à Paris, et de là retournèrent chacun en son pays.

CHAPITRE XLVI.

Le contenu des articles de la paix quy feut jurée par le duc de Brabant, la comtesse de Hainault et les députés du duc de Bourgongne, d'une part, et d'autre par le duc de Guyenne, le duc d'Orléans, le duc de Bourbon et aultres.

Pour venir à parler du traictié faict devant Arras, où le duc de Brabant, et la comtesse de Haynault, sa sœur, estoient pour le duc de Bourgongne; lesquels avoient de luy bien ample pouvoir, pour pacifier, accorder et obliger le duc de Bourgongne, à tout ce que ils le voulroient obliger, touchant laditte paix et traicté, qui là fust faict : lesquelles choses feurent traictiées en la présence du duc de Guyenne, qui feust tel qu'il s'ensuit en substance.

« Premièrement fut ordonné, pource que au temps passé sont advenus plusieurs dhommaiges au royaulme de France, contre le plaisir du roy, et de son filz le duc de Guyenne; que, en toutte humilité humblement les supplieront lesdits de Brabant et députés de Flandres, au nom du duc de Bourgongne et comme ses procureurs de luy fondés suffisamment, que en touttes choses où le duc de Bourgongne a deffailly depuis la paix faicte à Ponthoise, où le roy et le duc poevent avoir prins desplaisance, ils le lui veuillent pardonner, et en bonne grace et amour, le recevoir. En outre, iceulx traicteurs, dessus nommés, bailleront ou feront bailler au duc de Guyenne, ou à son commis, les clefs de la ville d'Arras et cité, et aussi de toutte bonne ville ou forteresse au royaume de France, appartenant au duc de Bourgongne, ès-quelles le roy ou son filz, mettront baillis, capitaines, et aultres officiers, tels que bon leur semblera, sans pour ce enfraindre la paix. En après, fera le duc de Bourgongne délivrer au roy, ou à ses commis, le chastel de Crotoy; et, de fait, le mettra en sa main. Le duc de Bourgongne sera tenu de mettre hors, et esloigner de luy et de sa famille aucuns, lesquels sont en l'indignation du roy et du duc de Guyenne, sans plus les soutenir en nuls de ses pays; et lui seront iceulx délivrés et baillés par escript, en temps et lieu.

» *Item*, touttes terres prinses et mises en la main du roy, des vassaux et subjects bienveuillants, alliés et favorisants du duc de Bourgongne, de quelque estat qu'ils soient, pour l'occasion de cette guerre, seront mises et restituées en iceulx, et aussy tous bannissements et appellations faicts à la cause devantditte, seront mis à néant. Et pareillement, se le duc de Bourgongne a mis ou faict mettre aucunes terres ou seigneuries, ou biens quelconques en sa main, des favorisants, ou de ceux qui ont servy le roy en cette présente armée, de quelque estat qu'ils soient, seront mis à plaine délivrance.

» *Item*, combien que lesdits traicteurs aient affermé au roy et au duc de Guyenne, que le duc de Bourgongne n'ait nulle considération ou alliance aux Anglois, néanmoins, pour oster tout soupçon, les dessusdits nommés pour le duc de Bourgongne, promettront que dorénavant il ne procédera, ne fera procéder, par manière d'alliance avec les Anglois, si ce n'est par le congé ou licence du roy ou du duc de Guyenne.

» *Item*, quant à la réparation de l'honneur du duc de Bourgongne, pource que plusieurs lettres ont esté faictes en plusieurs lieux de ce royaume, et envoyeés dehors; lesquels, le duc de Bourgongne dit estre à charge et deshonneur, ainsi que après cette paix sera faicte, et que le roy sera à Paris, disposera aucuns de son conseil avec aucuns des gens du duc de Bourgongne, tels qu'il lui plaira à commettre, et aviseront ensemble, premier, sauf l'honneur du roy, telles lettres que faire pourront à la décharge et réparation du duc de Bourgongne.

» *Item*, promectera le duc de Bourgongne, que jamais ne fera, ne procurera estre fait par luy, en appert ou en couvert, aucun mal, destourbier ou empeschements aux vassaux et officiers du roy, qui en cette querelle l'ont servi, tant en personne que sous aultres capitaines de leur compaignie, ne aussi aux bourgeois de Paris, ne aux aultres habitants, par voies de faict, ne par aucune manière, occasion dudit service, empeschement ne sera ne debvra être faict, ne procurera.

» *Item*, le roy veult et ordonne, pour tousjours tenir ses subjects en vraie obédience, comme ils doibvent estre tenus, que le traictié de Chartres, et aultres traictiés, qui depuis ont esté faicts, soient fermement, et sans corruption gardés; et que, se aucune chose y a à garder, à parfaire et à réparer, que de l'ung et de l'aultre soient faicts et réparés.

» *Item*, pour la seurté des choses dessusdites estre fermement tenues et accomplies par le duc de Bourgongne, le duc de Brabant et la comtesse de Haynault, et les dessusdits députés jureront, au nom du duc de Bourgongne, pour tous les pays, que le duc de Bourgongne tiendra fermement, et gardera perpétuellement cette bonne paix, sans désormais faire venir ou procurer pour luy ou pour autrui, aulcune chose au contraire. Et au cas que le duc de Bourgongne commencheroit aucune chose, en appert ou en couvert, contre la teneur et traicté de cette bonne paix, iceulx duc et dame ne luy feront ne donneront aucun aide ni conseil de corps ne de pécune, en quelque manière que ce soit. Veu ainsi que les seigneurs du sang du roy et autres preslats et bonnes villes du royaume, feront semblablement serment; et, de ce les dessusdits bailleront bonnes lettres et compétentes, à l'ordonnance du roy et de son conseil; et, avec ce, promettront le duc de Brabant et dame de Haynault, que les députés feront léalement leur povoir à faire semblablement jurer et promettre pour ceulx d'Arras, et les nobles et aultres qui sont dedans, à tenir les choses dessusdites; et aussi, ceulx qui sont pour le présent en la compaignie du duc de Bourgongne. »

Après lesquelles choses traictiées et mises par escript, afin que mieux fussent entretenues, jurèrent et firent serment les parties, accomplir et entretenir le traictié loyalement et fermement. Et premiers jurèrent, le duc de Brabant et dame de Haynault; avec eux les députés, eux faisants forts du duc de Bourgongne, bienveuillants et alliés, comme dit est. En après que iceux eurent fait le serment en la présence du duc de Guyenne, il jura et fit serment solemnel de entretenir la paix et traictié dessusdit; et puis appela Charles, duc d'Orléans, son cousin-germain, en lui requérant qu'il voulsist jurer la paix et traicté dessusdit. Lequel d'Orléans s'inclina bien bas, en disant au duc de Guyenne : *Et monseigneur, je ne suis pas tenu de vous faire serment; car je ne suis venu seulement que pour vous servir, monseigneur le roy et vous.* Et alors le duc de Guyenne lui dit : *Beau cousin, nous vous prions que jurez la paix.* Et encore, le duc d'Orléans dit une fois : *Monseigneur, je n'ai point rompu la paix, et ne dois point faire serment; plaise vous être content.* Auxquelles paroles, derechef, pour la tierce fois, lui requit le duc de Guyenne, pour ce faire; et adonc, le duc d'Orléans, par grand courroux, dit : *Monseigneur, je n'ai point rompu la paix, ni ceux de mon costé, faites ceux venir qui l'ont rompu présent vous, serment faire, et après je ferai votre plaisir.* Et après, l'archevêque de Rheims et aucuns autres, voyants le duc de Guyenne non être content de tant de paroles, dirent au duc d'Orléans : *Monseigneur, faites ce que monseigneur de Guyenne vous requiert.* Lequel, après toutes ces choses, fist serment d'entretenir la paix, quoique contre sa volonté; et lui sembloit que le duc de Bourgogne et ses alliés avoient rompu la paix dernièrement faite et jurée à Ponthoise. En après fut appelé le duc de Bourbon, lequel, comme avoit le duc d'Orléans, cuida faire altercation de paroles; mais incontinent, le duc de Guyenne lui coupa court, disant : *Beau cousin, nous vous prions que n'en parlez plus.* Et là, fit serment le duc de Bourbon; et tous les autres princes ensuivant le firent pareillement, sans y mettre contredit, et aussi les preslats, réservé l'archevesque de Sens, frère de Montagu, qui dit au duc de Guyenne : *Monseigneur, souviengne-vous du serment que feistes, et nous tous, au partir de Paris, présent la reine.* Et le duc de Guyenne répondit : *Ne parlez plus; nous voulons que la paix se tienne, et que vous le jurez.* L'archevesque répondit : *Monseigneur, puisque c'est votre plaisir, je le ferai.* Et n'y ot plus de toute la seigneurie du roy, qui fist refus de jurer la paix, que les trois dessusdits. Et furent toutes ces choses accomplies paravant que le roy et ses princes se partissent de devant Arras. Après lequel département, et que le roy fust retourné à Senlis, plusieurs nobles et autres qui avoient esté en son armée, moururent de flux de ventre : entre lesquels mourut Edmond de Labreth et son frère, le seigneur de Hangest, et aucuns autres.

CHAPITRE XLVII.

Comment les Parisiens feurent mal contens qu'ils n'avoient esté appelés à traictier la paix devant Arras; et comment le duc s'en alla en Bourgongne, où il print la ville et chasteau de Tonnerre.

Ceulx de Paris, oyants les nouvelles du traictié fait par le roy au duc de Bourgongne, sans les appeler, déplaisants de ce, allèrent devers le duc de Berry, leur capitaine et gouverneur, demander comment icelle paix estoit faite, et qui avoit meu le roy et son conseil de le faire sans les appeler, disants qu'à eux appartenoit de le savoir, et bien estoit raison que en icelles fussent compris. Lequel duc de Berry répondit : *Ce ne vous touche en rien, ni entremettre ne vous devez de monseigneur le roy, ni de nous, qui sommes de son sang, car nous nous courrouçons l'un à l'autre quand il nous plaist, et quand il nous plaist, la paix est faite.* Adonc, ceux de Paris, sans plus rien répondre, s'en retournèrent en leur propre lieu. Or est vrai que quand le duc de Brabant et dame de Haynault et députés de Flandres, eurent fait rapport au duc de Bourgogne, qui lors étoit en sa ville de Lille, et comment ils avoient promis d'aller à Senlis pour la confirmation de ladite paix, le duc de Bourgongne fut content. Toutefois, ils ne furent pas conseillés pour l'heure d'y aller. Pour laquelle cause ils envoyèrent leurs ambassades, c'est à savoir le doyen de l'esglise cathédrale de Liège, Guillaume Blondel, escuyer, et plusieurs autres, à comparoir pour eux, en leurs noms, devant le roy et son conseil, pour la cause dessusdicte, au jour et lieu dessus nommés; lesquels ambassades ne purent avoir response du grand conseil du roy sur leurs demandes et requestes, pource que le roy estoit malade; et retournèrent vers leurs seigneurs, sans rien besongner.

Après ce que le roy et ses gens furent partis de devant Arras, le duc de Bourgongne feist aller loger ses Bourgongnons au pays de Cambrésis et de Thérasche; et alla en sa personne en la cité de Cambray; auquel lieu vint vers luy son frère de Brabant. Et, après ce qu'il eut eu avec luy aucuns parlements sur ses affaires, et aussi que il eut ordonné ses besognes, il prit son chemin pour aller en Bourgongne; et mena avec luy messire Robert de Mailly, maistre Eustasse de Lattre, qui nagaire avoit esté chancellier, Jehan le Gois, maistre Jehan de Troyes, chirurgien, Denisot de Chaumont, Caboche, et pluiseurs aultres qui aultrefois avoient esté bannis du royaulme de France, ensemble leurs femmes et leurs enffants, et ses Bourgongnons qui, tous ensemble avec aulcuns aultres, tant de Picardie comme d'autres pays, povoient estre vingt mille chevaux. Et feit son premier logis en la Chapelle en Thérasche; et d'icelle print son chemin à Mézières-sur-Meuse, et là reposa pour un petit temps avec son frère le comte de Nevers, puis alla loger devant Chalons; mais ceulx de la ville clouèrent leurs portes devant luy et ses gens, par vertu d'aulcunes lettres envoyées du roy, contenans que luy ne ses gens ne le meissent ne reçussent en leur ville. Laquelle chose desplut au duc de Bourgongne, car il avoit volonté de illec passer l'eau de Marne. Si print son chemin à Vitry, y cuidant passer; mais on lui refusa le passage, comme on feit à Chalons; et enfin s'en alla loger vers Saint-Dizier, où il passa la rivière de Marne, et, après ce, print son droit chemin à Dijon; auquel lieu feut reçu honorablement et joyeusement de tous ses subjects. Le duc de Bourgongne, au partir de Picardie, avoit donné congé à tous les capitaines d'icelles marches, lesquels demourèrent pour la garde de ses pays; et d'aultre part laissa, à son département, à son seul filz Philippe, comte de Charolois, le gouvernement de Flandres, seul et pour le tout, jusques à son retour. Ne demoura gaire après ce que le duc de Bourgongne feut arrivé en sa ville de Dijon, que il feit prendre la ville et chastel de Tonnerre, lesquels furent pillés, et le chastel destruit et désolé par ses gens; duquel chastel s'estoit parti ung peu devant le comte de Tonnerre et ses gens d'armes, pour la doubte de la venue du duc de Bourgongne, quy envoya à Paris devers le roy, pour luy faire savoir le chemin et voie par lequel il estoit allé de

France en Bourgongne, et esquels lieux il paya ses dépens, et ceulx où il ne paya point, et la cause pourquoi; et aussi luy feit savoir la destruction du chastel de Tonnerre que il avoit faict faire, pour ce que le comte son vassal luy avoit faict pluiseurs rébellions et désobéissances; et de faict l'avoit défié et entreprins sur sa terre, en la détruisant et emmenant proyes, comme il peult faire és terres de ses ennemis : laquelle chose n'estoit point à souffrir.

Touttefois, il n'entendoit point aller ne enfreindre la paix faicte nagaire devant Arras ; mais vouloit fermement garder et entretenir. En outre, le duc de Bourgongne feist asségier un fort chastel situé en la comté de Bourgongne, appartenant au comte de Tonnerre, lequel feut conquis; et le donna à son fils le comte de Charolois.

CHAPITRE XLIII.

Du concile quy se tint à Constance, où le cardinal de Colonne feut esleu pappe et se nomma Martin ; et comment le comte Waleran de Saint-Pol asségia la forteresse de Neufville-sur-Meuse, quy luy feut rendue.

En icelle année se tint le concile à Constance, en Allemagne, de plusieurs cardinaux, évesques et archevesques, et patriarches; et aussi y furent pluiseurs ambassadeurs de roys et princes chrestiens. Et estoit lors très grande division en l'église, par Pierre de la Lune, nommé pape Bénédic, qui se disoit vray pape, nonobstant substraction qui luy estoit faicte, pour plusieurs causes, de la plus grande partie de la chrestienté; et ne avoit mais obéissance que en Espagne et en Arragon, auquel royaume d'Arragon il se tenoit en une forte ville sur la mer. Et aussi en icel an avoit esté prins et mené en prison en la duché de Bavière, le cardinal de Boulogne, nommé le pape Jehan; et le print le roy des Romains, empereur d'Allemagne, pour pluiseurs crimes et articles que on luy mettoit sus. Et pour mettre l'église en bonne paix et union, fist tant le roy des Romains, que le concile fust mis audit lieu de Constance, en laquelle ville le concile se tint continuellement par l'espace de deux à trois ans, avant que ceulx des royaumes d'Espagne et d'Arragon y vinssent; lesquels y vinrent en l'an 1417, au mois d'aoust, à très belle et noble compagnie de preslats et de chevaliers; et tant que après leur venue on proceda à vraye eslection de pape; et enfin feut élu, confirmé et pontifié le cardinal de la Colonne, de la nation de Rome, en l'an 1417; et feut nommé pape Martin.

Le comte de Sainct-Pol, soi disant encore connestable de France, se partit de la comté de Sainct-Pol, atout environ six cents combattants, hommes d'armes et archiers, desquels avoit bien soixante Anglois, et s'en alla par sa ville de Bohaim à Laon; auquel lieu lui furent fermées les portes, dont il feut mal content; et se logea au-dessus d'icelle ville, et puis de là à Rheims, à Chaslons et à Ligny en Barrois. Et tantost après le suivist la comtesse sa femme, sœur au duc de Barre, lesquels tous ensemble solennisèrent la feste de tous les Saincts en la ville de Ligny; et s'en alla à Luxembourg, à Thionville et en aucunes bonnes villes de la duché de Luxembourg, de laquelle duché il estoit gouverneur, et de la comté de Ligny, à cause de la comtesse sa femme. Et après qu'il eut visité les bonnes villes et forteresses audict pays, se prépara, environ la Sainct-Andrieu, pour asségier la forteresse de Neufville-sur-Meuse, en laquelle estoient aucuns de par le seigneur d'Orchimont, qui continuellement couroient et faisoient guerre en la duché de Luxembourg et comté de Ligny. Et furent asségiez par le comte de Sainct-Pol, lequel avoit en sa compaignie de nobles gens de guerre, c'est assavoir, messire Collart de Fiennes, Gaviot de Bournonville, Allain de Wandonne, et pluiseurs aultres. La place fut fort battue de bombardes et de canons, et la basse-court prinse d'assault, et en feirent leur vouloir; et après bien trois mois que le siége y eust esté, la place se rendist. Après laquelle rendition le comte de Sainct-Pol s'en alla à Rheims, où il fust grand espace de temps sans luy partir, si n'estoit pour aller esbattre aux champs.

En icelle saison, le duc de Guyenne se partit de Paris pour aller à Melun, à Montargis et à

Bourges, et feut loger au palais du duc de Berry; et n'avoit à son partement de Paris que huit personnes avecques luy; mais les comtes de Vertu et de Richemont le sçurent, si le suivirent et l'accompagnèrent tout le voyage; et le lendemain se partit sans le sçu de ceulx de Bourges, et s'en alla au chastel de Mehun-sur-Yesvre, que luy avoit donné le duc de Berry après sa mort; et feut la cause pourquoi il alla en Berry. Le chastel luy pleust très bien, et en icelui y demoura un mois; après retourna à Paris. En ce mesme temps le comte de Warwick, trois évesques et trois abbés, et plusieurs notables chevaliers et clercs, docteurs en théologie et en décret, jusques au nombre de huit cents, descendirent à Calais, et par Flandres allèrent au concile de Constance, de par le roy d'Angleterre et de son royaulme, en moult noble appareil; lesquels furent joyeusement receus du pape et concile, et du nouvel roy d'Allemagne et de Hongrie.

CHAPITRE LIX.

Des services et obsèques que le roy feit faire solennellement pour défunt Loys, duc d'Orléans, son frère.

En icelle année, le samedi veille des Rois, le roy fit faire solennellement le service et obsèques de défunt Louis, duc d'Orléans, son frère, en l'esglise cathédrale de Nostre-Dame de Paris, qui encore n'avoit esté fait, présent le duc d'Orléans et le comte de Vertus, et les ducs de Berry, d'Alenchon et de Bourbon et plusieurs autres, tous vestus de noirs habits. Le duc de Guyenne, fils du roy, s'estoit parti le jour d'avant pour aller voir la royne sa mère, et sa sœur la duchesse de Bretagne, qui estoient à Melun, et ne fut point à icelui service. Auquel service prescha le chancelier de ladite église de Nostre-Dame, nommé Jehan Gerson, docteur en théologie, en recommandant le feu duc d'Orléans, disant que la gouverne du royaume administrée par lui en son vivant, estoit meilleur, comme celui qui depuis y avoit esté. Auquel sermon il sembloit qu'il voulust plus émouvoir la guerre, que appaiser contre le duc de Bourgogne. Et disoit que pas il n'exhortoit ni conseilloit la mort du duc de Bourgongne ou destruction ; mais icelui debvoit estre humilié, pour recongnoistre son péché, en faisant digne satisfaction, et parconséquent la salvation de son ame. Et outre, dit que l'exécution faite au caresme dernier passé, devant la porte de l'esglise Nostre-Dame, de la proposition jadis faicte et proposée par maistre Jehan Petit, au conseil de France pour le duc de Bourgongne, contre le duc d'Orléans défunt, comme mauvaise et fausse avoit esté bien faicte; et, que encore ne avoit on faict tant comme il appartenoit; et, comme il dit estoit prest et appareillé de ce soutenir partout et contre tous. Le roy, estoit en un oratoire auprès l'autel, du droit costé, sans habit noir. Auprès de lui estoit le duc d'Orléans, devant tous autres, pour la cause du service de son père, puis le duc de Berry, le comte de Vertus, et plusieurs autres en belle ordonnance. Après lequel sermon, le duc d'Orléans et le duc de Berry et le comte des Vertus recommandèrent au roy le prescheur. Et le lundi ensuivant, le roy fist faire un pareil service pour le duc en la chapelle des Célestins de Paris, en laquelle il fut enterré, présents les dessusdits nommés; et prescha monsieur Jehan Courte-Cuisse, docteur en théologie, en ensuivant le propos de maistre Jehan Gerson. Pareillement le roy fist faire encore un service, comme dessus, pour le défunt duc d'Orléans, au collége de Navarre à Paris, en la chapelle du lieu, présents ses parens dessus nommés.

CHAPITRE L.

Comment aulcuns hommes d'armes et gens de compaignie faisoient pluiseurs maulx au royaume; et comment la paix quy avoit esté accordée et traictiée devant Arras, feut parachevée à Paris, et derechief jurée.

On est vrai que après la destruction de Tonnerre, que pluiseurs hommes d'armes et de trait, qui avoient esté à ladite destruction, se tenoient ensemble, par manière de compaignie, bien sept mille chevaux, et en pluiseurs lieux faisoient moult de maulx ès pays du roy, tant en Auxerrois comme ailleurs. Pourquoi fut ordonné, par le roy et son conseil, messire Gasselin Dubois, le seigneur de Gaucourt et plusieurs autres pour les combattre et subjuguer. Mais ils surent la venue des gens du roy ; et en y eut de deux à trois cents, que morts que pris, et mené en chastelet à Paris ; et depuis en y eut d'exécutés et mis à mort. En après, Hector de Saveuse, qui avoit fait guerre, fut pris par les gens du roy en faisant le pélerinage de Nostre-Dame de Liesse, et mené à Paris, et défait, se n'eust esté le pourchas de la dame de Haynault, qui lors estoit à Senlis, comme sera dit ci-après, ledit Hector eust esté exécuté, et aussi que messire Philippe de Saveuse, son frère, feist prisonnier messire Henry de Boissy, seigneur de Chaulle, et Eustache d'Aine, seigneur de Sarton, lesquels deux avoient de leurs prochains amis au conseil du roy, qui feirent grandes diligences de la délivrance dudit Hector, afin que leurs amis fussent délivrés. Pour lesquelles besognes et pluiseurs autres, nonobstant que la paix eust esté faite devant Arras, si y avoit-il peu de seureté et d'amour, car la partie d'Orléans se tenoit devers le roy et le duc de Guyenne, son fils; pourquoi ceux de la partie de Bourgongne n'avoient quelque aide en gouvernement devers le roy; mais estoient traités à rigoueur de justice très durement. Et, en pareil cas, le duc de Bourgongne traitoit rigoureusement ceux de la partie d'Orléans qui lui avoient esté contraires les guerres durant. Néanmoins, tellement quellement fut la paix partraictiée durant icelui temps. La dame de Haynaut, à grand' compaignie et notable, estoit à Senlis, et avec elle les députés des trois estats de Flandres, moult notablement. En après y alla le duc de Brabant et le conseil du duc de Bourgongne. Quand ils furent à Senlis, le roy les feist aller à Paris, excepté la dame de Haynaut, qui avoit commandement de son mari de ne point passer Senlis; auquel lieu elle fut honorablement reçue par les ducs de Guyenne et de Berry, qui allèrent de Paris à l'encontre d'elle; et après fut visitée par les autres du sang royal. Comme devant est dit, l'assemblée se feist à Paris par l'ordonnance du roy; et là furent les princes, ambassades et conseils, tous, excepté la dame de Haynaut, qui envoya son ambassade, pour cause de ce qu'elle avoit défense de n'y point aller, comme devant est dit. Or est vrai que apprès ce que pluiseurs grands notables consaulx des gens du roy et du duc de Guyenne, avecque le duc de Brabant et les autres ambassadeurs, se furent tenus pour conclure la paix traictiée devant Arras, s'accordèrent les princes et seigneurs et conseil par si bonne façon, que icelle paix fut criée et publiée à Paris, à son de trompe, le vingt-quatre febvrier. Et fut icelui traicté par mis script; mais pour ce que devant en est fait mention, je m'en passe à tant. Les choses faictes et jurées, ainsi que vous avez ouy, le duc de Brabant et les ambassadeurs retournèrent au pays; et bien brief après furent ordonnés commissaires, lesquels allèrent à Tournans de par le roy, où ils trouvèrent le comte de Charollois, et aussi le duc de Brabant, et la comtesse de Haynaut, et autres pluiseurs nobles, preslats et gens de bonnes villes de Flandres et des marches d'environ. Et là fut de rechief la paix jurée par ceux qui là estoient; et avec ce furent les députés du roy en pluiseurs des bonnes villes de Bourgongne, là où ils firent faire le serment de la paix. Puis après furent en la duché de Bourgongne, où pareillement firent jurer aux bonnes villes la paix, qui quatre fois avoit été faicte; c'est assavoir à Chartres, Vicestre, Ponthoise et devant Arras. Et par les derraines lettres, estoient icelles paix bien au long rescrites, avec autres nouvelles choses que le roy y avoit fait mettre, comme le tout se poeult bien à plein voir par les chroniques, qui bien au long en font mencion.

CHAPITRE LI.

Comment messire Guichard Dolphin feut envoyé en ambassade, de par le roy, vers le duc de Bourgongne, qu'il trouva en la forest du chasteau d'Argilly, près de Beaulne, se déduisant à la chasse, où il jura d'entretenir la paix, comme avoient fait les ducs de Bourbon et autres.

Le duc de Guyenne, qui lors estoit à Paris devers le roy son père, et gouvernoit le royaume de France, si fut conseillé qu'on enverroit de par le roy, devers le duc de Bourgogne, notables ambassadeurs, pour lui requérir qu'il voulust jurer et confirmer les traictiés qui nouvellement avoient esté faicts, ordonnés et accomplis, pour la vraie union et reconciliation des différends qui avoient esté paravant entre le duc d'Orléans, ses frères, et autres princes et seigneurs, leurs adhérents, à l'encontre du duc de Bourgogne. En quoi le duc de Guyenne avoit esté beaucoup travaillé, depuis que il estoit venu au gouvernement dudit royaume de France, car il désiroit et vouloit sur toutes choses, que les princes du royaume fussent tous en bonne union pour servir et secourir quand besoin seroit.

Si furent envoyez de par le roy, en ce voyage, un moult notable et vaillant chevalier, nommé messire Guichard Dolphin, seigneur de Saligny, et grand maistre d'hostel de France, et avec lui un conseiller du roy et un secrétaire. Si se partirent ces trois de Paris, et se trayrent en Bourgongne, où étoit pour lors le duc de Bourgongne; et sur chemin eurent nouvelles qu'il se tenoit en un sien chasteau, assez près de la ville de Beaulne, nommé Argilly, pour ce que ledit chastel est assez près de grands forests, et en lieu de chasse et déduit. Or est vrai que le duc de Bourgongne, qui long-temps n'avoit demeuré ni séjourné en son pays de Bourgongne, et qui voulloit bien avoir ses plaisirs et soullas, se advisa que pour mieux avoir son déduit, tant de la chasse des cerfs, et les ouïr braire par nuit, il se logeroit dans la forest d'Argilly, qui est grand' et lée. Si fit tendre et ordonner ses tentes et pavillons au milieu de ladite forest, en grands plains qui là sont; et dedans icelles tentes s'alla loger, et aussi la duchesse, dame Marguerite de Bavière, sa femme, et deux de ses filles, avec leurs dames et damoiselles. Et y avoit dedans lesdites tentes, la salle, la chapelle, chambres à parer et à coucher, et tout l'estat du duc et de la duchesse, autant que fussent logiés en l'une de leurs bonnes villes. Et demeurèrent là dedans icelles forests, ainsi logiez, plus de un mois, en ébastement et en déduit. Et en ce même temps, vinrent en la ville de Beaulne les ambassadeurs du roy, dont dessus est parlé.

Si fisrent savoir leur venue au duc de Bourgongne, pour savoir le lieu où seroit son plaisir qu'ils le trouvassent. Le duc, incontinent qu'il feut acertené (assuré) de leur venue, envoya de ses chevaliers vers eux, pour les convoyer et accompagner, et les enchargea de les amener le lendemain, sur l'heure de la messe. Lesdits chevaliers firent ce qui leur estoit commandé, et si chevauchèrent avec lesdits ambassadeurs, tant que vinrent ès forests, et de là vinrent ès tentes; et là descendirent et trouvèrent grand' foison de barons de Bourgongne, tels que le prince d'Orange, les seigneurs de Saint-Georges, de Vergy, mareschaux de Bourgongne, de Neufchastel, de Reigny, d'Autry, et grand' foison d'autres, qui tous étoient venus voir le duc et son nouvel logis, et vinrent recevoir lesdits ambassadeurs, et les menèrent devers le duc, qui estoit en un oratoire; et sur l'entrée de la messe, ils lui firent la révérence, et présentèrent leurs lettres de par le roy, qui estoient de créance. Le duc les reçut en grand' révérence, et les lut tout du long. Après qu'il eut leu icelles lettres, leur demanda de l'état du roy, de la royne et de monseigneur de Guyenne, et de la duchesse, qui estoit sa fille. Ledit messire Guichard Dolphin en respondit bien, et à point. Après, leur dit le duc qu'il les orroit (entendroit) volontiers de tout ce qu'ils voudroient dire, et ordonna que on les menast en une belle tente, que au matin il avoit ordonné estre tendue pour les loger. Et quand la messe fut chantée, le duc se retrait (retira) en une tente où estoit la chambre préparée, et là fut sa chayère et son conseil, dreschié et paré bien et convenablement. Là furent son chancellier et gens de conseil, et pluiseurs des barons dessus nommés ; et furent illec amenés lesdits ambassadeurs, qui proposèrent au long leur charge, qui estoit en effet, que par l'ordonnance du roy, monseigneur de Guyenne, son fils aisné, avoit prins la charge et gouvernement dudit royaulme, en quoi il se vouloit acquitter et employer loyalement au bien du roy son père, et de la chose publique; et pource que il avoit vu et connu estre de piecha grand' dissention entre son cousin d'Orléans et pluiseurs princes, d'une part, et lui, à qui il parloit, dont paravant s'en estoient ensuivis infinis maux et dhommaiges au royaulme, pour faire cesser et appaiser, et pour remettre iceux princes et seigneurs en bonne amour et vraie union, avoit esté avisé et ordonné par le roy certains articles et traictiés d'accord, lesquels il avoit veu gréé et accordé, de les jurer et promettre, tenir et accomplir, quand il lui apparroit que le duc d'Orléans et ses adhérents les auroient promis et jurés de tenir. Et pour ce que, de leur part, estoit tout fait et accompli, comme ils lui faisoient apparoir suffisamment, le roy et le duc de Guyenne lui requéroient que, de sa part, il le voulust faire, ainsi que accordé l'avoit. A quoi, après beaucoup de remontrances et doléances que icelui duc de Bourgongne leur fit exposer et remontrer par son chancellier, leur fut dit que il verroit volontiers les articles et serments faits par lesdits princes, et sur ce auroit avis, et lendemain leur feroit responce. Après la messe chantée, le duc se partit du pavillon qui faisoit son oratoire, et vint devant l'autel; et là, par son chancellier, fit exposer et dire la parfaite amour qu'il avoit toujours eue au roy, son souverain seigneur, et à monseigneur de Guyenne, et à toute la maison, et la grand' obéissance que il avoit toujours jurée, et les grands debvoirs qu'il avoit faits pour tenir la paix; et encore de présent, en obéissant au roy et à monseigneur de Guyenne, il estoit content de jurer et de promettre lesdits traictiés et articles, tout ainsi que les aultres princes l'avoient juré. Et de fait, en la présence de tous, les promit tenir, et jura sur la vraie croix, qui là estoit présente; et de ce il bailla des lettres authentiques, en forme due. Et ce fait et accompli, s'en alla le duc en sa grand' tente, où estoit prest son disner, et disna messire Guichard Delphin, et à sa table, et les autres deux à la table des chambellans; et après disner, pour les resjouir et festoyer, leur fit venir par ses veneurs un grand cerf, dedans un estang près de ladite tente, qui là fut prins à très bel déduit; et y fut la duchesse et toutes ses damoiselles; et puis soupèrent tous ensemble dans la forest, en belle ramée de verdure; et lendemain prirent congé lesdits ambassadeurs, et retournèrent à Paris, et firent leur rapport au roy de ce qu'ils avoient besongné avec le duc de Bourgongne.

CHAPITRE LII.

De pluiseurs armes qui se feirent en divers lieux, entre Franchois et Portugalois; et de l'ambassade d'Angleterre qui demanda madame Catherine de France, à femme pour le roy d'Angleterre.

Au mois d'avril 1415, se firent unes armes à Bar-le-Duc, devant le duc de Bar, de deux chevaliers, l'ung du royaume de Portugal, nommé Alvaro Coutigno, et le François, fust messire Clignet de Brabant. Au jour de leurs armes furent très bien accompaigniés de chevalliers, escuyers, et plusieurs aultres. Or devoient combattre les deux chevalliers de get de lances, de hasches, espée et dague. Et quant ce vint à l'heure de s'assembler, bastons visités et mesurés, cris, deffenses et aultres cérémonies accomplies; messire Clignet, issit de son pavillon, tenant sa lance en sa main, garni de ses aultres bastons, et voyant celuy à qui il devoit faire ses armes, lequel avoit la visière levée pour plus sûrement faire le get de sa lance, messire Clignet marcha grant pas contre son homme, et tant, qu'il l'alla quérir assez près de son pavillon, et de si près hasta le Portugalois, qu'il n'eust pas espace de jeter sa lance; et aussi messire Clignet laissa choir la sienne; et assemblèrent à combattre de hasches; et assit premier messire Clignet sur son compaignon : lequel fist une démarche pour clore sa visière. Puis combattirent seulement deux ou trois coups et non plus, pource que le duc de Bar, leur juge, jetta le baston; et ainsi furent prins à l'honneur de l'ung et de l'aultre. Après icelles armes faictes à Bar-le-Duc, les dessusdits Alvaro Coutigno, et aultres Portugalois, allèrent à Paris, où plusieurs armes commencèrent à faire des Portugalois contre François : entre lesquels en y eut unes faictes en la cour, dans ung des hostels du roy, nommé Sainct-Pol, d'un vaillant et puissant escuyer de Portugal, nommé Raumamderes, allencontre d'un chevalier bourbonnois, nommé messire Guillaume de Bar; lesquelles armes furent faictes à pied, et de nombre de coups; c'est assavoir douze coups de hasche, douze coups d'espée, et douze coups de dague. Icelles armes furent faictes devant le roy, mais messire Jehan de Torsay, séneschal de Poitou, estoit quasi le juge pour le roy. Après ce que le chevallier et escuyer furent conduicts dedans leurs pavillons et que toutes ordonnances accoutumées à faire en tel cas, furent faictes, le chevallier et l'escuyer issirent hors des pavillons, hache en main, laquelle estoit sans dague à gros marteaux et petit taillant. Sy approchèrent ensemble, en frappant des haches l'ung sur l'aultre de hault en bas; et donnèrent de si grande force et puissance, que à la vérité il sembloit qu'ils deussent fendre les bachinets; et, finalement, se donnèrent si grands coups, qu'ils ne peurent parfaire le nombre des coups, qu'ils ne se meslassent ensemble, et prinrent à bras; pour laquelle chose, le séneschal de Poitou les fist prendre par les gardes, et plus ne firent quant aux haches, et se retrayrent en leurs pavillons : car, les armes accomplies de chacun baston, se devoient retraire. Après les armes des haches, issirent tenants les espées ès mains, lesquelles estoient effeutrées atout fortes et grosses rondelles sur la main; desquelles assemblèrent de combattre, en frappant l'ung sur l'aultre, d'estoc et de taille, de si grande force, que nonobstant le nombre des coups accomplis, et le baston jetté pour les prendre, si ne scurent faire si grande diligence à les garder, que pour douze coups, ils n'en fissent dix huit, si très grandement que on ne les savoit prendre. Après icelles armes d'espées faictes, et la retraite en leur pavillons, issirent les dagues en la main; desquelles ils abordèrent à combattre, et firent le nombre et plus; mais ce sembla peu de chose au regard des haches et espées. Si furent ainsi les armes que vous avez ouy accomplies, à l'honneur des deux parties. Aucunes armes furent faictes à cheval, d'ung Portugalois contre un François, devant Sainct-Antoine, auprès de la porte Baudet; lesquelles armes estoient nombre de course de lances, qui se firent et parfirent.

Or advint que plusieurs chevaliers et escuyers du royaulme de France se assemblèrent ensemble, et regardèrent qu'ils estoient plusieurs Portugalois venus du royaulme de Portugal, en intention de faire armes. Si se conclurent ensemble qu'ils se trouveroient trois nobles hommes, lesquels envoyeroient devers les Portugalois, leur signifier et dire que ils sçavoient bien que ils estoient venus du royaulme de Portugal, à l'intention, par armes, d'avoir l'accointance d'aucuns nobles hommes du royaulme de France. Pour laquelle cause se estoient trouvez ensemble trois nobles hommes, que ils leurs faisoient sçavoir que ils estoient prests de leur accomplir leur désir et voulloir, c'est assavoir de faire armes contre trois hommes nobles de leur compagnie, par ainsi que ce seroit à combattre de hache, d'espée et de dague, tant que les uns ou les autres se seroient rendus à leurs compagnons, ou à estre portés par terre. Laquelle chose oye, les Portugalois prinrent jour à respondre; lequel jour fut très bref; et accordèrent les armes dessusdites; desquelles armes le duc de Guyenne feut juge; et se feirent au dehors de Paris, en l'un des hostels du roy, séant entre Sainct-Denys et Montmartre, nommé Saint-Ouen. Quand le jour feut venu pour faire icelles armes, le duc de Guyenne en hourt (échaffaud), accompagné de son oncle duc de Berry, les trois François, c'est assavoir messire François de Grignaulx, Maurigon de Fongnacq, et la Roque, entrèrent dedans les lices, esquelles avoit trois pavillons tendus pour eulx trois; mais avant qu'ils entrassent dedans leurs pavillons, ils allèrent faire la révérence au duc de Guyenne, leur juge. Après vinrent les trois Portugalois, c'est assavoir messire Alvaro Coutingno, Pierre Gonzalve de Malfais et Raumamderes, lesquels aussi feirent la révérence au juge, puis entrèrent en leurs trois pavillons. Après, comme il est accoutumé de faire, feurent pris deffenses, et autres cérémonies faites et accomplies, issirent les six hommes nobles de leurs pavillons, de cottes d'armes vestus ; et portoient les Portugalois la croix rouge sur leurs cottes-d'armes, tenants leurs haches en leurs mains, et garnis chacun de leurs autres bastons. Si assemblèrent ensemble à combattre ; assavoir messire François de Grignaulx contre messire Alvaro Coutingno, Maurigon de Longnacq, contre Pierre Gonzalve, et La Rocque, contre Raumamderes ; et les faisoit beau voir : et à la vérité, et au marcher, paroissoient bien hommes d'armes. Or advint la fortune à Raumamderes, que on estimoit le plus puissant de tous les six, que en combattant de sa hache, du bout de sa dague, en poussant contre La Rocque, de tout sa puissance, et tant qu'il faisoit desmarchier La Rocque. Quand La Rocque sentit que ledict Raumamderes mettoit tout sa force et puissance pour le faire reculer, il desmarcha un pas ; par laquelle desmarche Raumamderes chut d'un genouil à terre ; lors La Rocque férit dessus, et de tout le corps le mist à terre. Ne sais sy le Portugalois se rendist ou non, ny quelles parolles eurent ensemble, mais est vray que La Rocque le laissa, et alla ayder son compagnon Maurigon; et se trouvèrent eulx deux sur Pierre Gonzalve, lequel se rendist tout droit. En après, Maurigon et La Rocque allèrent ayder à messire François de Grignaulx, sy se trouvèrent les trois François sur le chevalier de Portugal, lequel combattit les trois; mais en combattant, d'un tour de bras que Maurigon luy bailla, il le feit cheoir par terre. Sy feurent les armes accomplies comme vous avez ouy. Toutefois, il feut demandé au chevalier Portugalois auquel des Franchois il s'estoit rendu; il respondit que il s'estoit rendu à eulx trois. Et vesritablement il acquit, nonobstant sa fortune, grant honneur ce jour, en tant que pluiseurs le tenoient le plus vaillant des six auparavant de la bataille des six. L'an 1414, en la mesme place de Saint-Ouen, au mois de fesvrier, avoit fait armes un Portugalois, nommé Diego d'Ollivières (Oliveira), allencontre d'un Breton, nommé Guillaume de la Haye, lesquelles armes feurent aussi faictes devant le duc de Guyenne: lesquels Portugalois et Bretons feurent en combattant prins sans oultrance ny de l'un ny de l'aultre.

Il est vray que durant que le duc de Brabant estoit à Paris, une ambassade du roy d'Angleterre y vint; c'est assavoir le duc de Yorck, oncle du roy d'Angleterre, et pluiseurs aultres, jusques au nombre de six cents chevaux, demander madame Katherine de France, fille du roy de France, pour le roy d'Angleterre, lesquels feurent très grandement festoyés, et y feurent faites de moult belles joustes ; et jousta le roy ce jour. Le duc d'Alenchon, qui tout nouvellement ce jour avoit esté fait duc jousta ; et aussi feirent les ducs de Brabant, d'Orléans et aultres. Et ycelle feste dura trois jours entiers ; à laquelle feste eust de riches habillements, tant couvertes de chevaulx, lances couvertes de martres zebelines, aux danses, hucques (robes), d'orphaivrie, que merveille et belle chose estoit à voir. Et de faict, le duc de Guyenne feut lui douzième vestu aux danses, de heucques d'orphaivrie, et avoit sur chacune heucque quinze marcs d'argent, dont le duc de Brabant feut l'un des douze. Puis, après ces danses, feurent ycelles heucques données aux officiers d'armes, trompettes et ménestrels ; et aussi feurent tous les habillements. Tous les trois jours, à icelles danses et joustes, feurent la royne, la duchesse de Guyenne et pluiseurs aultres dames et damoiselles. Apprès que les ambassadeurs eurent esté grandement festoyés en la ville de Paris, ils prinrent congié du roy, sans rien besogner, car ils ne peurent rien faire, pour les grands demandes qu'ils faisoient avecque ladicte dame Katherine de France.

CHAPITRE LIII.

Du trespas de Walleran, comte de Saint-Pol et de Ligny, et de ses héritiers; et comment le duc de Guyenne emporta les finances de la royne sa mère, et emprint le gouvernement du roy et royaume.

Le dix-neuvième jour d'avril 1415, mourut en la ville de Yvoy, en la duché de Luxembourg, le comte Waleran, comte de Ligny et de Sainct-Pol, soy disant encore connestable de France; et feut enterré en l'église Notre-Dame, en ladite ville d'Yvoy, devant le grand autel, nonobstant que, par son testament, il eut ordonné estre mis et enterré en l'abbaye de Cercamp, dont ses prédécesseurs, comtes de Sainct-Pol, furent fondateurs. Dame Bonne de Bar, sœur au duc de Bar, feut sa seconde femme. Après la mort d'iceluy comte, furent ses héritiers les deux filz du duc Antoine de Brabant, dont devant est parlé, quy eut espousé la fille du comte de Waleran, dont Jehan de Brabant et Philippe de Brabant issirent.

En ce même mois, la royne et le duc de Guyenne estoient en la ville de Melun, avec eux pluiseurs des princes du royaulme de France. Mais secrettement, à peu de gens, de là se partit le duc de Guyenne, et s'en alla à Paris, et feit savoir aux princes quy avec la royne estoient, qu'ilz s'en rallassent à leurs hostels, tant que le roy ou luy les manderoient. Le duc de Guyenne, sachant que la royne sa mère avoit grands finances ès hostels de Michault de Laillier, Guillaume Sangain et Picquet de la Haye, feit prendre toutes icelles finances et porter en son hostel. Puis après manda et assembla ceulx de l'université de Paris, les prévosts de Paris et des marchands, et pluiseurs bourgeois de ladite ville, auxquels il feit remontrer par l'évesque de Chartres, comment le royaulme et le roy son père estoient gouvernés; comment le duc d'Anjou avoit osté le trésor du roy Charles le Quint son grand père, porté et despendu (dépensé) en Italie; en après les ducs de Berry; et Philippe de Bourgongne, en après, le feu duc d'Orléans et duc Jehan de Bourgongne, lors vivant; par lesquels toute la finance de son grand père et du royaulme ont été prises et exilées; en disant qu'il estoit aisné filz de France, et que plus ne vouloit souffrir telle destruction des biens du royaulme : en faisant déclarer que, pour le bien public du royaulme, il avoit prins et prenoit le gouvernement de icelui, en le notifiant à eux et à tous aultres à quoi il appartenoit ou polvoit appartenir. Après lesquelles remontrances, se départirent ceux quy là avoient esté assemblés, très contents du gouvernement que le duc de Guyenne avoit prins, voyant l'occupation de la maladie que le roy avoit. Or est vrai que, après ce que la chose fut sue du gouvernement de monseigneur de Guyenne, le duc de Berry s'en alla en la comté d'Estampes, le duc d'Orléans à Blois, le duc de Bourbon en Bourbonnois, et le duc de Bourgongne estoit en Bourgongne. Ainsi demoura le duc de Guyenne fort esseulé (isolé) du sang royal, et ne demoura avec luy que le comte de Richemont; et quant au roy, il estoit malade en son hostel à Paris. Le duc de Guyenne manda la duchesse sa femme, laquelle estoit avec la royne, et la feit aller à Saint-Germain-en-Laye.

CHAPITRE LIV.

Comment le roi d'Angleterre feit esquiper une armée de mer pour passer en France ; de l'ambassade envoyée au roi d'Angleterre ; des offres qu'ils lui feirent ; et de la réponse du roy d'Angleterre.

Les ambassadeurs du roy d'Angleterre, qui moult honorablement avoient été festoyés en France, retournèrent devers leur souverain seigneur, qu'ils trouvèrent auprès de Londres, auquel ils firent leur relation de ce qu'ils avoient trouvé devers le roy : de laquelle response, le roy d'Angleterre ne fust pas content. Pour laquelle cause, fit assembler son grand conseil, pour avoir avis à trouver navires, et aussi pour préparer tout ce qu'il lui falloit pour passer en France, pour recouvrer son royaulme, si faire se pouvoit. Pour avoir des navires, envoya ses députés en Hollande et Zélande, auquel pays trouva navires, par ainsi, que ceulx à qui c'estoit, feussent bien assurés du payement. Le roy d'Angleterre trouva manière de lever grand argent en son royaulme, et veut-on dire que sa finance montoit à six cents mille nobles, ou le moins, à sa valeur. Sa finance faicte, se conclud et délibera de passer en France, atout la plus grand' puissance que bonnement pourroit finer ; lesquelles nouvelles feurent en brief temps sceues à Paris. Pour laquelle cause, le duc de Guyenne, qui avoit prins le gouvernement du royaume, fist assembler le conseil, et pource que lors il estoit assez esseullé (isolé) des princes du sang royal, il remanda le duc de Berry, son oncle, et pluiseurs aultres, avec lesquels il tinst plusieurs conseils, pour savoir qu'il avoit à faire pour la défense du royaulme, allencontre des Anglois. Si fust de prime face avisé que on mettroit gens en garnison sur les ports de mer et pluiseurs autres lieulx, et que, pour les payer, on mettroit une taille sur tout le royaulme; et, avec ce, fust appointé que on enverroit avec ambassade, pour essayer à rompre l'armée du roy d'Angleterre, si faire se povoit, tant par traictié et offres, comme autrement, en faisant response aux demandes que avoient fait les ambassadeurs du roi d'Angleterre, qui n'a gaires avoient esté en France. Et furent les ambassadeurs ordonnés ; c'est assavoir le comte de Vendosme, l'archevesque de Bourges, et l'évesvesque de Lisieulx, et pluiseurs aultres. Iceulx prinrent leur chemin de Paris à Calais, et là montèrent en mer pour aller en Angleterre. Sy estoient environ quatre cents chevaux. Si furent par les gens du roy d'Angleterre, conduicts et menés devers luy à Lincestre, où ils le trouvèrent, avec luy ses trois frères, de Clarence, de Bethfort et de Glocestre, et plusieurs autres grands seigneurs; et par la bouche de l'archevesque de Bourges, fust exposée la charge qu'ils avoient, premièrement en latin, et puis en françois, très sagement et prudentement, dont il fust loué d'anglois. Or est vrai, que par la charge qu'ils avoient, ils offrirent au roy d'Angleterre, madame Katerine de France, pour sa femme et espouse, que pluiseurs fois il l'avoit faict demander, avec grand'somme d'argent, moyennant que bonne paix ou longues tresves, se feroient entre les royaumes de France et d'Angleterre, et que le roy, et ceulx de son sang, désiroient avoir paix et union avec le roy d'Angleterre. Le roy d'Angleterre respondit qu'il y auroit avis, et que, en brief temps, il leur feroit response. Sy ne demoura gaires que le roy d'Angleterre leur fist respondre, par l'archevesque de Cantorbie, qui reprint de mot à mot ou en substance, la proposition des François, et dict que le roy d'Angleterre estoit bien content d'avoir traicté avec le roy de France, et de prendre sa fille à mariage, moyennant qu'il auroit avec la fille du roy, les duchés de Guyenne et de Normandie, d'Anjou et de Touraine, et les comtés de Poitou, du Mans et de Pon-

thieu, qui anciennement ont esté à ses prédécesseurs roys d'Angleterre, et encore doivent estre; et si ainsi ne lui faisoit, il avoit intention de descendre en France; et, à l'aide de Dieu, de recouvrer tout le royaulme qui lui doit appartenir. Après ces choses dictes, le roy d'Angleterre advoua l'archevesque, disant que, au plaisir de Dieu, si on ne le vouloit ainsi faire, que brief il iroit en France. Aucuns dient que l'archevesque de Bourges, oyant les grans demandes que faisoit faire le roy d'Angleterre, demanda congé de respondre, en disant au roy d'Angleterre : « Révérence gardée, que pen-
» ses-tu veuillant débouter injustement le très
» chrestien roy des Franchois, le plus noble et le
» plus excellent de tous le roys chrestiens, de la
» chayère et trosne de si grant et puissant roy-
» aulme? Et cuides-tu, révérence gardée tou-
» jours, qu'il t'ait offert ou fait offrir à toi, donner
» sa terre et finance, avec sa propre fille, pour la
» crémeur de toy et de tes biens voeuillants?
» Nenny; mais il l'a faict par pitié, comme amour
» de la paix, afin que le sang innocent ne soit
» point espandu, et que le peuple chrestien, par
» les tribulations de batailles ne fust point détruict,
» appellant l'aide de Dieu tout-puissant, de la
» benoiste Vierge Marie, de droit et de raison.
» Par les armes de lui et de ses loyaux vassaux,
» subjects, alliés et bienvoeuillants, toujours révé-
» rence gardée, tu seras enchassé et rebouté de
» son royaulme, et de toutte domination, ou tu seras
» prins ou mort. Si te requérons, pour la révé-

» rence de nostre souverain seigneur, duquel nous
» sommes ambassadeurs, que tu nous fasses rem-
» mener seurement hors de ton royaulme et de tes
» seigneuries ; et, avec ce, qu'il te plaise rescripre
» à nostre souverain seigneur, par lettres scellées
» du sceau armoyé de tes armes, la response que
» tu veux faire. » Le roy d'Angleterre fist faire
grand'chière aulx ambassadeurs ; et si leur fist
bailler par escript la réponse ; et les fist aussi conduire hors de ses terres et seigneuries. Lesdits ambassadeurs, quand furent retournés à Paris, en
plain conseil, devant le duc de Guyenne, et que
ils eurent baillé les lettres du roy d'Angleterre,
raccontèrent et dirent de mot à mot, ce que ils
avoient faict. Vous avez ouy comment l'ambassade
de France fust en Angleterre ; or est vrai que tantost après que lesdits ambassadeurs de France furent partis d'Angleterre, le roy d'Angleterre fist
touttes ses préparations et ordonnances pour tirer
droict au port de Hantonne, pour là monter en
mer, et descendre en France. Et avoit, en sa compaignie, quand tout fust assemblé, pluiseurs princes
et grands seigneurs, entre lesquels avoit deux de
ses frères ; c'est assavoir le duc de Clarence et de
Glocestre, et son oncle le duc d'York ; les comtes
de Rutlant et de La Marche ; les ducs d'Exetre ;
les comtes de Hontinton, d'Arondel, de Dosenfort
(Oxford) et de Kime ; les seigneurs de Ros et de Cor-
nouailles, et pluiseurs aultres grands seigneurs ; et,
comme on disoit, de seize à vingt mille combattants.

CHAPITRE LV.

La lettre que le roy d'Angleterre envoya devant son parlement de Hantonne, au roy de France; de la justice que le roy d'Angleterre feit de ceulx quy avoient machiné sa ruine.

Et quand le roy d'Angleterre feut arrivé en la ville de Hantonne, il recripvist une lettre au roy, dont la teneur s'ensuit : « *A très noble prince, Charles, nostre cousin et adversaire.* Henry, par la grâce de Dieu roy d'Angleterre et de France. A bailler à chacun ce qui est sien, est œuvre de inspiration et de sage conseil. Très noble prince et cousin, et nostre adversaire, jadis les nobles royaulmes d'Angleterre et de France estoient en union; maintenant ils sont divisés; et donc ils avoient de coutume d'eulx exhausser en tout le monde par leurs glorieuses victoires; et estoit à iceulx une seule vertu de embellir et décorer la maison de Dieu, à laquelle appartient saincteté, et mettre paix et union en la esglise, en mettant par leurs batailles concordables heureusement les ennemis publiques en leur subjection. Mais, hélas! celle foi de lignage a perverty occision fraternelle, et persecuté Abraham par impulsion humaine. La gloire d'amour fraternelle est morte, et la différence d'humaine condition, ancienne mère de ire, est ressuscitée de mort à vie; mais nous contestons le souverain juge en conscience, qui n'est ployé ni enclin par prières aux pardons, que, à notre prière, par pur amour, avons procuré les moyens de paix. Si ce non, laisserions par l'esprit, par conseil, le juste titre de nostre héritage, au préjudice de notre ancienneté. Nous ne sommes pas tenus par si grands adnullement de petit courage, que nous ne vous voulons combattre jusques à la mort par justice; mais l'autorité escripte au livre Deutéronomie enseigne que, à quelque cité que les hommes viendront pour impugner à combattre, premièrement il lui offre paix, et jà-soit que violence, ravisseresse de justice, a soustrait, et de long-temps, les nobles de notre royaulme et couronne, et nos droits héritiers; toutefois charité de par nous, en tant qu'elle a pu, a faict pour le recouvrer d'iceulx à l'estat premerain; et ainsi doncques, par deffaut de justice, nous pouvons avoir recours aux armes. Toutefois, afin que nostre gloire soit tesmoing à nostre conscience, maintenant, par personnelle requeste, en ce très pas de nostre chemin auquel nous traict icelle defaicte de justice, nous enhortons ès entrailles de Jésus-Christ, ce que enhorte la perfection de la doctrine évangelique : *Amy, rends ce que tu dois, et il nous soit fait par la volonté de nostre Dieu souverain.* Et afin que le sang humain ne soit point espandu, qui est créé selon Dieu, l'héritage et due restitution de droicts cruellement soustraits, ou au moins des choses que nous instamment, et tant de fois par nos ambassadeurs et messages, et desquelles non seulement fist estre content la souveraine révérence d'iceluy souverain Dieu, et le bien de paix. Et nous, pour notre part, en cause de mariage, estiemes inclinés de défalquier et laisser cinquante mille écus d'or, dernièrement à nous promis ; nous, désirans plus la paix que l'avarice. Et avions prééleus iceulx nos droits de patrimoine, que si grand nous ont laissé nos vénérables ancesseurs, avec notre très chière cousine Katherine, votre glorieuse fille, et avec la pécune d'iniquité, multiplier mauvais trésors, et déshériter, par hommes, la couronne; que Dieu ne veuille! Donné sous notre scel privé, en nostre chastel de Hantonne, au rivage de la mer, le 5ᵉ jour du mois d'aoust. »

Lesquelles lettres dessus dictes, après que par un hérault eurent esté présentées au roy, lui feut dict par aucuns à ce commis, que le roy et son conseil avoient vu les lettres, sur lesquelles on auroit advis; et pourverroit le roy sur le contenu en icelles, en temps et en lieu, comme bon lui sembleroit; et qu'il s'en allast quand il lui plairoit devers son seigneur le roy d'Angleterre. Après ce que le roy d'Angleterre eust esté une espace de temps en la ville de Hantonne, en attendant ses gens et navires, un peu devant son partement, lui advint une grande adventure, voire si elle eust

esté exécutée comme vous oyez. Or est vrai que
le comte de Camberige, nepveu du comte de Rutland, fils du duc d'Yorck, les seigneurs de Scroup
et de Cobhem se tirèrent devers le comte de la
Marche, que on tenoit pour vrai héritier de la couronne d'Angleterre, et de feu le roy Richard; et
luy dirent et remonstrèrent comment il estoit vray
héritier d'Angleterre, et que il trouvast manière de
soi excuser de passer la mer pour aller en France
avecques le roy Henry, soit par maladie ou aultrement, et se il demouroit en Angleterre, partant
que il les voulsist croire, ils le feroient roy. Auxquelles remonstrances le comte de la Marche respondit que c'estoit matière de grand poids, et
que sur ce il auroit advis, et que brief il leur en
feroit response. Lors se départirent, sans d'icelle
chose plus parler. Le comte de la Marche pensa
celle nuict fort sur ce que les seigneurs lui avoient
dict. Quand ce veint lendemain, il trouva ses manières à part de parler au roy d'Angleterre en
secret : si luy descouvrit le conseil et offres que
les seigneurs dessusdicts luy avoient faict et promis, et dict au roy : « Sire, je vous tiens pour mon
» souverain seigneur; le serment que je vous ai
» faict, le vous vouldrois-je tenir jusques à la mort,
» ni pour rien qui me peut advenir, je ne vouldrois
» aller au contraire.» Le roy d'Angleterre, qui estoit un homme fort sage et imaginatif, pensa moult
fort à cette besogne, et dict au comte de la Marche :
« Beau-cousin, de votre loyaulté et bien que me

» voulez je vous mercie, souffrez-vous d'en parler à
» personne, tant que vous en demanderai. » Lors le
roy d'Angleterre assembla son grand conseil, avec
lui tous les princes de son armée, et à icelui conseil mist les choses en terme par manière de fiction, disant qu'il avoit entendu que aucuns de ses
subjects avoient pratiqué et de faict pratiquoient
et vouloient persévérer que de tous poincts le débouter et mettre hors de la possession de la couronne d'Angleterre, laquelle chose il ne pouvoit
croire. Et luy mesme à tous ceulx qui estoient là
en demanda les opinions, en leur demandant si les
choses estoient véritables; que loyalement le voulsissent conseiller de ce qu'il en auroit à faire, et
qu'il feroit de ceulx qui telle trahison machinoient
contre luy. Si en demanda aux plus grands seigneurs qui là estoient, puis veint adresser ses paroles au comte de Cambrige, aux seigneurs de Scroup
et de Cobhem, lesquels respondirent au roy, et
dirent : « Sire, celuy ou ceulx qui vouldroient ma-
» chiner, ne faire telle trahison allencontre de vous,
» sont dignes de souffrir mort si cruelle, que ce
» soit exemple à tous aultres. » Et pareillement tous
ceulx qui estoient au conseil en dirent autant, et que
de trop male mort on ne les pouvoit faire mourir.
Ce conseil tenu, et les opinions tous prises, comme
dict est, les fist parler l'un devant l'aultre, c'est
assavoir, les comtes de la Marche et de Cambrige,
Scroup et Cobhem, et là sans gaires grand langage
et sans gesne, confessèrent le cas qu'ils avoient

conseillé au comte de la Marche, et par la manière que dessus est dict. Adonc le roy d'Angleterre moult courroucé de la chose advenue par les chevaliers dessusdicts, lesquels il avoit moult aimés, en espécial le seigneur de Scroup, lequel, par plusieurs fois, il avoit couché devant luy en sa chambre, les fist à tous trois tranchier les testes, puis mettre en quatre quartiers, et les fist envoyer ès quatre les plus principaulx villes d'Angleterre.

CHAPITRE LVI.

Comment le roy d'Angleterre descendit et print port entre Honfleur et Harfleur, laquelle, par faute de secours, luy feut rendue.

NE demoura gaire apprès la justice faicte, que le roy d'Angleterre se prépara de tous points pour monter sur mer, et tirer vers France. Sy advint quand le roy feut monté en son navire, et toute la compaignie preste pour partir et passer en France, comme il fist, une grand' adventure, advint que le feu se frappa en aulcuns de ses navires de ses gens; et y eut trois gros navires navires ars et péris. Et tout ce quy estoit dedans, ou peu s'en fallust, et tellement atteint le feu, que depuis que lesdits navires feurent espris presque tous feurent consommés par feu. Le mairien d'icelle navire ardoit tout clair en l'eau. Et feut bien grand' adventure qu'il n'y eust plus grand meschief; mais chacun navire se tira arrière du feu, car nul ne l'osoit approcher. Icelles deux adventures advinrent au roy d'Angleterre avant son partement, dont pluiseurs de ses gens s'en émerveillèrent fort, et doubtoient plus grands inconvénients. Pour lesquelles adventures en y eut aulcuns quy conseillèrent au roy de non aller plus avant, mais il ne les voulut croire, et passa la mer luy et toute son armée. Et tant exploitèrent de nager, que par une nuit, veille de l'Assomption de Notre-Dame, ils prinrent hasvre entre ung port, quy est entre Honnesfleur et Harfleur, où l'eau de Seine choit en la mer; et polvoient bien estre huit cents vaisseaulx, chargés de gens et habillements de guerre; et prinrent terre sans effusion de sang. Et appréès que tous feurent descendus, le roy d'Angleterre se logea à Guerarville, en une prioré, et le duc de Clarence et de Glocestre, ses frères, assez près de luy, et les aultres où ils se peurent le mieux. Et après che, asségièrent la ville de Harfleur, qui estoit la clef de la mer de toute Normandie, et formèrent le siége, ainsy qu'ils ont accoutumé de faire. Si feirent leurs approches, dressèrent leurs engins et bombardes, et commencèrent à battre la ville de tous costés. Dedans Harfleur estoient entrés, avec ceulx de la ville, environ trois cents hommes d'armes franchois, pour garder la ville, entre lesquels estoient le seigneur d'Estouteville, capitaine de par le roy, les seigneurs de Blainville, de Hacqueville, de Harmenville, de Bréauté, de

Gaucourt et plusieurs autres. Quand les Anglois eurent mis le siége, ils envoyèrent leurs fourriers devers le pays, prendre prisonniers, vivres et aultres choses à eulx nécessaires, et les amenèrent en leur ost, en faisant tous les maulx que faire se povoient. Le roy d'Angleterre alloit souvent autour de la ville, pour visiter les lieux les plus convenables pour asseoir ses gros engins; et des pierres qu'ils jettoient feurent fort endommagés ceulx de la ville, qui se défendoient très bien ; mais ne leur profitta gaires; car les Anglois, par le traict de leurs archiers, les rebouttoient à force dedans la ville. Or advint une moult mal adventure à ceulx de la ville ; car en ce temps, le roy leur envoyoit grand foison de poudre et traict : le roy d'Angleterre en feut adverti; sy envoya hastivement de ses gens audevant, qui les prinrent et les amenèrent en son ost. Durant iceluy siége, le roy envoya grand gens en la cité de Rouen, et en la frontière contre les Anglois, lesquels Franchois très diligemment gardèrent le pays, tant que les Anglois estans devant Harfleur, ne prinrent ny chasteau ny ville dedans le pays, jà-soit que les Anglois y travaillèrent assez le plat pays pour quérir vivres ; car ils eurent grand deffaute de vivres, pource que ceulx que ils avoient amenés d'Angleterre, estoient jà tous faillys et gastés de l'air de la mer. Et avec che férit en eulx maladie de cours de ventre, dont moururent bien deux mille ou plus, et entre lesquels feurent les plus principaux, le comte de Staffort, l'évesque de

Nordvich, le seigneur de Beaumont, le seigneur de Tromplanton, et messire Brunel, avec pluiseurs aultres nobles. Néantmoins le roy d'Angleterre, en grand' diligence et labeur, persévéra toujours en son siége, et feit faire trois mines par-dessous la muraille, qui estoient prestes pour effondrer; et avec che feit par ses engins abattre grand' partie des portes, tours et murs d'icelle ville. Par quoy finallement feurent mis ceulx de la ville en telle nécessité qu'il leur convint prendre traicté avec le roy d'Angleterre, qui feut tel, qu'ils se rendroient tous prisonniers, la vie sauve, moyennant qu'ils auroient jour compétent de rendre la ville, au cas que à che jour ils ne auroient secours. Iceluy traicté feut des parties accordé. Et envoyèrent les Franchois devers le roy et le duc de Guyenne pour luy dénonchier le traictié, tel que dessus est dict, et aussy sy ils seroient secourus. Les messaigiers trouvèrent le duc de Guyenne à Vernon sur Seine, lesquels luy remontrèrent l'estat et la nécessité de ceulx de Harfleur, qui servoient le roy et luy, de avoir secours en dedans les jours qui estoient accordés. Mais à brief dire, il leur feut respondu que la puissance du roy n'estoit pas encore assemblée ni preste pour bailler secours si hastivement. Et sur che retournèrent les messaigiers, c'est assavoir, le seigneur de Hacqueville, quy feit son rapport; dont tous les nobles et ceulx de la ville feurent moult troublés.

Vous avez ouy comment les ambassadeurs de Harfleur feurent à Vernon parler au duc de Guyenne, et la response qu'ils eurent ; pour laquelle cause il leur convint rendre la ville. Laquelle reddition se feit par la manière que dessus est dicte ; qui feut une piteuse chose à ouyr à ceux quy estoient dedans la ville. Apprès qu'il feut venu à la cognoissance du roy, comment la ville de Harfleur estoit rendue ès mains de son adversaire le roy d'Angleterre, doubtant qu'il ne voulsist faire d'aultres emprinses sur son royaulme, afin de y résister, feit mandements par tous ses pays pour avoir plus grand nombre de gens d'armes qu'il y pust finer ; et avec che rescript par toutes les bonnes villes le desroy en quoy il estoit mis par-devers le roy d'Angleterre. Pourquoy il commandoit à tous ses subjects et vassaulx, tant en Picardie comme aultre part, que tous, à la puissance qu'ils poiroient finer, le venissent servir allencontre de son adversaire le roy d'Angleterre ; et mandoit que tous subjects allassent devers le duc de Guyenne son fils. Auquel mandement tous ceulx de France, de Picardie et d'aultre part obéirent ; et y allèrent à puissance de gens, jà-soit que le duc de Bourgongne, qui lors estoit en son pays de Bourgongne, pour les guerres qu'il avoit en France, allencontre des enfants du duc d'Orléans, manda par ses lettres-patentes que ils ne bougeassent, et ne servissent ny partissent hors de leurs hostels, jusques à tant qu'il leur fist sçavoir. Nonobstant che, rien n'en feut fait, mais obéirent aux commandement du roy.

CHAPITRE LVII.

Comment le roi d'Angleterre entra dedans la ville de Harfleur; du traictement qu'il feit aux gens de guerre, aux manans de la ville et aux gens d'églises; d'une embûche que les Franchois feirent sur les Anglois pendant le siége de ladite ville.

Or est vrai que quand apprès les traictés faicts entre le roy d'Angleterre et ceulx de la ville de Harfleur, et que les portes feurent ouvertes, et ses commis entrés dedans, à l'entrée qu'il feit dedans, descendit de cheval et se feit déchausser; et en telle manière alla jusques à l'église Saint-Martin, paroissiale de celte ville, et feit son oraison, regrasciant son créateur de sa bonne fortune. Et apprès qu'il eut che fait, il feit mettre prisonniers tous les nobles et gens de guerre qui estoient là dedans; et depuis, brief ensuivant, feit mettre leurs noms par escript; et puis leur feit faire serment sur leur foi, qu'ils se rendroient tous prisonniers en la ville de Calais, en dedans la Saint-Martin ensuivant; et sur che partirent. Et pareillement feurent mis prisonniers grand' partie des bourgeois; et fallust qu'ils se rachetassent avec grands finances; et avec che feurent boutés dehors; et aussy feurent la plus grand' partie des femmes, avec leurs enfants; et leur bailla-t-on, au partir, chacun cinq sols et une partie de leurs vestements. Sy estoit piteuse chose à ouir les regrests piteux et lamentations que faisoient iceulx habitants, délaissans ainsy leur ville avec tous leurs biens. Avec che feurent licenciés tous les prestres et gens d'église. Et tant que à parler des biens quy feurent là trouvés, il y en avoit sans nombre quy demourèrent au roy d'Angleterre. Toutefois deux tours quy estoient sur la mer moult fortes, se tinrent environ deux jours apprés la reddition de la ville, et se rendirent comme les aultres. En apprès, le roy d'Angleterre envoya aucuns de ses prisonniers en Angleterre; c'est assavoir les seigneurs d'Estouteville et de Gaucourt, sur la navire sur quoi il estoit venu, et les biens que il avoit trouvé dedans la ville, et aussy grand nombre de gens malades, entre lesquels estoient le duc de Clarence, le comte d'Arondel et pluiseurs nobles hommes. Et disoient les aucuns que le siége estant devant Harfleur, le roy d'Angleterre avoit bien perdu cinq cents chevalliers et escuyers, sans compter les aultres quy y moururent tous d'icelle maladie appelée flux de ventre. Durant le siége devant Harfleur, pluiseurs grands seigneurs de France se assemblèrent cinq à six mille chevaux; lesquels eurent avis de eulx trouver ensemble le plus près que ils polroient bonnement du siége du roy d'Angleterre, et que ils mettroient grosses embusches au plus près que faire les polroient. Apprès, envoyèrent courreurs sur le siége, afin de faire saillir les Anglois. Ainsy leut faict. Et feurent trois embusches ordonnées. Icelles ordonnances faictes, feurent ordonnés coureurs pour courrir sur le siége. Des coureurs estoient pluiseurs nobles hommes, entre lesquels estoient les seigneurs de l'Isle-Adam, et messire Jacques de Brimeu, quy depuis feurent frères de la Toison-d'Or, et lesquels deux feurent prins à icelle course. Or est vray que, ainsy que comme il avoit esté ordonné, les coureurs se trouvèrent devant le siége des Anglois, et feirent crier alarme; et tantost Anglois à cheval; et chassèrent Franchois chaudement ; et sans ordonnance de eulx retraire où il leur estoit ordonné, se prinrent les coureurs. Et pour che jour, les Anglois estoient en adventure de perdre une grand' perte, sy la chose eust esté bien conduite, mais le baron d'Yvry se montra trop tost; pourquoi les Anglois laissèrent de chasser les Franchois, et retournèrent en leur siége à peu de perte. Et à icelle course feurent prins le seigneur de l'Isle-Adam et messire Jacques de Brimeu; et les prinrent les gens du seigneur de Robersart, natif de Haynault, lequel estoit Anglois et au service du roy d'Angleterre, luy troisième de frères. Apprès che que le roy d'Angleterre eust prins la ville de Harfleur, il feit réparer les murs de la ville, et puis y mit en garnison le duc d'Exetre, avec cinq cents hommes d'armes et quinze cents archers ; et feit fournir la ville de vivres et de artillerie.

CHAPITRE LVIII.

Comment le roy d'Angleterre se partit de Harfleur pour tirer à Calais et passer la rivière de Somme à La Blanche-Tache; de deux beaux coups de lance donnés devant la ville d'Eu; et comment par un prisonnier feut destourné de passer par ledit lieu, mais passa ladite rivière allentour d'Athies.

Après ce que le roy d'Angleterre eut pourvu à la garde de la ville de Harfleur, il prit son chemin pour aller vers Calais, et ordonna ses batailles; et passa par le pays de Caulx en Normandie, en le dégastant et détruisant; et tant exploita, qu'il se trouva devant la ville d'Eu, laquelle est la dernière ville de Normandie. Si envoya ses coureurs devant la ville d'Eu, en laquelle estoient aucuns Franchois qui saillirent à l'encontre d'eux; entre lesquels estoit un vaillant homme d'armes, nommé Lancelot Pierre. Si vinst allencontre de lui un Anglois. Eux d'eux couchèrent la lance et se férirent de telle roideur, que le François transperça de sa lance le corps de l'Anglois; et pareillement l'escuyer Anglois assist un coup sur le Franchois si rudement qu'il le traversa tout outre; et ainsi finèrent leurs vies ces deux gentilshommes, lesquels furent fort plaints de ceux qui les connoissoient. En icelui jour, le roy d'Angleterre se logea auprès de la ville d'Eu et sur la rivière. Or est vrai que le lendemain, le roy d'Angleterre, en passant par le pays de Wimeu, avoit volonté de passer la rivière de Somme, au lieu qu'on nomme la Blanche-Tache, pour tirer le droit chemin à Calais, par où passa jadis son aisné Edouard, roy d'Angleterre, quand il gagna la bataille de Cressy contre le roy Philippe de Valois, roy de France; mais quand il vint à deux lieues près ou environ dudit passage, les gens de son avant-garde, ainsi comme gens s'espandent parmi le pays, prirent un gentilhomme du pays de Gascogne, serviteur à messire Charles de Labreth, lors connestable de France. Mais de ce gentilhomme ne sais ce que j'en dois dire, pour la malle et douloureuse malventure qui advint, car si ce gentilhomme n'eust été pris à cette heure, le roy d'Angleterre fust passée ladite Blanche-Tache sans contredit; et par ainsi lui et ses gens pouvoient aller franchement à Calais; et n'eust point été cette malheureuse adventure et journée des François, qui fut cause de la bataille d'Agincourt, comme ci-après sera dit. Et adonc pour venir à parler dudit gentilhomme, que pluiseurs François ont nommé diable et non pas homme, vrai est quand il fut pris des Anglois, il fut mené devant le chef de l'avantgarde, et fut intérogé d'où il venoit, de quel pays il estoit, et à quel maistre: et il respondit qu'il estoit natif de Gascogne, et qu'il estoit sailli hors de la ville d'Abbeville, où il avoit laissé son maistre, le connestable de France. Après pluiseurs interrogations, lui fut demandé si le passage de la Blanche-

Tache, n'estoit par nuls gardé. Il respondit et affirma que ouy, et que pluiseurs grands seigneurs y estoient atout six mille combattants; et le certifia pour sa teste à couper. Pour icelles nouvelles fut ledit Gascon mené devant le roy d'Angleterre, et de rechief interrogé; et fist-on arrester toutes les batailles; et après ce que le roy l'eut ouy parler, il manda ses princes, qui là estoient, et mit les choses en délibération de conseil; et dura icelui conseil bien deux heures. Et enfin fut conclud que le roy prendroit chemin autre, parce qu'il créoit que le Gascon dist vérité; et est à présuposer que le Gascon affirmoit les choses dessusdites être vraies, pour le désir qu'il avoit de la bataille; car à icelle heure les Franchois n'estoient pas assemblés, et ne le furent pas qui ne fut bien huit jours après. Et pour venir à parler comment le roy d'Angleterre délaissa le passage de Blanche-Tache, vrai est qu'il prit son chemin pour monter à mont la rivière de Somme, cuidant par icelle trouver passage. Tant chemina qu'il se trouva assez près d'Amiens; et après prit son chemin à Boves, où il se logea. En icelui village avoit à foison de vignes, dedans lesquelles avoit foison de vins en queue dedans les pressoirs; et là alloient les Anglois quérir du vin, dont le roy estoit fort desplaisant et leur défendoit. Si lui fut demandé pourquoy il leur défendoit, et qu'il convenoit les petits compaignons emplir leurs bouteilles. Il leur respondit qu'il n'estoit point mal content des bouteilles, mais la plupart faisoient leurs bouteilles de leurs ventres, dont il estoit dolent; et la cause si estoit de peur qu'ils ne s'énivrassent. Iceluy village est assis sur rivière; et sur un petit rocq est assise une belle forteresse, laquelle est au comte de Vaudemont. Le roy d'Angleterre et tout son ost estoient en grande disette de pain; et fut composé ledit village à huit corbeilées de pain, portées chacune par deux hommes, lesquelles, par le capitaine de ladite forteresse furent présentées au roy d'Angleterre. Le roy d'Angleterre avoit deux gentilshommes de sa compaignie moult malades, lesquelles il bailla audit capitaine; et devoit payer pour leur rançon, pour chacun une haquenée; et si bien se gouverna ledit capitaine envers le roy d'Angleterre, qu'il en vallut depuis de mieux au déloger de Boves. Le roy d'Angleterre, avecque lui son armée, prit son chemin vers Neelle en Vermandois; et quand le roy passa devant icelle ville de Neelle, ils avoient leurs murs couverts de couvertoirs, la plupart vermaulx. Alors que le roy d'Angleterre alloit ainsi cottiant la rivière de Somme pour trouver passage, estoit à Abbeville messire Charles de Labreth, connestable de France, avecque pluiseurs autres notables chevaliers et autres gens de guerre, lesquels, oyans de jour en jour les nouvelles du chemin que tenoit le roy d'Angleterre, se partirent de la ville et allèrent à Corbie et de là Péronne, toujours leurs gens sur le pays assez près d'eux, et contestants garder tous les passages. Et pour parler du passage du roy d'Angleterre, vrai est que lui et toute sa puissance descendirent des chevaux, et vinrent sur la rivière, et commencèrent à abattre maisons; et prirent échelles, huis et fenêtres, et feirent ponts pour passer; car, depuis environ huit heures du matin jusques à peu près de jour failli, ne cessèrent lesdits Anglois de besogner audit passage faire; et passoient sans chevaux. Quand ils furent passés en nombre compétent, passèrent un étendard; et quand l'avant-garde fut toute passée et tout à pied, on fit passer les chevaux. Après passa la bataille et l'arrière garde; et comme il est dit ci-dessus, il fut nuit avant que tous fussent passés. Tout ainsi qu'il estoit nuit, Anglois marchèrent en pays; et alla le roy d'Angleterre loger assez près d'Athie, et les François estoient au pays d'environ. Et quand les François furent avertis que les Anglois avoient passé la rivière, ils furent moult mal contents de ceux de Sainct-Quentin, car par le roy leur estoit enjoint de rompre le passage par où ils passèrent.

CHAPITRE LIX.

Comment les ducs d'Orléans et de Bourbon et le connestable envoyèrent vers le roy d'Angleterre, pour avoir journée et place pour combattre; de la réponse dudit roy, et comment le roy de France manda au connestable et aultres princes, qu'il feut combattu.

Les ducs d'Orléans et de Bourbon et connestable de France, envoyèrent devers le roy d'Angleterre trois officiers d'armes; et lui faisoient savoir que pour accomplir son désir ils envoyent devers lui; que ils savoient bien que; dès lors que il estoit party de son royaulme, son désir estoit de avoir bataille contre les Franchois; et pourtant ils étoient trois princes issus de la maison de France, lesquels estoient prests de lui livrer et fournir son désir et ce qu'il querroit; et s'il volloit prendre jour et place pour eux volloir combattre, ils estoient contents de ce faire. Laquelle par les députés de l'un et de l'autre seroit prise, non avantageuse non plus à l'un comme à l'autre, pourvu que ce fust le bon plaisir du roy, leur souverain seigneur. Ainsi contenoient les lettres, en effet ou en substance, envoyées au roy d'Angleterre, qui les reçut à grand' joie, et pareillement lesdits officiers d'armes grandement et honorablement, et leur donna grandement de ses biens en don, et les renvoya sans faire réponse: mais il envoya devers lesdits seigneurs Franchois deux de ses officiers d'armes, par lesquels il leur envoya responce, qui fut telle qu'il leur fit savoir que, depuis qu'il estoit parti de sa ville de Harfleur, il avoit contendu (prétendu) et contendoit de jour en jour en son royaulme d'Angleterre; et ne séioit en ville fermée ni en forteresse; pourquoy si iceulx trois princes de France le volloient combattre, il n'estoit jà nécessité de prendre ni jour ni place, car tous les jours le pouvoient trouver à pleins champs, et sans frémetés nulles. Ainsi leur fit faire responce, lesquels de rechief envoyèrent devers le roy lui faire savoir qu'il avoit passé la rivière de Somme; car auparavant avoient fait savoir le chemin que tenoient les Anglois, ainsi que cy-après sera dit.

Après ce que le roy d'Angleterre sçut et fut averti que de toutes parts du royaulme de France se mettoient gens sus pour le combattre et empescher son chemin pour aller à Calais, sachant aussi la volonté des trois princes de France, qui désiroient de lui faire bataille, prit au partir de son logis et vestit cotte d'armes; et aussi les fist vestir à tous ceux qui cottes d'armes avoient. Et avec ce, ordonna que tous archiers, de là en avant fussent garnis d'un penchon (pieu) aiguisé à deux des bouts; et ainsi chevaucha de jour en jour jusqu'au jour de la bataille.

Quand les Franchois virent que les Anglois eurent pris autre chemin que la Blanche-Tache, et que ils montoient à mont la rivière de Somme, comme il est dit, ils envoyèrent devers le roi et le duc de Guyenne, pour avoir congé de combattre le roy d'Angleterre. Si fut la chose mise en conseil ; et fut conclu que le roy d'Angleterre seroit combattu. Et incontinent après, le roy manda à son connestable et aux aultres princes estant avec lui, que tantost se missent ensemble avec toute la puissance qu'ils avoient, et combattissent le roi d'Angleterre ; laquelle conclusion fut en brief temps sçue eu plusieurs lieux, tant au royaulme comme dehors, et qu'il soit ainsi. A la bataille, dont ci-après sera parlé, furent plusieurs nobles hommes des pays de Brabant, Hainaut, Hollande, Zélande et d'ailleurs ; et même le duc de Guyenne avoit grand désir d'y aller, nonobstant que par le roy, son père, lui eust esté deffendu. Mais par le moyen du roy Loys et du duc de Berry, fut attargié (retardé) de non y aller. Et adonc, tous les seigneurs et tous les gens de guerre se partirent ; ils tirèrent devers le connestable, qui déjà estoit tiré devers le comte d'Arthois ; lequel, oyant la volonté du roy, envoya hastivement devers le comte de Charollois, seul fils du duc Jehan de Bourgongne, pour lui signifier la conclusion prise pour combattre les Anglois, en lui requérant de par le roy, qu'il voulsist être à icelle journée. A quoi fut respondu par les seigneurs de Chanteville, de Roubaix et de la Viefville, qui estoient pour lors avec lui en la ville d'Arras, que sur sa requeste, il feroit si bonne diligence que il appartiendroit, et sur ce se partit le messager. Jà soit que le comte de Charollois désirast de tout son cœur être en icelle bataille, en personne, et aussi que les gouverneurs lui donnassent à entendre que il y seroit, néanmoins leur estoit deffendu, de par le duc de Bourgogne, son père, et sur tant qu'ils pouvoient méprendre devers lui, qu'ils gardassent bien qu'il n'y allast pas. Et pour cette cause, afin de eslongier, le menèrent de la ville d'Arras à Aire, auquel lieu furent renvoyés aucuns seigneurs de par le connestable, et Montjoye, roy d'armes du roy, pour faire requeste pareille au comte de Charollois; mais à bref dire, fut la besongne toutefois attargiée par les dessusdits seigneurs; et mesmement trouvèrent manière de le tenir au chastel d'Aire le plus coiement et seurement que faire le pouvoient, afin que pas ne fust averti des nouvelles et de la journée de la bataille. Et entre temps, la plus grande partie des gens de son hostel, et aussi les nobles des pays de Flandres et de Picardie, qui estoient assemblez pour estre avec lui à la bataille, comme ils furent qui savoient la besongne approcher, se partirent secrètement sans son sçu, et s'en allèrent avec les Franchois pour estre à combattre les Anglois. Et demeurèrent avec le seigneur de Charollois, le seigneur josne (jeune) d'Antoing, et ses gouverneurs dessusdits; lesquels enfin lui déclarèrent, pour l'apaiser, la deffense qu'ils avoient du duc, son père, dont il ne fut pas bien content. Et, comme je fus depuis informé, pour la desplaisance qu'il en eut, se retrayt (retira) tout pleurant en sa chambre. Mais la noblesse qu'il avoit de Flandres et d'Arthois assemblée, furent à la bataille tous morts ou prins. Et ce nonobstant, j'ai ouy dire au comte de Charollois, depuis que il avoit atteint l'âge de soixante-sept ans, que il étoit desplaisant de ce que il n'avoit eu la fortune d'avoir esté à ladite bataille, fust pour la mort, fust pour la vie.

CHAPITRE LX.

Du chemin que le roy d'Angleterre tint quand il feut passé la rivière de Somme; comment les Franchois allèrent au-devant de luy; et comment ils virent l'un l'aultre, et se logèrent pour celle nuict; et comment le roy d'Angleterre ordonna lendemain sa bataille.

Or convient à parler du roi d'Angleterre, lequel, au partement qu'il fit, quand il eut passé la rivière de Somme, il se logea auprès d'Athies, comme devant est dit, puis passa à Doing, auprès de Péronne; après alla loger à Miraumont, et ès parties d'entour, là où il sçut certainement nouvelles que il seroit combattu; puis prit son chemin en tirant vers Encres, et alla loger à un village nommé Forcheville; et ses gens se logèrent ès villes voisines; et toujours en telle ordonnance, comme vous avez ouy, les cottes d'armes vestues. Et le lendemain, qui estoit mercredy, chevaucha d'emprès Luceu, et alla loger à Bouvière-Lescalon, et son avant-garde logea à Frenent, sur la rivière de Cauche. Or est vrai que le roy d'Angleterre et ses gens, pour cette nuit, furent logés bien en sept ou huit villages, sans avoir empeschement, car les Franchois estoient allés pour estre au-devant d'eux, vers Sainct-Pol, et sur la rivière d'Aisne. Et, à la vérité dire, le roy se cuida loger à un autre village, lequel avoit esté pris par ses fourriers. Mais lui, comme celui qui gardoit les cérémonies d'honneur, très louablement feit ce que vous orrez. Vrai est, qu'en ce voyage faisant, toutes et quantes fois qu'il vouloit envoyer coureurs devant villes ou chasteaux, ou en quelque ses affaires, il faisoit dépouiller les cottes d'armes aux seigneurs et aux gentilshommes qui y alloient, et à leur retour les reprenoient. Si advint que en ce jour, que le roy d'Angleterre deslogea de Bouvière pour venir vers Blangy, où après avoir veu un village, duquel par les fourriers lui estoit ordonné, mais non estre averti, ne sachant ledit village où il se devoit loger, passa outre, environ un trait d'arc, et chevauchoit avant; mais comme il lui fut dit que il avoit passé son logis, il s'arresta, et dit : « Jà Dieu ne plaise, » entendu que j'aie la cotte d'arme vestue, que je » dois retourner arrière. » Et passa outre, et se logea où l'avant-garde devoit loger, et fit passer plus avant l'avant-garde. Lendemain, le roy d'Angleterre se partit par telle ordonnance qu'il avoit les jours paravant, et toujours tirant son chemin vers Calais. Ce jour estoit jeudy, vingt-quatrième jour d'octobre, nuit Sainct-Crespin. Quand le roi d'Angleterre fut deslogé, et que lui et ses batailles furent issues des villages, ses coureurs choisirent de toutes parts les Franchois venir à grand' compagnie, pour aller loger à Rousseauville et à Azincourt, afin d'estre au-devant de lui, pour lendemain les combattre. Mais pour retourner au roy d'Angleterre, avant ce qu'il eust passé la rivière de Blangy, en Ternois, et aussi pour ce qu'il y a un passage et grand destroit, fit desployer les cottes d'armes à six nobles hommes de son avant-garde, et les fit passer outre, pour savoir si le passage n'estoit de nuls gardé; lesquels trouvèrent qu'il n'y avoit point de deffence. Si passèrent les Anglois à grand' puissance et diligence; puis quand ils furent passés le village de Blangy, lors sut le roi d'Angleterre, pour vérité, que les Franchois estoient assemblés à grand' puissance. Le roy d'Angleterre, voyant devant lui les Franchois, fit descendre toutes ses gens à pied, et mettre tous en bataille et belle ordonnance. Et là eussiez vu les Anglois, cuidant le jeudy avoir la bataille, estre en grand' dévotion, eux mettans à genoux, les mains jointes vers le ciel, faisans leurs oraisons à Dieu, qu'il les voulsist mettre en sa garde. Et qu'il soit vrai, j'estois avec eux, et vis ce que dessus est dit. En icelle ordonnance demeura le roi d'Angleterre en la mesme place jusques au soleil couchant. Et, d'autre part, les Franchois qui bien pouvoient pareillement choisir les Anglois le jeudy, cuidèrent combattre les Anglois, et se arrestèrent et mirent en si bonne ordonnance, vestirent cottes d'armes, desployèrent bannières, et y furent faits moult chevaliers. Là fut fait chevalier Philippe, comte de Nevers, par le mareschal Boucicault, et pluiseurs aultres grands seigneurs et nobles hommes, et assez tôt après arriva le connestable auprès d'Azincourt, auquel lieu s'assemblèrent tous les Franchois ensemble en un seul ost, et d'aultre part, le roy d'Angleterre, voyant qu'il estoit sur le tard, lui et se bataille se partirent pour aller loger à Maisoncelle, qui est auprès d'Azincourt. Mais avant qu'il allast en son logis, donna et fit donner congé à tous les prisonniers en son ost, en leur faisant promettre que si la journée de la bataille estoit pour lui, et que Dieu lui en donnast la victoire, qu'ils reviendroient tous devers lui et leurs maistres, s'ils vivoient, et si l'aventure lui venoit de perdre bataille, pour lors et pour le temps à venir leur quittoit leur foi. Après ces prisonniers délivrés, le roy se logea dedans le village de Maisoncelle, et aux avenues de son logis, et en espécial à l'avenue de ses ennemis, qui estoient environ une grand' lieue près de lui, et qu'on les oyoit tout à plein, et tellement que on les oyoit nommer l'un l'autre. Et quant aux Anglois, oncques gens ne firent maints de noise; car à grand' peine les oyoit-on parler les uns aux autres, tant parloient-ils bas : d'autre part, quand les Franchois virent que le roy d'Angleterre s'estoit logé à Maisoncelle, et que pour le jour ils ne seroient combattus, il fut commandé de par le roy et son connestable, que chacun en droit soy se logeast où il estoit. Lors, eussiez vu ployer bannières et pennons autour des lances, et desvestir cottes d'armes, destrousser malles et bahus; et chacun seigneur, par leurs gens et fourriers, envoyer aux villages prochains, querir pailles et estrains pour mettre dessous leurs pieds, et aussi pour eux reposer en la place où ils estoient, qui estoit moult froide pour le pestelis des chevaux. Et avec ce, presque toute la nuit il ne fit que pleuvoir. Et desmenoient moult grand bruit, pages et varlets, et toutes manières de gens; et tant, comme dit est, que les Anglois les pouvoient pleinement ouyr, mais de leur costé n'estoient point ouys; car en celle nuit se confessèrent tous ceulx qui de prestres porent recouvrer. Les hommes d'armes remettoient à point leurs aiguillettes, et tout ce que mestier leur estoit; et pareillement archiers renouvelèrent cordes, et addoubèrent ainsi comme il appartenoit. Puis quand ce vint de grand matin, le roy d'Angleterre commença à ouyr messe dès la pointe du jour; et en ouyt trois, l'une après l'autre, armé de tout son harnois, hors la teste, et sa cotte d'armes vestue. Après les messes dictes, fit apporter son harnois de teste, qui estoit un très bel bachinet à bannière, sur lequel y avoit une riche couronne d'or, serclée comme impériale couronne. Puis après ce qu'il fut de tous points habillé, monta à cheval gris, petit cheval, sans esperons, et sans faire sonner trompette; et fit tirer la bataille; et sur une belle plaine de jeunes blez verds, ordonna sa bataille; et ordonna un gentilhomme atout dix lances et vingt archiers, pour garder les bagages de lui et de ses gens, avec ses pages, qui nobles hommes estoient, et aucuns autres malades, qui aider ne se pouvoient. Il ne fit que une bataille, et estoient tous les hommes d'armes au milieu de sa bataille, et toutes les bannières assez près les unes des aultres. Aux deux costés des hommes d'armes, estoient les archiers, et pouvoient bien estre de neuf cents à mille hommes d'armes, et dix mille archiers. Et pour parler des bannières, il y avoit pour son corps cinq bannières, c'est à savoir la bannière de la Trinité, la bannière de St.-Georges, la bannière de Saint-Edouard et la bannière de ses propres armes. Aultres pluiseurs y avoit du duc de Glocestre, du duc d'Yorck, du comte de la Marche, du comte de Hostidonne, du comte d'Oxenfort, du comte de Kime, de deux seigneurs de Ross et de Cornouaille, et de pluiseurs autres. Quand le roy d'Angleterre eut ordonné sa bataille et ordonnance de son bagage, sur le petit cheval qui devant dit, alla au long de sa bataille, et leur fit de belles remontrances, en leur exhortant de bien faire, disant qu'il estoit venu en France pour son droit hesritage recouvrer, et qu'il avoit bonne et juste querelle de ce faire, en leur disant que sur cette querelle pouvoient franchement et seurement combattre, et qu'ils eussent souvenance qu'ils estoient nés du royaulme d'Angleterre, là où leurs pères et mères, femmes et enfants estoient demourants, parquoi ils se devoient efforcer pour y retourner en grand'gloire et louange; et que les rois, ses prédécesseurs, avoient eu sur les Franchois maintes belles besongnes, batailles et desconfitures; et que celui jour, chacun aidast à garder son corps et l'honneur de la couronne du roy d'Angleterre. En outre, leur disoit et remontroit que les Franchois se vantoient que tous les archiers, qui y seroient pris, ils leur feroient couper les trois doigts de la main dextre, afin que leur trait jamais homme ni cheval ne tuast.

FIN DU SEPTIÈME VOLUME.

TABLE

DES MATIÈRES

CONTENUS DANS CETTE PREMIÈRE PARTIE DES MÉMOIRES DU Sr DE SAINT-REMY.

	Page
AVERTISSEMENT	253
PROLOGUE du sieur de Saint-Remy	255
INTRODUCTION du sieur de Saint-Remy	263
CHAP. I. La rébellion des Liégeois faicte l'an 1408, allencontre de leur seigneur et esleu, Jehan de Bavière, lequel ils asségièrent dedans la ville de Trecht (Maëstricht)	267
CHAP. II. Lu concille quy se tint à Pise, où furent condempnez deulx antipappes, et en leur lieu esleu pappe, Alexandre Ve de ce nom, quy estoit auparavant archevesque de Milan, nommé Pierre de Candye	273
CHAP. III. La fortune adverse qui advint à l'archevesque de Rains en allant au concille de Pise	274
CHAP. IV. Comment les Jenevois se rebellèrent contre les Franchois et occirent le lieutenant de Boussicault : et comment Montagu eut la teste tranchée pour avoir mal gouverné les finances du roy	276
CHAP. V. L'assemblée que les enfans d'Orléans, avecques ceulx de leur party, feirent en la ville de Chartres	277
CHAP. VI. L'assemblée que le roy feit contre les enfans d'Orléans, et comment il délaya la sentence qu'il avoit faicte contre eulx	278
CHAP. VII. Comment le seigneur de Croy, en allant en ambassade devers le roy et le duc de Berry, fut ren-	

contré des gens du duc d'Orléans et mené prisonnier à Blois..................................

Chap. viii. Des lettres que les trois frères d'Orléans envoyèrent au roy pour avoir justice de la mort de leur père; et des lettres de défiance qu'ils envoyèrent au duc de Bourgongne.................. 282

Chap. ix. Commandement que le roy feit contre ses ennemis, les enfants d'Orléans, avec l'assemblée des gens d'armes et des Flamands que le duc feit.. 287

Chap. x. Du désordre que les Flamands faisoient en l'armée du duc, dont plusieurs débats s'ensuivoient. 288

Chap. xi. Le siége devant la ville de Hem, qui feut à la fin abandonnée des Orliénois et pillée des Bourguignons... 289

Chap. xii. Comment ceux de la ville de Nelle se rendirent au duc de Bourgongne........................ 290

Chap. xiii. Comment le duc d'Orléans et ses alliés passèrent Marne, et assemblèrent au pays de Vallois plusieurs gens d'armes de diverses langues, qui furent appelés Erminaques........................ 291

Chap. xiv. Comment les Flamands retournèrent de devant Mont-Didier, quoi que le duc de Bourgongne leur fist remontrer, et furent conduits en leur pays par le duc de Brabant, frère au duc de Bourgongne... 292

Chap. xv. Comment la ville de Saint-Denis leur fut rendue; et de la guerre que les Orliénois firent aux Parisiens; et des bouchers de Paris............. 293

Chap. xvi. Comment le duc de Bourgongne entra dedans Paris, et prit la ville et tour de Saint-Cloud sur les Orliénois; et de la guerre et prise de plusieurs places que le roi et le duc de Bourgongne firent ès pays de Beausse et de Vallois............. 294

Chap. xvii. Comment Waleran, comte de Saint-Pol, feut fait connestable de France, au lieu de messire Charles de Labreth; et comment la comté de Vertus feut rendue au roy.. 299

Chap. xviii. Comment messire Jean, fils du seigneur de Croy, print le chastiau de Moncheaux, et en icelui trois des enfans du duc Jean de Bourbon; et de plusieurs capitaines qui feurent ordonnés de faire la guerre au duc d'Orléans et ses alliés, en divers lieux et pays.. 301

Chap. xix. La délivrance du seigneur de Croy et des enfans du duc de Bourbon; et comment le seigneur de Croy feut faict gouverneur du Boullenois, chastellain de Bray-sur-Somme, et grand bouteiller de France.. 306

Chap. xx. Comment le bailly de Caen, en Normandie, print aucuns des ambassadeurs et tous leurs papiers et instructions, que les ducs de Berry, d'Orléans et de Bourbon et autres, leurs alliés, envoyoient en Angleterre, l'an 1412.. 307

Chap. xxi. Comment les siéges feurent mis devant les ville et chasteau de Donfront et ville et chasteau de Saint-Remy, tenans le party des Orliénois, qui feurent rendus au roy.. 314

Chap. xxii. Comment les ducs de Berry, de Bourbon et d'Orléans envoyèrent derechief ambassade au roy d'Angleterre; et des alliances et traictiés quy se feirent entre eulx.. 317

Chap. xxiii. Des lettres que le roy d'Angleterre envoya aux Gantois, à ceulx de Bruges et du Franc; et comment la ville de Guisnes feut prise des Franchois.. 323

Chap. xxiv. Comment le roy meit le siége devant la cité de Bourges, où traictié se feit; et feut la cité rendue et la paix de Chartres renouvelée entre les partyes d'Orléans et de Bourgongne; et comment les Anglois descendirent en Normandie.. 327

Chap. xxv. Du retour du roy à Paris, et comment le duc d'Orléans alla vers le duc de Clarence, et le contenta de la soulde des Anglois qu'il avoit amenez à son ayde et secours; et des commotions et haines couvertes entre les princes du sang royal; et comment le duc de Bourgongne, comte de Flandres, se partit du roy et retourna en son pays de Flandres.. 330

Chap. XXVI. Comment la ville de Soubise, en Guyenne, feut prinse et démolie par le duc de Bourbon et le comte de la Marche, sur les Anglois.............. 332

Chap. XXVII. De l'assemblée et commotion des Parisiens, et des outrages qu'ils feirent au duc de Guyenne et de plusieurs maux qu'ils perpétrèrent; des blans chapperons qu'ils meirent sus en livrée que le roy porta, et pluiseurs aultres seigneurs; et de l'outrage qu'ils feirent au roy et à la royne, ès personnes d'aucuns princes et seigneurs, dames et damoiselles.... 334

Chap. XXVIII. De la proposition et harangue que les ambassadeurs du roy de Cécille, des ducs d'Orléans et de Bourbon, feirent à Ponthoise aux ducs de Berry et de Bourgongne, pour le bien et utilité, paix et union du royaume; et des articles sur ce advisés.................................. 348

Chap. XXIX. Comment le roy conclut de entretenir ce qui avoit esté conclud à Ponthoise; et de la délivrance des princes et aultres grands personnages, chevaliers et officiers, emprisonnés par les Parisiens; aussy la réintégration de plusieurs quy avoient été desmis de leurs offices; du partement du duc de Bourgogne; de la venue de plusieurs princes à Paris; et comment messire Charles de Labreth feut remis en l'estat de connestable.................. 364

Chap. XXX. Le mandement que le roi feit publier partout son royaume, par lequel il annula, révoqua et annichila tous aultres mandements et ordonnances par luy octroyés contre les princes de son sang, barons et autres................................ 369

Chap. XXXI. De la venue à Paris de Jehan, duc de Bretagne, biau-fils du roy, du comte de Richemont, son frère, et de l'ambassade d'Angleterre; comment le duc d'Orléans et ceulx de son party retournèrent à gouverner le roy et royaume; et de l'édit que le roy feit pour entretenir la paix; et pluiseurs autres besognes... 376

Chap. xxxii. Comment Louis, duc de Bavière, épousa la vefve du comte de Mortaing, frère du roi de Navarre; du bannissement du royaume des gens du duc de Bourgongne; et de l'ambassade que le roy envoya au duc de Bourgogne; et aultres incidents........ 382

Chap. xxxiii. Comment le roi de Cécille renvoya la fille du duc de Bourgongne, Catherine, laquelle étoit promise à Louis son fils, dont le duc feut mal content; et des lettres excusatoires et accusatoires que ledit duc envoya au roy................... 385

Chap. xxxiv. Comment la royne feit prendre quatre chevaliers et pluiseurs escuyers et serviteurs du duc de Guyenne, son fils, desquels messire Jehan de Croy estoit l'un, quy feut envoyé tenir prison à Mont-le-Héry: des lettres que le duc de Guyenne escripvit au duc de Bourgongne, lequel, avec son armée, vint jusques devant Paris, où il ne poeult entrer; et comment ledict messire Jehan de Croy feut par force et subtilité délivré de sa prison..... 397

Chap. xxxv. Des mandements que le roi feit publier par son royaume à l'encontre du duc de Bourgogne, en le bannissant et privant de toutes grâces et bienfaits, ensemble ses favorables amis et alliés, en luy inspirant crimes horribles et détestables........... 412

Chap. xxxvi. Comment les chaisnes de la ville de Paris furent ostées, et les bastons invaisibles et deffensables deffendus de porter aulx Parisiens, et leurs armures ostées; et comment les articles de maistre Jean Petit, que autrefois avoit proposés furent ars publiquement...................................... 414

Chap. xxxvii. Des mandemens et remontrances que le duc de Bourgongne feit aulx nobles de son pays d'Arthois et de Picardie: et de la maladie quy alors régnoit au royaume de France, nommée la coqueluche... 416

Chap. xxxviii. De l'armée que le roy mist sus contre le

duc de Bourgongne, et comment la ville de Compiengue feut assaillie, où le roy se trouva en personne ; et comment la ville lui feut rendue par appointement.. 418

Chap. xxxix. Comment Soissons feut asségiée par le roy, prinse et pillée, les églises violées, et de grands crimes y perpétrés........................ 424

Chap. xl. Comment le duc de Bourgongne pourvey de capitaines ses villes de la comté d'Arthois et frontières.. 430

Chap. xli. Comment Bapasme feut asségiée et rendue au roy par traictié et appoinctement............... 431

Chap. xlii. Des préparations que ceulx d'Arras feirent pour la garde de la ville et cité, attendant le siége du roy... 433

Chap. xliii. Comment le roy asségiea Arras avec deux cent mille hommes, qui feut approchée et battue, et vaillamment deffendue................... 435

Chap. xliv. Comment armes furent faictes ès misnes devant Arras, d'Eu à l'encontre du seigneur de Montagu ; et d'autres armes quy se firent dans la ville de Lens, et les bonnes chières que les parties feirent les uns aulx autres.................................... 439

Chap. xlv. Comment la paix fut traictiée et accordée entre le roy et le duc de Bourgongne, au siége devant Arras ; et du désordre qui feut au délogement, à l'occasion du feu quy feut ès logis de l'ost........ 443

Chap. xlvi. Le contenu des articles de la paix quy feut jurée par le duc de Brabant, la comtesse de Haynaut et les députés du duc de Bourgongne, d'une part, et d'autre part le duc de Guyenne, le duc d'Orléans, le duc de Bourbon et aultres.............. 446

Chap. xlvii. Comment les Parisiens furent mal contens qu'ils n'avoient esté appelés à traictier la paix devant Arras ; et comment le duc s'en alla en Bourgogne, où il print la ville et chasteau de Tonnerre. 453

Chap. xlviii. Du concille qui se tint à Constance, où le

cardinal de Colonne feut esleu pape, et se nomma Martin; et comment le comte Waleran de Saint-Pol asségia la forteresse de Neufville-sur-Meuse, quy luy feut rendue.................................. 456

Chap. xlix. Des services et obsèques que le roy feit faire solennellement pour défunt Louis, duc d'Orléans, son frère... 460

Chap. l. Comment aulcuns hommes d'armes et gens de compagnie faisoient plusieurs maulx au royaume; et comment la paix quy avoit esté accordée et traictiée devant Arras, feut parachevée à Paris, et derechief jurée.. 462

Chap. li. Comment messire Guichard Dolphin feut envoyé en ambassade, de par le roy, vers le duc de Bourgongne, qu'il trouva en la forest du chastieau d'Argilly, près de Baune, se déduisant à la chasse, où il jura d'entretenir la paix, comme avoient fait les ducs de Bourbon et aultres...................... 465

Chap. lii. De plusieurs armes qui se feirent en divers lieux, entre Franchois et Portugalois; et de l'ambassade d'Angleterre qui demanda madame Catherine de France, à femme, pour le roy d'Angleterre. 470

Chap. liii. Du trépas de Waleran, comte de Saint-Pol et de Ligny, et de ses héritiers; et comment le duc de Guyenne emporta les finances de la royne sa mère, et emprint le gouvernement du roy et du royaulme... 477

Chap. liv. Comment le roi d'Angleterre feit esquiper une armée de mer pour passer en France; de l'ambassade envoyée au roi d'Angleterre; des offres qu'ils lui feirent; et de la réponse du roy d'Angleterre.... 479

Chap. lv. La lettre que le roi d'Angleterre envoya devant son parlement de Hantonne, au roy de France; de la justice que le roi d'Angleterre feit de ceulx quy avoient machiné sa ruine.............................. 484

Chap. lvi. Comment le roi d'Angleterre descendit et print port entre Honfleur et Harfleur, laquelle, par faute de secours, lui feut rendue.................. 489

Chap. LVII. Comment le roi d'Angleterre entra dedans la ville de Harfleur; du traictement qu'il feit aux gens de guerre, aux manans de la ville et aux gens d'église; d'une embûche que les Franchois feirent sur les Anglois pendant le siége de ladite ville........ 494

Chap. LVIII. Comment le roy d'Angleterre se partit de Harfleur pour tirer à Calais et passer la rivière de Somme à La Blanche-Tache; de deux beaux coups de lance donnés devant la ville d'Eu; et comment par un prisonnier feut destourné de passer par ledit lieu, mais passa ladite rivière allentour d'Athies........ 497

Chap. LIX. Comment les ducs d'Orléans et de Bourbon et le connestable envoyèrent vers le roi d'Angleterre, pour avoir journée et place pour combattre; de la réponse dudit roy, et comment le roy de France manda au connestable et aultres princes, qu'il feut combattu... 502

Chap. LX. Du chemin que le roi d'Angleterre tint quand il feut passé la rivière de Somme; comment les Franchois allèrent au-devant de luy, et comment ils virent l'un l'aultre, et se logèrent pour cette nuict; et comment le roy d'Angleterre ordonna l'endemain sa bataille... 506

FIN DE LA TABLE DES MATIÈRES.

www.ingramcontent.com/pod-product-compliance
Lightning Source LLC
Chambersburg PA
CBHW051406230426
43669CB00011B/1782